# EL SUEÑO DE INOCENCIO

*Gerardo Laveaga*

# EL SUEÑO DE INOCENCIO

mr · ediciones

Derechos reservados
© 2006, Gerardo Laveaga
© 2006, Editorial Planeta Mexicana, S.A. de C.V.
Bajo el sello de Martínez Roca
Avenida Presidente Masarik núm. 111, 2o. piso
Colonia Chapultepec Morales
C.P. 11570 México, D.F.

Primera edición: mayo de 2006
Octava reimpresión: octubre de 2007
ISBN: 968-21-1295-8

Impreso en los talleres de Litográfica Cozuga, S.A. de C.V.
Av. Tlatilco núm. 78, colonia Tlatilco, México, D.F.
Impreso y hecho en México −*Printed and made in Mexico*

www.editorialplaneta.com.mx

*Para Bárbara*

*Para Eloy Urroz y Jorge Volpi*

*Me, me, adsum qui feci, in me convertite ferrum!*

VIRGILIO, *Eneida*, IX.426

## 1

El anciano se meció en su silla hasta hacerla crujir. Cada vez que esto ocurría, Lotario experimentaba un escalofrío. No era la emoción de haber colocado a su maestro en una posición complicada: era el crujir de la silla lo que le provocaba aquella sensación, que se despeñaba lentamente por la espalda, subía por el abdomen y se desvaía a la altura del pecho, obligándolo a contraer los hombros. Huguccio de Pisa acarició su barba blanca, por donde se desgajaban tres vetas oscuras. Suspiró. Le gustaban los alumnos como Lotario. Sin ellos, sus clases, su vida entera, carecerían de sentido. Pero, a veces —y aquella mañana fue una de ésas—, le frustraba no poder estar a la altura de las dudas que le planteaban; no tener una respuesta definitiva: ¿quién era más importante?, ¿el emperador o el Papa?

—Cada uno de ellos lo es en sus respectivos ámbitos —respondió al fin—. Son poderes distintos e iguales ante Dios, aunque el Papa deba prevalecer en defensa de la moral o para restablecer la paz entre los cristianos.

Pero eso, ciertamente, no explicaba por qué el Papa Gregorio VII había fracasado después de proclamar que él era el único cuyos pies besaban los príncipes, que podía deponer emperadores y no debía ser juzgado por nadie. El joven sonrió burlón. También disfrutaba a Huguccio de Pisa. Eruditos como él eran los que explicaban el prestigio de la universidad de Bolonia. Sabía provocar a sus discípulos, hacer que salieran de clase debatiendo, arrebatándose la palabra, proponiendo soluciones a los problemas que él planteaba. Huguccio no se conformaba con la glosa de los textos del *Corpus Iuris Civilis:* buscaba su aplicación mediante críticas a juristas romanos y padres de la Iglesia. Algunos consideraban que sus enseñanzas rayaban en la herejía, pero a un maestro como él podían perdonársele ésa y otras flaquezas mientras hiciera reflexionar a sus alumnos. Y vaya que lo había hecho aquella mañana. ¿Por qué el emperador había ganado la partida después de que el Papa Gregorio VII lo había obligado a pedirle perdón? ¿Había fallado la Teología —como Lotario llegó a aprenderlo en París— o había fallado el Derecho, como trataba de averiguarlo ahora, en Bolonia? ¿Qué representaba el Papa, en cualquier caso? Se suponía que gozaba de una jerarquía más elevada que la del emperador ¿Por qué, entonces, cualquier palurdo al frente de una gavilla podía arrastrarlo por los cabellos, molerlo a palos y encerrarlo en una mazmorra?

—Por otra parte —añadió Huguccio haciendo crujir de nuevo su silla—, subestimas el aspecto político. Sin él, no se entendería lo que ocurre en el mundo. *Homo, homini lupus*, escribió Plauto. La disputa entre el Papa y el emperador confirmó esta verdad. Pero no supone que Gregorio VII haya fracasado. El caso sentó precedentes.

—¿Lo mismo debemos pensar del asesinato de Tomás Becket, *magister*?

Diecisiete años atrás, el arzobispo de Canterbury había sido asesinado por un grupo de facinerosos que deseaban evitar los denuestos que éste endilgaba contra el monarca de Inglaterra. Su muerte provocó un escándalo en Europa.

—Lo mismo. El arzobispo de Canterbury fue martirizado pero no fracasó. Morir significa, en ocasiones, una victoria. Ahí tienes a Cristo, Nuestro Señor.

Becket había sucumbido mientras bregaba para definir los alcances de la jurisdicción eclesiástica pero, a fin de cuentas, sólo era un arzobispo. El asunto tenía a Lotario sin cuidado. Había hecho la pregunta sólo para contrastar su indignación con la serenidad con la que su profesor abordaba aquellos temas tan controvertidos. Pero lo de Gregorio VII... ése era asunto aparte.

—Pues, entonces, *magister*, creo que si el aspecto político impide que la Iglesia se transforme y no asuma el papel que Cristo le asignó, pronto va a perder su razón de ser. O se convierte en luz y guía o será mejor que perezca.

Bajo la altísima bóveda de cañón del *studium*, iluminado por los rayos de un pálido sol de noviembre que se filtraba por un cuadrifolio, el murmullo resultó incontenible. Los jóvenes comenzaron a discutir. El barullo retumbó en los pesados bloques de piedra. Al advertir que sería inútil tratar de imponer silencio, Huguccio anunció que la sesión de aquella mañana había terminado:

—*Haereticare potero, sed haereticus non ero*— exclamó tratando de darle un sesgo lúdico a su resignación: podía decir herejías pero no era un hereje.

Detrás de Lotario salieron tres o cuatro de sus compañeros, repitiéndole que no compartían su opinión: ¿qué culpa tenían Gregorio VII y Tomás Becket de que la Iglesia se hubiera enfrentado con un emperador que aseguraba que había recibido su imperio de Dios y no del Papa, o con un rey de Inglaterra tan despiadado? Otros compañeros se aproximaron a Lotario para decirle que ellos coincidían con él. La Iglesia no estaba actuando como Cristo esperaba. Salieron al claustro de la abadía, donde la *universitas* organizaba algunas de las sesiones. Ante la sorpresa de todos, había comenzado a nevar. El césped se había cubierto de blanco y los copos se desmenuzaban en cascada, disolviéndose entre las tejas de los aleros. Incluso las veredas de arena, que los jardineros se esmeraban en mantener bien trazadas, habían desaparecido bajo la nieve. De la fuente que se hallaba al centro del patio ya no brotaba una sola gota de agua. Mientras se envolvían en sus capas, los estudiantes comprendieron que el invierno se había adelantado.

Dos monjes irrumpieron entonces en el claustro. Venían sucios, fatigados. Ninguno parecía ser *comuni* de la universidad o residente de la abadía. Más bien daban la impresión de ser peregrinos. Uno de ellos se apoyaba en un bastón torcido; el otro, al que faltaba un brazo, tiritaba de frío. Llegaban con noticias desoladoras: el Papa había muerto y el anciano canciller había sido elegido nuevo pontífice, con el nombre de Gregorio VIII. En la Curia habían tratado de ocultar las noticias el mayor tiempo posible pero éstas habían terminado por desbordar. La discusión revivió. ¿Qué iba a hacer un cardenal que ya estaba con un pie en el sepulcro para detener a Saladino quien, después de destruir la caballería cristiana en Hattin, se había apoderado de Jerusalén? ¿Por qué se abandonaba a la Iglesia en manos de los más incompetentes? ¿Se trataba, acaso, de una conjura, dirigida desde el Imperio? La elección del cardenal canciller así lo hacía pensar. ¿No querrían, en el fondo, que los lugares santos quedaran, definitivamente, en manos del infiel? Aquel año había sido terrible para la cristiandad. ¿Qué más tenían que decir aquellos dos monjes que, después de haber proclamado su noticia, de haberla repetido a uno por uno de los corrillos que se congregaban en el claustro del edificio universitario, suplicaban que se les diera una escudilla con sopa caliente? Nada. Ambos venían de Pisa, donde se hallaba el pontífice recién elegido y habían revelado cuanto sabían.

—El nuevo Papa tiene que convocar la cruzada que fue acordada en Verona —aseguró uno de los jóvenes.

—Y debe hacerlo de prisa —aventuró otro.

—Primero debe negociar con los príncipes cristianos. En Verona, sólo el emperador Barbarroja se comprometió a asistir.

—Sí, porque las familias de Génova y Pisa están peleadas, lo mismo que las de Venecia y Hungría. Ni siquiera podría alistarse una flota decente.

—De aquí que sea urgente negociar.

—Para empeorar las cosas, Barbarroja sigue sin permitir que el Papa entre a Roma.

Otros tres, cuatro, cinco estudiantes se acercaron. Si el tema no hubiera provocado tantos anhelos y frustraciones, todos se habrían apresurado a calarse los gorros —los había de todas formas y colores— y a entrar de nuevo al edificio para calentarse ante alguna de las monumentales chimeneas. Lotario arremetió:

—Barbarroja jamás se unirá a una cruzada convocada por el Santo Padre, a pesar de lo que haya prometido en Verona. Quien debe sumarse a ella es Felipe. Si tuvo el descaro de proclamarse *rey de Francia*, en lugar de *rey de los franceses*, que ahora se coloque a la altura de su nuevo cargo y expulse a los infieles de Tierra Santa.

El viento arrojaba la nieve contra su capa de piel de nutria. El joven retrocedió hasta colocarse a un lado de la arcada mayor del patio, bajo el tejado principal. Desde ahí prosiguió:

—No sólo tienen que ir las tropas del emperador y los franceses, sino ingleses, venecianos, genoveses, sicilianos... Si el emperador persiste en su arrogancia, la próxima plaza que Saladino querrá conquistar será Sicilia.

Mientras observaba cómo se esfumaba la columna de vaho que había expulsado al hablar, Lotario advirtió que había vuelto a convertirse en centro del debate.

—Pero ¿quién va a convocar a unos y a otros?— protestó uno de sus compañeros—. Los soberanos de Francia e Inglaterra mantienen las hostilidades entre sí y el rey de Sicilia está agotado.

—Por eso es tan importante que el Santo Padre goce de una auténtica *auctorictas*. Que nadie dude de su misión divina —tronó Lotario—. Necesitamos un jefe único. Cristo sabía lo que se hacía cuando fundó la Iglesia. Conocía las amenazas que se cernían sobre nosotros y, en lugar de acatar su voluntad, nosotros reñimos y nos desgañitamos para ver quién es superior al otro. El Papa es el más grande: *debe ser* el más grande de los príncipes. Su voz *debe ser* la de la cristiandad. Si no lo admitimos, si cada rey trata de ser más poderoso que el otro, tarde o temprano sucumbiremos ante el infiel.

Frente a sus compañeros de clase, hablando con aquella autoridad que no le habría sentado bien a ningún otro de ellos, daba la impresión de ser alto. No lo era. Había quienes, incluso, se preguntaban por qué transmitía esa imagen cuando, en realidad, era más bien bajo de estatura. Unos aseguraban que por sus ojos verdes, de milano al acecho; otros, que por la nariz aguileña y el mentón prognato. Hubo quien llegó a atribuirlo a sus orejas enormes, a las que ni siquiera la melena rubia, profusa, llegaban a ocultar. Atraído por el debate que habían llegado a provocar los monjes, Huguccio se sumó al grupo.

—Quizá Lotario tenga razón.

—Lo que no entiendo, *magister*, es por qué la cristiandad se pone en manos de un anciano decrépito para enfrentar al sultán.

En la frente abombada del joven había saltado una vena que delataba su indignación. Huguccio lo tranquilizó:

—Aunque el nuevo pontífice no tenga un sólo diente en la boca y su vista esté empañada, hay que admitir que posee más experiencia que cualquiera de los otros cardenales.

—¿Qué es la experiencia sin imaginación y sin audacia? —rezongó Lotario—. ¿De qué sirve la experiencia sin un sueño que alcanzar? Los cardenales debieron designar a un hombre fuerte. A un hombre que pudiera hacer frente al sultán. Si en la silla de San Pedro estuviera un jefe con las cualidades de Saladino, la cristiandad sería fuerte... grande.

—Los ímpetus no sustituyen la experiencia —señaló Huguccio—, pero admito que necesitamos otra clase de pontífice.

—Aunque si Lotario quiere ser Papa —terció uno de los jóvenes—, podríamos apoyarlo para que se le designe cardenal.

Las carcajadas no se hicieron esperar. Lotario sonrió condescendiente. A pesar de que, de cuando en cuando, se rieran a sus costillas, sus compañeros le profesaban respeto. No por el hecho de ser ligeramente mayor que ellos sino por su cultura, la vehemencia con que expresaba sus convicciones, su humor cáustico. Huguccio de Pisa sólo lo había distinguido a él, permitiéndole echar una ojeada a su trabajo, una *Summa* que nadie conocía pero de la que todos hablaban. Él y nadie más había obligado a cambiar de opinión al catedrático sobre la preeminencia que tenían los decretos de los Papas sobre los padres de la Iglesia a la hora de resolver controversias administrativas. Aunque tenía menos tiempo que cualquiera de sus compañeros de haber llegado a la universidad, ningún otro hablaba del Imperio, del Papa y del sultán, como si todo le resultara familiar. Por añadidura, contaba con una formación académica más sólida que la de cualquiera de ellos, pues había vivido una larga temporada en París, mientras estudiaba Teología. Ahí, gracias a las buenas relaciones de su madre, había tenido oportunidad de convivir con altos jefes militares y nobles adinerados. Si no hubiera estado decidido a interrumpir su carrera eclesiástica para casarse con Bruna, Lotario habría vendido su alma al demonio para convertirse en cardenal. Y, luego, en Papa. «¿Por qué no?», pensó mientras se alejaba del grupillo. A sus veintiséis años, con sus bríos, seguramente haría un papel más decoroso que el actual, con sus ochenta y siete, y su inútil manual *Forma dictandi* para escribir cartas a los embajadores.

Al advertir que la nieve arreciaba, apresuró el paso. Mientras recorría las calles de tierra apisonada de la ciudad, mientras observaba sus murallas, se preguntó qué tan fuertes serían éstas para resistir los embates del infiel. Si la cristiandad seguía dividida, concluyó, ni aquellas murallas que parecían tan sólidas, inexpugnables, lograrían contener al sultán… De repente olvidó a Saladino y a Barbarroja; al rey de Francia y al Reino de Sicilia; al nuevo Papa y a la unidad. La imagen de Bruna se apoderó de él. Deseó el calor de su cuerpo. La volvió a imaginar con su cabello trigueño, su piel blanquísima, salpicada de pecas, y sus ojos a veces azules, a veces grises. Volvió a preguntarse por qué le habrían bautizado así: Bruna. Bruna era lo negro, lo oscuro… «Algún día te lo contaré», había dicho ella con gesto enigmático cuando él quiso saberlo. Lotario empezó a correr, cuidando de apoyar bien sus botas sobre el camino resbaladizo. Dio vuelta hacia la calle principal, cuidadosamente empedrada, donde terminaban las casas de madera y comenzaban las de ladrillo y tejas, características de Bolonia. Desde ahí, la visión de las innumerables torres y campanarios que cuajaban la ciudad le resultaba benigna a partir del día que conoció a Bruna.

La decisión de casarse con ella iba a desilusionar a su madre. ¿Cómo él, el conde de Segni, iba a contraer nupcias con una joven sin dote? Daba igual. No podía vivir, permanentemente, tratando de complacerla. Sus tíos y primos lo mirarían con desdén, pero a ellos qué les importaba su felicidad. Bastaría con no contarles que Bruna provenía de una familia que seguía las enseñanzas de quienes ellos consideraban herejes. Al aproximarse a casa, reparó en que los árboles que la flanqueaban se habían quedado desnudos de la noche a la mañana. Un cuervo graznaba desconsolado, mientras saltaba de una rama a la otra. Definitivamente, el invierno se había adelantado.

Cuando Lotario entró, la chimenea crepitaba. Era agradable sentir el calor y, más aún, disfrutar el tufo que le llegó desde la cocina: sopa de setas, su predilecta. La vieja Vermilia y su marido, que auxiliaban al joven desde que vivía en aquella ciudad, resolvían los inconvenientes que suponía la vida doméstica. Era un alivio contar con ellos. Se quitó el gorro, la capa, sacudió la nieve con su mano y reparó, apenas entonces, en que Bruna estaba frente a él.

—¡Qué sorpresa! —se aproximó.

Ella retrocedió. Sus ojos a veces azules, a veces grises, estaban húmedos y su gesto era duro. Le costaba trabajo articular las palabras.

—Me engañaste, Lotario.

Él se detuvo ante el inesperado recibimiento. Dejó caer la capa al suelo y enfrentó a la joven.

—¿Qué dices?

—Jamás me contaste que pertenecías a una de las familias más poderosas de Italia. No dijiste que eras sobrino de uno de los cardenales más influyentes y me ocultaste que eras dueño de tantas tierras, de ciudades enteras, y hasta de un título nobiliario.

Lotario trastabilló. Era lo que menos habría podido esperar. Aquello era cierto, pero ¿qué importancia podía tener para Bruna? De cualquier modo, adoptó un gesto comprensivo y procuró hacerle frente al mal tiempo con serenidad. Si aquello era lo que preocupaba a su prometida, él disiparía sus dudas.

—Eso no significa que te haya engañado, Bruna.

—No puedo creer en tu desfachatez —lo increpó—. Cuando descubrí con quién había estado haciendo el amor, con quién llegué a albergar tantas ilusiones, quise matarme. Pero no valía la pena. Preferí venir aquí y contarte cuánto te desprecio.

Lotario no imaginó que ella pudiera reaccionar de ese modo ante algo que para él no tenía importancia. Apenas hacía unas horas, la había tenido desnuda, entre sus brazos, y había hablado con ella del futuro. Lo que él había dicho sobre su familia o, mejor aún, lo que no había dicho, no podía afectar su relación.

—Pretendía que me amaras por mis propios méritos y no por los aciertos o los errores de mis antepasados —confesó, encogiéndose de hombros—. ¿Por qué, de repente, te preocupa algo tan simple? ¿Qué tan grande puede haber sido mi *error*?

Ni siquiera creía que hubiera sido un error pero pensó que, si lo concedía, tendría más posibilidades de ganar la partida. Por eso su corazón latió desmesuradamente cuando la joven sacó de entre sus ropas un anillo y se lo extendió. El zafiro reflejó el fuego de la chimenea, como una brasa. Del azul, pasó al púrpura. Él lo tomó sin poder creer lo que estaba sucediendo. Notó que la lengua se enredaba en su paladar. Aquello no podía ser cierto. Después de una larga, larguísima búsqueda, había logrado enamorarse de una mujer y, ahora, ella lo rechazaba. Palabras y pensamientos se agolparon en su mente. Repasó las imágenes de la tarde que la conoció, a las afueras de la ciudad. Los dos cruzaban el antiguo puente del río cuando, a su lado, inopinadamente, en medio de un balido lastimero, un rebaño de ovejas se precipitó al abismo. Los pastores gritaban, los perros ladraban mientras las ovejas, una a una, se estrellaban contra las rocas. «Qué animales tan torpes», exclamó Bruna. «La culpa la tienen sus pastores», declaró Lotario. Fue entonces cuando sus miradas se encontraron. Ambos descubrieron que eran idénticas en intensidad. A él le llamó la atención esa mezcla de fuerza y debilidad que explicaba la magia de la joven. A ella, la confianza en sí mismo que él irradiaba. Ella debía ser una campesina de la región, dedujo él. Él debía ser uno de los estudiantes de la *universitas*, resolvió ella. Acertaron y se equivocaron. Él supo más tarde que ella pertenecía a una familia de campesinos pero no de aquella región sino del sur de Francia. El activismo de su padre a favor de los llamados *Pobres de Lyon* la había obligado a refugiarse a las afueras de Bolonia. Ella adivinaba que, por el hecho de vivir en una casa de ladrillo, él debía pertenecer a una familia acomodada. Pero acababa de enterarse que no era, en absoluto, *uno* de los estudiantes de la *universitas*.

El mismo día que se conocieron, él la condujo a su casa y, mientras subían a la recámara, incapaz de contenerse, le alzó la falda y la penetró en la escalera. Descubrió que nunca antes en su vida había tenido unas nalgas tan firmes entre las manos; un vientre tan plano, unos senos tan apretados. Ella advirtió, complacida, la capacidad que tenía para excitar a Lotario. Se movió con destreza, susurrando lo primero que le vino a la cabeza: obscenidades. Cuando cayeron sobre la cama, se echaron a reír. «La vida es para esto», resolló él, «para agotarla». Por eso, pasadas algunas semanas, después de que ella le dejó marcados sus dientes en el hombro, él le propuso matrimonio. «Ni siquiera me conoces», había protestado ella. Él le replicó que conocía de ella lo que le interesaba conocer: sus olores. Sabía, también, que su madre iba a encolerizar en cuanto se enterara. Que le reprocharía que hubiera acabado con una *mujerzuela* —así se refería ella a todas las mujeres hermosas que no tenían dote—, arruinando el destino de los condes de Segni.

—Bruna: no puedes hablar en serio. Estoy dispuesto a renunciar a todo por ti. No me importa mi familia, ni mi nombre, ni nada si estoy contigo. Cuando aceptaste ese anillo...

—Lo acepté de un hombre que me hizo soñar y gozar. De un hombre que logró que olvidara las enseñanzas de Valdo, nuestro guía espiritual. De un hombre que era como yo. Jamás lo habría aceptado del miembro de una familia que ha hecho de las enseñanzas de Nuestro Señor un pretexto para vivir en la opulencia, desatando matanzas y sufrimiento.

Silencio. Parado frente a Bruna, vestido con unas calzas de lana y una camisa blanca de lino, nadie habría pensado que aquel joven era, en efecto, vástago del conde Trasmondo y de la duquesa Claricia Scotti, la mujer que había alentado el levantamiento de los nobles lombardos contra el emperador Barbarroja, cuando éste intentó desterrar al Papa. Nadie habría imaginado que él era uno de los dos hijos de la dama que inició la colecta de fondos para crear la coalición cuyo triunfo, en Legnano, había obligado a Barbarroja a negociar con el Papa.

—¿Sabes que ésta es la única joya que poseo? —preguntó el joven sobando el anillo.

—No me interesa.

Otro silencio.

—Lo que debe interesarte es que no voy a renunciar a ti fácilmente, Bruna. Mi vida sería espantosa si tú no estuvieras a mi lado.

—Tu vida, Lotario… Sólo piensas en ti ¿verdad? Lo que yo sienta, lo que yo piense, qué importa.

—Te amo.

—Si me amaras —y la furia amenazó con desbordar sus pupilas—, no habrías mentido. Sabías que mi familia y yo pertenecíamos al movimiento de Valdo. Sabías lo que opinaba del Papa y del emperador, que se han dedicado a hostigar a mi gente en nombre de la caridad; a masacrarla porque se niega a rendir obediencia a un hombre que jura adorar a Jesús, pero olvida que él nos enseñó a ser humildes. ¿O no es eso lo que afirma esa bula que permite a los obispos juzgar a *los herejes* en sus propias diócesis? Sabías perfectamente que yo había huido del sur de Francia cuando, hace tres años, el Papa la promulgó y, con el respaldo de Barbarroja, juró que nos borraría de la faz de la tierra. ¿Por qué no me dijiste que tu familia era la que alentaba esa persecución? Mi padre y mis dos hermanos murieron bajo el filo de las espadas que costeó tu madre. ¿Cómo te atreves a decir que eso no es importante?

Lotario se había quedado sin saliva. Quizá, después de todo, había cometido un error. No por ocultarle esa información sino por pretender que a ella no iba a importarle enterarse de quién era él. Cuando el temblor de sus piernas cesó, las lágrimas asomaron en sus párpados. Trató de contenerlas. Fue inútil. Se sorprendió de que aquello le estuviera ocurriendo a él. Quiso preguntarle cómo se había enterado acerca de su familia, con quién había hablado, pero las palabras no fluían.

—Me hiciste creer que podríamos compartirlo todo —le reprochó ella—. Qué tonta fui al creerlo.

—Te necesito —fue lo único que se le ocurrió añadir a Lotario.

—Tú no necesitas a nadie.

—Te amo.

—¿Qué entiendes por amor? ¿Engañar a quien cree en ti? ¿Hacerte pasar por alguien que no eres? Ese amor tuyo no es al que yo aspiro. De veras.

—Te amo —musitó el joven, apretando la joya que, muchos años atrás, el Papa había obsequiado a su abuelo y que su padre había llevado puesta durante la batalla de Legnano, el día que perdió la vida—. Te amo...

Bruna salió de la casa, caminando con paso seguro, sin abrigar la menor duda sobre la rectitud de su proceder. Lotario permaneció paralizado, sin saber qué decir, qué hacer. Tuvo la repentina tentación de arrojar el anillo lejos de ahí, de verlo desaparecer junto con su pasado, su alcurnia, el futuro que su madre había soñado para él, y salir corriendo tras la joven para unirse a Valdo y a los *Pobres de Lyon*. A él nunca le habían llamado la atención los palacios suntuosos ni los mantos de seda bordados con oro. Era feliz con su casa de ladrillo ocre y su capa de nutria descosida. *«Pecuniae Impe-* *rare Oportet Servire»*, escribió Séneca: era necesario imperar sobre las riquezas; no ser su esclavo. Siempre lo había alentado esa divisa. Lo que verdaderamente lo hacía disfrutar era el estudio del mundo que lo rodeaba, entenderlo, contribuir a ponerlo en orden. El anillo, que volvió a ensartar en su dedo sin estar seguro de lo que hacía, ciertamente representaba lo que su madre le repetía con insistencia: *«Fac officium»*. Pero, ¿cómo podía *cumplir su deber* si ignoraba cuál era éste? ¿Debía actuar conforme a su corazón o conforme a los valores de su familia? En cualquier caso, podía cumplir su deber viviendo con su madre, en Roma, rodeado de sirvientes, como podía hacerlo yendo de pueblo en pueblo, predicando la humildad. El cumplimiento del deber no implicaba hopalandas o medallones incrustados con joyas. De nuevo, el pasado se confundió con el presente.

Recordó cómo, cuando acababa de cumplir dieciséis años, un mensajero había aparecido exhausto, ante las puertas del castillo de Gavignano, para anunciar la muerte de su padre. Recordó cómo entró fatigado hasta donde estaba su madre y le entregó el anillo que ella dio a su hijo de inmediato: «Llévalo con la dignidad con que tu abuelo y tu padre lo llevaron», ordenó: «Ahora eres el conde de Segni». Él se sintió horrorizado. No por las palabras de su madre sino por el tono frío, metálico; por la ausencia de lágrimas. Sin embargo, cuando decidió que no quería ser un noble inútil ni un soldado, cuando su madre abandonó el castillo para ir a vivir a Roma y él resolvió dedicarse al estudio y viajar a París, el anillo con el zafiro engarzado le siguió recordando las palabras de la duquesa: *«Fac officium»*.

Las distracciones de Francia, las mujeres hermosas y los vinos generosos no bastaron para hacerle renunciar a su propósito. Se graduó con honores y, cuando sus condiscípulos consideraban que habían concluido sus estudios universitarios, él decidió continuarlos, ahora para descifrar los secretos de los juristas. A instancias de uno de sus compañeros de estudios en París, efectuó un breve viaje a Inglaterra para visitar la tumba del arzobispo Becket, en Canterbury y, a su regreso, se asoció a la *universitas* de Bolonia. Había resuelto que sería sacerdote, sí, pero no un sacerdote ordinario: un sabio. No de los que bordaban sobre la especulación teológica y las citas bíblicas sino de los que construían sobre pactos y acuerdos, compromisos y contratos. Ahora, aunque turbado por los textos de Irnerio y el cisma que había provocado el *Decretum* de Graciano, fascinado por las enseñanzas de Huguccio, Lotario sabía que era posible ser un sabio sin tener que ser un sacerdote. Que, incluso, podía serlo casado con Bruna.

«Es hora de que vengas a vivir conmigo a Roma», le había escrito su madre: «No es posible que sigas estudiando el resto de tu vida». Él posponía el encuentro, una y otra vez, recurriendo a los pretextos más inverosímiles. Volvió al presente: el significado del anillo tenía sentido lo mismo en París que en Bolonia. Y lo seguiría teniendo si pronunciaba sus votos definitivos para consagrarse a la Iglesia o si se casaba con la mujer que, en ese instante, se alejaba de su vida, decepcionada de que él perteneciera a una familia que consideraba *desviación* todo aquello que se opusiera a la primacía del Papado.

—*Sabías lo que opinaba del Papa y del emperador, que se han dedicado a hostigar a mi gente en nombre de la caridad; a masacrarla porque se niega a rendir obediencia a un hombre que jura adorar a Jesús, pero olvida que él nos enseñó a ser humildes.*

Las palabras de Bruna le taladraron los oídos hasta la madrugada.

## 2

Calculó la distancia de un vistazo, tensó las piernas y saltó. Lotario lo había hecho decenas de veces pero, ahora, la nieve acumulada del día anterior le obligaba a ser cauto. Sobre todo en las pendientes. Cruzó las murallas de la ciudad. Dejó atrás torres y campanarios; después, caminó por el borde del río, cubierto por una costra de hielo, hasta que llegó al bosquecillo que rodeaba la aldea donde vivía Bruna. Mientras lo atravesaba, tuvo la sensación de que alguien lo observaba, de que mil ojos estaban fijos en él. Advirtió que podía escuchar el ruido que producían sus pasos sobre la nieve, lo cual le hizo recordar lo que decía la vieja Vermilia: «Cuando el silencio reina en el bosque es porque un espíritu acongojado deambula por ahí». Pero ni los árboles pelados ni los matorrales barnizados de hielo sugerían que fuera a manifestarse algún espíritu en pena. «Los pájaros dejan de cantar y hasta las hojas se quedan quietas cuando va a aparecer un jabalí», le había dicho un cazador. Le inquietaba más la idea de la bestia que la del fantasma, por lo que experimentó una vaga zozobra al abrirse paso entre las adelfas que, por lo demás, le resultaban tan familiares. También, por eso, le tranquilizó divisar la aldea y penetrar en ella. Pero el abandono se extendía hasta ahí. A lo lejos, los Apeninos conferían a aquel sitio un aire místico, irreal. Le llamó la atención la presencia de tantas carretas desvencijadas y la gran cantidad de vacas, ovejas y caballos. Era como si el caserío hubiera crecido de la noche a la mañana. Pero no había una alma.

«Qué extraño», pensó Lotario. Tenía la sensación de que soñaba. No estaba seguro de que el día anterior le hubieran anunciado la muerte del Papa y el ascenso del ahora Gregorio VIII, como tampoco lo estaba de haber reñido con Bruna. Después de que la joven había salido de su casa, él permaneció paralizado. Rechazó la sopa de setas que le ofreció la vieja Vermilia y ni siquiera subió a dormir a su cuarto cuando llegó la noche. Se sentó en un sillón de cuero, frente a la chimenea, se arrebujó en su capa y ahí permaneció, cabeceando, hasta el día siguiente. Entonces resolvió que no podía continuar así. Nunca antes se había sentido tan triste, pero eso no significaba que la mujer que él amaba pudiera abandonarlo sin que él fuera a dar pelea. Avanzó tratando de reconocer el terreno. ¿Cuál sería la casa donde vivía Bruna? Solía acompañar a su prometida hasta el río, pero sólo una vez había llegado hasta ahí. Además, espolvoreadas de nieve, cada casa lucía idéntica a la otra. Tuvo que llegar al centro de la aldea para percatarse de que todos sus habitantes se habían reunido ahí. Como si no les importara el frío, hombres y mujeres, niños y ancianos, se apretujaban alrededor de un predicador de barba desordenada y mirada perdida que los amonestaba:

—¿Acaso creen que los ricos se salvarán? ¿Creen ustedes que porque rezan y golpean su pecho tendrá piedad de ellos el Señor? Desengáñense. Quien pone sus afanes en la riqueza, será condenado.

Tendría unos cuarenta años y vestía una túnica de arpillera gris, ceñida por un cinturón de cuerda y unas sandalias maltratadas. Daba la impresión de ser un fraile premonstratense o, mejor aun, uno de esos ermitaños estilitas recién bajado de su columna.

—Jesús nos ha advertido —continuó— que los que hoy sufren y lloran, que los que hoy padecen hambre y sed de justicia, que los que hoy son perseguidos, mañana heredarán el Reino de los Cielos.

Lotario advirtió que, entre la multitud, otros dos hombres vestían de manera semejante al orador. Éste agitaba los brazos y hacía muecas, seguro del efecto que producía en sus oyentes. El joven se aproximó discretamente al grupo, buscando a Bruna con la mirada. No la vio.

—Desconfiemos, pues, de los sacerdotes que ponen pesadas cargas sobre nuestras espaldas sin que ellos sean capaces de llevarlas. Guíemos nuestros pasos por los Evangelios, que debemos leer cuantas veces podamos, y no por lo que la Iglesia dice que enseñó Jesús, para confundirnos.

Entonces no era un fraile premonstratense ni un estilita: era uno de aquellos valdenses que viajaba de un lado al otro, predicando la libre interpretación de la Biblia. Debía tener una confianza excesiva en su grey o ser muy cándido para predicar así, de manera tan pública, sabiendo que era un perseguido. Aunque llevaba guantes de lana, Lotario se frotó las manos para conservar el calor de su cuerpo. Fue quizá ese gesto el que lo delató. El campesino que se hallaba a su lado comentó algo a una mujer que estaba delante de él y ésta, a su vez, murmuró algo al oído del adolescente que tenía frente a ella. Un hombre de rostro enjuto se acercó por fin al predicador y le avisó que, entre sus oyentes, estaba uno que no había sido convidado. Él apenas interrumpió su discurso para dirigirse al joven.

—Qué bueno que hayas venido, *hermano*, y qué bueno que escuches lo que digo. Todos podemos salvarnos si somos capaces de encontrar a Cristo por el camino recto.

—¿Y cuál es el camino recto? —preguntó Lotario, incapaz de eludir el desafío.

—No el que anuncian el Papa y sus secuaces. Eso puedes tenerlo por seguro. Jesús nunca habló de jerarquías ni de fausto. La Iglesia de Roma ha tergiversado el mensaje divino. El camino recto es el que nos mostró el mismo Jesús y está escrito en la Biblia. Fue el dulce Jesús quien hoy te trajo hasta nosotros para escuchar Su mensaje. Si no, ¿por qué has venido?

—He venido a buscar a Bruna, mi prometida —respondió Lotario sin ánimo de discutir.

Se escuchó un murmullo y el hombre del rostro enjuto volvió a aproximarse al santón para hacerle algunas precisiones al oído.

—Me dicen que ella se ha ido —explicó el predicador.

—¿A dónde? Vengo dispuesto a seguirla.

—Hablas con la arrogancia propia de tus años y de tu condición, *Lotario.*

Pronunció su nombre de un modo tan contundente que el joven se sintió inerme en medio de aquella gente tan sencilla. Tal parecía que la aldea entera estaba enterada de su existencia.

—Hablo con la desesperación de un hombre que ha perdido lo que más quiere —tragó saliva y luego alzó la voz— ¿Alguien sabe aquí dónde está Bruna?

El orador meneó la cabeza atribulado.

—Tu sitio está en otra parte, *hermano.* Los caminos que tienes para servir a Dios son distintos. No puedes renunciar a ellos, como Bruna no puede renunciar a los que Él le ha señalado en su infinita misericordia. Encomiéndate al buen Jesús; lee su palabra y vislumbrarás el camino que Él ha señalado.

Aquel hombre no debía haber estudiado nunca Teología. ¿Por qué, entonces, no albergaba dudas sobre las formas en las que Dios se manifestaba? ¿Por qué se expresaba con tanta certeza? El fundador de aquel movimiento había sido un rico comerciante que, al oir a un juglar cantar la vida de San Alejo, quien había abandonado esposa e hijos para emprender su *misión,* ordenó que se tradujera la Biblia al francés e imitó al santo. Aunque algunos calificaban su proceder de diabólico, otros lo consideraban divino. Algo semejante debía haber ocurrido a sus seguidores. Lotario comprendió que no era el mejor momento para buscar a Bruna. Sería mejor volver otro día.

—En ese caso —dijo el joven avanzando hacia él en medio de la gente—, prométeme que le darás este anillo cuando la veas de nuevo.

—No sé si volveré a verla, *hermano.*

—Sé que lo harás. Ella siempre recurre a sus *perfectos*. Por eso quiero que me prometas —suplicó el joven colocando la joya entre las manos del santón— que te encargarás de que Bruna lleve este anillo. Quiero que tenga algo mío, que lleve algo mío; que recuerde las cosas que compartimos. Que nunca olvide que hay alguien que sufre por ella, que la espera. ¿Puedo confiar en ti?

Antes de que el predicador pudiera reaccionar, Lotario dio las gracias y, con paso seguro, con el paso de un conde de Segni, se abrió camino entre las personas que le miraban estupefactas. La aldea quedó atrás, lo mismo que el bosquecillo, sin que a él le preocuparan fantasmas y jabalíes. Bordeó el río, atravesó las murallas y entró a Bolonia cuando el viento helado comenzaba a soplar de nuevo. Frente a él, las torres de la ciudad le parecieron hacinadas, sin orden. Las había de todos tamaños y unas caían sobre las otras. Era algo así como un nudo de espinas pétreas. Las campanas repicaban en tropel. Apenas el día anterior, aquella escena le parecía amable. Ya no. El dolor que sintió en las orejas le hizo recordar que llevaba desatadas las cintas de su gorro. Las amarró.

Mientras hablaba con el *perfecto*, había comprendido que debía enfrentar sus errores con dignidad. No iba a renunciar a Bruna, se repitió, pero quizá debía seguir otro camino —el que Dios tenía contemplado para él—, como se le había advertido. Era curioso: se hallaba en tal estado de confusión que aquel encuentro lo había conmovido. Más aún, le había afectado. Pero ya estaba mejor. Se sentía en paz consigo mismo. Los copos de nieve empezaron a caer y a estrellarse contra su cara. Tuvo un fugaz regocijo al mirar la columna de vaho que surgía de su boca. Sólo tras haber entrado a la abadía y cruzado el atrio; sólo después de sentarse en el salón, se dio cuenta de su fatiga. Había pasado casi un día entero sin probar bocado. Cuando Huguccio lo interrogó con la mirada y reprochó su retraso, Lotario musitó un «lo siento» que nadie escuchó.

—Estamos examinando el canon 27 del Tercer Concilio de Letrán— anunció el *magister*.

Siempre cuidadoso de no desafiar las Escrituras ni al Papa, siempre respaldándose en Graciano, pero siempre mordaz, el pisano había invitado a sus discípulos a preguntarse si era justo perseguir a los herejes por igual. No había podido elegir un tema mejor esa mañana.

—De nada sirve que los herejes vivan como cristianos si, por otra parte, no declaran sumisión a la Iglesia, fundada por Cristo —respondió un alumno.

—Si hoy declararan sumisión a la Iglesia, ¿dejarían de ser herejes por ese solo hecho? —preguntó Huguccio—. ¿Podemos considerar que son tan herejes los *patarinos* como los *triaverdinos*, a quienes la Iglesia ha ordenado combatir, incluso con las armas?

Quizá, pensó Lotario, la cuestión estaba en saber quién tenía el mando. Nada más. Eso explicaría la persecución contra cátaros y publicanos, contra brabanzones y vascos. Dilucidaría la lucha por recuperar los lugares santos, el pleito sin fin entre Papado e Imperio, las despiadadas polémicas que se originaban dentro del propio colegio de cardenales. No eran problemas teológicos ni jurídicos, aunque las soluciones pudieran revestir la forma de una cita bíblica o una sentencia del *Corpus Iuris*. En el fondo, lo que se discutía, aquello por lo que se peleaba y asesinaba, era quién debía imponer su voluntad sobre los otros: quién debía mandar. Lo teológico, lo jurídico, era sólo un disfraz. «*Homo homini lupus*», había advertido Huguccio citando a Plauto. ¿Qué ocurriría si, de repente, Valdo jurara obediencia al pontífice? ¿El y todos los *Pobres de Lyon* ingresarían al seno de Roma sin mayor trámite? ¿Bruna dejaría de ser una hereje mediante aquel sencillo acto de sumisión?

—No bastaría la declaración —dijo otro de los estudiantes—, pues en el canon se condena a los herejes y, en algunos casos, a aquellos que les den posada. En otros, se promete la protección de la Iglesia a quienes tomen las armas contra ellos. El problema, pues, no puede reducirse a una mera declaración de obediencia.

Lotario aún sentía la presencia del *perfecto* a su lado; su mirada serena; sus acusaciones terribles, pero inobjetables, contra la Iglesia. No, no era justo que se les persiguiera con tanta saña.

—El Concilio de Letrán —dijo al fin el conde de Segni— se celebró hace ocho años. La bula *Ad abolendum* se promulgó más tarde. Esto significa que, durante el Concilio, ni el Papa ni el emperador tenían claro quiénes eran herejes y quiénes no. ¿Acaso han olvidado que el Papa estrechó a Valdo contra su pecho y acogió con simpatía su voto de pobreza? Ahora las cosas han cambiado y tanto el Papa como el emperador buscan sumisión. Que los herejes guarden silencio mientras ellos siguen diciendo qué es lo bueno y qué es lo malo. Pero ¿de dónde les viene este poder? ¿De Cristo o de sus armas? ¿Quién nos dice que no son los valdenses quienes han interpretado mejor la palabra de Dios?

Para no romper la costumbre, sus compañeros le impidieron continuar. Todos comenzaron a hablar al mismo tiempo. Gritaban, se insultaban. Huguccio se mecía en su *cathedra* y golpeaba con sus manos extendidas sobre los brazos de la silla. Era inútil. Los estudiantes se levantaron. Comenzaron a salir sin que él lo autorizara. Pero, bueno, pensó resignado, para eso se habían organizado las universidades: para sustraerse de la jurisdicción de las ciudades y facilitar la docencia entre sus miembros. ¿Qué mejor forma de lograrlo que el debate? Huguccio entendía que la Iglesia había dejado un buen número de asuntos sin definir y que, detrás de la persecución a *los herejes*, no había sino una inquebrantable voluntad por mantener su posición como centinela de *la verdad*. Quizá no podían medirse con el mismo rasero los valdenses que los cátaros que se estaban extendiendo al sur de Francia pero, ciertamente, el interés de la Iglesia por dictar lo bueno y lo malo estaba detrás de cualquier distinción. Por otra parte, *alguien* tenía que hacerla. Huguccio solía afirmar que la discordia era vergonzosa dentro de una comunidad y calificaba la herejía de *crimen de lesa majestad*: porque dividía lo que no debería estar dividido. Aunque, ¿cómo conciliar lo que se antojaba irreconciliable? «Graciano», suspiró, «no nos diste todas las respuestas». Al salir al claustro, el *magister* advirtió que varios de sus discípulos se dirigían a Lotario con enfado, recriminándole sus palabras.

—Lo que has dicho es una ofensa —aducía uno.

—Peor —afirmó otro—: una herejía.

—Tienes que disculparte.

—Debes rectificar.

Él los miró con desprecio, cruzó una mirada de complicidad con su maestro y dio la media vuelta. Huguccio hizo el intento de seguirlo pero comprendió que aquel no era el mejor momento.

El conde de Segni volvió a casa satisfecho. Bajó a la cocina, se quitó los guantes y, antes de que la vieja Vermilia pudiera protestar, engulló los panecillos que se cocían en el fogón.

—Ni siquiera estaban listos —rechistó la sirvienta.

—Beberé tus pócimas para espantar brujas y hasta el carbón si no me das pronto algo más —amagó.

La sirvienta se apresuró a descolgar las codornices que había comprado esa mañana en la plaza y las preparó con la decocción de canela y hierbas aromáticas que la madre de Lotario enviaba cada mes. El joven devoró de una sentada el platillo y subió a su recámara, donde atizó los braseros y se deshizo de las botas. Apenas se hubo desplomado sobre la cama, quedó profundamente dormido.

Despertó sobresaltado. A través de las maderas que cubrían la ventana del cuarto se filtraba un intenso resplandor. De la calle provenía un escándalo que producían distintas voces, voces atropelladas. Se incorporó asustado, abrió la madera y limpió el vidrio con el dorso de su mano. Por primera vez se alegró de que su madre hubiera mandado sustituir por vidrio las láminas de hueso. Lo que entonces se le antojó un lujo, ahora le parecía una necesidad. Divisó a decenas de hombres y mujeres armados de picas y palos. Llevaban antorchas. Se veían agitados. Debía de ser tarde. ¿O ya estaría amaneciendo? Quizá valdría la pena bajar a averiguarlo. Antes que pudiera hacerlo, las hojas de la ventana se abrieron de golpe, la aldabilla saltó por los aires y una figura se precipitó a la habitación. Era como si hubiera escapado de su sueño.

—Necesito asilo. Tú eres el único que puede ayudarme...

—¡Bruna! —exclamó Lotario atónito— ¿Qué haces aquí? ¿Qué ocurre?

Ella no se cansaba de sorprenderlo.

—Los soldados del Papa entraron a la aldea. Quisieron arrestar a Valdo. Gracias a Dios, pudo escapar.

La joven cobró aliento. Vestía una camisa, calzas y zapatos hechos jirones. Sobre el pecho y los brazos podían verse manchas de lodo y sangre.

—¿Cuáles soldados del Papa? ¿Qué tiene que ver Valdo con esto?

Lotario calzó sus botas y ciñó la espada. Hubiera ocurrido lo que hubiera ocurrido, no iba a permitir que nadie tocara a Bruna.

—El hombre con quien hablaste ayer —le contó la joven— era Valdo.

—¿El predicador? —preguntó Lotario incrédulo.

—Y pudo escapar - -añadió Bruna satisfecha.

—Descansa —le rogó Lotario sin poder disimular su emoción—. Estás fatigada. No dejaré que nadie te lastime.

No acababa de prometerlo cuando tres fuertes golpes se escucharon en la puerta de abajo. Lotario bajó dando zancadas. Frente a la puerta, sin atreverse a abrirla, el esposo de la vieja Vermilia lo miraba, con una linterna de aceite en la mano. Esperaba instrucciones.

—Abre —ordenó Lotario.

El lacayo abrió y cayó al suelo, derribado por el empellón que le dio un soldado que se arrojó contra él.

—¿Dónde están los herejes? —quiso saber exaltado.

Lotario lo enfrentó.

—Nadie entra con esos modales a la casa del conde de Segni.

—¿Dónde están los herejes? —repitió el otro sin prestar atención.

Tras él entraron otros cinco, seis, siete hombres. Todos vestían cota de malla y agitaban las espadas desenvainadas. Tres de ellos también llevaban antorchas.

Lotario avanzó furioso.

—He dicho que nadie...

—El conde de Segni habita un castillo —dijo el primero de los soldados agarrando a Lotario por el cuello, como si lo quisiera estrangular.

El joven sintió que el aire lo abandonaba. La espada cayó de sus manos.

—Me temo que, en esta ocasión, el capitán se equivoca: por asombroso que parezca, *él es* el conde de Segni.

Apenas escuchó aquella voz, el soldado soltó a Lotario. Acababa de entrar el jefe de la cuadrilla. Era más fornido que cualquiera de sus hombres y su cabellera pelirroja le confería un aspecto de guerrero bíblico.

—Tendrás que perdonarlos, *ragazzo*. Es imposible que se sepa quién eres si te niegas a vestir decentemente.

—Roberto... —musitó Lotario sintiendo que el aire volvía a su cuerpo— ¿Quieres decirme qué ocurre? ¿Qué estás haciendo en Bolonia? ¿Qué significa este escándalo?

Roberto Courçon había sido su compañero de estudios en París. Su piedad y su afán de combatir con las armas a quienes no compartían su fe en nada habían perjudicado el aprecio que Lotario sentía por él. Lo que, desde luego, le sorprendió, fue encontrarlo ataviado al igual que los otros, cuando la última vez que lo vió llevaba una capa de terciopelo y discutía la doble naturaleza de Cristo con los maestros. Courçon hizo una señal a los soldados para que se retiraran. Antes de hacerlo, el hombretón ayudó a incorporarse al sirviente, quien bajó a la cocina, despavorido.

—La defensa de la fe me lleva por todo el *orbs* —respondió Courçon.

Se enteró que Valdo estaba cerca de la ciudad y había estado a punto de echarle el guante. Desgraciadamente, cuando dos guardias lo habían arrestado, apareció una mujer enfebrecida que rebanó el cuello a uno de ellos, permitiendo que *el padre* pudiera huir hacia las montañas. Hasta el día siguiente reanudarían la persecución. Muchos de los seguidores de Valdo, no obstante, valiéndose de complicidades que él pretendía aclarecer, habían traspasado las murallas, buscando refugio en la ciudad.

—Y no nos iremos de Bolonia hasta coger veinte herejes. Para ello nos ha facultado Su Santidad en persona, *ragazzo*.

Le decía como había oído que le llamaba Clariccia Scotti, durante la temporada que Lotario lo invitó a Roma. La duquesa había quedado fascinada al escucharle narrar la conquista de Inglaterra y la heroica participación que la familia Courçon había tenido en la batalla de Hastings.

—Quien te dio esa facultad ha muerto —dijo Lotario sobándose el cuello y girando la cabeza a un lado y otro para atenuar el dolor—. Ayer llegaron unos monjes de Pisa con la noticia. Lo ha sustituido el cardenal canciller. Se ha hecho llamar Gregorio VIII.

—De cualquier modo —Courçon se rascó la barba—, he prometido servir al Santo Padre, sea éste quien sea. Voy a cumplir.

—Cuando termines tu encargo, me encantará hospedarte aquí. No es el castillo de Gavignano ni la casa de mi madre en Roma pero, quizá, estés mejor que allá.

—No tengas duda, *ragazzo*. Volveré. Tú, por lo pronto, ten cuidado. Atranca bien puertas y ventanas, pues los herejes andan sueltos —avanzó hacia la puerta y se detuvo—. Por cierto, perdona a mis muchachos. Son incontenibles cuando se trata de defender la fe.

Apenas hubo salido Courçon, Lotario subió la escalera precipitadamente. En la habitación, sentada frente a la chimenea y envuelta en la frazada que había arrancado de la cama, Bruna tiritaba.

—¿Fuiste tú...? ¿Tú mataste al soldado? —preguntó Lotario.

Ella fingió no escucharlo. Se quitó los zapatos y sobó sus pies.

—¿Fuiste tú quien lo degolló? —volvió el joven sentándose a su lado.

—¿Qué querías que hiciera? —se defendió Bruna—. Habían detenido a Valdo, se lo iban a llevar para torturarlo. ¿No habrías hecho tú lo mismo si alguien hubiera intentado arrestar a tu señor Papa?

Lotario apartó un poco la frazada para confirmar que la sangre con la que Bruna se había ensuciado no era suya.

—Pero ¿te das cuenta de...?

—¿Y qué vas a hacer? —respingó la mujer—. ¿Entregarme? Anda, hazlo ahora mismo.

—No, Bruna; eso nunca. Antes me casaré contigo, me declararé culpable de tus locuras y huiré contigo recorriendo Europa.

—No digas tonterías. No en estos momentos, por favor.

—Hablo en serio —dijo él colocando su mano en uno de los pies de la joven.

Ella lo apartó.

—Además, tengo hambre...

Lotario se incorporó.

—Ahora mismo traeré algo para que comas. Qué imbécil soy.

Bajó a la cocina por un pellejo de vino, queso y pan. Cuando volvió, Bruna se había ido.

3

*Carissimo ragazzo:*

Cuando recibas esta carta ya estarás enterado de la muerte del Papa Gregorio VIII, así como del ascenso de mi primo, tu tío Pablo Scolari, a la silla de San Pedro, de la forma tan rápida como se dieron las cosas, pues cuando todos creíamos que el nombramiento recaería en el obispo de Ostia, éste lo rechazó y tu tío fue entronizado.

Gregorio VIII ni siquiera reinó dos meses, tiempo suficiente para que pudiera distinguirnos con su afecto, así como para hacer cosas que otros papas no se atrevieron a hacer en años, tales como imponer al clero medidas para vestir con moderación, ordenarle que se abstuviera de comer carne viernes y sábados y llamar a la cruzada a los príncipes cristianos, mediante la bula *Audita Tremendis,* un acto valiente, lo mismo que el hecho de haberse reconciliado con el emperador Barbarroja, después de los traspiés de su mal recordado antecesor.

Si lo anterior no hubiera sido bastante, Gregorio VIII tuvo la deferencia de aceptar mi súplica para ordenarte subdiácono, cuando tú aún no pronuncias tus votos sacerdotales, y para mirarte con gentileza, cuando tú asististe a Roma, como si ya los hubieras pronunciado, ataviado con tu sotana y tu banda naranja, muy gallardo, muy guapo, eso sí, sin preocuparte de la atribulación en que yo me hundiría después de tu estancia tan corta en la *urbs* y de tu partida tan precipitada.

Me alegró que te acompañara Roberto Courçon, a quien le reclamé lo de tu cuello, segura de que le seguiré simpatizando, y a quien le expresé mi frustración por no haber podido conversar contigo, reírme contigo, repetirte que te extraño más de lo que imaginas y, por ello, te pregunto hasta cuándo vas a estar en Bolonia.

¿No fue suficiente haber aprendido citas de la Biblia en París? ¿Qué necesidad tienes ahora de conocer el punto de vista de esos oscuros canonistas de los que me has escrito? ¿Me veré obligada a pedirle a tu tío que te llame a Roma —porque pronto va a estar en Roma— para tenerte a mi lado?

Tanto si deseas continuar la carrera eclesiástica, como si deseas contraer matrimonio, no debes abandonar Roma por mucho tiempo, pues aquí están las mejores oportunidades en ambos sentidos y, por mi parte, he pensado para ti en dos o tres jóvenes que pertenecen a las principales familias de Italia, a las más aristocráticas, entre quienes destaca Ortolana de Fiume, la más hermosa, la de mejor corazón y la que, por añadidura, sabe leer y escribir, lo cual la hace doblemente atractiva, sin contar, te digo, su alcurnia como heredera de una distinguidísima casa de Asís.

En lo que a tu tío se refiere, ahora ya es el señor Papa Clemente III, y yo me he apresurado a escribirle para concertar un encuentro entre él y los senadores que, a fin de cuentas, son los dueños de Roma y los amigos del emperador. Ellos saben que discrepo en muchos aspectos de la política de Barbarroja, a pesar de lo cual han declarado que admiran mi coherencia y que no les importa que yo haya sido una de las principales enemigas del Imperio, pues no ignoran que, en su tiempo, tuve razón. Gentileza que yo he agradecido expresándome bien del emperador, aplaudiendo el apoyo que ha dado a la *universitas* de Bolonia, no obstante que ésta se conduce, en ocasiones, con más autonomía de la que debiera, y buscando cuanto motivo se me ha ocurrido para fortalecer la reconciliación.

Es urgente que tu tío tome posesión del Palacio de Letrán, como ha de ocurrir pronto, y así se ponga fin al exilio que el emperador impuso al Papa pues, hasta donde sé, Barbarroja está dispuesto a la reconciliación y no hay que desaprovechar su buen ánimo, razón adicional por lo que tú debes volver a Roma cuanto antes.

En cuanto a tu encargo, lo he cumplido, escribiendo a Enrico Dandolo para que te reciba a ti y a tus amigos en Venecia, ciudad que un día se convertirá en la más hermosa de la cristiandad, en la más deslumbrante, a juzgar por las obras que se han emprendido en la laguna, por la capilla de San Marcos y los canales trazados con tanta galanura.

Enrico respondió hace unos días y prometió que los recibirá con gusto, por lo que te ruego que si, finalmente, vas a Venecia, no dejes de escribirme para contarme cómo les fue y para que yo, a mi vez, cuando reciba tu carta, te dé las nuevas noticias e insista sobre tu regreso a Roma.

Te quiere

Tu madre.

Camino hacia la República de San Marcos, *La Serenísima*, Lotario no dejó de pensar en Bruna. La magia de los últimos meses se la debía a ella. Aunque ahora, como subdiácono, estaba obligado a la castidad, no podía dejar de recordarla, de desearla. La encontraría, aun contra todas las circunstancias. Tendría que hacerlo. En distintas ocasiones, Esteban Langton y Roberto Courçon, que cabalgaban a sus flancos, trataron de hacerlo reír, distraerlo. Fue inútil. Extraviado en remembranzas sofocantes, el subdiácono de Segni ya estaba de regreso en la aldea de Bruna, que visitó otras tres ocasiones, hasta que un campesino lo señaló, gritando: «¡Ahí está el delator!» Los aldeanos lo ahuyentaron a pedradas. Extrañaba a la joven. Desde que ella había escapado de su casa, entre el griterío y la persecución provocada por Courçon, no había vuelto a dormir bien. Despertaba, llamándola a mitad de la noche y, cuando volvía a conciliar el sueño, la veía con las manos ensangrentadas, preguntándole: «¿Y qué vas a hacer? ¿Entregarme?» No, nunca lo habría hecho. La culpa de aquella persecución, de aquel asesinato, la tenía su amigo. Y, más que él, el Papa, la Iglesia entera. Esperaba, sinceramente, que el encuentro con Dandolo le ayudara a olvidar su aflicción.

Enrico Di Domenico Dandolo recibió a los tres jóvenes en la sala principal de su palacio, cuyos espacios amplísimos contrastaban con las ventanas cubiertas por cortinas negras. A sus ochenta años, era uno de los hombres más poderosos de Venecia. Y uno de los más caústicos. Todo le parecía mal. Denostaba las leyes de la República, su sistema monetario, su política exterior y la tibieza con que la cristiandad pretendía hacer frente a los musulmanes. «Todo lo haría mejor yo», repetía a los cuatro vientos. A la muerte del conde Trasmondo, había cortejado a Claricia Scotti y, según decían las malas lenguas, la duquesa había sido muy generosa con él aunque, al final, lo había rechazado. Por eso cuando ella le pidió «al hombre más brillante de Europa», al único que respetaban «por igual el Papa y el emperador», que recibiera a su hijo y a dos amigos, éste se apresuró a responder que lo haría en recuerdo de los buenos tiempos.

Su rostro amorfo, al que las arrugas habían comenzado a engullir, ocultaba una salud envidiable. Era fuerte, como toro; los dientes de su boca estaban completos y su voz no temblaba ni por asomo. Sólo su vista, su menguada vista, lo traicionaba. Por eso vivía en la penumbra y, por eso, cada vez que salía, lo hacía bajo cobertizos y palios, evitando, en lo posible, la luz del sol. Se decía que estaba ciego, que los bizantinos le habían quemado los ojos, pero, ciertamente, un ciego no habría podido llevar la vida que él llevaba. Apenas anunciaron la presencia de los tres jóvenes, quiso saber quién de ellos era Lotario pero exigió que no se lo revelaran. Él mismo lo quería adivinar. Se detuvo un momento ante Roberto Courçon, que se había calado un sombrero con plumas tan rojas como su propia cabellera. Luego hizo lo mismo ante Esteban Langton, que carraspeó ufano cuando Dandolo tomó entre sus dedos la cruz de diamantes que llevaba en el pecho. Por fin, palpó el cuello desnudo, las manos sin anillos y el cinturón de cuero del conde de Segni.

—Eres más rico que estos dos juntos y cualquiera apostaría a que eres su criado, hijo.

—Supuse que a Enrico Dandolo no lo iba a impresionar con pedrería fina— respondió Lotario.

—¿Con qué lo vas a impresionar entonces? —preguntó el viejo socarrón.

—Con mi disposición para aprender de su sabiduría.

El anciano soltó una carcajada que resonó en las paredes de piedra pulida, las columnas y los pisos de mármol del palacio.

—Me gusta tu insolencia, hijo.

Después de obsequiarles una opípara comida —carpas de la laguna aderezadas con salsa veneciana y vino blanco—, Dandolo se enfrascó en una conversación sobre los libros de Aristóteles, traducidos recientemente en Toledo, que le había llevado Lotario como obsequio. ¿Acaso ya estaban aprobados por la Iglesia? ¿No se apartaban en exceso de los Evangelios? Estimaba peligroso que se permitiera copiar los textos de aquel griego sabelotodo, pues no faltaría quien quisiera pensar y vivir prescindiendo de la Biblia. Eso acarrearía más herejías, más desorden. Aristóteles formulaba preguntas que la Iglesia no podía contestar o, peor aún, que podían responderse dejando a un lado la fe.

—Esa es mi opinión —repuso Courçon—. Aristóteles debería prohibirse. Los judíos de Toledo y los eruditos de Palermo han empezado a traducir sus textos y cada vez es más fácil dar con ellos. Esto, sin contar con lo que se hace en Inglaterra. Es abominable.

—No es que yo me vanaglorie de mis conocimientos sobre Teología o Derecho —añadió Dandolo—, pero he escuchado comentarios poco halagadores sobre la forma en que este filósofo crea su propio mundo, sin necesitar de los Evangelios. Hay que impedir que los judíos de Toledo sigan difundiendo este veneno.

—Su *Lógica* es rescatable —añadió Esteban Langton acariciando su cruz de diamantes—, lo mismo que sus tratados sobre física, pero estoy de acuerdo contigo en lo que a sus otros trabajos se refiere. La *Ética* es particularmente nociva. Muy pocos pueden leerla sin poner en peligro su fe.

—A mí me parece excelso —contradijo Lotario—. Sigo sin entender el miedo que se le tiene. Reflexionar siempre es sano.

—No cuando la reflexión desune, hijo. Lo que hace falta hoy día —apuntó el anciano—, es unidad. Por eso hay que aniquilar la herejía. Si cada quien piensa como quiere, cada quien hará lo que le venga en gana ¿a dónde vamos a llegar así? Si hoy no acallamos a herejes y a musulmanes, mañana el mundo se volverá inhabitable.

Hacia el atardecer, cuando el sol comenzaba a hundirse en el ocaso, Dandolo ordenó que prepararan su barcaza. Seis remeros los condujeron a través de la laguna. Admiraron a lo lejos los barcos, provenientes de todos los puertos, que se daban cita involuntaria para convertir a Venecia en el centro del comercio de la cristiandad. Se apearon en la *Piazza*. En ella destacaba el *Palazzo Ducale* que desde lejos daba la impresión de flotar sobre las aguas, así como la capilla de San Marcos. Apenas reconocieron el estandarte, los guardias que custodiaban el lugar franquearon el paso y ayudaron a Dandolo a desembarcar.

—A veces me tienta el deseo de convertirme en *dux* —confesó—, pero cuando pienso que tengo todas las ventajas del cargo y ninguna de sus responsabilidades, la ambición se desvanece. Ningún *dux* lo sería si no se me consulta antes a mí.

—Y, sin embargo —objetó Lotario—, hay cosas que podrías hacer sólo si fueras el *dux*.

Los ojillos del veneciano parecieron agrandarse al escuchar al joven.

—Este palacio —desvió la conversación—, no es el original. El original se quemó hace más de doscientos años.

Las paredes macizas del *palazzo* resultaban insignificantes ante la arcada y los cinco domos abovedados de la capilla. Las hileras de columnas sobrepuestas y los relieves de sus frontispicios, los cinco trabajados en mosaicos de la República, resultaban de tremenda hermosura.

—Soberbia —silbó Roberto Courçon al contemplarla.

—Apabullante —completó Langton.

Dandolo miró a Lotario, esperando su comentario. Tuvieron que entrar a la Iglesia, caminar por su piso ondulante y detenerse en los otros mosaicos dorados que adornaban sus paredes; tuvieron que caminar por los puentes que cruzaban la capilla de una cúpula a otra para que expresara su opinión.

—Me parece un desperdicio que sólo los dogos puedan entrar a este recinto.

—Los dogos, quienes nombran a los dogos y los amigos de quienes nombran a los dogos— aclaró el anciano—. Pero ¿esto es todo lo que tiene que decir el conde de Segni al respecto?

—También debo decir que falta algo. No aquí adentro: afuera. Parece como si la galería necesitara otro adorno. Algo heroico.

—Yo mismo supervisé la instalación de los leones alados que están en la galería, hijo. ¿Qué más podría faltar?

—No lo sé. Hace falta algo. Algo heroico —repitió Lotario.

Regresaron al palacio de Dandolo en la barcaza y, durante los siguientes tres días, exploraron la República. Aunque debía volver pronto a concluir una misión que tenía en Ferrara, el veneciano no escatimó atenciones para agasajar al hijo y a los amigos de una mujer por la que, hacía ya muchos años, había sentido la última de sus pasiones. «Háblales de la vida», le había escrito Claricia Scotti: «Enséñales lo que deben aprender los hombres que, en un futuro, van a dirigir la cristiandad». Cada uno de ellos se interesó por cosas distintas: Esteban Langton, por los privilegios de los estratos sociales; Roberto Courçon, por las creencias religiosas de los obreros que clavaban pilotes bajo el agua; Lotario, por la forma de gobierno, por los pesos y contrapesos políticos que merecían a Venecia el título de *La Serenísima*. Los tres, sin embargo, disfrutaron los manjares y la conversación de los sabios que Dandolo invitó a su mesa. Langton y Courçon se regocijaron, también, en compañía de las cortesanas que los entretuvieron cada noche. Los tres quedaron sorprendidos al constatar la riqueza de las casas, de los palacios que comenzaban a proliferar por doquier. El mármol blanco, las arcadas ojivales, las ventanas con arco de medio punto, desde donde podían admirarse los canales de la ciudad, hacían de Venecia la más deslumbrante de Europa. Dandolo admitió, desconsolado, que sólo Bizancio la superaba en esplendor. También discurrieron sobre los disparates que se habían tejido en torno al ejército de Saladino: la existencia del *blemmyae*, que no tenía cabeza y llevaba los ojos ensartados en el pecho, o de los *esquidópodos*, que avanzaban sobre un pie enorme, descomunal, aplastando cristianos a su paso. El último día de la visita, el anciano tomó a Lotario del brazo y caminó con él a lo largo de la galería principal de su palacio, adornada con jarrones y esculturas antiguas.

—La principal virtud de un jefe —le dijo— es su capacidad para señalar un destino y, también, para construir el camino que llevará a su gente a ese destino. Ya se trate de un jefe político, de uno espiritual o de uno militar, éste sólo lo será si consigue inventar un sentido y despertar el entusiasmo de su pueblo para alcanzarlo.

—*Señalar un sentido...* —repitió el joven mientras advertía que sus pisadas resonaban magnificadas sobre los mosaicos del corredor.

—Cuando no hay rumbo —añadió Dandolo—, los pueblos, las iglesias, los ejércitos, se dispersan, hijo. Ha habido épocas en que, a falta de jefes, la cristiandad ha estado a punto de fenecer.

—¿Acaso faltan jefes en esta época?

—Qué va. Hoy tenemos más jefes que nunca, lo cual también es peligroso. Cuando no hay camino o cuando existen numerosos caminos, surge la confusión.

Varias veces llegaron al final de la galería y varias veces regresaron sobre sus pasos. A la ida, Lotario echaba una ojeada a las ánforas griegas, donde Aquiles y Ajax jugaban a la suerte, o donde Hércules derrotaba a monstruos horripilantes; a la venida, se detenía en las esculturas donde los sátiros seducían a faunos desprevenidos.

—¿Crees que, en casos como estos, se precise de un… señor de señores? De otro Carlomagno, por ejemplo.

—Carlomagno fue menos de lo que se dice —tosió Dandolo—: una leyenda promovida por los alemanes para justificar su poderío. Hay más de mito que de veras en ese emperador.

—Pero Aquisgrán existe…

—Como cualquier reliquia, hijo. Tú o yo podríamos mandar hacer, hoy mismo, la jofaina en la que Pilatos reconoció que él no era un jefe sino un subalterno irresponsable. La idea de Carlomagno es fascinante, sí, como lo es la de un señor de señores. Pero ¿a qué jefe obedecerían, por igual, el emperador Barbarroja y el rey de Inglaterra? ¿Qué senda estarían dispuestos a seguir, al mismo tiempo, el rey de Sicilia y el de Francia?

—Las que establezca el Papa.

—Ya ves que no, hijo. El Papa también ha acabado por ser un símbolo. Incluso tu tío Pablo, diplomático diestro, si los hay, acaba de instalarse en San Juan de Letrán, aceptando condiciones humillantes como pagar subvenciones al Senado, renunciar a su derecho para acuñar moneda y dejar Tusculum a su suerte. Más aún, se comprometió a que los tusculanos destruyeran sus propias murallas bajo amenaza de excomunión. De no hacerlo, habría corrido la suerte que corrían los papas hace seis años, cuando ni siquiera se les permitía entrar a Roma.

—Entonces —quiso saber Lotario—¿no existe una esperanza para la cristiandad?

—Sí —suspiró Dandolo—: que el bien y la justicia signifiquen lo mismo para todos. Ese día reinará la paz.

De regreso a Bolonia, ni Esteban Langton ni Roberto Courçon dejaron de hablar. Estaban deslumbrados por *La Serenísima* y por las atenciones que les habían brindado. No escatimaron elogios para la agudeza de los eruditos con quienes departieron los alimentos, ni para la sensualidad de las mujeres con quienes habían compartido el lecho. Ambos compraron caballos nuevos y regala ron los suyos a sus sirvientes, que les seguían de cerca, cargando los jarrones, telas y tapices que sus patrones habían adquirido. Ambos pensaban visitar a sus padres, en Inglaterra, antes de reincorporarse al *studium* donde organizaba sus cátedras y debates la Universidad de París. Por lo pronto, había que hallar nuevos argumentos para desdeñar a Aristóteles y pensar en todo aquello que el mundo tenía que aprender de Venecia. Lotario, que sólo había comprado un ejemplar del *Digesto*, se limitó a encomiar la trascendencia de aquella obra.

Roma, en junio A.D. 1189.

*Carissimo ragazzo:*

Tienes que ser el más ingrato, el más cruel de los hijos, pues me tienes sin noticias y me has obligado a enterarme de tu viaje a Venecia por la carta que envió Enrico Dandolo, así como por las que me hicieron llegar Esteban Langton, de Lincolnshire, y Enrique Courçon, de Kedlestone.

Por ellos sé qué hablaron y qué hicieron, pero sigo preguntándome cómo es posible que me tengas sin noticias, pues ni tus estudios en Bolonia, ni el entusiasmo que agita a la cristiandad por la próxima cruzada me parecen un pretexto para tener abandonada a tu madre.

Desde que mi primo se instaló en Roma, las cosas han marchado bien pues, ahora, tanto el emperador como el Papa han comprendido que hay un tiempo para la lucha y otro para la conciliación, una vez que pasó Legnano y se aspira a tiempos de concordia.

¿Qué mejores pruebas de esto que el acercamiento de Francia e Inglaterra o el hecho de que el hijo del emperador haya abandonado, por fin, la ocupación de los Estados Pontificios mientras su padre, a la cabeza de 100 mil soldados, ha partido hacia Constantinopla, con la promesa que le hizo tu tío de coronar a su hijo Enrique, con lo cual se evitarán los pleitos sucesorios y, algo más importante, se conseguirá que Enrique devuelva al Papa las partes ocupadas de Campania y Tuscia?

Me emociona imaginar lo que harán juntos el emperador y los reyes de Francia e Inglaterra, aunque también pienso que, a estas horas, los espías deben haber informado a Saladino de los contingentes a los que está a punto de enfrentarse y el sultán, que es hombre bien nacido y atento, según dicen, debe estar consternado, al imaginar las fuerzas que, tarde o temprano, lo expulsarán de Tierra Santa, aunque él luche por ella con todos sus bríos para cumplir los deberes que le impone una fe que, aunque errada, es su fe.

A pesar de mi entusiasmo, hay cosas que me inquietan, como el diezmo de Saladino, pues si bien en Inglaterra los clérigos se han hecho cargo de él, en otras ciudades, son señores laicos quienes lo cobran y tu tío ha tenido que enviar, para supervisar este cobro, a un legado a Poitiers y a Limoges. Esto no impide que, en otros lugares, la contribución y su forma de cumplirse generen dificultades que podrían complicarse, si consideras que, en el Languedoc, sigue proliferando el descontento hacia Roma.

En cuanto a ti, espero tener noticias pronto.

Tu madre.

Finalmente Lotario decidió volver a Roma. Fue el día que se enteró de la muerte del rey de Sicilia y de las pretensiones que tenía el hijo de Barbarroja para reclamar el reino. «Alguien tiene que evitar que Enrique Hohenstaufen se adueñe de Sicilia», pensó. Si el hijo de Barbarroja lo hacía, los estados pontificios serían absorbidos por el Sacro Imperio. Entre los alemanes del norte y los alemanes del sur, el Papa quedaría a merced del emperador. «Alguien tiene que impedirlo», se repitió. Aquel día, la lección la dictaba un profesor genovés y estaba analizando *De peregrinate civitate Dei*, un exhorto para que los fieles se unieran a la cruzada. Era un documento que citaba a San Agustín una y otra vez, recordando la importancia que los antiguos romanos daban a la libertad y a la justicia. «Es inaudito», resolvió Lotario. «El Papado está a punto de perecer y yo estoy aquí, sin hacer nada, especulando sobre cartas estúpidas.» Entonces se levantó ruidosamente —pluma y tintero cayeron al suelo— y salió del aula.

Primero se dirigió a la capilla mayor, donde esperaba encontrar a Huguccio. No lo halló. Entonces subió al segundo piso de la abadía, donde un monje le recordó que los alumnos tenían prohibido deambular por las celdas.

—¿Quién lo prohíbe? —respondió Lotario.

El monje asintió, seguro de que no había escuchado bien. Quedó azorado cuando vio que el joven golpeaba con frenesí la puerta de Huguccio. El pisano abrió, en medio de un chirrido, con una sorpresa aún mayor.

—He venido a despedirme, *magister*. Dejo Bolonia.

Huguccio salió de la habitación y, en medio de otro chirrido, cerró la puerta tras de sí.

—No puedes marcharte así.

—Murió el rey de Sicilia y Enrique Hohenstaufen reclama el trono para él.

—¿Qué tiene que ver eso contigo?

—Debo impedir que se apodere de ese reino.

—¿Tú? —gimió— ¿Cómo lo harás?

—Hablando con el Papa, haciéndole ver que los estados pontificios peligran, sugiriéndole maneras para actuar, ofreciendo mi apoyo...

—El Papa no puede hacer nada. El Derecho asiste al hijo de Barbarroja. Está casado con la hija del difunto rey y es, por tanto, heredero legítimo del Reino de las Dos Sicilias.

—El difunto rey prometió fidelidad al Papa, *magister*.

—No sé qué tan importante sea eso ahora. Cuando, hace cinco años, el Papa consintió el matrimonio entre Enrique y la hija del difunto rey, sabíamos lo que iba a ocurrir tarde o temprano. Todos los cardenales advirtieron al pontífice lo que podría suceder con el *Patrimonium Petri* si llegaban a unirse el Imperio y el Reino pero, en ese momento, él no podía negar nada a Barbarroja.

—Eso no significa que el Derecho esté de su lado. Si algo he aprendido durante mi estancia en Bolonia, si algo debo agradecerte, es que me hayas ayudado a entender que el Derecho se ha concebido para justificar las decisiones del más fuerte. Los juristas sólo buscan las citas convenientes, los argumentos para declarar que el Derecho le asiste.

—Yo nunca he enseñado eso —protestó Huguccio.

—No, pero me has hecho ver que así es: el Derecho sólo es útil cuando las dos partes tienen la misma fuerza.

El viento helado que penetró por la arcada recordó a Huguccio que el conde de Segni llevaba más de un año en el *studium* de Bolonia; que, quizá, había aprendido cuanto debía saber.

—Debes tener cuidado con lo que dices, muchacho.

Lotario lo estrechó fuertemente entre sus brazos.

—Debes tener cuidado con lo que enseñas, *magister*.

## 4

Aunque ya habían transcurrido sus mejores años, la duquesa Claricia Scotti aparentaba ser más joven de lo que era. Su carácter severo y su frialdad de antaño habían decantado en las difíciles sonrisas con que reaccionaba ante las buenas y malas noticias. *Difíciles*, porque la mujer procuraba involucrar en ellas el menor número posible de músculos faciales. Aunque tenía innumerables motivos para enorgullecerse, nada le provocaba mayor satisfacción que saber leer y escribir. Cuando vio entrar a Lotario, apareció en su rostro una expresión de júbilo que pocos recordaban haberle visto. Como si demostrar esta alegría no hubiera sido suficiente, ordenó que se abriera el salón escarlata, clausurado desde la partida de su hijo a París. Ahí, al calor de las cien velas que iluminaban la estancia, ella y Ricardo, hermano menor de Lotario, conversaron hasta la madrugada con el recién llegado. Dos músicos desempolvaron el *organistrum* para animar el encuentro con música, pero la manivela se desprendió y acabaron tocando un salterio. Era una música solemne, cavernosa, que armonizaba con la luz de las velas y el olor a encierro. Al cabo de un rato, la duquesa despidió a los músicos para comentar con sus hijos lo que ocurría en el mundo. Ricardo consideraba un exceso que su madre se preocupara por asuntos tan lejanos, como la muerte del rey de Inglaterra, en lugar de interesarse por problemas cercanos, como los adornos que la familia Frangipani había hecho colocar en su fortaleza, ignorando que, en otras épocas, ésta había sido un *circus* —el anfiteatro

Flavio— donde los gladiadores mataban fieras o se asesinaban entre sí. Lotario no. Prefería *lo lejano*. Por eso, aunque Ricardo le recordaba más a su marido por la mirada benévola, los labios carnosos y su nariz roma, Claricia Scotti prefería a Lotario, a quien atosigaba, recordándole que estaba comprometido a cumplir con su deber: «*Fac officium*».

Una vez que Ricardo hubo referido a su hermano los planes que tenía para casarse con la hija del conde Boboni-Orsini, se retiró. La mujer aprovechó la oportunidad para hablar con su hijo mayor; para saber si pretendía ordenarse y pronunciar sus votos o si quería casarse y formar una familia, como su hermano. A sus casi 30 años, no debía seguir postergando aquellas decisiones. A diferencia de otras familias, donde la costumbre era que un hijo se dedicara a la Iglesia y otro fuera el heredero principal, los condes de Segni podían darse el lujo de elegir. Para eso estaban ahí el feudo, las grandes fincas, los castillos, ciudades enteras… Si Lotario se inclinaba por la carrera eclesiástica, ella solicitaría al Papa que le hiciera cardenal lo antes posible. Si no, le presentaría a Ortolana de Fiume quien, como ya se lo había escrito, era la joven casadera más hermosa de Asís y, por aquellos días, vivía en Roma. No: Lotario no había decidido qué hacer aún de su vida pero, ciertamente, tenía claras algunas cosas. Al abandonar el salón escarlata, le reveló a su madre la verdadera intención de su viaje. Deseaba entrevistarse con el Papa. No para que éste lo apoyara en su carrera sino para intercambiar con él algunos puntos de vista sobre la precaria situación de la cristiandad.

Aunque ella se apresuró a complacer a su hijo, Clemente III no pudo conceder la audiencia con la rapidez que Lotario deseaba. Se había previsto que, en la primavera del año siguiente, los reyes de Francia e Inglaterra se reunirían en Sicilia para, de ahí, partir a Tierra Santa. Aún había cabos que atar. La labor de Clemente había resultado crucial para conciliar a los dos monarcas pero quedaban asuntos por dirimir. La paz entre Hungría y Venecia, por ejemplo. O entre Pisa y Génova. Los genoveses habían pintado en algunos edificios de

Pisa un grifo —símbolo de Génova— que, entre sus garras, estrangulaba a una zorra —símbolo de Pisa— al lado del ofensivo lema «*Griphus ut has angit, sit hostes genua frangit*»: Como el grifo aniquila a la zorra, así acabará con ustedes. Esto podía animar el patriotismo de los genoveses, pero no la solidaridad que tan necesaria era en aquellos momentos. El embajador de Génova declaró que aquellas manifestaciones no dependían de aquella República sino de algunos grupos de patriotas atrabiliarios, que olvidaban las obligaciones de la cristiandad porque se sentían abandonados por Roma. Clemente tuvo que reunirse con los embajadores y los jefes de aquellos patriotas para que, paulatinamente, pudieran ir desapareciendo pintas y grabados. En algunos casos se borraron grifos y zorras; en otros, sólo las zorras. Eso iba a ser suficiente. Por lo menos, mientras se hacían los preparativos para reconquistar Jerusalén.

Finalmente, el Papa hizo saber a su prima que recibiría a Lotario después de la misa que ofrecería por el nuevo monarca de Inglaterra, quien se embarcaría rumbo a Marsella ese mismo día. Claricia proveyó a su hijo de una cruz de ébano y plata para la ocasión. Era un secreto a voces que el Papa tenía debilidad por los regalos. Los aceptaba de todos tipos y de quien fuera. Cuando, en cierta ocasión, fungió como árbitro, llegó a decir que había aceptado regalos de ambas partes para que ninguna de ellas fuera a pensar que favorecería a la otra, por haber recibido sólo obsequios de un lado. Durante su homilía en la Basílica de San Juan de Letrán, Clemente resaltó los méritos del rey, subrayó su arrojo y elogió el alborozo con que había vendido algunas de sus propiedades para sumarse a la cruzada. A pesar de su solemnidad, soldados y clérigos, damas y nobles que participaron en la misa, no dejaron de cuchichear. Era el momento de saber si el inglés se dirigiría a Marsella o tenía otro destino, cuánto dinero había invertido y qué condiciones se habían acordado para reconciliarlo con el rey de Francia. Particularmente ahora, que los señores de Sicilia discutían quién debía gobernarlos. ¿Era cierto que, en Palermo, había habido enfrentamientos entre cristianos y sarracenos? ¿Era cierto que estos últimos se habían refugiado en las montañas? ¿A dónde iría la expedición cristiana después de Marsella? ¿A Sicilia? ¿A Chipre? ¿Qué se sabía del inepto monarca que había provocado la ira de Saladino, permitiendo que Jerusalén cayera en sus manos? A Lotario le molestaron aquellos susurros.

Transcurrida la misa, el conde de Segni fue conducido al despacho del Papa por un oscuro pasadizo que comunicaba a la Basílica con el *Palazzo* Lateranense. Suponía que su tío lo iba a recibir rodeado de cardenales, obispos y ayudantes, por lo que quedó sorprendido al descubrir que Clemente estaba solo. La estancia, llena de libros y pergaminos enrollados, sugería abandono. Olía a humedad.

—Su Santidad —Lotario se hincó y besó tanto el pie como el anillo del pontífice.

—Nos alegra verte —respondió éste sin despegar la vista de los documentos que examinaba en su escritorio—. Levántate.

Al hacerlo, Lotario tuvo la sensación de que Pablo Scolari había envejecido. No por el pelo blanco, algodonoso, que él recordaba desde que era niño, ni por la piel atezada, donde aún resaltaban sus cejas negras. Tampoco porque ya usara el *nosotros* —Dios y yo— con tanta propiedad. Era, más bien, porque parecía haberse vuelto más pequeño. Sus hombros le pesaban. Además, su voz ya no revelaba al afectuoso tío de antaño sino al hombre de cuyas decisiones dependía la suerte de miles de personas. Era la voz del jefe.

—He venido...

—Sabemos a qué has venido. Tu madre nos lo ha contado. Quieres ser diácono de San Sergio y San Baco. Muy bien. Lo serás. Las rentas no son las mejores. No bastarán para recuperar las cantidades con las que tu madre ha colaborado a la obra santa pero, con el tiempo...

—No es eso a lo que he venido, *señor Papa*.

—San Sergio y San Baco no son malas. No podemos ofrecerte otro diaconato por el momento.

—No me interesan San Sergio ni San Baco.

—Entonces, cuando tengamos algo más atractivo que ofrecer, te volveremos a llamar.

Definitivamente había envejecido. No escuchaba. Detrás de la túnica blanca y la estola, poco quedaba ya del cardenal Pablo Scolari, aquel erudito que sometía los argumentos teológicos de sus interlocutores al más minucioso escrutinio y, cuando éstos, convencidos por él, decidían abandonarlos, él los volvía a rescatar. Pero Lotario no pensaba retirarse sin revelar a qué había ido.

—Quiero que Su Santidad me permita formar parte de la delegación que enviará a Sicilia para evitar que el hijo de Barbarroja sea coronado rey.

—No pretendemos enviar ninguna delegación a Sicilia.

—Su Santidad tendrá que hacerlo. El rey juró fidelidad al Papa y la Santa Sede tiene soberanía sobre el reino de Sicilia. El Derecho está de nuestro lado. Me gustaría entrevistarme con cualquiera que pueda ocupar el trono vacante y garantizarle el respaldo del Papa. Sólo así cerraremos el paso a las ambiciones de Enrique Hohenstaufen y evitaremos que se pierda el *Patrimonium Petri*, asfixiado entre los brazos del Imperio.

Hasta ese momento, el Papa no había mirado a Lotario. Abrió sus ojillos desmesuradamente.

—¿Crees que sea simple hallar a quien acepte desafiar al Imperio?

—Sí, si cuenta con el apoyo del señor Papa. De hecho, tengo un candidato.

—¿Quién?

—Tancredo, el bastardo del duque de Apulia. Lleva en sus venas sangre real.

Clemente movió la cabeza.

—Es un atolondrado. Las veces que se levantó contra el reino, fracasó. Volvería a fracasar. No serviría de nada. Además, ya juró fidelidad a la hija del difunto rey. Por ende, al emperador.

—Suplico al señor Papa que me dé una oportunidad.

Contra las previsiones de Clemente, Tancredo escuchó con avidez la propuesta del enviado de Roma y recibió entusiasmado el dinero que éste le entregó. Con su barba de candado, cortada en triángulo, el señor de Lecce —como se hacía llamar ahora— ya no era el revoltoso príncipe desheredado de antaño. A juzgar por los hechos, sólo esperaba el aval pontificio pues, una semana después de su entrevista con Lotario, organizó un pequeño ejército, que fue aclamado por el pueblo y por algunos señores feudales. Era una euforia que nadie podía haber previsto. En pocos días, echó a los alemanes de Apulia y Calabria. Antes que hubiera terminado el año —a pesar de la oposición y el susto de otros nobles—, Tancredo se había proclamado rey de Sicilia.

De regreso a Roma, el conde de Segni se detuvo en el monasterio de Montecasino, cuyos monjes apoyaban al Imperio en el sur de la península. Mientras subía en una mula por el escarpado sendero, caviló sobre la importancia de aquel sitio. De algún modo, ahí, en Montecasino, San Benito había originado la idea de una cristiandad imbatible. Conversó con el abad y le hizo ver que los tiempos habían cambiado: si aquellos benedictinos no estaban con el Papa, entonces estaban contra él. Eso traería consecuencias. Apabullado por el planteamiento, el abad expresó su apoyo a Tancredo. Cuando Lotario volvió a la *urbs*, el Papa no lo hizo esperar ni un instante.

—¿Cómo lo hiciste? —preguntó al tiempo que dejaba entrever la selva de astillas que formaban sus dientes.

El despacho estaba más desordenado que la primera vez y se había agudizado el olor a humedad.

—Ofrecí el apoyo y el dinero de Su Santidad.

—Un apoyo y un dinero del que nadie debe enterarse.

Aunque sabía que ni el levantamiento de Tancredo ni el apoyo del abad de Montecasino bastarían para contener las pretensiones de Enrique Hohenstaufen, Clemente quedó satisfecho por la labor de su sobrino. A principios del año nuevo, envió una carta a Tancredo en la que, sin aprobar expresamente su coronación, insinuaba que pronto le otorgaría la concesión del feudo. Después, no sólo nombró a su sobrino diácono de San Sergio y San Baco sino que lo hizo cardenal. La familia quedaba fortalecida. La Iglesia, también. «¿Quién de ustedes me ha dado tan buenos resultados en tan poco tiempo?», interpeló con la mirada a aquellos en quienes advertía gestos de reproche. Además, pidió a Lotario que permaneciera a su lado. Aunque el joven había considerado la posibilidad de volver a Bolonia, resolvió que no debía desaprovechar la oportunidad de conocer las entrañas de la Santa Sede. Aceptó.

*Junio, A. D., 1190.*

*Mi mente nunca ha estado tan confundida, Señor, ni mi corazón preso de tal desasosiego. ¿Qué debo hacer? ¿Qué pensar, Dios mío? Ni siquiera la duquesa sabe lo que su hijo quiere. Primero, me hizo concebir esperanzas, al hablar de Lotario, al mostrarme su retrato, contándome que él ardía en deseos por conocerme. El tiempo que él pasó estudiando en Bolonia me pareció una eternidad. Fue esta esperanza la que me hizo rechazar a otros jóvenes que buscaban mi compañía. Luego, la duquesa me invitó a la fiesta que organizó con motivo del regreso de Lotario y, con la sutileza que la caracteriza, con ese encanto suyo tan peculiar, ese encanto que hace que todas las cosas parezcan tan naturales, tan espontáneas, me tomó de la mano, me llevó hasta donde estaba su hijo y sólo anunció: «Ortolana», lo cual bastó para que él y yo conversáramos el resto de la noche. Pero ella ha hecho lo que ha estado en sus manos. Ya no puede hacer más.*

*Lotario es extraño. Extraño hasta la crueldad. Es el primer hombre por el cual me siento irresistiblemente atraída, sin que esté segura de querer besarlo. No es guapo pero su personalidad me subyuga. Sus labios son delgados y los mantiene apretados, herméticos, como si temiera que por ellos pudiera escapar una palabra inapropiada, una indiscreción que pudiera afectar su carrera eclesiástica. Si algún día llego a besarlos, lo presiento, me parecerán fríos. Qué digo: helados.*

*Sin embargo, el color de sus ojos es cálido, como su propia mirada.*
*Ésta hace que me sienta desnuda, aun cuando él se esmera en ser*
*amable conmigo. Ayer me invitó a cabalgar por las tierras de su fami-*
*lia y sentí que los brazos se negaban a responderme cuando me obser-*
*vó, sometiéndome a un minucioso escrutinio. «¿Qué es lo que miras*
*con tanta atención?», pregunté intimidada. Él hizo una mueca, casi*
*imperceptible. Respondió que disfrutaba mi elegancia: «Me gusta tu*
*porte aristocrático, tu mirada melancólica». Sé que no soy hermosa;*
*mi boca es demasiado larga y mi nariz, roma. Tal vez, si mis ojos*
*fueran grandes, o más claros, podría serlo. Cuando él dijo esto, no*
*obstante, me sentí hermosa, aunque pensé que era demasiado alta.*
*Me conformaría con ser de su estatura. Por otra parte, me encanta la*
*forma en que mueve sus manos cuando explica algo. Es como si qui-*
*siera apoderarse del mundo y que éste resultara demasiado escurridi-*
*zo para quedarse entre ellas. Pero lo que más me gusta es su voz. Lo*
*hace ver grande y hasta apuesto. No sólo la precisión con que habla,*
*con que pronuncia cada palabra, sino el tono solemne que da a cada*
*una de sus frases. Le gusta cantar, igual que a mí.*

*Pese a todo, no sé qué es lo que busca. Hace un mes, cuando sen-*
*tí que estábamos más cerca que nunca, apareció un mensajero para*
*comunicarle que la expedición que había enviado Enrique Hohens-*
*taufen para conquistar Sicilia había fracasado. Estaba feliz. Desde su*
*punto de vista, Sicilia es la posición que más atención debe recibir de la*
*Santa Sede pues, si ésta y el imperio del norte se unen, los Estados*
*Pontificios quedarán absorbidos por el Imperio. «¡Bravo!», aplaudió.*
*Pero entonces, como si yo no existiera, como si yo no contara en su*
*vida, salió rumbo al Palazzo Lateranense. No entendí a qué iba. Envi-*
*dio a esas familias donde ni los hombres ni las mujeres eligen a sus*
*parejas; son sus padres quienes lo hacen por ellos y, si debo ser since-*
*ra, me habría gustado que ése fuera nuestro caso. Ni él ni yo tendría-*
*mos nada que decidir. Yo no estaría afligida por saber si de veras le*
*agrado, si desea acariciarme y compartir conmigo el lecho, convertir-*
*me en madre de sus hijos, o si lo que dice sólo implica complacer a la*

*duquesa. Él, por su parte, no tendría que preocuparse por escoger entre la vida eclesiástica y la de familia. Es duro para una mujer como yo sentir que nada de lo que haga o deje de hacer influirá en su decisión. Y no parece que vaya a adoptarla pronto. Cuando me habla de su prelatura, no lo hace como otros jóvenes, que la miran como un galardón, un trofeo más. «Ser cardenal», llegó a decirme, «implica muchas responsabilidades». Esto no significa que él venere las enseñanzas de la Iglesia y, de hecho, no ha considerado hacer aún los votos sacerdotales. Opina que la prohibición que tienen los sacerdotes de contraer matrimonio, tal y como lo estableció el Papa Gregorio VII, hace más de cien años, no obedece a un generoso acto de renuncia sino, más bien, a la conveniencia de que los obispos no acaben dejando sus bienes a su esposa e hijos en detrimento del patrimonio eclesiástico. Considerando este realismo con que mira el mundo, ayer, al regresar a su casa, intenté convencerlo de que su capelo cardenalicio no significaba sino que el Papa es primo de su madre. Él me miró con severidad pero prefirió no entrar en discusión. «Qué fértil es la campiña», dijo. «¿No te parece?» Asentí. Entonces acercó su caballo al mío, estiró el cuerpo y me dio un beso en la mejilla ¿Cómo lo debo interpretar?*

*Anoche no pude conciliar el sueño tratando de adivinar, por lo que esta mañana reuní valor y me dispuse a encararlo, a exigirle que me revelara sus intenciones. Después de todo, mi familia es una de las más importantes de Asís y no merezco la incertidumbre en que él me tiene. Llegué al palacio de la duquesa. Me anuncié. «En cuanto Lotario aparezca», resolví, «le preguntaré cómo debo interpretar el beso que me dio». Pero en el palacio, a pesar de la hora, había un movimiento inusitado. Los criados subían y bajaban. Por un lado se escuchaban exclamaciones violentas y, por otro, susurros, cuchicheos. Lotario apareció en la escalera. «¿Te has enterado?», preguntó lívido. «Debo ver al Papa de inmediato.» Ordenó a un mozo que alistara su caballo y dio instrucciones a otro para que enviara unas cartas a la brevedad posible. Me pareció difícil creer que se dirigiera al Palazzo Lateranense vistiendo aquel traje tan simple, si bien la capa y el sombrero púrpura delataban su investidura. Además, no utiliza la litera a la que tienen derecho los prelados de su rango. «Tenemos que hablar», anuncié enérgica. Él alzó las cejas como si no pudiera creer lo que le pedía. «Ahora no», dijo: «El emperador Barbarroja se acaba de ahogar».*

La noticia no pudo resultar más desoladora. Después de un triunfo tras otro —Hungría, Adrianópolis, Qonya...—; después de que Saladino, aterrado, se había visto obligado a desmantelar sus cuarteles en Sión, Cesárea y Jaffa, el más grande guerrero de la cristiandad, el emperador Federico Barbarroja, se ahogó en el río Selef. Al principio, las noticias no resultaron claras. No se sabía si estaba muerto o sólo se trataba de un percance; se ignoraba si había intentado cruzar el río o sólo se daba un baño. Luego ya no cupo la menor duda: independientemente de lo que hubiera pretendido, a esas horas el emperador estaba muerto.

La pregunta que siguió entonces fue quién iba a sustituirlo. Su sobrino, que le acompañaba, no tenía autoridad. En Roma, en París, en Londres, en Europa entera se esperaba saber lo que iba a ocurrir. La información fluía con lentitud y las cosas iban de mal en peor. Su sobrino, en efecto, no había logrado mantener unido el ejército. La desbandada había resultado atroz y Saladino, repuesto, había lanzado contínuos ataques contra los fugitivos. Lo mismo diezmó a los que huyeron hacia Acre, que a los que trataron de refugiarse en Tiro o a los que emprendieron el regreso a Europa. Después de la noticia de la toma de Jerusalén, aquélla era la más amarga que, en mucho tiempo, recordaba la cristiandad. El Papa estaba consternado. En cuanto se hubo confirmado la disgregación del ejército, anunció que todo se había perdido. Ninguno de los cardenales que se reunieron con él esa tarde se atrevió a refutarlo. Sólo Juan de San Pablo, en un intento fallido por levantar los ánimos, recordó que aún quedaban los reyes de Francia e Inglaterra y, con ellos, una esperanza. Clemente interpeló a Lotario:

—¿Cómo ves las cosas?

—Lo que ahora me preocupa es Sicilia, señor Papa. Necesitamos hacer más patente nuestro apoyo a Tancredo. Ha logrado derrotar a las huestes de Enrique Hohenstaufen y sobreponerse a las ambiciones de otros pretendientes al trono. Cuenta con el apoyo del abad de Montecasino, pero ¿logrará vencer al hijo de Barbarroja cuando éste avance hacia la isla? Porque va a hacerlo de un momento a otro.

Clemente suspiró.

—No estamos en posición de desafiar al nuevo emperador.

—Sería impertinente fijar una postura en Sicilia —advirtió el cardenal de San Pablo, pasándose los dedos sobre sus abultadas ojeras.

Juan de San Pablo, que se ostentaba como el mejor conocedor del Imperio en la Santa Sede, comenzaba a sentirse incómodo ante la ascendencia que Lotario estaba adquiriendo. De hecho, ya había perdido una escaramuza cuando Clemente aceptó la propuesta de su sobrino para que se levantara la hostia y se tocara una campanita en el momento en que el sacerdote levantaba la hostia para recordar a Jesucristo. Con esto se evitará que los asistentes a misa se distrajeran en el momento más significativo. Ahora tuvo la sensación de que lo perdido en materia de liturgia lo recuperaba en materia diplomática. Sonrió cuando el Papa coincidió con él. En unos días se encontrarían, rumbo a Sicilia, Felipe de Francia y Ricardo de Inglaterra. Este último, durante su escala en Ostia, había rechazado la invitación del Papa para visitar Roma: «¿Qué quiere Su Santidad que visitemos?», había preguntado a sus soldados: «¿La capital de la codicia, la intriga y la corrupción?». No resultaba aconsejable abrir nuevos frentes.

—En ese caso —rogó Lotario—, solicito al señor Papa autorización para viajar a la isla y velar por los intereses de los estados pontificios.

Clemente iba a responder algo cuando, inesperadamente, se llevó las manos al estómago y se levantó del asiento con un rictus de dolor dibujado en el rostro. El color desapareció de su cara y la respiración se hizo pesada, fatigosa. Todos a una, los cardenales se pusieron de pie.

—¿Se siente bien el señor Papa?

Era obvio que no.

—Debemos llamar a un médico de inmediato.

El pontífice movió enérgicamente la cabeza.

—Ya pasó —dijo—. Esto ocurre a menudo.

—Es la angustia en la que vive Su Santidad —comentó el cardenal de San Pablo, sin dejar de sobar sus ojeras.

—Es la angustia en la que todos vivimos —aclaró Clemente en un tono que indicaba que la reunión había concluido.

—¿Tengo la autorización para ir a Sicilia? —insistió Lotario.

## 5

Cuando, unas semanas después, llegó a Calabria y embarcó rumbo a Sicilia, el cardenal de Segni aún no sabía cómo debía haber interpretado el gesto de su tío. Agradecía el apoyo que le había brindado al otorgarle el capelo, pero le irritaba la ambigüedad del pontífice. A diferencia de Pablo Scolari —el hombre que había sido— Clemente III esperaba que le leyeran los pensamientos. No parecía dispuesto a expresarlos de manera unívoca. Nunca decía qué era exactamente lo que deseaba y, si sus colaboradores interpretaban erróneamente alguno de sus comentarios —o, interpretándolos bien, las circunstancias cambiaban—, se deshacía de ellos sin consideración. Pero a Lotario le gustaban los riesgos. Le entusiasmaba apostar. Sabía que tendría al Papa de su lado si le presentaba resultados favorables y que aquel nuevo viaje a Sicilia le permitiría obtenerlos.

En eso cavilaba cuando vino a su mente la imagen de Ortolana, que comenzó a difuminarse hasta adquirir las facciones de Bruna. Entonces, las dudas lo invadieron: ¿Qué estaba haciendo él ahí? ¿Adónde iba? ¿Qué le hacía suponer que Ricardo de Inglaterra aceptaría su mediación para respaldar a Tancredo y cerrarle el paso a Enrique Hohenstaufen que, como hijo de Barbarroja, era el emperador *de facto*, aunque aún no lo hubiera coronado el Papa? ¿Por qué en esos momentos no estaba con Bruna? ¿Por qué no había logrado convencer a la única mujer a la que había amado en su vida para que se casara con él? ¿Por qué no habían huido los dos lejos de las intrigas y la lucha por el poder en la que él se había inmiscuido de repente? «Porque estás obligado a cumplir tu deber», le habría respondido su madre. Y, una vez más, como si la realidad respondiera a sus anhelos y a sus frustraciones, apenas desembarcó en Mesina, se encontró con Bruna.

No pudo creerlo. Cuando ella se le acercó y susurró «Al fin», Lotario no estuvo seguro de que, en realidad, estuviera frente a ella. No gritó ni se alteró. Le preguntó qué hacía ahí, con una naturalidad que él mismo habría calificado de artificiosa en otras circunstancias. Tampoco le resultó extraño que ella le respondiera que estaba esperándolo; que, en sus sueños, Valdo le había ordenado que moviera cielo, mar y tierra para hallarlo y que, por ello, desde hacía días, le seguía la pista. Todos los reproches que Lotario había pensado hacerle, todas las preguntas que le hubiera querido formular, resultaron innecesarios. Ella estaba ahí y eso era todo. El fulgor de sus ojos a veces azules, a veces grises, era intenso. ¿Qué tenía que decir Lotario? ¿Qué debía hacer para que Bruna se quedara a su lado para siempre? No podía perderla otra vez. Se olvidó de los dos sirvientes que le seguían y, mientras sentía que el cosquilleo, originado entre sus piernas, recorría su cuerpo, tomó a la joven del brazo sin atreverse a abrir la boca. Pero fue ella la que pronunció el sortilegio:

—Perdóname.

—No tengo nada qué perdonar —suspiró Lotario—. Me da gusto volver a verte.

Ella entonces le mostró su dedo con el anillo de zafiro.

—Mira: Valdo me lo dio antes de marcharse de Bolonia y, desde entonces, lo ajusto con una tira de cuero para que no se salga.

—¿De veras? —no pudo contener su gozo.

Hubo un silencio y ella le preguntó por los hombres que los miraban. ¿Quiénes eran aquellos caballeros tan elegantes? Lotario le explicó que eran los criados que le acompañaban en su misión.

Estaba en Mesina para entrevistarse, primero con el rey de Sicilia y, luego, con el de Inglaterra, en cuanto éste desembarcara.

—Has de saber que ahora soy cardenal.

Era la primera vez que se refería a su capelo con presunción.

—Eso no significa que no podamos estar juntos ¿verdad?

—Eso significa que renunciaré a mi prelatura y que, luego, iré contigo a donde tú quieras que vayamos. Aún no me ordeno sacerdote y, aunque también soy subdiácono, aún no he hecho mis votos definitivos. Soy libre de hacer lo que quiera.

—¿Lo que quieras tú o lo que quiera yo? —lo desafió la joven.

No podía explicarlo, pero la sola presencia de Bruna anulaba su voluntad. El cosquilleo lo hacía respirar con fatiga y, poco a poco, se convertía en un calor que lo abrasaba. Ella lo sabía. Lo disfrutaba.

—Lo que quieras tú, por supuesto.

—Lo que yo quiero es que vayamos a vivir al campo. Al sur de Francia. Tendremos abejas y venderemos miel.

—Pues, entonces, iremos a vivir al campo. Al sur de Francia. Tendremos abejas y venderemos miel.

De repente todo perdió sentido. O, quizá, todo volvió a adquirirlo. La algarabía del puerto tenía algo de musical; el viento húmedo y caliente, un aroma salobre; barcos, lanchas y marineros, una nitidez sobrenatural. Lo mismo ocurría con los montes que se divisaban a lo lejos. Él estrechó a la joven contra su cuerpo, la besó, le repitió que la amaba y que temía que transcurriera el resto de su vida sin ella a su lado. Los dos sirvientes intercambiaron una mirada entre extrañada y divertida. Nadie podría imaginar que aquel joven vestido de paisano, que devoraba con sus labios a aquella niña impetuosa, era el cardenal encargado de evitar que el Imperio Germánico se avorazara sobre Sicilia. A esas horas, a Lotario le daba igual.

Mesina, en octubre A.D. 1190.

¿Por dónde empezar, Esteban?:

¿Por agradecer la copia de la *Summa* de Huguccio que mandaste hacer para mí, iluminada con tanto cuidado? Debió haberte costado una fortuna ¿Por contar lo que pretendo hacer de mi vida? Desde hace unos meses he olvidado casi todo y, ahora que trato de poner orden en mis pensamientos, el intento resulta demencial. Empezaré, pues, respondiendo a la pregunta que me haces. Disculpa que recurra al lenguaje cifrado que tanto te disgusta pero comprenderás, por lo que voy a contar, que no hay otra forma de comunicarme contigo.

¿Qué hago en Sicilia? No lo sé. Vine porque deseaba prestar un servicio a mi tío, agilizando algunas gestiones que, desde que desembarcaron los monarcas de Francia e Inglaterra, se ha convertido en el centro del mundo. Hay cerca de 8 mil soldados, la mayoría acuartelada en Mesina. En el puerto no cabe un alfiler. Todo huele a sal y a sudor. No estoy seguro de que mi tío me haya enviado aquí pues él es un hombre difícil de interpretar. Gusta de encomendar la solución de un problema a tres o cuatro personas al mismo tiempo y exige cuentas sobre asuntos que nunca encargó. En cualquier caso, he informado, día a día, lo que ocurre por aquí. La próxima vez que lo vea, tendrá que felicitarme puesto que, donde otros de sus emisarios han fracasado, yo he logrado que el rey Ricardo prometa a Tancredo su apoyo, desafiando las amenazas del emperador.

No fue una negociación fácil. Ricardo, haciendo honor a la fama que le precede, llegó aquí en septiembre y, para presionar a Tancredo, a principios de octubre saqueó el puerto. Aunque le acompañan hombres sabios —el arzobispo de Canterbury, entre ellos—, él no los respeta. Sus soldados quemaron galeras, violaron mujeres, apresaron a quien se puso en su camino y colocaron estandartes como si hubieran conquistado la isla. El inglés exigió que se le entregaran embarcaciones y dinero. Estuvo a punto de enfrentarse con el rey Felipe de Francia y, de hecho, llegaron a discutir a gritos. No sabes cuánto me acordé de nuestras conversaciones con Enrico Dandolo, en Venecia.

Ahora, más que nunca, creo que necesitamos un *señor de señores*, un árbitro que diga quién tiene la razón cuando todos se empeñan en tenerla. Mientras esto no ocurra, mientras la cristiandad no comparta un solo concepto de bien o de justicia, cada hombre, cada monarca, hará las cosas a su real saber y entender. Esto devendrá desorden y, a la larga, caos. Cuatro días después del saqueo, ambos reyes lloraron, se abrazaron, fijaron las reglas para mantener la disciplina en la isla y juraron prestarse asistencia mutua en adelante. Su actitud me hizo recordar las habladurías que recorren Europa acerca de la relación, más que íntima, que ambos sostuvieron hace años. De hecho, hay quienes sostienen que esta cruzada no ha sido para ellos sino un pretexto para reencontrarse y volver a compartir el lecho.

No quiero parecer presuntuoso pero creo que mi mediación ante el inglés fue oportuna. Echando mano del cinismo, logré que tanto él como Tancredo reconocieran sus auténticos intereses. No sabes qué útil resultó esta táctica. Tancredo pagó 20 mil onzas de oro —dijimos que Ricardo estaba recuperando la dote que entregó su hermana, al casarse con el rey de Sicilia— y logró que se liquidaran las deudas con Inglaterra. Por otras 20 mil onzas de oro, Ricardo se comprometió a casar a su heredero con una de las hijas de Tancredo. Prometió, asimismo, defenderlo de cualquier ataque y, para sellar el pacto, le obsequió una espada amellada que, según dijo, perteneció al legendario rey Arturo. Aunque lo dudes, Tancredo lo creyó.

En todo he tenido que ver y lo único que me ha importado ha sido que los cruzados vayan mejor pertrechados y que Tancredo siga siendo rey de Sicilia para que el Imperio no devore a los estados pontificios. También he conversado con el rey de Francia para exigir su neutralidad. A diferencia de Ricardo, Felipe es más torvo de lo que su desaliño podría hacernos suponer. El parche en su cara contribuye a fortalecer esta imagen. Unos dicen que fue un cernícalo el que le sacó el ojo; otros, que finge ser tuerto. A sus veinticinco años, actúa con la astucia de un hombre de cincuenta. Simpatiza con Enrique

Hohenstaufen pero, mientras se abstenga de hacer obvia su posición, Tancredo tendrá oportunidad de sostenerse.

Pero te decía que no sé qué hago en Sicilia. A estas horas, he concluido la tarea que me impuse y, quizá, ya debía haber vuelto a Roma. No lo he hecho, porque estoy a punto de tomar una decisión crucial. ¿Recuerdas a Bruna, la joven valdense de la que te hablé en Venecia y de la que te pedí no pronunciaras una palabra delante de Roberto Courçon? Pues la volví a hallar en Mesina y, desde entonces, vivo con ella. Es hermosa, inteligente, alegre. Sé que tantos adjetivos no dicen mucho, por lo que me explicaré mejor si te cuento que ella me transmite una vivacidad tan grande que siento que podría llegar a ser Papa o emperador y que, a pesar de ello, preferiría permanecer a su lado. Cantando; enseñándole a leer y a escribir; observando cómo aprende; discutiéndolo todo, riéndonos de todo, viviendo en la casona que mi familia tiene aquí, en una colina, y que nos proporciona una de las mejores vistas de Sicilia; contando las pecas de su cara, de sus brazos, de su espalda... haciendo el amor.

Antes de que pretendas endilgarme un sermón sobre la castidad, te diré que, si no has vivido algo como lo que describo, no lo entenderás. Una de las últimas veces que conversé con Tancredo, lo hice en la *Cappella Palatina*, la basílica de Palermo decorada con mosaicos luminosos. Bruna me acompañó disfrazada con un jubón que ella misma tejió. Según dijo, era de «paje de enviado secreto del Papa». Tancredo, que no la perdió de vista un instante, iba ataviado con una armadura plateada, reluciente, y un casco que recordaba los de los antiguos centuriones romanos. En la armadura había hecho incrustar brillantes y piedras preciosas mientras, sobre el casco, lucía una diadema dorada. Su atuendo contrastaba con las cicatrices de su cara y las pústulas de su nariz. En el momento que se distrajo para comentar algo con sus ayudantes, Bruna me advirtió, circunspecta, que el rey parecía hecho de mosaicos; que quizá se había desprendido de alguno de los muros. Entonces comencé a reír sin poder evitarlo. Solté una carcajada que retumbó en las columnas de granito, en las naves y el ábside de la basílica.

Estuve a punto de abrazar a Bruna y comérmela a besos ahí mismo, sin que me importara la opinión de Trancredo y su séquito. Realmente, no sé por qué no lo hice. ¿Entiendes lo que trato de decir? Si algún sentido tiene la vida, ése es vivir al lado de la mujer a la que amas. Y nunca he sentido por otra mujer lo que siento por ella.

Cuando, durante mi reciente estancia en Roma, hablé de ese amor con mi hermano Ricardo, él sonrió escéptico. Seguramente pensaba en las ganancias que le representará su boda con la hija del conde Boboni-Orsini. Cuando, hace ya más tiempo, hice lo mismo con Roberto Courçon, éste me advirtió que lo importante era elegir a una mujer virgen y cristiana; que lo demás daba igual. Huguccio, por su parte, llegó a decirme que la unión entre un hombre y una mujer sólo tenía razón de ser cuando se trataba de procrear. Subrayó que el matrimonio no tenía que ver con el acto sexual sino con la expresión de la voluntad y que, incluso, dentro de él, si uno se regodeaba con los placeres sensuales, podría llegar a cometer pecado. Algo de esto repite en la *Summa* que me enviaste y supongo que, por ideas como éstas, lo nombraron obispo de Ferrara.

Pero ¿sabes? creo que ni mi hermano, ni nuestro amigo, ni el *magister* han experimentado el amor. Y es una lástima. Mi madre y Ortolana me han escrito pero no he respondido sus cartas. ¿Para qué? Mi madre ignora lo que ocurre y no la quiero preocupar si se lo cuento. Respecto a Ortolana, es demasiado perfecta para mí. Jamás podría casarme con ella después de haber vivido lo que estoy viviendo con Bruna. Por último, en lo que a mi tío se refiere, sé que él está satisfecho conmigo. Ha dado órdenes para que me faciliten dinero y cuanto solicite en la isla. Hasta el cardenal Juan de San Pablo, que se ha convertido en un inesperado enemigo, se ha encargado de hacerme saber que mi gestión diplomática ha rebasado sus propias expectativas.

En fin, Esteban. La vida se vive una sola vez y es demasiado corta para dedicarla a luchas y a intrigas, cuyo único propósito es que unos hombres impongan su voluntad sobre otros. La próxima vez que te escriba lo haré desde el Languedoc, pues es ahí donde Bruna quiere que vivamos. Para entonces, habré dejado de ser cardenal y estaré dedicado a la apicultura. De cuando en cuando, te enviaré tarros de miel.

Lotario.

Ricardo de Inglaterra gozaba de la fama, ganada a pulso, de ser un pendenciero. La guerra que había desencadenado contra su padre o la crueldad con la que se había impuesto en la baronía de Poitevin la avalaban. Su barba, que le cubría el pecho, su estatura y su gesto fiero, la proclamaban. Por eso, se sintió ofendido cuando solicitó entrevistarse con Joachim de Fiore, el más célebre vidente de la cristiandad, y éste se negó a recibirlo. De nada sirvió la intercesión del arzobispo de Canterbury. Ricardo acudió entonces a una estratagema: le pidió a Lotario, *al cardenal de Segni*, que intercediera por él. De Fiore, como abad de Corazzo, podía desdeñar a un monarca temporal y hasta a un prelado extranjero pero no a un alto dignatario de Roma. La maniobra tuvo éxito. Joachim de Fiore no sólo aceptó entrevistarse con el monarca sino que se trasladó hasta el castillo que Tancredo había puesto a disposición de Ricardo en Mesina. El monarca inglés lo saludó, asegurándole que habría sido muy triste llegar hasta aquel sitio y no conversar con él. Después de haber escalado el Vesubio, durante el alto que hizo en Nápoles, y de haber trepado hasta la cumbre del Etna, al llegar a Sicilia, sólo le restaba conocer al más grande vidente de su época. El encuentro no lo decepcionó. Con unos ojos desorbitados, aterradores, surgiendo de su piel verdosa, el eremita les refirió su viaje a Tierra Santa a él, a Lotario y a Bruna, que asistió al encuentro con su atuendo de «paje de enviado secreto del Papa». El anciano les habló del desierto, del mar hirviente y de la bruja Gorgo, a quien él había visto emerger del fondo del océano para desencadenar un torbellino. Les habló de la emoción que le había provocado caminar los mismos pasos de Nuestro Salvador y de su más íntima convicción: el fin del mundo había comenzado. Sus oyentes le vieron trazar círculos en el aire con sus dedos esqueléticos y reírse, mostrando sus tres únicos dientes —los tres podridos—, cuando le hacían una pregunta. El rey quiso saber cuándo terminaría la etapa final de la que él hablaba, a lo que el ermitaño, citó a San Juan y respondió que faltaba poco para que eso ocurriera. Primero tendría que ser derrotado el Anticristo.

—El *Apocalipsis* nos habla del monstruo de siete cabezas: de siete cabezas. Han caído algunas: Herodes, Nerón, Mahoma... pero aún falta la de Saladino para que sea derrotado: para que sea derrotado. Por eso, Su Majestad debe apresurarse a vencer al hereje. Dios le acompañará en esta empresa: Dios le acompañará.

Antes de que el rey pudiera responder algo, Bruna preguntó a Joachim de Fiore qué signos le permitían interpretar así la profecía de San Juan. El eremita volvió a sonreír con sus tres dientes y a trazar círculos en el aire. Luego le habló de la proliferación de la herejía en el sur de Francia. Bruna insistió: ¿Por qué se condenaba a los valdenses si ellos, al igual que Jesús, predicaban la pobreza y la vida simple? Joachim le respondió que la última etapa de la humanidad, la última, la Era del Espíritu Santo, se distinguiría por la desaparición de los obispos ricos pero no por la de la jerarquía, como lo proclamaban aquellos herejes: no por la de la jerarquía. Mientras Ricardo se divertía por la frescura de la joven para romper el protocolo, para hablar sin permiso, Lotario la observó inquieto. El ermitaño también lanzó imprecaciones contra los triaverdinos y los cátaros. Bruna rechinó los dientes. Comenzó a respirar con pesadez, como si quisiera evitar que la rabia se apoderara de ella.

Al término del encuentro, Ricardo y Lotario quedaron solos. El rey sintió curiosidad por el paje del cardenal. ¿Así eran todos los asistentes de los prelados en Roma? El muchacho tenía sus propias opiniones y, por un instante, hasta pareció que sentía alguna simpatía por aquellos herejes que tanto daño causaban a la Iglesia y a la cristiandad. Lotario evadió la pregunta. Se interesó por conocer los planes que tenía el ejército cruzado para continuar su viaje. Entre estandartes y blasones con los tres leones de Inglaterra, Ricardo se tumbó en un diván.

—No sabemos si debamos informarlo a Su Eminencia, pero todo parece indicar que tendremos que demorar el viaje. Es por los vientos —esgarró el rey—. Esta época es mala para navegar por las aguas del Mediterráneo. Quizá debamos permanecer aquí hasta el año próximo.

—Supongo que a Su Majestad le angustia esta demora.

—Mucho, pero ¿qué podemos hacer? ¿Tenemos la culpa? No. El plan original era que Felipe y nosotros nos encontráramos en Vézelay desde principios de abril. ¿Quién iba a adivinar que iba a morir su esposa? Luego, en Marsella, nos habrían bastado quince días para llegar a nuestro destino si no se hubieran presentado dificultades, malentendidos. Quisiéramos no tener que depender de tanto bastardo francés.

—Lo importante es que Su Majestad llegará tarde o temprano —aventuró Lotario—. Muerto Barbarroja, la cristiandad tiene su confianza depositada en Inglaterra.

—¿Más que en Francia? —Ricardo esgarró de nuevo.

—He informado al Santo Padre que Su Majestad es un guerrero valeroso y un hombre de palabra. No podría decir lo mismo del rey Felipe. Creo que él no está suficientemente comprometido con la causa. Su Majestad no descansará hasta ver derrotado a Saladino. El rey Felipe, en cambio, hallará la forma de librarse de sus votos tarde o temprano. Le preocupa más su alianza con el nuevo emperador.

Ricardo se rascó la barba complacido y tomó una de las naranjas del frutero que tenía al lado. Antes de comenzar a pelarla, se hurgó las narices con los dedos, esgarró varias veces y no descansó hasta que salió la flema. Escupió.

—No sabemos si todos los pajes de Roma sean tan hermosos e insolentes como el de Su Eminencia pero, ciertamente, la mayoría de los cardenales que hemos conocido poseen una perspicacia envidiable. La Iglesia es lo que es por hombres como ustedes.

—Agradezco el cumplido a Su Majestad.

—Y nosotros agradecemos la intermediación de Su Eminencia para haber hablado con de Fiore.

Lotario no supo cómo interpretar la sonrisa maliciosa del rey pero, cuando volvió a casa, lo primero que hizo fue referirle a Bruna la buena impresión que había causado a Ricardo. Ella estaba furiosa.

—Él, en cambio, me pareció un criminal —bufó.

Se expresaba como si tuviera limpias las manos de sangre y así se lo insinuó Lotario. No con el ánimo de hacerle un reproche sino con el de prevenir sus contradicciones. No era justo denunciar la paja en el ojo ajeno cuando también la había en el propio. Ella se defendió: cuando había matado, dijo, lo había hecho como un último recurso, para defender al más generoso de los hombres, al único que había interpretado el Evangelio acertadamente. El inglés, en cambio, asesinaba y robaba, incendiaba y violaba para sentirse amo del mundo. No cabían las comparaciones.

—Dime una cosa, Lotario ¿crees que sea cierto lo que afirmó ese anciano?

—Por supuesto que no, Bruna. Lo sabes. Me pareció un sacerdote alucinado y nada más.

—Entonces ¿a qué fuiste? ¿Por qué me llevaste?

La irritación de Bruna iba en aumento. A Lotario le preocupó que tomara las cosas tan a pecho. ¿Por qué se empeñaba en buscar segundas intenciones o en hacer de algo tan simple un problema?

—Ya te lo he dicho: me lo pidió el rey de Inglaterra. No podía decir que no. Además, Joachim de Fiore puede estar desquiciado pero, sin duda, resulta interesante. Tiene discípulos a granel y son muchos los que creen que Dios habla a través de sus labios. Su anuncio de que el Anticristo está por hacer su aparición en el mundo ha cautivado a Europa entera. ¿Que por qué te llevé? Porque me pareció que el encuentro podría resultar entretenido.

Ella no quedó convencida.

— ¿Qué piensas de la herejía? —preguntó al fin.

El conde de Segni adivinó a dónde quería llevarlo. Decidió no prestarse a su juego; no retroceder el camino que había recuperado.

—Suponía que ese tema estaba olvidado, Bruna.

—¿Qué piensas de la herejía? —insistió.

Muy bien: había que jugar. Pero había que hacerlo rápido y sin caer en ninguna de las trampas que el juego suponía.

—Si te refieres a Valdo, creo que es un hombre que merece nuestra admiración. Como tú dices, ha interpretado el Evangelio como debe interpretarse.

—¿De veras lo crees?

—Si no lo creyera, no estaría a punto de irme a vivir contigo al Languedoc.

Sin dejar de mirarlo, la joven se trepó de un salto al alféizar de la ventana, se sacudió los mocasines hasta desprenderse de ellos y comenzó a columpiar las piernas. Sabía que a Lotario le encantaba que lo hiciera, que le excitaba verla descalza, meciendo las piernas con soltura infantil.

—Pero tú eres un hombre de la Iglesia. Tienes prohibido pensar eso.

—Pronto dejaré de ser un hombre de la Iglesia. Pero, siéndolo o no, mi opinión sobre Valdo es la misma.

—¿Qué harías si estuvieras en lugar de Valdo? —atacó por otro flanco.

—Seguiría predicando mi verdad pero buscaría la bendición de Roma. Si Valdo predica la necesidad de que la Iglesia vuelva a sus orígenes, nadie lo atacará. Al contrario: dentro de la Iglesia encontrará muchas voces que se alcen a su favor. Pero si exige la desaparición de la Iglesia, lo aniquilarán.

—¿Y si fueras el Papa?

—Procuraría aproximarme a Valdo. Le exigiría que reconociera mi autoridad a cambio de mi apoyo.

—¿Insistirías en que todo el mundo pensara como tú y castigarías a quien no lo hiciera, tachándolo de hereje?

—No.

—Suena fácil.

—Lo es.

Algo le dijo al conde de Segni que debía ir con cuidado. Joachim de Fiore había abierto heridas que él suponía cicatrizadas y cualquier movimiento en falso, cualquier frase mal pronunciada, podría provocar una tragedia.

—Sobre todo cuando tu familia ha aniquilado a la mía ¿verdad?

—¿Por qué volver sobre lo mismo, Bruna? Nos hemos...

—Quiero volver sobre lo mismo, *Su Eminencia*.

Lotario advirtió que la voz de Bruna había enronquecido. El joven se mordió el labio inferior con los dientes y meneó la cabeza.

—Te he pedido perdón, te...

—Quiero que me lo vuelvas a pedir.

Él se le acercó y colocó sus manos sobre los muslos de la joven.

—Perdóname —accedió complaciente.

—Así no —dijo ella tajante.

—¿Cómo debo hacerlo entonces?

—De rodillas.

Lotario no supo, de pronto, si Bruna hablaba en serio o sólo estaba preparando una de aquellas noches de amor con las que solía enloquecerlo. Intuía que algo extraño ocurría pero no podía precisar qué era. En cualquier caso, se hincó.

—Perdóname por lo que mi familia hizo a la tuya.

—Bésame el pie, como si yo fuera el Papa.

Lotario sonrió: Bruna estaba jugando.

—¿Así? —preguntó después de hacerlo sobre el empeine— ¿O mejor así? —le dio un lengüetazo en la planta y le mordió suavemente los dedos.

Ella respondió con una patada. Lotario trastabilló: Bruna no estaba jugando.

—Para ti todo es burla —exclamó la joven saltando al piso—. ¿Así son todos los nobles? Nada les importa.

—Me importas tú —dijo él incorporándose.

Aunque pasaron la tarde en silencio, Bruna se le acercó al anochecer y le echó los brazos al cuello.

—Discúlpame —dijo llorosa—. No sé qué quiero, no sé qué me pasa, pero te amo.

Él empezó a desnudarla. Ella introdujo su mano bajo la túnica del cardenal y le acarició la entrepierna. Como la joven esperaba, la reacción fue inmediata. Hicieron el amor sin que ella le permitiera, ni un momento, cabalgarla. Se mantuvo siempre arriba —«como ningún buen cristiano se atrevería a hacerlo»— y lo arañó con saña. A diferencia de otras veces, él no protestó. Entonces ella le suplicó que bebiera un vaso de vino y, luego, otro: quería verlo ebrio. Lotario tomó un vaso de vino y luego otro.

—Otro —dijo ella divertida.

Lotario obedeció.

—Otro...

Nunca antes había experimentado aquel mareo, aquella sensación de estar tan a merced de alguien, sin control. Hubo un momento en que sólo podía captar la risa de Bruna y advirtió que, de repente, ya estaba en el suelo, tratando de apoyarse en las piernas de la joven. Ella decía algo que él ya no captaba... Trató de incorporarse pero, apenas colocó sus manos en una silla, Bruna lo empujó de nuevo al suelo con su pie. «¿Quieres lamerlo?», escuchó que le decía burlona. Entonces él comenzó a vomitar. Ella reía a carcajadas. Al día siguiente, Lotario descubrió que su amiga no estaba en el lecho. Se levantó mareado, batido en su vómito, con la cabeza a punto de estallar. Caminó hasta la jofaina y se echó agua en la cara. Entonces descubrió, sobre la mesa de la estancia, al lado de una daga afiladísima, una esquela escrita con torpeza:

*No sabes cuánto te amo pero pienso a veces que también te odio cuando pienso en lo que tu familia hizo a mi gente y entonces no te amo pero deseo amarte y sé que no puedo estar contigo aunque me pediste perdón te amo y cuando no te amo he querido clavarme en el corazón esta daga pero Valdo me habla en sueños y me dice que no lo hiciera que me fuera mejor de tu lado para siempre. Tengo que irme lejos y no dejar que mi amor por ti sea más fuerte que todo lo demás. Por eso me fui y por eso no me verás nunca más.*

La mañana era más fría que de costumbre. Había empezado a llover. Hacia el puerto, las gaviotas disputaban entre sí por los restos de comida que habían dejado soldados y marineros la noche anterior. Hacia el bosque, los naranjos estaban cargados de fruta y las vides prometían cosechas memorables. Las montañas, a lo lejos, se entreveían a través de una bruma que emanaba de lo más profundo de la tierra. En su habitación, el cardenal de Segni tomó la daga de la mesa y se rasgó la palma de su mano izquierda. Durante largo rato, permaneció mirando cómo brotaba la sangre.

## 6

A principios de enero, Enrique Hohenstaufen entró con su ejército a Lombardía. Llevaba el cabello recogido en una coleta y montaba un corcel al que bautizó *Irrefrenable*. Desde su campamento, envió a sus legados no sólo ante los senadores de Roma sino ante Clemente III para exigir —«para solicitar de la manera más humilde»— que se le coronara emperador del Sacro Imperio lo más pronto posible. Constituía una afrenta, insinuó, hacer esperar al hijo de Federico Barbarroja, heredero del Imperio. Estaba furioso y se rehusaba a seguir esperando. Pero tuvo que hacerlo. La salud del Papa estaba muy deteriorada y lo que comenzó con dolores de estómago se había convertido en un cáncer incurable. Enrique, en cualquier caso, no perdió el tiempo: comenzó a recabar adhesiones para recuperar los territorios que, hacía ya muchos años, habían pertenecido al Imperio, así como para que se le reconociera como soberano de Sicilia, contra las pretensiones de Tancredo. A mediados de marzo, ante la falta de noticias de la Santa Sede, Enrique llegó a Anguillara, donde anunció su intención de marchar hacia Roma, independientemente de la salud del pontífice.

—Es una impertinencia —declaró indignada Claricia Scotti—. Su padre jamás habría actuado así.

Pero la indignación de la mujer tenía que ver más con el papel que ella misma había desempeñado en la guerra entre Papado e Imperio. Barbarroja había sido tan impertinente, o más, en la mayoría de los casos. Sólo transigió cuando los aliados del Papa lo obligaron a transigir. En ese momento, sin embargo, no había quien detuviera al emperador.

—Madre —masculló Lotario mientras arrancaba con sus dientes los últimos restos de carne de una pierna de perdiz—, no te aflijas por esto. Preocúpate mejor por tus rosales. Son más importantes que el emperador y el Papa.

—No puedo creer lo que estás diciendo, *ragazzo*.

Desde que había regresado de Sicilia, el cardenal de Segni había perdido su interés por aquella lucha y por la necesidad de «cumplir con su deber». Si su hermano Ricardo actuaba así, ¿por qué él no iba a hacerlo? Se pasaba las horas encerrado en la biblioteca, entre sus libros, y sólo bajaba a la cocina a comer algo hacia el mediodía. Anunció que pretendía rendir su examen en la Universidad de Bolonia pues, mientras no consiguiera el *doctoratus*, no se le permitiría impartir cátedra, lo cual deseaba hacer con todo su corazón. Pero ello exigía estudio. El examen era público y, aunque contaba con la simpatía del arcediano y de los posibles sínodos, no podía darse el lujo de hacer un ridículo. Así, no recibió a Ortolana cuando ésta lo buscó. Eludió, asimismo, cuantas invitaciones le hicieron, ya fuera a bailar, a cazar o a hacer oir su voz al cabildo de la ciudad de Segni, de la que era consejero. Cuando su hermano rompió su compromiso con la hija del conde Boboni-Orsini para ofrecer matrimonio a la heredera de la familia Poli, tanto Ricardo como la hija del conde lo buscaron para obtener su apoyo. Él se encogió de hombros. Aseguró que aquello no era de su incumbencia. No tenía partido que tomar ni consejo que impartir. Bastantes problemas tenía con los suyos, dijo, como para preocuparse por los de su hermano, por los de la ciudad de Segni o por los de un emperador al que el Santo Padre no coronaba. Como Ricardo insistía, le rogó que lo dejara en paz. No podría concentrarse en el estudio de la jurisprudencia de otro modo, adujo. Pero, tal y como una sirvienta lo informó a Claricia Scotti, su hijo mayor no estaba entregado ni a la lectura ni al al estudio de las ciencias jurídicas. Una mañana, la mucama estuvo espiándolo: tumbado en un sillón, el cardenal de Segni permaneció contemplando el techo durante horas, salió a dar una vuelta a caballo, entró a la cocina a comer algo y volvió a tenderse en el sillón.

Frente a la doble desilusión —los pleitos familiares originados por Ricardo y la apatía que se había apoderado de Lotario—, Claricia Scotti se alegró cuando, ante las puertas de su casa, apareció un lacayo con una orden del Papa. Deseaba que Su Eminencia se presentara de inmediato en el Palacio de Letrán. Lotario ensilló su caballo y se dirigió a ver al pontífice. Era la única persona a la que no podía decirle que no.

Pero, en esta ocasión, Lotario no se encontró con Clemente III sino con Pablo Scolari. El anciano lo recibió en su cama, ataviado con un blusón blanco que dejaba al descubierto su pecho lampiño. Se había incorporado, apoyándose en unos cojines, y respiraba con dificultad. Alrededor de sus ojos se habían extendido dos manchas. A Lotario le desconsoló ver aquel cuadro.

—Muchacho —le dijo cogiendo su mano—, te he mandado llamar hoy que no tengo tantos dolores...

Había abandonado el *nosotros* para volver al *yo*. Los dos secretarios que lo acompañaban salieron para dejarlo conversar a solas con el joven.

—Lamento mucho que estés pasando por esto, tío. Ya verás que pronto pasará.

—No. No pasará. Es la antesala de la muerte. Antes de irme, he querido decirte que tenías razón... ¿Recuerdas que una vez comentaste lo difícil que debía resultar sentarse en la silla de San Pedro si no se sabía cuál era la función del Papa? Estabas en lo correcto. Me muero sin saber...

Hizo una pausa, fatigado.

—Descansa, tío.

—No, no. El dolor regresará. No tardará en hacerlo. Ya habrá tiempo, mucho tiempo para descansar. Es necesario definir el papel del Papa, Lotario; saber qué es; quién es... para qué está donde está —hizo otra pausa—. Si esto no ocurre, ningún pontífice podrá cumplir con su misión. Ya ves lo que le ocurrió al malhadado Gregorio VII. También es importante que el Papa sea el señor de Roma. ¿Cómo va a poder presidir la cristiandad sin ser el amo en su propia ciudad? Hay que anular a los senadores. Hay que expulsarlos. Tú lo advertiste. ¿Recuerdas?

—Descansa —repitió Lotario al notar el trabajo que le costaba hablar.

—Lamenté lo que ocurrió en Mesina con Bruna.

—¿Qué sabes de Bruna? —preguntó Lotario atónito.

Pablo Scolari sonrió casi a su pesar.

—No sé cuál es el papel del Santo Padre pero sé otras cosas, muchacho. Todo mundo viene aquí a contármelas. Lo de Bruna, también, por supuesto. Pero aunque estés triste, aunque a veces sientas que la vida es abominable... ayuda a salvar a la Iglesia. Es la obra de Dios.

Lotario no supo qué responder. Lo único que se le ocurrió fue apretar la mano del anciano entre la suya.

—Rezaré por ti. Lo prometo. No pidas que haga otra cosa. Desde que Bruna me abandonó, mi vida perdió sentido.

Pablo Scolari se irguió apoyándose en sus codos. Abrió los ojos desmesuradamente, como antes y, por un segundo, volvió a ser Clemente III, Sumo pontífice de la Iglesia Católica.

—¡Pues entonces, dáselo de nuevo! Lo que te pido, lo que te suplico, lo que *te ordenamos*, es que no permitas que la Iglesia perezca.

Lotario se sintió amedrentado ante tanta vehemencia.

—Tío...

—*Te ordenamos* que des un sentido diferente a tu vida. No lo hagas por la Iglesia. Hazlo por ti. Pero salva a la Iglesia.

—Tío...

El Papa cerró los ojos y apretó los dientes. El dolor volvía. Volvía antes de lo previsto y lo hacía con nuevos ímpetus.

—El próximo Papa será Juan de San Pablo. Acércate a él... acércatele... —una pausa, un quejido prolongado—. Tienes mucho que decir, mucho que... Ahora vete. No quiero...

Pero su mano, aferrada a la de Lotario, no le permitió al joven salir. Ni siquiera moverse. Pablo Scolari comenzó a respirar cada vez con mayor dificultad. De su boca escurrió una baba espesa mientras su cuerpo hacía un esfuerzo para aferrarse a la vida. Un espasmo. Otro... Lotario se desprendió de la mano de su tío y se dirigió hacia la puerta para pedir ayuda. Los dos sacerdotes que entraron, el cardenal Juan de San Pablo, que les siguió, los otros prelados que pronto llenaron la habitación, solamente lo hicieron para ser testigos de los estertores del pontífice, de su desesperado empeño para tomar aire, para retener el poco que lograba conseguir. La agonía se prolongó diez, quince minutos. Lotario deseó salir de ahí, cumplir el deseo de su tío, pero las piernas no le respondieron. Los estertores se hicieron más fuertes y, de pronto, la respiración cesó. Cuando el Papa quedó inerte, fue el cardenal de San Pablo quien se acercó al lecho a cerrarle los ojos. Murmuró un *Requiescat in pacem* lejano. Los otros repitieron la fórmula: *Requiescat in pacem*.

Lotario sintió que las lágrimas querían fluir de sus ojos pero éstas se quedaron atoradas en alguna parte. Simplemente no fluían. El Papa acababa de expirar frente a él.

—Me voy —informó a de San Pablo, sin saber a dónde.

—La votación para elegir al nuevo Papa se celebrará hoy mismo —repuso su compañero—. Su Eminencia tiene que emitir su voto.

«Tienes que quedarte para apoyarme», pareció decirle con la mirada. A pesar de las rivalidades que habían llegado a enfrentarlos, uno y otro sabían que les convendría respaldarse mutuamente. Muerto Clemente, los enemigos eran otros. Pero a Lotario lo tenía sin cuidado la sucesión.

—¿Tantos deseos tiene Su Eminencia de suceder a Clemente? —preguntó con amargura—. Ni siquiera se ha enfriado el cadáver.

—Su Eminencia sabe que no es eso. Pero teniendo al emperador tan cerca de Roma, no debemos dudar de que intentará influir en la decisión. Debemos adelantarnos.

Y así lo hicieron. Pero ni Lotario participó en la elección ni Juan de San Pablo resultó electo. Contra lo que había imaginado Clemente III, la elección recayó en el cardenal diácono Jacinto Boboni-Orsini. Al principio, éste se negó a aceptar el solio pontificio. Tenía ochenta y cinco años y pensaba que estaba demasiado viejo para llevarlo. Rogó a sus colegas que repitieran la votación, que pensaran, mejor, en Juan de San Pablo. Pero de nada sirvieron sus ruegos. Las circunstancias exigían un hombre como él. La única opción que le dejaron fue la de elegir su nombre. Escogió el de Celestino.

Roma, en abril A.D. 1191.

Querida Ortolana:

Te escribo, en primer lugar, para ofrecerte una disculpa por mi descortesía, por lo poco atento que he sido contigo desde que volví de Sicilia. Te escribo, en segundo, para darte una explicación: viví una experiencia tan desgastante en la isla, que he caído en un letargo del que, temo, voy a tardar en reponerme. Me he sentido desconsolado, tan abatido, que ni siquiera sé de dónde he sacado ánimos para escribir. Quizá ayer, cuando recibí tu carta, descubrí que necesitaba, con desesperación, contarle a alguien lo que me ocurría; lo que me ocurre desde que volví a Roma. No creas que exagero si te digo que he perdido las ganas de vivir. Cuando abro los ojos, por las mañana, sólo me pregunto cuánto tardará en volver a caer la noche para dormir, para seguir durmiendo, para no tener que dar explicaciones a nadie de nada.

Reprochas mi silencio. Tu reproche es justo. Déjame pues romperlo, así sea por un instante, y contarte, tal como lo pides, cómo estoy. En su lecho de muerte, mi tío Pablo me pidió que no perdiera los ánimos; que le diera sentido a mi vida a través de la Iglesia. ¡Como si fuera tan fácil! Aunque mantuve la serenidad, su muerte ensanchó la herida que traía de Sicilia. No es que haya convivido demasiado con él pero siempre representó una figura señera en mi vida. Era algo así como un padre lejano. Crecí con su presencia. Distante, pero presencia al fin: «¿Qué diría de esto tu tío?» «Esto le va a gustar mucho al cardenal.» «Cuando lo sepa tu tío, se va a disgustar...» Contaba en mi vida. ¿Logro explicarme? Nunca comprendí del todo su modo de actuar. En el fondo, era un hombre inseguro, lleno de miedos. Pero su muerte, repito, me hundió aún más de lo que ya estaba.

Como si lo presintiera y quisiera burlarse de mí (¿o querría hacerme pagar el hecho de que mi hermano Ricardo haya abandonado a su sobrina?), el nuevo Papa parece decidido a obligarme a cumplir los deseos de mi tío. Celestino III me citó tres días después de su entronización para decirme que estaba enterado de mi trabajo en Sicilia y quería encomendarme una nueva misión. Fue ridículo. No me sentía con ánimos para nada pero tampoco pude negarme a cumplir una orden tan alta. Las circunstancias conspiran contra mí.

Los romanos exigían que la coronación del emperador se llevara a cabo únicamente si éste devolvía la siempre disputada ciudad de Tusculum, así que el cardenal Juan de San Pablo y yo emprendimos el viaje a Anguillara, donde nos entrevistamos con Enrique Hohenstaufen y formulamos nuestra solicitud. Enrique nos recibió huraño: «¿Así que Su Eminencia es el célebre enemigo de los germanos?», preguntó socarrón. «Me han dicho que, en Sicilia, nadie ha trabajado tanto en mi contra como Su Eminencia.» Es un joven inteligente, lleno de bríos y obsesionado con la idea de superar a su padre.

Curiosamente, mi estado de ánimo ayudó a que nuestra misión tuviera buen fin. Durante la cena me desafió a que cantara con él una de sus composiciones, desafío que acepté. A la hora de entonar la estrofa *Ich grüeze mit gesange die süezen* —«saludo con mi canción a la dulce amada»—; mi voz se quebró y eso despertó la simpatía de Enrique. Después de la cena me condujo a una cámara donde me mostró la espada de su padre, llena de muescas. «Cicatrices de batallas», las llamó.

Quizá sea demasiado delgado. La coleta en que ha recogido su cabellera, parece fastidiarle. Quizá le costará trabajo enarbolar la espada de Barbarroja. Quizá le falte algo de majestad. Pero va a dar pelea a la Santa Sede. «Entre nosotros», dije, «a su majestad empieza a conocérsele con el sobrenombre de *El perseguidor*». Le gustó el mote. Aunque no puedo decir que hayamos hecho migas, le regalé un relicario de plata repujada y él me obsequió un halcón de bronce. Prometió que entregaría Tusculum un día después de su coronación, la cual se ha fijado para el próximo 15 de abril. Eso significa que el cardenal Boboni-Orsini tendrá que ordenarse sacerdote en los próximos días pues, como sabes, aunque es posible llegar a cardenal sin cumplir este requisito, no es posible ser Papa sin hacerlo.

Apenas regresé, rogué a Su Santidad que no me volviera a encargar nada. No me siento capaz de desempeñar ningún trabajo. Necesito descansar y olvidar. Celestino, pese a ello, quiso saber qué opinaba sobre algunos aspectos de la coronación: ¿Debía entregársele al emperador el globo, símbolo de la realeza, durante la ceremonia de investidura? Aconsejé que no. El globo también representa la monarquía universal. Eso daría alas a Enrique. El cardenal de San Pablo fue más elocuente que yo. Convenció al Papa de la conveniencia de entregarlo porque, aseveró, hay que empezar mostrando nuestra buena fe al emperador. Otra delegación ha salido hacia Anguillara para consultarlo con Enrique mismo.

En fin, Ortolana, te he contado esto en respuesta a tus preguntas. Ruego que no atribuyas mi mala disposición a algún error tuyo, como lo insinúas, sino a mi cansancio, a mi melancolía, a mi no saber qué hacer conmigo mismo. El señor Papa, por lo pronto, ha accedido a que me dedique un tiempo a reflexionar. Arreglaré la torre del campanario y supervisaré la construcción del peristilo que decidí añadir al templo de San Sergio y San Baco, en mi diócesis. Luego me retiraré algunos meses a un monasterio a las afueras de Segni. Ahí voy a orar y a trabajar, como recomendaba San Benito. También hallaré tiempo para la lectura. He empacado algunos libros, entre los que destacan las *Meditaciones* de Marco Aurelio y el Libro de Job. Ambos los mandó hacer mi abuelo hace años. No te veré en algún tiempo, como no veré a nadie, pero conservaré en mi recuerdo los buenos momentos que pasamos juntos. No hay más hacia adelante. No puede haber nada más. Mereces ser feliz porque eres una mujer extraordinaria. El hombre que se case contigo será el más afortunado de la cristiandad. Espero tu comprensión, aunque no tenga nada que ofrecer a cambio.

L.

Antes de ir a supervisar las obras de San Sergio y San Baco, sin embargo, el cardenal de Segni tuvo que asistir a tres ceremonias: a la ordenación de Jacinto Boboni-Orsini; a su consagración, un día después, y a la coronación de Enrique VI, como emperador del Sacro Imperio. En las dos primeras, disfrutó la improvisación y los errores a que obligó la prisa. El obispo de Ostia, encargado de consagrar sacerdote y obispo al Santo Padre, estaba tan nervioso que olvidó cerrar el grifo del aguamanil y, al final del acto, su sotana quedó empapada. La tercera ceremonia, en cambio, suscitó en Lotario un hondo desasosiego. El emperador apareció en Roma a la cabeza de su ejército, pavoneándose en medio de su guardia, que ostentaba armaduras doradas. Las plumas de los cascos competían con los estandartes, de todos tamaños. Los jaeces de los caballos hacían juego con mantos, capas y túnicas de sus dueños. Ni trompas ni címbalos lograron sofocar el griterío, las vivas de la turba, la emoción...

A Lotario le frustró advertir el servilismo con que Celestino trató a *El perseguidor* —que se presentó con la barba afeitada— y la solicitud con la que lo trataron decenas de obispos y cardenales. El Papa le entregó el globo, como signo del poder temporal aunque, según los partidarios de la casa Hohenstaufen, lo hizo como símbolo del poder universal. Desde luego, Lotario no asistió a ninguno de los bailes, ferias, desfiles y verbenas que desbordaran las calles de Roma. Apenas quedó liberado de sus compromisos, se trasladó a su diócesis, dio algunas instrucciones sobre las columnas que integraban el peristilo del templo, entregó dinero para reparaciones menores y, como lo tenía previsto, se trasladó a un pequeño monasterio a las afueras de Segni.

Ahí se enteró de cómo los romanos habían devastado Tusculum y de cómo, más tarde, Enrique había intentado invadir Sicilia. ¿Para eso lo había coronado Celestino emperador? Las noticias sobre la carnicería acabaron por sumirlo en el desánimo. Aunque la flota siciliana y una epidemia habían hecho retroceder al enemigo, Lotario sabía que éste no iba a descansar hasta apoderarse de Sicilia y, luego, asfixiar a los Estados Pontificios. Para eso había tomado como rehén al valetudinario abad de Montecasino. Aunque éste hubiera reconocido a Tancredo como rey de Sicilia, el emperador no tenía ningún derecho sobre el monasterio, pensó Lotario, conteniendo la frustración. A su regreso a Alemania, *El perseguidor* dispuso libremente de los obispados en Cambrai, Colonia y Worms. Celestino debía sentirse traicionado. Lotario comprendió, entonces, que nada ganaría angustiándose. ¿Para qué? Era mejor estar lo más alejado posible de aquello. Se preguntaba cuál era el sentido de lo que había hecho él con su vida hasta ese momento, cuál de la riqueza, la gloria o la existencia misma. Porque si todos aquellos caminos tenían como fin la felicidad, y si tan feliz podía ser el pescador que vivía en una choza, como el emperador que reinaba en un palacio, ¿por qué no ser pescador? El pescador no ordenaba matanzas para castigar a los que se rebelaban contra él, no desconfiaba de medio mundo, temiendo que fueran a envenenarlo, y no tenía que desvelarse meditando acerca de lo que debía hacer para mantenerse en el trono. Si tan feliz podía ser el campesino como el noble, ¿para qué esforzarse, combatir e intrigar? No era un banquete suntuoso o una habitación incrustada con maderas finas, cubierta por caros tapices, lo que proporcionaba la dicha sino, como lo enseñaban los filósofos, la actitud que se tuviera ante ellos. Tan feliz podía ser una mujer que adornaba su cabeza con flores como aquella que la exornaba con las piedras preciosas que su marido había conseguido incendiando y robando. A menudo se conseguía una dicha mayor escribiendo un poema que saqueando una ciudad. *Vanitas Vanitatum*, advertía el *Eclesiastés*. Todo era vanidad.

A diferencia de la casona en Mesina, su celda en Agnani le ofrecía, como vista, una montaña árida. Pero ¿eran mejores los arcos geminados de las ventanas en su palacio de Roma que el boquete, toscamente trabajado, de su celda? ¿Qué hacía superiores a los cuchillos con mango de marfil de morsa, donde estaban grabadas sus iniciales, a los utencilios oxidados del monasterio? ¿Adónde le habían conducido sus aventuras con mujeres hermosas, sus estudios, sus banquetes, su roce con las grandes personalidades de la época, sus logros diplomáticos y sus esperanzas respecto a Bruna? Bruna... Bruna no se apartaba un solo instante de su mente. De pronto aborrecía a los valdenses y de pronto deseaba ser como ellos, unírseles, al tiempo que se preguntaba por qué los hombres peleaban entre sí y se masacraban para hacer prevalecer un punto de vista. La vida era corta y se antojaba una estupidez dedicarla a decidir quién estaba bien y quién mal; quién era hereje y quién no. Unos y otros terminarían muertos. Él, como Enrique VI y Celestino III, como Enrique Dandolo y Esteban Langton, como Ortolana y su madre, como Roberto Courçon, el cardenal de San Pablo y Bruna, acabarían convertidos en rastrojos. Tanto como el joven monje que en ese momento golpeó tímidamente en la puerta para avisarle que llevaba su cena. Lotario se dio cuenta de que atardecía. Bostezó, estiró los brazos y se levantó de la silla.

Había pedido al abad que no le concediera privilegios. Podía cenar con los monjes en el refectorio, a la hora en que todos lo hacían, y así se lo informó al joven. Éste asintió. Sabía que el cardenal de Segni no era un huésped ordinario, a pesar de que vistiera un hábito luído como el suyo. Claricia Scotti era su benefactora más importante.

—¿Escuchaste?

El monje volvió a asentir pero no pareció entender lo que decía Lotario. Colocó una escudilla con pan, otra con trozos de carne fría y una jarra de vino sobre la mesa del prelado. Luego hizo el intento de salir.

—¿Cómo te llamas? —lo detuvo Lotario.

—Angelo, Su Eminencia.

—De Umbría ¿verdad?

Su acento lo delataba.

—De Narni, sí.

—Angelo —dijo Lotario—, quiero leerte algunos fragmentos de un libro y quiero que me digas qué piensas.

El monje volvió a asentir. Lotario encendió las velas y pudo ver mejor las facciones del joven, que no debía rebasar los dieciocho años. Era moreno, con nariz afilada y ojos negros, abismales. Sus enormes pestañas los hacían aparecer aun más grande. La tonsura no iba con su aspecto jovial, tan mal disimulado por su atuendo.

—«¡Cómo en un instante desaparece todo!» —comenzó a leer Lotario—. «En el mundo, los cuerpos mismos, y en el tiempo, su memoria. ¡Cómo es todo lo sensible y, especialmente, lo que nos seduce por placer o nos asusta por dolor o lo que nos hace gritar por orgullo; cómo todo es vil, despreciable, sucio, fácilmente destructible y cadáver! ¿Qué es la muerte? Porque si se hacen a un lado los espectros que la envuelven, ya no sugerirá otra cosa sino que es obra de la naturaleza.»

—¿Son las *Lamentaciones*? —preguntó el joven interesado.

Lotario meneó la cabeza, pasó otras páginas y concluyó:

—«Alejandro, el Macedonio, y su mulero, una vez muertos, fueron a parar en una misma cosa: o pasaron a formar parte de la esencia del universo o fueron, igualmente, disueltos en el polvo».

—¿Qué ha leído Su Eminencia? —preguntó el monje nervioso—. No irá a decirme que es Marco Aurelio...

—Sí —sonrió Lotario sorprendido ante la perspicacia de Angelo—. ¿Qué te parece?

—El abad nos prohibió leer sus *Meditaciones* —respondió desalado—. Durante el capítulo de la semana pasada, nos contó que este *imperator* persiguió a los cristianos y permitió que los asesinaran.

Lotario tomó una de las plumas que tenía sobre la mesa y, con una navaja, comenzó a apartar las barbas y el plumón. Hasta que no dejó el cálamo limpio no volvió a mirar a su interlocutor.

—¿Eso resta valor a sus reflexiones? —introdujo el cálamo en el tintero.

—Por supuesto que no. Marco Aurelio era un estoico que opinaba que los cristianos constituían un secta de fanáticos. Nadie le explicó quiénes éramos. Si alguien se lo hubiera explicado...

El cardenal escribió sobre la última página de libro, al margen del texto: «¿Por qué se prohibe pensar sobre la muerte?»

—¿Qué piensas de lo que leí? —insistió.

—Su Eminencia me pone en un apuro.

A Lotario le gustó la forma en que el muchacho se preocupaba, el modo en que contenía su emoción.

—Sal del apuro y responde.

—Estoy de acuerdo con Marco Aurelio —aseveró el monje al fin—. Todos vamos a morir pero algunos iremos al cielo y otros al infierno.

«¿Será porque la Iglesia enseña que unos vamos al cielo y otros el infierno?», garrapateó Lotario sobre el pergamino. «¿Será porque la Iglesia teme que se piense que no es la dueña de la verdad y que, así, pierda el control sobre el corazón de sus hijos?»

—Eso no lo dice Marco Aurelio —protestó Lotario.

—No, pero eso es lo que Su Eminencia espera que yo responda. De otro modo, podría incurrir en herejía.

—¿Crees, entonces, que la muerte es el destino natural del hombre?

Angelo sonrió de oreja a oreja. Lotario advirtió que los dientes del muchacho eran blanquísimos, perfectos.

—Sí. Y, si Su Eminencia me autoriza a revelar lo que creo, nuestros cuerpos acabarán disueltos en el polvo una vez que hayamos muerto, tal y como lo adelanta Marco Aurelio. Volveremos al sitio donde estábamos antes de nacer: a la nada. Por ello debemos vivir plenamente los años que el destino nos conceda. La muerte, a fin de cuentas, nos sorprenderá cuando menos la esperemos. Si estamos aquí es para disfrutar.

Si Lotario hubiera sido un hombre supersticioso, habría pensado que aquel joven era un mensajero de Dios que había ido a recordarle que no podía renunciar al mundo, renunciar del todo, mientras existieran las mujeres hermosas, el vino, el canto, los paisajes de Sicilia y los cuchillos con mango de marfil de morsa. Las reflexiones sobre la muerte y el destino de la vida pasaron a segundo plano.

—No hablas como un religioso común, Angelo.

—Es que Su Eminencia no puede imaginar el placer que me da haberlo escuchado —aseguró sin dejar de sonreír—. Aunque había leído citas y sabía cómo pensaba, jamás había tenido la oportunidad de estar tan... tan cerca de Marco Aurelio. Varias veces quise conseguir sus *Meditaciones* y, una y otra vez, fracasé. Su Eminencia, debe saber que, incluso, traté de robar el libro en una ocasión. Nunca supuse que, de pronto, cuando menos lo esperaba, el cardenal de Segni lo iba a leer para mí.

Lotario no pudo sentirse más halagado. Al menos había alguien en el mundo, además de los parsimoniosos sabios universitarios y los obtusos prelados de San Juan de Letrán, que compartía sus inquietudes.

—En ese caso —le extendió el libro—, es tuyo.

Angelo parpadeó incrédulo y meneó la cabeza.

—No, no...

—Tómalo; es tuyo.

—Si alguien descubre que yo tengo este libro...

—No pasará nada. Lo prometo.

El joven tomó el libro temblando.

—Su Eminencia, yo...

La sonrisa de Angelo era contagiosa. Iba a ser grato tener un compañero como él.

—¿Quieres un poco de vino?

## 7

El encuentro con Angelo significó para Lotario más que una oportunidad para discutir temas filosóficos. Confirmó que su felicidad no podía depender de las acciones de los otros sino del significado que él diera a esas acciones. A la existencia había que inventarle un sentido a cada momento. El joven, procedente de una humilde familia de Narni, había llegado al monasterio más grande de Perusa gracias a su destreza para leer y escribir, así como a la simpatía de un obispo que le ayudó a convertirse en copista. Poco le duró el gusto. Aunque sus superiores estaban satisfechos con su trabajo, descubrieron que el monje elaboraba copias para él mismo, contraviniendo las reglas del oficio. Se le castigó enviándolo a trabajar a la cocina de uno de los monasterios situados a las afueras de Segni.

Aquí, aunque no contaba con la estirpe de sus compañeros, tuvo mucho que enseñarles a éstos. También al cardenal de Segni que, a partir de la tarde que lo conoció, esperaba con impaciencia que llegara la hora de la cena para comentar con él su lectura más reciente o para que Angelo le informara cuántos monjes se habían quedado dormidos durante los maitines y cuántos en las vigilias; quiénes habían escapado a la hora de la prima y qué se había confesado durante el capítulo, donde cada monje hablaba de sus pensamientos protervos y sus malos actos. Lo enteraba de los conflictos que se habían suscitado a lo largo del día; del pleito en la cocina por las hogazas de pan; de las protestas del portero —que, después del abad, se había convertido en la figura de mayor autoridad en la abadía—; de la persecución de la rata que había devorado al canario del cillerero; de la inconformidad que había provocado la decisión del abad de reducir la dotación individual de jabón o de cualquier otro problema que, en opinión de Lotario, no tenía un origen menos noble que las guerras entre los reyes de Europa. Lo único distinto era la magnitud de las consecuencias.

El cardenal no tardó en arreglárselas para que el abad dispensara a Angelo de levantarse a las vigilias, del trabajo manual que comenzaba a las cuatro de la mañana, después del capítulo, y de acudir tanto a la tercia como a la misa de ocho, con el propósito de que lo acompañara a las caminatas matinales que decidió emprender por el bosque cuando descubrió que aquella vida monástica de encierro y penitencia no iba con él. Si al principio le pareció atractivo apegarse al *horarium* de San Benito, vivir para orar y trabajar —*ora et labora*—, pronto decidió que era mejor salir a caminar con su amigo para discutir a Platón. ¿Tenía razón Calicles cuando afirmaba que era justo que el más fuerte tuviera más que el más débil? ¿De veras era conveniente que se prohibieran aquellos poetas como Homero y Hesíodo que hacían aparecer a los dioses menos dignos ante el pueblo? ¿Sería cierto que el amor entre dos hombres era más noble que el que existía entre varón y mujer, como lo pregonaba Aristófanes en el *Simposium*? Lotario podía darse el lujo de hacerlo. La disciplina convenía a los monjes que se estaban preparando para obedecer, para servir a la Iglesia. No a él. Además, Angelo estaba enterado de algunos hechos que nunca habrían pasado por la imaginación de Lotario. Le contó, por ejemplo, que la estatua ecuestre que estaba frente al Palacio de Letrán, en Roma, no era de Constantino, el gran benefactor de la Iglesia, sino de Marco Aurelio, su perseguidor. Lo había llegado a ver en uno de los libros prohibidos en Perusa. Cuando el Papa se enterara, dijo, moriría de la desazón.

—Pero promete que no lo dirás —rogó Angelo—. Resulta una ironía deliciosa advertir que la Iglesia rinde homenaje a quien tanto la despreció.

Una tarde, cuando regresaban al monasterio después de haber hablado de San Agustín y los motivos que éste había tenido para justificar el uso de la violencia contra quienes desafiaban a la Iglesia, Angelo saltó la valla que los separaba de un huerto, se arremangó el sayal hasta la cintura y, con agilidad sorprendente, trepó hasta lo alto de un peral.

—¿Qué estás haciendo? —preguntó Lotario.

En respuesta, el monje comenzó a arrancar una pera tras otra y a aventarlas a los pies de su amigo.

—¿Qué haces? —se alarmó el prelado retrocediendo—. Estás invadiendo una propiedad privada.

De un salto, el muchacho estaba de nuevo abajo y, de otro, frente al cardenal.

—Quería sentir lo que sintió San Agustín cuando hizo lo mismo —confesó tomando una pera del suelo y dándole una mordida.

—No puedo creerlo —farfulló Lotario sin acertar a reírse o a disgustarse.

—¿Por qué no? —quiso saber Angelo—. Además, no tengo hambre. Ni siquiera las comeré. Las he arrancado por malvado. Nada más.

Y uniendo la acción a la palabra, arrojó la fruta contra el tronco del árbol.

— No puedo creerlo —repitió el cardenal.

—¿Qué es lo que no puedes creer? Cuando vuelvas a leer las *Confesiones,* no estarás seguro de los escrúpulos del obispo de Hipona. Yo sí.

Lotario podía aprobar o desaprobar la conducta del joven pero, ciertamente, no podía refutar aquel argumento.

—Tú ganas —se rindió.

—¿Por qué no lo intentas entonces? —le desafió Angelo.

—Porque cuando vuelva a leer a San Agustín, te buscaré para que me cuentes qué sintió.

—No será lo mismo —protestó el monje.

—Además —le informó Lotario casi al llegar al monasterio—, San Agustín no se subió a un peral: lo sacudió para que cayera la fruta.

Angelo frunció el ceño.

—Da igual. Si he de ser sincero, San Agustín me disgusta. Sus ideas parecen concebidas para que sólo unos cuantos puedan disfrutar de la vida mientras los otros sufren y, encima, agradezcan a Dios que los haga sufrir.

—Por menos de eso podrían excomulgarte —lo reconvino Lotario.

—Pero tú no dirás que yo lo dije, ¿verdad?

Lotario le respondió con un gesto de complicidad. En otra ocasión, fueron juntos a Gavignano, para que el monje conociera el castillo de los condes de Segni, situado en la cúspide de un promontorio. Antes de llegar se enteraron, por un juglar, que el rey Felipe había abandonado Tierra Santa y estaba de regreso en Francia, donde conspiraba contra el rey Ricardo de Inglaterra. «Era de esperarse», pensó Lotario. Supieron que, después de matanzas tremebundas, Ricardo había terminado por tomar Acre, derrotar a Saladino en Arsuf y fortificar Jaffa. Estas hazañas le habían ganado el mote de *Corazón de León*. Si las cosas continuaban así, los cruzados expugnarían pronto Jerusalén.

—Supongo que esto te alegrará —aventuró Angelo.

—No. Vine a olvidarme del mundo. Lo que ocurra allá afuera me tiene sin cuidado.

En Gavignano, entre las hileras de libros cuidadosamente empastados, Angelo quedó estupefacto. Nunca había visto una biblioteca privada tan grande. Entre el olor a pergamino que tanto disfrutaban ambos, el cardenal halló un motivo para demostrarle al monje cuánto sabía acerca de la forma en que algunos pueblos de la antigüedad se habían organizado; de los lacedemonios, que estimulaban el nacimiento de sus hijos; de los cretenses, donde los ancianos podían destituir a sus magistrados si no estaban de acuerdo con sus disposiciones, y de los cartagineses, donde sólo los hombres ricos tenían la oportunidad de gobernar. A cambio, el monje le habló de un autor al que el cardenal nunca había prestado atención y del que no existía un solo libro en el castillo: Horacio. Con los aspavientos de Angelo, con su entusiasmo desbordante, Lotario no tardó en advertir que el poeta latino ofrecía decenas de claves para descifrar su propia existencia. Al día siguiente, Angelo le llevó a su celda, junto con una trucha recién pescada y su jarra de vino, un ejemplar de las *Odas*.

—Es el mayor tesoro que tengo —le confesó—. Quiero obsequiártelo.

—No es necesario, Angelo. Yo ordenaré una copia.

—Tienes que aceptarlo. Si no lo haces, te devolveré las *Meditaciones* de Marco Aurelio.

El cardenal, resignado, abrió el libro al azar y leyó distraído hasta que, de repente, halló un verso sofocante: *Ne sit ancillae tibi amor pudori*: no había por qué avergonzarse de amar a una mujer de condición social inferior a la de uno. Así lo habían hecho Aquiles, Ayax y Agamenón. Era una refutación contundente a aquella cita de Ovidio que alguna vez había transcrito su madre para él: «¿Qué hombre libre querría entablar relaciones amorosas con una sirvienta y abrazar una espalda señalada por los latigazos?» *Neque sic fidelem,* continuaba Horacio, *sic lucro aversam potuisse nasci matre pudenda*: una joven tan fiel, tan desinteresada, no podía provenir de una madre que causara vergüenza.

—Esto lo escribió Horacio para mí —exclamó Lotario—. Para mí y para Bruna.

Aquella tarde no probó bocado. Angelo engulló la trucha completa y bebió el vino, si bien tuvo que escuchar la historia que Lotario no se había animado a contarle aún. Éste le habló de su frustración ante las dudas de Bruna, de las heridas que le había infligido y de lo mucho que ella significaba para él.

—Valdenses, cátaros y demás herejes tienen razón —lo interrumpió de pronto Angelo—. ¿Has bajado a la capilla alguna vez?

—Muchas —respondió Lotario, desconcertado ante la salida de su amigo.

—¿Puedo hablar con plena confianza? —vaciló.

—Claro.

Angelo bajó la voz hasta convertirla en un susurro:

—¿Has reparado en la cruz que se vislumbra entre la oscuridad? Observa bien al hombre que está ahí, semidesnudo, clavado, con una corona de espinas en la cabeza, bañado en sangre. ¿No te parece espeluznante? ¿No es algo que se opone a la vida misma? Si Dios es nuestro padre amoroso, como se supone que lo es, no pudo habernos hecho para que acabáramos nuestros días despedazados.

—¿Y eso qué tiene que ver con Bruna? —preguntó Lotario, embelesado por la visión de su amigo.

—Tiene que ver con los valdenses, cátaros y demás herejes —respondió Angelo manteniendo el volumen de su voz—. La imagen que ellos tienen de Dios es más razonable que la de la Iglesia. Dios no pudo haber enviado a su hijo a que sufriera como sufrió; a que muriera martirizado, como murió. Tendría que ser un padre desquiciado. Más aun, si consideramos que es todopoderoso. Si de veras quería salvar a los hombres —no sé salvarlos de qué, pero salvarlos—, bastaba un soplo, un guiño. ¿A qué tanta sangre? Por eso digo que valdenses, cátaros y demás herejes tienen razón. Jesús acabó mal porque predicaba la alegría, transformaba el agua en vino, incitaba a sus discípulos a no ayunar. «Los invitados a una fiesta no ayunan», predicó. La vida era una fiesta para él. Los sacerdotes de su época se dieron cuenta de lo peligroso que era abrir los ojos a la gente y por eso lo crucificaron.

El tema había vuelto a cambiar, radicalmente, como solía ocurrir cuando conversaba con su amigo. A pesar de Horacio y sus versos, Bruna pasó a segundo término.

—*Lo peligroso que era abrir los ojos a la gente...* —repitió el cardenal sin dar crédito a lo que escuchaba—. ¿Por qué, entonces, elegiste ser monje? ¿Por qué has decidido pasar el resto de tu vida encerrado en este monasterio en lugar de ir a predicar lo que, según tú, es el auténtico Evangelio? ¿Por qué no renuncias a la oración y a los libros para unirte a los valdenses o a los cátaros, como lo hizo Bruna?

—Bruna no era una auténtica valdense. Si lo fuera, ni siquiera habría holgado contigo. Por lo que me cuentas, ella era una mujer como tú. Llena de ganas de vivir, de no desperdiciar un solo instante de su vida y, al mismo tiempo, repleta de dudas.

—Concediendo que tengas razón, si crees que los valdenses han interpretado a Jesús mejor que nosotros —insistió Lotario—, ¿por qué no te unes a ellos?

Angelo respondió con su sonrisa dental.

—Te lo diré mañana, si aceptas ir a nadar conmigo.

Lotario accedió. Al día siguiente, se dirigieron a un lago aledaño, donde compitieron a ver quién lo cruzaba más rápido. Una y otra vez, Angelo demostró ser mejor nadador. Al salir del agua, Lotario comprobó lo que ya suponía: el cuerpo de su amigo recordaba las estatuas griegas; no de los atletas, pero sí de los efebos. Se aproximaba al de Antinoo, favorito del emperador Adriano. Cuando inventaron a Adonis o a Ganímedes, decidió el prelado, los artistas griegos debieron haber tenido como modelo a un joven de las características de Angelo.

—Ahora dime por qué continúas dentro de la Iglesia —exigió el cardenal al salir del agua.

—Ya que has perdido —dijo Angelo, echándose bajo un tilo—, te lo diré sólo si me dices qué significa el talismán que traigo colgado al cuello.

Lotario ya había reparado en la *tau* que Angelo llevaba, pero ahora que ambos estaban desnudos, mirando el lago mientras se secaban, advirtió cómo brillaba el amuleto.

—Es la letra griega que representa sabiduría y poder —respondió sentádose a un lado de su compañero—. El profeta Ezequiel distinguía con ella a los puros de corazón de los pecadores.

—Es cierto —admitió Angelo—. Pero no sólo significa sabiduría y poder sino vida. Cuando los soldados de la antigua Roma buscaban sobrevivientes después de una batalla, los identificaban con la *tau*. Yo la uso para protegerme de las mordeduras de las víboras y de las habladurías de mis malquerientes.

Lotario tomó la pieza entre sus dedos y observó las muescas que había sobre el metal.

—Me gusta tu *tau*, Angelo...

—Si logras quitármela con los dientes, es tuya.

Antes de que el monje pudiera reaccionar, el cardenal de Segni mordió la correa de cuero que colgaba del cuello de Angelo y la arrancó. Se quedó con la *tau* entre los labios.

—Ahora dime por qué sigues dentro de la Iglesia —exigió.

Angelo estaba sorprendido.

—Veo que eres mejor ladrón que nadador.

—Dime por qué sigues dentro de la Iglesia —Lotario colgó la *tau* en su cuello y anudó la correa reventada—. Si todos pensaran como tú, si todos vivieran como tú, la Iglesia no tendría razón de ser. Cada hombre y cada mujer harían lo que les viniera en gana.

—Sería un mundo estupendo.

—¿Matar, saquear, robar, te parece estupendo? Los apetitos deben ser controlados. Si esto no ocurre, viviríamos en una orgía perpetua.

—Habría que inventar leyes para que los hombres hicieran lo que les viniera en gana sin molestarse unos a otros. Es la única forma de obtener orden y paz.

—Si los hombres siguieran las enseñanzas de la Santa Iglesia...

—Qué tontería, Lotario. ¿La Santa Iglesia no mata, no saquea, no roba cuando le conviene? Quizá por eso sigo dentro de ella —suspiró Angelo—. Aunque a la mayoría de la gente se le niegue participar en esa orgía de la que tú hablas, yo puedo mantenerme en la mía. Como va el mundo, la Iglesia es el mejor camino para hacerlo. Nadie te ve, nadie te juzga. Sobre todo si eres obispo o cardenal. Pero eso no sustituye a las leyes de que hablo. Si yo llego a ser Papa, enseñaré a los cristianos a vivir frenéticamente. Acabaré con las misas y con las ceremonias inútiles, con el absurdo culto que se le tiene a Agustín de Hipona y a los perseguidores que la Iglesia llama *santos*.

Lotario se preguntó qué habría sido de su estancia en el monasterio sin la presencia de aquel joven que derrochaba energía. Descubrió que, en su mirada, había la misma intensidad, la misma provocación que en la de Bruna. Le fascinaba enfrentarse a un interlocutor tan audaz.

—Y dime —adoptó un tono circunspecto— ¿con qué nombre te sentarías en el *Palazzo* de Letrán?

—Eso lo tengo resuelto: Inocencio.

—¿Por qué?

—Es un nombre engañoso. Una careta de candidez. Además, el Papa que reinaba cuando Alarico saqueó Roma, cuando más desorden hubo en el mundo, se llamaba Inocencio. La Iglesia se desmoronaba, como ahora, y él consiguió que subsistiera a pesar de todo, que se fortaleciera ante el embate de sus enemigos. A cualquier otro menos inteligente, menos comprometido, las circunstancias lo habrían aniquilado. Me gusta lo que él representa. Luego hubo un segundo Inocencio, igualmente astuto, pero menos espectacular, que se enfrentó a un nuevo cisma. Inocencio es un nombre que conjura la desunión.

Angelo se incorporó. El cardenal de Segni lo imitó. Ambos estaban secos. Mientras vestían sus hábitos, Lotario confirmó que eran diferentes hasta en el color de la piel: la suya era blanca, hasta la palidez, mientras la de Angelo era morena, vital, como su cuerpo entero.

—¿Por dónde empezará Su Santidad a reformar la Iglesia?

—Por prohibir que haya cruces por todos lados. Luego, en lugar de templos, construiré hospitales. Si Dios es sabio y bondadoso, como dicen que es, más que templos para que se le adore debería querer hospitales para sanar a los enfermos, para ayudarlos a seguir disfrutando su creación. Dios no puede alegrarse, por ningún motivo, de que sus criaturas vivan cubiertas de llagas, ocultando su cara y sus brazos para que los otros no miren sus úlceras purulentas. Por supuesto, también, informaré a la cristiandad que la estatua ecuestre que se halla frente al Palacio de Letrán no es de Constantino sino de Marco Aurelio y que ahí la pienso conservar. Daré a conocer la doctrina de Joachim de Fiore, que no desvaría, como tú piensas, para que todo mundo sepa que la Iglesia evoluciona: que es de todos y que, tarde o temprano, dejará de ser de obispos y cardenales, de ricos y nobles, para convertirse en una Iglesia del pueblo...

—En suma —sentenció Lotario—, acabarás con ella.

—Al contrario: la haré más fuerte —declaró Angelo—. Será para todos y no para unos cuantos. Sobre todo, si también prohibo que los obispos vivan rodeados de lujos. Si quieren divertirse, se divertirán con los tullidos y los leprosos. Si quieren embriagarse, compartirán su vino con los liciados. Les obligaré a tocar el pandero y a danzar desnudos, como los *tripudianti*. Además, les prohibiré que hagan preces. Dios no tiene por qué exigir sacrificios inútiles, como los antiguos dioses griegos y romanos. Un Dios que hace rabietas porque sus criaturas no le rinden culto no debe ser poderoso sino, más bien, fatuo, urgido de lisonjas baratas para sentirse a gusto.

—¿Crees que te permitirían llegar si proclamaras todo eso?

—¿Lo dices porque no soy rico? Hildebrando era aun más pobre que yo y consiguió convertirse en Gregorio VII. Logró que el emperador le pidiera perdón de rodillas.

—Lo digo porque vas a afectar los intereses de muchos.

—¿Y eso qué? *Voy a ser el Papa.* Pero, descuida. La verdad es que me tiene sin cuidado serlo. He mentido. No me importa ser Papa ni cardenal. Me conformo con que me dejen en paz. Cuando haya conocido los secretos de la Iglesia, escaparé del monasterio y me haré juglar. Te invitaré a que me acompañes a recorrer el mundo.

—Eso me encantaría —exclamó Lotario—. Acepto desde ahora.

—Sin embargo —parpadeó Angelo—, es probable que tú sí llegues a ser Papa. Cuando eso ocurra, me tendrás a tu lado para decirte qué estás haciendo bien y qué estás haciendo mal.

—Me gusta más la idea de viajar juntos por el mundo. Pero, en caso de ser Papa, te nombraré camarlengo y estarás a mi lado.

—Y ahí me quedaré, siempre, para denunciar tus errores y tus abusos. Ocurra lo que ocurra, lo haré. No te librarás fácilmente de mi, Lotario. Lo juro.

Acababa de decirlo cuando el cardenal tuvo la sensación de que, sobre su pecho, la *tau* comenzaba a arder. Fue como si, de repente, hubiera querido desprenderse de la correa de cuero. La palpó asustado pero la pieza de metal seguía ahí, inerte.

—Prefiero imaginar cómo sería nuestra vida como juglares...

Angelo aplaudió.

—Cantaríamos, bailaríamos, nos embriagaríamos, haríamos el amor con cuanta mujer hermosa se atravesara en nuestro camino y disfrutaríamos cada amanecer, cada puesta de sol. Horacio se sentiría orgulloso de nosotros.

Lotario propuso ensayar aquella vida. Dos días después, vistió ropas de paisano y siguió a Angelo hasta una aldea donde las casas tenían techos de tepe, lejos de las murallas de Segni. Entraron a un tugurio donde cantaron, bailaron y bebieron. Acabaron en un pajar, copulando con una campesina insaciable que levantaron en el camino. Al día siguiente, los tres permanecieron desnudos, absortos, contemplando un amanecer cuajado de estrellas. A su regreso al monasterio, Angelo hizo a Lotario algunas confesiones que provocaron a éste acerbos ataques de risa. Por ejemplo, la forma en que había convencido al abad de Perusa para que le ayudara a convertirse en copista. Por conversaciones como aquellas, por aventuras como aquellas, el día que Angelo anunció a Lotario que había conseguido permiso para visitar a sus ancianos padres en Narni, el cardenal supo que lo iba a extrañar.

—Llévales esto de mi parte —dijo entregándole una bolsa de monedas de oro al monje.

—No, Lotario; ellos son pobres pero orgullosos. ¿Cómo les explicaría el origen de este dinero?

—Entonces —le extendió las *Odas* de Horacio—, llévales esto.

Angelo tomó la bolsa de monedas. Luego, le dio un abrazo largo.

—Te voy a extrañar.

—Tengo que revelarte algo antes de marchar —le dijo—. Es algo que quizá debí decir desde que nos conocimos y que podría llegar a afectar nuestra amistad: aunque, hoy por hoy, no creo en Dios alguno, nací judío.

Lotario lo miró divertido.

—No entiendo en qué podría afectar eso nuestra amistad...

Desde el primer día que Angelo dejó de llevarle la cena, el cardenal de Segni comenzó a contar el tiempo que faltaba para que volviera. Resanó el reloj de sol que ocupaba uno de los muros del convento y enseñó a los monjes a leer, con mayor precisión, el movimiento de las estrellas que se medía a través de un pequeño rosetón en la capilla. Luego, procuró incorporarse a la vida monástica y ajustar sus horarios a las oraciones de los monjes. Rezó con ellos antes que clareara el día y cantó —cada vez disfrutaba más el canto— hasta que el coro ya no se explicaba sin su voz estentórea, más potente que la de ningún otro. También sugirió dividir las voces no en dos sino en tres grupos. El efecto era notable. Cuando, según sus cálculos, había llegado el día en que debía regresar Angelo, volvió a escuchar a la hora de siempre, con la fuerza de siempre, tres golpes en su puerta.

—¡Adelante! —dijo, apresurándose a salir al encuentro de su amigo.

Pero no fue él quien entró sino el abad. Tenía la mirada desencajada.

—Traigo malas noticias para Su Eminencia —anunció.

Tratando de ser amable, de cuidar sus palabras, le informó al cardenal que en vista del gran afecto que le profesaba a Angelo, él sentía la obligación de anunciarle, personalmente, que el muchacho había salido hacía dos días de Narni y, sin atender los consejos de sus padres, se había internado por el bosque para cortar camino y estar de vuelta en el monasterio lo más pronto posible. Desafortunadamente, lo había atacado un lobo. A pesar de que el muchacho se había defendido, nada pudo hacer contra la bestia. Esa mañana, unos campesinos habían hallado el cuerpo destrozado de Angelo y, en cuanto advirtieron que se trataba de un monje, supusieron que provenía del monasterio aledaño, donde lo llevaron. El abad reconoció a Angelo por la dentadura. Lotario sintió que la tierra se abría, que él se precipitaba por un abismo sin fondo.

—Dime que no es cierto —se incorporó temblando.

¿Lo había dicho o sólo lo había imaginado? La cabeza le daba vueltas y adivinó que acababa de quedar desguarnecido. Un precipicio se abrió bajo sus pies y comenzó a caer sin remedio. De pronto ya estaba en la capilla, haciendo a un lado a los monjes que velaban el cuerpo del muchacho y arrancando la sábana que lo cubría. La vista de las costillas destrozadas, de los muñones y la sangre endurecida, lo aturdió.

—*La muerte, a fin de cuentas, nos sorprenderá cuando menos la esperemos...*

No, no; aquello no era justo. Dios tenía que ser un miserable. ¿Por qué, si no, permitía que un joven como Angelo muriera de esa forma? Pudo ver la mandíbula sin piel y los músculos desgarrados. Pudo adivinar las dentelladas de la bestia sobre su cara, los colmillos afilados, hundiéndose una y otra vez sobre sus piernas, sus brazos, su costado... Pudo ver las vísceras de Angelo. No: aquello no era Angelo sino un amasijo de huesos y carne. «¿Por qué?», pensó. «¿Por qué?», se indignó impotente.

—¡Por qué! —gritó— ¡Por qué!

—*Si Dios es nuestro padre amoroso, como se supone que es, no pudo habernos hecho para que acabáramos nuestros días despedazados.*

Los monjes que vieron al cardenal de Segni abrazado al cadáver de Angelo recordarían aquella escena con horror. El abad tuvo que intervenir para apartar a Lotario. No lo consiguió hasta que éste perdió el conocimiento.

Gavignano, en mayo A.D. 1192.

*Carissimo ragazzo:*

Hoy he vuelto dichosa al castillo pues veo con júbilo que estás en franca recuperación y después de todo el tiempo, interminable y desolador, que permaneciste sumido en ese *silenzio sepolcrale*, me alegró poder intercambiar contigo unas palabras, así como saber que pronto volverás a ser el de siempre.

No me gustó que blasfemaras contra Dios, Nuestro Señor, pues, sin su auxilio, no seríamos nada y, si bien es cierto que, últimamente, te ha sometido a pruebas muy duras, éstas no han sido insoportables, como lo sostuviste esta mañana.

No ignoro cuánto te han hecho sufrir el abandono de esa mujer con la que viviste en Bolonia y en Mesina, la muerte de tu tío ni la tragedia del monje con el que tanto te habías encariñado, pero quiero que repitas, una y otra vez, sólo para ti mismo, que Dios sabe por qué hace las cosas, que todo es para bien.

Somos tan pequeños, tan insignificantes, que no alcanzamos a comprender los designios divinos y sólo nos queda resignarnos, suplicar a Nuestro Señor que nos dé fuerzas y nos muestre la luz, pues Él es la Verdad, el Camino que hay que seguir, la Vida.

Pasado mañana volveré a visitarte, segura de que estarás aun mejor que hoy y segura de que podrás conocer a tu sobrino Ugolino, de quien te he hablado y de quien me haré acompañar, pues él es un joven culto y ambicioso que, en muchos aspectos, se parece a ti y con quien, lo presiento, harás buenas migas.

También te llevaré la carta que acabo de recibir de Enrico Dandolo, donde me anuncia que ha sido elegido dux de Venecia y me pregunta por ti, sabedor de que yo lo considero un hombre entero, animoso, cuyo ejemplo quisiera que siguieran tú y tu hermano Ricardo, quien pronto te hará llegar una misiva, anunciando su boda, por lo que debes ir pensando lo que responderás, el tono en que lo harás y en lo importante que será tu prudencia.

No quiero abrumarte sino, al contrario, rogarte que descanses y que no olvides que te quiere

Tu madre.

«¿Qué es el hombre», pregunta San Agustín, «si no es más que un hombre?» Y antes que él, Cohélet había escrito en el *Eclesiastés*: «¿Qué saca el hombre de toda la fatiga con que se afana bajo el sol? Todos sus días son dolor y su oficio, penar; y ni aun de noche su corazón descansa». Lotario se había refugiado en el monasterio con el propósito de alejarse de Roma, los pleitos familiares, las intrigas cortesanas y de un pontífice que, en su opinión, constituía una vergüenza para la cristiandad. Lo hizo para desentenderse de su madre y su hermano; de sus compañeros, los cardenales de la Santa Sede; de los hombres ricos y de los embajadores del Imperio. Bruna lo había lastimado, lo había herido hasta lo más profundo, sí, pero ahora Lotario estaba seguro de que aquel abandono sólo había sido un pretexto para su huida, para pedir a Celestino que lo relevara una temporada de sus obligaciones. Se trataba, por decirlo de algún modo, de olvidar el sentido de las cosas, de la vida misma, durante algún tiempo. De padecer un dolor que aún podía controlar. La muerte de Angelo, en cambio, lo fulminó. Perdió el interés por todo y sólo conservó unos cuantos libros a su lado: *Job*, el *Eclesiastés* y Séneca. Los otros los envió a su madre que, apenas se enteró de la depresión en que había caído su hijo, abandonó Roma para trasladarse a su castillo, en Gavignano, para poder estar cerca de él.

Aunque Claricia Scotti había procurado ser atenta y se había conducido con discreción, Lotario le rogó un día que lo dejara solo, que ya no lo visitara en el monasterio. Ya él la buscaría cuando se sintiera mejor. La duquesa volvió a Roma ese mismo día con un reproche: «No permitiste que te presentara a Ugolino». El cardenal la tranquilizó con la promesa fácil de que tendría el resto de su vida para conocerlo. Por lo pronto, deseaba estar solo. Apenas salió su madre, escribió:

*Un poco de agua y de pan, abrigo y vestido, esto es cuanto necesita el hombre, pero qué de necesidades inventa y exige la concupiscencia. La muerte y la podredumbre horrorizan. ¿De qué sirven los tesoros, los festines, los placeres, los honores?*

A partir de entonces, fue añadiendo a este pensamiento otros sobre el dolor. Cuando todas las velas del monasterio se habían apagado, era posible adivinar cuál era la habitación de Lotario por la llama que cintilaba desde ahí.

Una mañana de otoño el abad subió a su celda —era la segunda vez que lo hacía— para ponerlo al tanto sobre los últimos acontecimientos: el Papa había nombrado a un arzobispo en Lieja pero el emperador, empeñado en colocar a su candidato en aquella diócesis, lo había mandado asesinar.

Rechinando los dientes, Lotario lamentó que no hubiera nadie en Roma con la fuerza suficiente para detenerlo o, al menos, para armar un escándalo, como ocurrió con Becket. El otro continuó con su informe: el abad de Montecasino había jurado lealtad al emperador y éste le había permitido volver al monasterio.

—Qué frágil es la condición humana —repuso Lotario—. Todos buscamos algo y nadie lo encuentra. En ocasiones, ni siquiera sabemos lo que buscamos. Al menos los cristianos deberíamos saberlo pero, dime ¿lo sabes tú? ¿Lo sé yo? ¿Lo sabe ese carnicero sagaz que se hace llamar emperador? ¿Lo supo el arzobispo de Lieja cuando ya se sentía dueño de la diócesis? ¿Lo sabe el jefe de Montecasino, que avanza hacia donde sopla el viento?

Cuando el abad salió, Lotario volvió a concentrarse en sus notas. Al final del día concluyó:

*La miseria es el destino del hombre. Moldeado en el barro, con-*
*cebido en el pecado, nacido para la pena, hace el daño que debería*
*evitar... La naturaleza humana cada día está más corrompida.*

A partir de entonces, sus cavilaciones pasaron del sentido de la vida
a la miseria humana. Escribió algo sobre uno y la otra, teniendo
siempre presente a Angelo. ¿Algún día podría llegar a olvidarlo? Una
noche lo encontró en sus sueños. Los dos estaban en una playa. Discutían la causa de las olas. Luego, ya estaban nadando, adelantándose más y más en un mar que, de repente, empezó a encresparse, a
rugir. «Si me ahogo», pidió el muchacho, «tú sigue nadando. Pase lo
que pase, jamás te detengas». El cardenal protestaba. No avanzaría,
dijo, si él no lo acompañaba. «No importa que yo me ahogue», respondió el monje. «Siempre estaré a tu lado.» Entonces desaparecía y
Lotario se quedaba solo, aterrado, sin saber qué hacer.

Lo despertó un virulento ardor sobre su pecho. Era como si la
*tau* se retorciera, como si quisiera decirle algo. Palpó el amuleto. Ahí
estaba, inmóvil, frío. ¿Cómo interpretar aquello? Siempre había ri-
diculizado las supersticiones. Se había mofado de la vieja Vermilia,
que enterraba malva al lado de los establos para ahuyentar a las
brujas. Se había burlado de su propio hermano, que nunca salía de
casa sin un espejo, por temor a encontrar al basilisco, mitad ser-
piente, mitad gallo, y quedar convertido en piedra. Pero aquel
sueño, la presencia de la *tau*... ¿Angelo habría muerto por carecer
de la protección del amuleto? ¿Ahora sería él quien se vería benefi-
ciado por aquella protección? «Qué tontería», pensó. Al levantarse,
supo que había llegado la hora de volver a Roma. Le informó al
abad que, a partir de esa tarde, no volvería y que, al día siguiente,
uno de sus criados iría a recoger sus pertenencias. El sueño lo había
impresionado. Le había hecho pensar que quizá él, como Joachim
de Fiore, debía escapar de aquellas cuatro paredes que le sofoca-
ban, para ir a encontrar su destino. ¿Acaso no le había asegurado
Angelo que siempre estaría a su lado? ¿Acaso no había dicho el

mismo Jesús que quienes anunciaban que Dios estaba en el desierto mentían? Sintió que era la *tau* la que le dictaba aquellas dudas, la que le impelía a abandonar el desierto al costo que fuera. De algo estaba seguro: la idea de un Dios que había enviado a sus criaturas a sufrir ya no le convencía. Tenía que hallarle un nuevo sentido a su existencia.

Así, decidió que el mejor homenaje que podría rendir a Angelo era vivir con plenitud. Después de todo, Dios podía estar en el castillo de Gavignano, donde *il signore* —ahí era *il signore*— pasó unos días poniendo en orden sus escritos sobre la condición humana. Podía estar en el concejo de Anagni, donde *il conte* —ahí era *il conte*— propuso construir una nueva cisterna y reforzar las murallas. Podía estar en la diócesis de San Sergio y San Baco, donde el cardenal diácono —ahí era el cardenal diácono— había tenido que reñir a un par de albañiles negligentes y subir a la torre de la iglesia para demostrarles cómo colocar las dovelas, de modo que embonara una con la otra. O podía estar en Asís, la ciudad blanca y rosada, donde Lotario —ahí era Lotario— pasó a visitar unos días a su antiguo amigo, el conde de Sasso-Rosso. Dios podía estar, finalmente, en Roma, donde el conde y cardenal de Segni —ahí era el conde y cardenal de Segni—, llegó el mismo día que la noticia de la muerte de Saladino.

## 8

Si bien las opiniones estaban divididas, nadie hablaba de otra cosa en la *urbs*. Eran muchos los que estaban indignados con Ricardo *Corazón de León*. En lugar de haber tomado Jerusalén —como podía haberlo hecho—, había pactado con Saladino. Regresó a Europa con las manos vacías. La idea de que los cristianos tuvieran acceso a una franja costera en Jaffa o que los peregrinos pudieran visitar libremente Jerusalén satisfacía a muy pocos. Por eso, Dios le había castigado y cayó prisionero del duque de Austria. Por eso, pregonaban sus detractores, ahora estaba en poder del emperador Enrique VI, quien había pagado 20 mil marcos de plata al duque, para que éste se lo entregara. Unos aseguraban que el propio rey Felipe de Francia estaba detrás de aquello; otros, que el príncipe Juan, hermano de Ricardo, pues anhelaba quedarse con su reino. Fuera lo que fuese, apuntaban unos y otros, *Corazón de León* sólo tenía que haber esperado cuatro meses para ver morir al «Sultán de los doce reinos» y penetrar a la Ciudad Santa.

La muerte de Saladino y el cautiverio del monarca inglés provocaron otro tema de discusión: los costos de la cruzada. ¿Había merecido la pena promover exenciones y otorgar indulgencias a los cruzados? ¿Quién había ganado con ellas? Los hijos segundones, que habían salido a conquistar los dominios que sus padres les habían negado, quedaron defraudados. Sólo los vendedores de armas y algunos comerciantes de Lübeck, Bergen y Gotland habían visto decuplicar sus inversiones. La idea de que los cruzados muertos llegaban al Cielo saltando por encima del Infierno, utilizando una cruz a manera de pértiga, cada vez resultaba menos convincente.

Resuelto a no dejarse consumir por la acedia, Lotario solicitó audiencia con el Santo Padre. Éste lo recibió de inmediato pero se negó a nombrarlo legado papal en Tierra Santa, como pretendía el cardenal. No eran tiempos para jóvenes atronados, le advirtió, sino para los prudentes, para los sensatos, para los que sabían esperar. De cualquier modo, le pidió que volviera, pues pronto tendría una encomienda para él. Antes de retirarse, Lotario le expresó su temor por lo que ocurría al sur de Francia. Había escuchado que los *Buenos hombres*, los *cátaros*, seguían expandiéndose. Le manifestó, también, que temía que Enrique VI estuviera preparando su reconciliación con los príncipes alemanes. Aniquilada la casa de Welf y contando con el apoyo de algunos antiguos partidarios, el emperador no tendría más enemigos en su Imperio y, por tanto, nadie que estuviera dispuesto a apoyar al Papa ante una posible disputa.

—¿Y qué piensas de los musulmanes que se han apoderado de una parte de la cristiandad? —lo interrumpió Celestino—. ¿No crees que antes debemos preparar la reconquista?

—Confieso a Su Santidad que no he meditado sobre ese tema.

El anciano movió la cabeza: aquellos tiempos, repitió, no eran para los desbocados. Habría que esperar. La que no estaba dispuesta a esperar era Ortolana de Fiume. Apenas se enteró del regreso del cardenal de Segni, se presentó en casa de la duquesa. Lotario no supo cómo, de repente, la joven ya estaba frente a él, en su recámara.

—Estás hermosísima —la saludó.

—¿De veras te lo parezco?— preguntó la joven.

Lotario la contempló a su gusto. Quizá, en efecto, le incomodaba que ella fuera más alta que él, pero era inevitable sentirse hechizado por aquella elegancia de sirena en destierro con la que ella no sabía qué hacer. Le gustó su trenza doble, que le llegaba a la cintura, y le desconcertó el escote que dejaba entrever unos senos que él nunca había imaginado tan exuberantes.

—Hermosísima.

—Entonces ¿por qué nunca has besado mis labios?

Aquella pregunta no iba con Ortolana. Se había ruborizado y temblaba. ¿Qué era lo que pretendía? Lotario creyó adivinarlo. Pero ella se adelantó. Se arrojó sobre él para besarle cara, cuello y hombros. Al advertir que él no salía de su estupor, besó su boca y comenzó a desvestirlo. El no ofreció resistencia. Cuando ella comprobó de un vistazo la erección, lo empujó sobre la cama, se desnudó en tres movimientos rápidos y se tendió de espaldas, apoyada en los codos, lista al embate. Él vaciló un momento; luego, arremetió. No fue una faena simple y, más de una vez, estuvo a punto de renunciar. Los dientes apretados de Ortolana lo distrajeron: ¿por qué él se prestaba a aquello? ¿por qué ella había perdido su tacto, su elegancia? De repente advirtió, embelesado, que aunque los movimientos de la joven eran torpes, su cuerpo ardía por dentro. Sus entrañas tenían vida propia. Lotario nunca antes había experimentado algo así. Continuó hasta el agotamiento.

—Espero que entiendas que esto no significa nada —susurró él cuando hubieron terminado, pero sin estar seguro de que así fuera.

Ella permaneció en silencio, al tiempo que secaba su entrepierna. Cuando miró angustiada la sangre sobre el edredón, él hizo un gesto para que no se preocupara. Se quedaron tumbados un rato, mirando el dosel de la cama que la duquesa Scotti acababa de hacer instalar en la recámara de su hijo. Era un dosel bordado con hojas de oro, donde decenas de salamandras con ojos de ópalo parecían extraviadas entre el acanto.

—¿Por qué esto no ocurrió antes? —preguntó Ortolana mientras pasaba su dedo por la *tau* de Lotario—. Mis escrúpulos, mis prejuicios, me obligaron a proceder de otro modo. A esperar, siempre a esperar... Si hubiera actuado así desde el principio, ahora seríamos marido y mujer.

—¿Lo crees?

—Al menos no se habría interpuesto entre nosotros esa mujerzuela —suspiró—. En dos semanas voy a casarme. ¿Lo sabías?

—No —admitió él, mientras con una mano se limpiaba los muslos—. ¿Con quién te casas?

—Con Favorino d'Offreduccio.

—¿Con el conde de Sasso-Rosso? —se incorporó Lotario—. Es amigo mío. Acabo de visitarlo en Asís y no me dijo una palabra.

Pero apenas hubo salido Ortolana, a Lotario le avergonzó su propia indiferencia. Más aún: descubrió que ésta era fingida. Sintió la necesidad de tener a la joven de nuevo entre sus brazos. No era Bruna, cierto; no había arañazos en su espalda ni huellas de dientes sobre su hombro, pero —hasta ese momento lo comprendió— Ortolana se le había entregado por completo. A diferencia de todas las mujeres con las que había yacido, de Bruna misma, Ortolana había gozado como ninguna otra mujer lo había hecho a su lado. Él le había hecho gozar así. Quizá, después de todo, el amor de una mujer, el amor auténtico, era lo que podía dar sentido a la vida. Por lo menos, a su vida. Sobreponiéndose a la inflación que sentía en sus pantorrillas —siempre que hacía el amor las venas de aquella región amenazaban estallarle—, se vistió, metió edredón y sábanas en un canasto y fue tras la joven.

Mientras ensillaba su caballo, descubrió satisfecho que el golpe que ella le acababa de asestar al referirse con desprecio a Bruna no le dolía. Más aun, le tenía sin cuidado. Descubrió, también, que las heridas de los últimos meses habían comenzado a cicatrizar.

Ortolana tardó en recibirlo después de que se anunció. Lo hizo esperar en una estancia repleta de helechos y dominada por un gigantesco crucifijo de nogal, donde un Cristo ataviado con una tónica alambicada, al estilo sirio, parecía disfrutar el suplicio. La joven apareció con un vestido oscuro y una mascada blanca que le envolvía cabeza y cuello. La trenza debía estar enredada ahí, dentro. Sobre la mascada, lucía una diadema de perlas.

—Me da mucho gusto recibir a Su Eminencia.

No daba la impresión de ser la joven con la que acababa de hacer el amor. Lotario se percató de que en el patio al que lo condujo abundaban las jaulas de madera, donde decenas de palomas gorjeaban al unísono.

—Cásate conmigo.

Ella sonrió triste.

—Es demasiado tarde, Lotario. Estoy comprometida.

Luego tomó una de las jaulas y se la ofreció. Adentro, tres palomas blancas permanecieron inmóviles.

—Iré todos los días a verte para enseñarte a domesticarlas. Pueden llegar a ser tus compañeras más fieles.

—Cásate conmigo —repitió el cardenal.

Se aproximó a la joven y la tomó por los hombros. La jaula se balanceó y los pájaros ulularon. Ella apenas logró dejarla sobre una mesa.

—¿Acaso no ibas a emprender una brillante carrera eclesiástica?

—Ya no me interesa. Ayer hablé con Celestino y me he dado cuenta de que, con un Papa como él y con quienes, seguramente, van a sucederle los próximos treinta años, no tengo nada que hacer en la Iglesia. Me esperaría un destino gris, visitando San Sergio y San Baco o esperando que el Papa me nombre legado suyo en algún sitio donde pueda echar a volar mi imaginación para combatir a herejes o a infieles. Estos ancianos le temen a todo. Para conservar sus privilegios, son capaces de dejar hundir el mundo. Dicen, incluso, que Celestino ha intentado abdicar varias veces a favor de Juan de San Pablo. ¿Imaginas el panorama que me espera? A tu lado, en cambio...

—Es tarde —cortó Ortolana—. En dos semanas estaré de regreso en Asís para casarme con Favorino d'Offreduccio. ¿No te lo he dicho? Dios sabe cuánto me habría gustado hacerlo contigo,

Lotario, pero la culpa la tienes tú. No —rectificó—: la tenemos ambos. Yo, por no haber sabido cómo actuar; tú, por no haberme ayudado a salir de mi error, a romper con mis prejuicios. Tuve que aprender a hacerlo a partir de mis conversaciones con una criada.

Intercambiaron una mirada angustiante. Esa mañana, mientras él miraba los dientes apretados de su amiga, había descubierto cuánto podía llegar a amarla si se lo propusiera. Ortolana no lo enloquecía, como Bruna; no tenía el cuerpo ni la vitalidad de la valdense, pero podría igualarla si se lo proponía. Al tomar la jaula con las palomas, Lotario supo que, incluso, podría llegar a superarla. Antes de despedirse, la joven prometió que iría a visitarlo de nuevo, al día siguiente, para enseñarle a cuidar de las palomas.

Así lo hizo. La ausencia de la duquesa, como la primera vez, facilitó las cosas. Entró sin anunciarse a la habitación de Lotario e hicieron el amor. Él la llamó *condesa de Sasso-Rosso*, después de mordisquearle los pezones. Ella, en venganza, *Su Eminencia*. A Lotario volvió a entusiasmarle la forma en que lograba hacer que Ortolana se volcara por dentro. Luego, la joven se sentó frente al escritorio de Lotario y se puso a curiosear. Halló sus notas sobre la miseria humana.

—Es formidable —exclamó de pronto.

Lotario, que había permanecido en la cama, esperando que sus piernas se desinflamaran, se levantó.

—¿Qué?

—La labor de recopilación. Me parece, sin embargo, que hay un exceso de citas. Sabemos qué piensan doscientos autores pero ¿qué es lo que opina Lotario de Segni? Has cristianizado a Cicerón y a Séneca pero no sé qué piensas tú.

Aquel comentario era prodigioso. Él se aproximó a donde estaba la joven y le besó el cuello.

—La primera de esas copias será para ti si te casas conmigo.

Ella se levantó.

—Vamos a ver las palomas —dijo—. A eso vine.

Pasaron a la terraza y, durante largo tiempo, ella le explicó cómo era posible ganarse la devoción de unas aves como aquéllas; cómo era posible hacerlas ir y volver con un mensaje. Tomó una entre sus manos. La acarició.

—Esta se llama Ortolana —le dijo—. Como yo.

—Cásate conmigo.

—Si insistes, no volveré.

Pero aunque él insistió, ella no dejó de visitarlo, puntualmente, hasta las vísperas de su boda. En quince días no sólo conquistó la lealtad de las palomas para él —así lo anunció— sino que le ayudó a buscar un título para su libro.

—Cásate conmigo —le suplicó Lotario cuando sólo faltaba un día—. Te haré más feliz que el conde de Sasso-Rosso.

—Tú no naciste para el matrimonio, Lotario. Naciste para ser un erudito, un cortesano o un hombre de Iglesia, aunque ahora los vientos no te sean propicios. El matrimonio te estorbaría. Te aniquilaría. Yo, por mi parte, nací para ser adorada por mi marido, venerada por él. Tú nunca me adorarías; nunca me venerarías.

—¿Cómo lo sabes? —protestó— ¿Cómo puedes saberlo?

La joven echó un vistazo al título de la carpeta que había ordenado sobre el escritorio: *De contemptu mundi sive de miseriis humanae conditionis.*

—Si nos casáramos, nos echaríamos a perder la vida mutuamente—sentenció—. Si, en cambio, sigo siendo tu amiga, siempre contarás con mi apoyo. Yo, a cambio, tendré la adoración de Favorino y tendré, de cuando en cuando, tu conversación deslumbrante, tu consejo sabio.

—¿Eso es todo lo que quieres de mí?

Ortolana alzó las cejas. No esperaba aquella pregunta.

—Al principio pensé que también quería formar una familia y envejecer a tu lado. Después de largas conversaciones con esa criada de la que te he hablado, ahora sé que no; que eso nunca me importó. De hecho, Favorino d'Offreduccio —*el conde de Sasso-*

*Rosso*, como tú prefieres llamarle—, no es, ni con mucho, tan brillante o acaudalado como tú. Pero me adora.

—Aunque tú no lo adores a él...

—De ti, además, quiero otra cosa.

Lotario se colocó las calzas. La inteligencia de Ortolana lo sorprendía una y otra vez. En unos días había dejado de ser la aristócrata insulsa a la que había abandonado, para convertirse en una mujer misteriosa y provocativa.

—¿De qué hablas?

—Eso no te lo puedo decir ahora. Algún día lo sabrás. Por lo pronto, después de casarme, haré lo posible por ir a Jerusalén. Siempre he soñado con un viaje a Tierra Santa.

Aunque estaba seguro de que volvería a verla, el cardenal de Segni no pudo evitar la opresión que sintió en su pecho al verla partir. Durante aquellos quince días se había enamorado de ella y, una vez más, tuvo la sensación de que el destino le jugaba un revés. No acudió a la boda de Ortolana, en Asís, a pesar de que ella le rogó que la acompañara. Sólo un mes después, cuando Claricia Scotti volvió de su viaje a Sicilia, se enteró de los pormenores de la ceremonia.

—Fuiste un tonto —lo acusó su madre.

—Un imbécil —admitió él.

Sospechaba que, durante aquellos días, volvería a sumirse en su tristeza. Por eso decidió hablar frenéticamente con su madre sobre lo que ocurría en Nápoles: ¿Cómo era posible que los ciudadanos hubieran esperado que los germanos creyeran aquella absurda leyenda de que el mago Virgilio había dejado protegida la ciudad con un muro de aire impenetrable? Luego pasó a Sicilia; a la habilidad que había tenido Tancredo para tomar prisionera a Constanza, esposa de Enrique VI, y a la torpeza de Celestino para dejarla escapar cuando Tancredo la había enviado a Roma para que la Santa Sede pudiera negociar con el emperador. Era inconcebible el grado de ineptitud de la Curia. Sólo hablando, hablando, hablando —pensó—, podía evitar caer en una nueva depresión. Para su fortuna, el Papa no tardó en llamarlo. Lotario lo halló cabeceando en la sala de audiencias, en medio de los tapices desteñidos y los aparatosos incensarios que había mandado colocar. De estos últimos emanaba un olor a perfume mortuorio, que debía tener atufado al pontífice y a sus ayudantes. A su lado, el cardenal de San Pablo, sin dejar de sobarse las ojeras, echó una ojeada al cardenal de Segni, disimulando su antipatía. En pocos meses se había logrado apoderar de la voluntad de Celestino, como no lo había conseguido con Clemente. Lotario permaneció hincado unos momentos antes de que el Papa se percatara de su presencia.

—Hemos decidido designarte *uditore* —le comunicó al fin el pontífice—. Nos han informado que en Tolosa se están entablando juicios contra algunos judíos y nos gustaría que acudieras ahí a verificar que los procesos se desarrollen en conformidad con la ley.

No era lo que Lotario esperaba pero agradeció la distinción.

—Hemos pedido al padre Alvar que te acompañe en este viaje. Él habla la lengua de Occitania, la *langue d'Oc* con fluidez. Te ayudará a efectuar tus pesquisas.

—¿Puedo saber de qué se acusa a esos judíos, Su Santidad?

—Dicen —y aquí el pontífice consultó con una mirada a Juan de San Pablo—, que secuestran a niños cristianos para crucificarlos. Luego los destazan para beber su sangre.

—¿Y por qué querrían hacer eso? —preguntó Lotario.

—Si asesinaron a Dios —intervino el cardenal de San Pablo—, se puede esperar de ellos cualquier cosa. Orígenes vaticinó que la sangre de Jesús caería sobre ellos, Juan Crisóstomo los llamó «bestias inmundas» y Constantino, en el Concilio de Nicea, se refirió a ellos como «ese odioso pueblo».

—Se equivocaron —suspiró Lotario—. Todos los judíos con los que he tratado, con los que mantengo amistad, desmentirían ese rumor. Además, su religión les impide beber sangre. Yo creo...

—Tu misión —cortó Celestino— no es creer o no creer sino investigar, verificar que todo se haga de acuerdo con la ley.

El cardenal de Segni bajó la cabeza que había alzado momentáneamente.

—Así lo haré, señor Papa ¿Cuándo debo partir?

Celestino volvió a consultar a Juan de San Pablo con la mirada. Lotario advirtió que ni al Papa ni a su consejero les lloraban los ojos con aquel incienso que a él ya lo había aturdido.

—Mañana mismo —apuntó—. El itinerario te lo entregará esta noche el padre Alvar. Queremos, además, que abras bien los ojos y nos informes qué tanto ha avanzado en el condado de Tolosa la herejía de la que hablamos. Los señores de esa región nos han escrito para asegurarnos que todo lo que se ha dicho son exageraciones, pero no lo sabemos. Sobre todo, si tomamos en cuenta que cada vez se demoran más en pagar el diezmo y, en algunos casos, lo han suspendido.

—Así lo haré, señor.

—No es preciso decir que este encargo exige la más absoluta discreción, ¿verdad?

—Así lo entiendo, señor Papa.

Asís, en septiembre A.D. 1193.

Querido Lotario:

El padre Alvar que, como sabes, es confesor de mi familia, escribió para contarme que el Santo Padre acaba de designarlo para acompañarte al Languedoc. ¡Qué gran alegría me ha provocado esta noticia! Estoy segura de que va a ser un viaje fascinante. Te deseo suerte y, desde ahora, estoy rezando para que todo salga bien.

En lo que a mí respecta, hice el viaje a Jerusalén del que te hablé. Fue emocionante caminar por donde caminó Nuestro Señor; imaginar su desencanto al advertir la ingratitud de los hombres. Frente al muro del templo, no tuve más remedio que llorar. Pero fue un llanto saludable. No quise que nada ni nadie mitigara mis lágrimas. Más tarde, navegué hasta Damieta, acompañada de Favorino y de una de mis primas. A mi regreso, me enteré de que estaba embarazada. No amo a mi marido pero él es un hombre cordial y comedido. Dios sabe que he intentado amarlo pero, sencillamente, no puedo. Extraño tus besos y tus caricias, aunque he resuelto que nunca las volveré a disfrutar. Te amo, pero no podré volver a hacerlo. Extraño también nuestras conversaciones. Esas sí volveremos a tenerlas, ya lo verás.

Por aquí, las cosas van mal: las tropas de Asís han ocupado la ciudad de Nocera y la han anexado a su territorio. Esto, como tú comprenderás, es una declaración de guerra a Perusa. Todo mundo habla de armas y caballos. O estás con el emperador o estás con el Papa. Es horrible. Mientras unos venden sus propiedades para huir de la ciudad, otros se alistan en el ejército. El ambiente es tenso y cada vez me convenzo más de que lo único que vale la pena en esta vida es el amor.

Quizá pienses que me contradigo o que estoy loca, pero ¿sabes? No soy la única. Acabo de enterarme de que el rey de Francia se casó recientemente con una princesa danesa de nombre Ingeborge. El arzobispo de Reims, tío de Felipe, les dio la bendición y, según me han dicho, él palideció en ese instante. Al día siguiente, envió a su mujer lejos de él y ha declarado que no quiere volver a verla. ¿No es ésta una locura mayor que la mía? Cuentan que los súbditos de Felipe están desconsolados, que solicitarán que Celestino conceda el divorcio al rey en vista de que Ingeborge es prima suya en cuarto grado, aunque también se murmura que el Papa no podrá considerar seriamente este argumento. Además, he oído que Felipe ha elegido una nueva amante: Inés de Méran. Añaden que es una hechicera y que no descansará hasta que el monarca se case con ella. Aunque no lo creas, entiendo a Felipe y a Inés.

Quiero repetirte que te amo, aunque mi matrimonio debería disuadirme de albergar estos sentimientos. Pero te preguntaré, como Eloísa a Abelardo: ¿Qué puedo hacer? Por lo pronto, pensar que estoy a punto de dar a luz un hijo; atender con devoción a Favorino; recordar con nostalgia los buenos momentos que compartimos tú y yo... El mensajero que lleva esta carta tiene instrucciones de esperar hasta que llegues a Muret donde, según el padre Alvar, debes estar por estas fechas, así como de entregártela personalmente. Sería terrible que él llegara a la abadía después de tu partida pues, en ese caso, destruiría el mensaje.

Te adora

Ortolana.

El criado de Ortolana llegó a la abadía de Muret el mismo día que Lotario. Ese día también cayó una tormenta como no se recordaba otra en la región.

—Una tempestad como ésta no augura nada bueno —había advertido el padre Alvar—. Significa que los próximos años serán de lluvia, de cosechas perdidas e inundaciones, sí.

Pero el cardenal *uditore* no le prestó atención. De hecho, no se la había prestado en todo el camino. Observó el hábito de lana teñido de negro que vestía el sacerdote —pertenecía a la orden de los benedictinos— y echó una ojeada a su rostro de roedor insomne y a las picaduras en su tez. Nada más. Ni siquiera hubiera podido precisar su edad. En aquellos momentos, Lotario pensaba en todo lo que había visto esos días; en las abadías, prioratos y templos que había visitado. En ninguno de los sitios donde se anunciaron juicios a judíos se habían logrado probar los cargos. Tampoco la autoridad de los improvisados tribunales, organizados por la hermandad de *La Luz Verdadera*. En todos ellos, en cambio, había descubierto la proliferación de doctrinas que cuestionaban a la Iglesia. Venía ensimismado. Cuando el carro en que viajaba se detuvo frente a las puertas de la abadía de Muret, el padre Alvar tuvo que informarle que habían llegado a su destino. También le comentó algo sobre la ciudad, que se divisaba a lo lejos. La tormenta no permitía apreciarla pero ya vería Su Eminencia, al día siguiente, cómo sus murallas y su castillo —que podía verse desde Tolosa— eran notables. Cuando al fin se apeó, dos ayudantes se acomidieron a cubrirlo con sombrillas. Como el agua caía rabiosamente, no lograron evitar que se empapara. Esto, a pesar de que, al primer aldabonazo, el portero abrió la rejilla del portón, se cercioró de la identidad de los visitantes y les dejó pasar de inmediato. El abad apareció en seguida, acompañado de un hombretón que llevaba una túnica, a la manera de los monjes de Cluny, pero con una cruz bordada en el hombro. No debía pertenecer a ninguna orden militar, ni tampoco ser el cillerero o el prior. Un yelmo cubría su cabeza y media cara.

—Su Eminencia —se arrodilló el abad y besó su anillo.

—Su Eminencia —lo imitó el hombretón.

—Me da mucho gusto llegar a Muret, después de haber recorrido el condado —dijo Lotario.

Los anfitriones se incorporaron.

—Lo conduciré a su habitación. Ahí podrá secarse y cambiar de ropa —anunció el abad—. Luego cenaremos un jabalí que fue cazado esta mañana en honor de Su Eminencia.

—Supongo —apuntó el hombretón en voz baja— que ya no podré seguir llamando *ragazzo* a Su Eminencia.

Aunque venía agotado por el viaje y le urgía cambiar la ropa, Lotario no pudo evitar la sorpresa que le provocó reconocer a Roberto Courçon.

—¡Roberto! —abrió los brazos— ¿Adónde iré que no te encuentre?

El otro arrojó el yelmo sobre una jardinera y correspondió al abrazo.

—Desde que el señor Papa me relevó de *la misión* en Italia, si no estoy en la Universidad o en la Corte del rey Felipe, visito el condado de Tolosa o el reino de Aragón. En cualquier caso, no hago otra cosa, no vivo para otra cosa, que para defender la causa de la Iglesia.

—Eres, sin duda, uno de los mejores hombres con que ella cuenta.

Apenas se hubo instalado y cambiado de ropa, recibió al criado de Ortolana, que le entregó la carta. No pudo evitar la nostalgia. Luego, se reunió en el refectorio con el abad, su amigo y el padre

Alvar. Comenzaron a hablar sobre la muerte del sultán y acabaron conversando sobre la dinastía Hohenstaufen.

—La amenaza más seria para la cristiandad no la constituyen los infieles sino la ambición de los príncipes cristianos —aseveró el abad.

Como nadie respondió a su acusación, el padre Alvar formuló un comentario sobre el rugido de la lluvia, que se confundía con el de las aguas del río Garona, a un lado de la ciudad. El estruendo que provocaban una y otro les obligaba a alzar la voz.

—Los vinos no se lograrán con tanta lluvia —advirtió el sacerdote.

—Más que el vino —señaló Lotario mientras ensartaba una trufa en su cuchillo—, me preocupan quienes perderán sus casas, sus tierras, sus familias. Cuando uno clama a Dios y éste no responde, viene la tentación de adorar a otros sacerdotes.

—A los herejes —repuso Roberto Courçón— les sirve cualquier pretexto para apartarse del esplendor de la verdad.

—Si la verdad fuera tan esplendorosa, nadie se apartaría de ella, Roberto. ¿Quién nos asegura que no son los *Buenos hombres* los que están en posesión de *la verdad* y no nosotros? Ellos viven con la sencillez que predicó Jesús. Nosotros, no.

—¡Por favor, Lotario...! ¿Los *Buenos hombres* en posesión de la verdad? ¿Adorando gatos?

—No tenemos ninguna prueba de que adoren gatos.

—¿Ah no? ¿Entonces por qué cree Su Eminencia que les apodan *cátaros*?

—La etimología de esa palabra no tiene que ver con los gatos —terció el padre Alvar —, sino con la *pureza,* con *lo puro,* sí.

Lo cierto, señaló el cardenal, era que el mayor peligro para la cristiandad provenía de las entrañas de la propia Iglesia. El Languedoc, explicó, era un semillero de la herejía, no porque los *Buenos hombres* estuvieran equivocados sino porque, al separarse tan drásticamente de la Iglesia, promovían la desunión. Pero la Iglesia era responsable por haberse alejado de ellos. Había que buscar fórmulas para propiciar el acercamiento, la conciliación. Un relámpago iluminó la estancia y un trueno formidable la hizo vibrar. Por algún lado se coló una bocanada de viento que estuvo a punto de apagar velas y antorchas. Las miradas coincidieron, involuntariamente, en el abad quien, de repente, se sintió avergonzado por partir, con tanta fruición, la pierna del jabalí que un criado acababa de colocar sobre la mesa. Lotario advirtió que le faltaban dos dedos de la mano derecha. Las miradas permanecieron sobre él.

—Es preciso conciliar, sí —masculló el padre Alvar, adelantándose a cortar otro trozo de la pierna del jabalí.

El gesto tranquilizó al abad: no era el único que disfrutaba una buena comida.

—Desde mi punto de vista —precisó Roberto Courçon recogiéndose con una cinta su cabellera pelirroja—, se ha ido el tiempo de la conciliación. Si queremos preservar la unidad de la Iglesia, sólo tenemos un camino: el que nos enseñó San Agustín. Un camino que sólo se han atrevido a seguir las autoridades de Orléans, cuando ordenaron quemar a doce herejes, y el obispo de Cambrai, cuando envió a la hoguera a quienes desconocían los sacramentos y ridiculizaban a la jerarquía eclesiástica. El señor Papa tendrá que hacerlo tarde o temprano.

—¿Qué lograron las autoridades de Orléans y el obispo de Cambrai? —preguntó el cardenal de Segni—. ¿Que los *Buenos hombres* se sintieran perseguidos, como Jesús predijo que ocurriría a *sus auténticos seguidores*? De nada servirá erigir hogueras por Europa si, antes, no generamos un sentimiento de identidad común entre todos los hombres y mujeres del continente.

—Pues generémoslo —aplaudió Courçon—. Pero un ejército y unas hogueras, no vendrían mal.

El benedictino partió otro trozo de carne, que colocó en su plato. Se sirvió potaje de ciruela y una salsa de nuez moscabada. Ante la indiferencia de los otros, se atrevió a rociarlo con pimienta. Si el abad había puesto sobre la mesa aquella exquisitez, había que aprovecharla.

—Me preocupa que Celestino no ejerza su autoridad como debería hacerlo el Papa —confesó Lotario—. Se limita a ver cómo el emperador lo despoja hoy de un obispado y mañana le cierra los accesos a Roma. Observa, impasible, cómo hoy Constanza de Sicilia escapa cuando ya la tenía en sus manos y cómo, mañana, asesinan al arzobispo que él designó en Lieja.

Aquellos comentarios provocaron un incómodo silencio. ¿Por qué el cardenal comprometía a sus interlocutores? Era un *uditore* de Roma. Llevaba la autoridad del hombre al que estaba criticando. El nuevo relámpago que iluminó el refectorio, el trueno que siguió y la bocanada de aire que, en esta ocasión, apagó las velas terminaron con el debate.

El abad y Roberto Courçon se enteraron, al día siguiente, del motivo que había llevado al cardenal hasta Muret: el juicio que se iba a seguir a tres hombres y a una mujer judíos, acusados de haber crucificado a un niño cristiano. Lo que no había podido realizarse en ninguna de las ciudades a las que Lotario había acudido, se llevaría al cabo en Muret. El abad no estaba enterado. Le preocupó que las noticias sobre la región llegaran a Roma sin que él las conociera de antemano. Pero, por otra parte, no tenía por qué saberlo. Los acusadores eran miembros de la hermandad *La Luz Verdadera* y, sólo porque cierta información anónima alertó a la Santa Sede, habían aceptado que interviniera un *uditore*. A veces por un motivo, a veces por otro, los juicios no se habían efectuado y la presencia de la Iglesia Católica, pensaron, daría legitimidad a su causa. Decidieron efectuarlo ante un *uditore*. Roberto Courçon lo tomó como un desafío, como una oportunidad para ver cómo condenaban a aquellos miserables que —lo dijo como si estuviera repitiendo las palabras del cardenal de San Pablo—, no se habían conformado con crucificar a Nuestro Señor sino que seguían en busca de sangre, como perros de caza.

Un día después de que los hermanos se entrevistaran con el cardenal para fijar la fecha del juicio, y un día antes de que éste se celebrara, apareció un mensaje en la celda del padre Alvar:

*El niño que dicen que está muerto no está muerto sino encerrado en la cueva situada detrás de los árboles que dan a la puerta de atrás de la muralla por lo cual deben rescatarlo y ver que lo que se diga no es la verdad pues fue encerrado por los* veralucis.

Interrogado por el benedictino, el portero admitió que esa mañana, al alba, una peregrina había solicitado algo de comer. Era la única que podía haberse introducido en la celda del sacerdote, mientras los monjes rezaban la prima. No, no le había visto la cara pues venía cubierta por un capuchón. Incluso, llegó a suponer que se trataría de una leprosa. Parecía joven pero la luz de la madrugada no le permitía asegurarlo. Cuando Lotario recibió la nota del sacerdote, la leyó cinco, diez, veinte veces. Conocía esa letra, ese modo de escribir, pero sabía que cualquier cosa que intentara resultaría inútil. Las preguntas que hizo en la abadía no le aclararon nada más de lo que había declarado el portero. Resignado, suplicó a Roberto Courçon, al abad y al padre Alvar que lo acompañaran a la cueva mencionada en la nota. Era una angosta abertura en un macizo a las afueras de Muret, frente al río Garona, donde encontraron a un vigilante, con un gorro rojo y una daga en la mano, que les cerró el paso.

—Ten cuidado —le advirtió Courçon—. Estás frente a un cardenal de la Iglesia de Roma.

El centinela, lejos de impresionarse, les pidió que se retiraran. Entonces el hombretón sacó su espada y antes de que el otro pudiera reaccionar, golpeó el puño de la daga, que cayó al suelo, al tiempo que colocaba la punta de su arma en el cuello del *veralucis.*

—Nunca se le niega el paso a un cardenal —bufó Courçon.

—Ahí mantenlo —ordenó Lotario.

Para entrar a la cueva no necesitaron antorcha. La luz se filtraba a raudales por sus grietas. Salvo el efluvio de la humedad y el cieno que los tres tuvieron que chapotear, no hallaron obstáculo para llegar al fondo. Ahí, como lo advertía la nota, descubrieron a un niño de escasos diez años. Estaba amordazado, maniatado y cansado de llorar. Su dorso, desnudo, estaba cubierto de excoriaciones. El padre Alvar ayudó a desatarlo y Lotario trató de ponerlo en pie. El niño no logró sostenerse.

—¿Cómo te llamas? —preguntó el abad—. ¿Quién te trajo hasta aquí?

Aunque el pequeño lo miraba asustado, tampoco acertó a responder.

—Está muy débil —dijo Lotario levantándolo entre sus brazos.

Al salir, el cardenal hizo señas a De Courçon para que trajera al centinela con ellos, pues deseaba interrogarlo. Apenas llegaron a la abadía, lo encerraron en una celda de castigo y trataron de reanimar al niño.

—¿Cómo te llamas? —insistió el abad.

—Edgar —musitó éste al fin.

—Es el pequeño desaparecido —apuntó Lotario—. Me alegro de que hayan sido falsas las noticias de su crucifixión.

Al día siguiente, alrededor del alcornoque más grande que el cardenal recordaba haber visto, se sentó al lado de un grupo de *veralucis* que ocultaban su rostro bajo capuchas rojas. El que estaba a su derecha y parecía el jefe, formuló los cargos: los tres hombres y la mujer que comparecían esa mañana ante el tribunal habían sido acusados por secuestrar, torturar y crucificar a Edgar. Entre la multitud que asistía al extraño proceso, campesinos, lisiados y enfermos, se escuchó un llanto sobrecogedor. No fue difícil adivinar que se trataba de la madre del niño. Luego, un grito.

—¡Es mentira!

Era la acusada.

—Silencio —ordenó el jefe—. Se encontraron los instrumentos de tortura en tu tienda y hay testigos que vieron cómo tú y esos tres judíos mataron a Edgar después de haber profanado su cuerpo. Devoraron sus entrañas y bebieron su sangre. No es posible dejar impune su perfidia.

—¡Justicia! —imploró la madre.

Mientras escudriñaba la escena con la esperanza de hallar a la autora de la nota anónima —debía estar observándolo, oculta entre la multitud o detrás de alguna de las capuchas rojas con que se cubrían la cara buena parte de los asistentes—, Lotario se sintió incómodo. El presidente del tribunal continuó leyendo una retahíla de disposiciones que no tenían nada que ver ni con el Derecho Imperial ni con el Eclesiástico. Señaló delitos y describió las penas que merecían aquellos que los cometían. Luego, citó a San Agustín.

—Así —dijo el cardenal *uditore* de pronto—, no puede llevarse al cabo un juicio. ¿De qué *imperium* goza este tribunal para juzgar e imponer penas? ¿Quién le da la potestad para hacerlo? ¿El Papa? ¿el rey de Aragón? ¿el señor de Tolosa? ¿Con base en qué ordenamientos actúa?

Hubo un silencio demoledor. Sobre sus cabezas, en el alcornoque, un zorzal abandonó su nido.

—Estamos juzgando un crimen —aclaró el jefe—: no la competencia del tribunal.

—No puede juzgarse una cosa sin determinarse la otra —apuntó el cardenal.

Aquello no era lo que esperaban los *veralucis*. Lo habían convocado como testigo de honor y nadie estaba solicitando su parecer.

—*La Luz Verdadera* es la que nos da esa potestad— repuso el jefe de los *veralucis*, clavando en el cardenal una mirada glacial, estremecedora, con la que éste volvería a encontrarse mucho tiempo después.

—No es suficiente. El juicio, por tanto, no puede continuar. Informaré a Roma de estas irregularidades y, posteriormente, se dará a conocer el veredicto de la Santa Sede. Por lo pronto, en nombre del señor Papa, ordeno que liberen a estas personas y se dé por concluído el proceso.

El rumor de la gente se volvió escándalo.

—El juicio —anunció el encapuchado —se ha celebrado y el jurado ha condenado a estas tres personas a ser degolladas públicamente.

Un grupo de encapuchados llevó hasta el centro del grupo a los acusados.

—¡Es mentira! —gemía la mujer judía.

—¡Justicia! —exigía la madre del niño.

—¡Justicia! —coreó el público desbordado—. ¡Justicia!

Apenas habían sacado sus armas, Lotario se situó al frente. El viento arrojaba la esclavina sobre su cabeza. Su atuendo púrpura contrastaba con el rojo de los verdugos, sus capuchas alargadas, la mirada del jefe… Un instante después, Roberto Courçon apareció llevando a Edgar en sus brazos.

—Un tribunal no puede actuar sin jurisdicción —apuntó el cardenal—. Tampoco puede hacerlo sin pruebas. Como todos ustedes pueden verlo, el niño está vivo.

De entre la gente saltó la madre, que se lanzó sobre Roberto Courçon para arrebatarle a su hijo.

—¡Esto es hechicería! —apuntó el jefe de los *veralucis*, haciendo la señal de la cruz—. Han resucitado al niño a través de un sortilegio. Tú —señaló a Lotario— has sido cómplice de ellos. Eso es lo que deberá saberse en Roma y en el mundo entero. Has hecho pacto con Satanás. También debes ser degollado.

—Ahí está el niño —lo enfrentó Lotario—. Está vivo y tú no tienes potestad para juzgar a esta gente. En el nombre del señor Papa, ordeno que se libere a estos inocentes de inmediato.

—Serán ejecutados a pesar de lo que digas. Satanás se ha apoderado de este lugar.

Los verdugos se aproximaron a sus víctimas.

—¡Mentira! —gritaba la mujer judía—. ¡Mentira!

—Mátenlos —ordenó el jefe.

Por todas partes se aproximaron encapuchados con dagas en la mano. Lotario intercambió una mirada con Roberto Courçon. Éste, con la mano en el pomo de la espada, la correspondió angustiado. En medio de aquella turba, había poco que hacer. Ya ni siquiera era posible salir corriendo.

—¡Justicia! —vociferaba el gentío—. ¡Justicia!

—¡Pero si el niño está vivo! —el cardenal sintió que se le quebraba la voz y sus músculos se tensaban, como si con eso pudieran evitar que las dagas penetraran por su cuerpo—. ¡Está vivo!

—Porque tú hiciste un pacto con Satanás —repitió el *veralucis*—. ¡Mátenlos ahora mismo!

De pronto, uno de los encapuchados se aproximó a Lotario y lo tomó por el brazo con una mano, con la intención de protegerlo. Con la otra, se arrancó la capucha.

—Alto —dijo—. En Tolosa no hay más jefes ni más jueces que el señor Papa y sus majestades, los reyes de Francia y de Aragón.

Un rumor se extendió por la multitud. Quien estaba al lado de Lotario era Raymundo, hijo del conde de Tolosa, señor de aquellas tierras. La gente dejó de gritar y los encapuchados retrocedieron espantados. Aquello era lo más parecido a un milagro. Algunos de los *veralucis* soltaron sus armas. Otros huyeron. Los soldados de Raymundo, salidos de quien sabe dónde, rodeaban ya a su jefe.

—Me has salvado la vida —resolló Lotario.

El noble se arrodilló ante el cardenal, besó su anillo y se incorporó de inmediato.

—Aquí no se cometen injusticias —dijo—. Mi padre y yo somos los más leales vasallos del señor Papa y de Su Majestad, el rey de Aragón. Ruego a Su Eminencia que así lo informe a Roma.

—Ten la certeza de que lo haré —respondió Lotario sin poder disimular su alivio.

Cuando buscó con la mirada al jefe de los *veralucis*, advirtió que éste se había esfumado. Más tarde, descubrió que lo mismo había ocurrido con el centinela que habían encerrado en la abadía.

## 9

Asís, en junio A.D. 1194.

No sabes cuánto gusto me ha dado recibir noticias tuyas, Esteban:

La idea de ordenar los libros de la Biblia y dividir éstos por capítulos me pareció extraordinaria. Es un trabajo que va a llevarte buena parte de la vida y, al final, muchos clérigos no estarán de acuerdo contigo. Se mostrarán escandalizados. Pero esto no debe arredrarte. Ninguno de ellos tendrá tu mérito y, tarde o temprano, descubrirás que, en el fondo, su oposición sólo era una forma para disimular su envidia. Te deseo suerte, amigo. Por mi parte, te envío un ejemplar del libro que escribí sobre la miseria de la condición humana. Estaré esperando tus comentarios, en caso de que el tiempo que te lleve descifrar este texto te permita escribir de vuelta.

Aunque encontré tu carta desde que regresé de la misión que me encomendó el señor Papa en el Languedoc —donde, por cierto, hice buenos recuerdos tuyos con Roberto Courçon—, Celestino no me ha dejado en paz un momento. Parece que él y su ahora inseparable consejero, el cardenal de San Pablo, están decididos a mantenerme lejos de Roma, de la Curia, de todo lo importante. No me habían dado un respiro ni para responder mi correspondencia atrasada. Apenas llegué del Languedoc, me ordenaron entrevistarme con Joachim de Fiore, que está formando una nueva congregación en las montañas de Calabria, para saber si su deserción, como le llaman los cistercienses, ha sido inspirada por Dios o por el diablo. Si yo antes creía que era un loco abstruso, hoy creo que la Iglesia debe evaluar sus propuestas: inscribe a Dios en una vorágine que lleva a la edificación de una sociedad de iguales, donde gobierna el Espíritu Santo a través de los hombres más virtuosos. Si queremos que la Iglesia abarque a todos, debe ser una auténtica República. No puede ser tan excluyente, vaya. Así se lo he expresado al señor Papa, pero creo que mi opinión le tiene sin cuidado.

Después de esto, me enviaron a Gubbio y a otros pueblecitos aledaños a Bolonia, para que me cerciorara de la conducta de algunas comunidades cristianas que, a imitación de los valdenses, no sólo han abolido el culto a los santos sino que se perdonan los pecados entre sí, contándose uno a otro la forma en que ofendieron a Dios. Me parece que lo hacen por ignorancia pero la idea de contarse sus faltas unos a otros me pareció espléndida. No tienen que quedarse con ellas y sentirse abrumados por el peso de sus remordimientos. Al confesar sus faltas, al compartirlas con sus compañeros, es como si desaparecieran, como si quedaran perdonadas. Esta práctica tendría que aprovecharla la Iglesia ¿no crees? Desde luego, habría que predicar entre esta gente que Dios es el único que puede perdonarnos. Sacerdotes y obispos deben salir de sus conventos y abadías para divulgar la palabra de Cristo. Lo mismo habría que hacer con los cátaros del Languedoc y con cuantos se han desvíado del camino.

Más tarde, fui enviado a Asís para llevar al cabo una tarea semejante y si, en las proximidades de Bolonia, no pude aprovechar la ocasión para visitar a Huguccio y a otros viejos amigos, ahora logré pasar unos días con el conde de Sasso-Rosso y Ortolana. Acaban de tener una niña encantadora. A sugerencia mía, la bautizaron Clara. Su nombre evoca la transparencia, la pureza que debería caracterizarnos a todos los cristianos. Es lo contrario a lo negro, a lo oscuro. No imaginas qué momentos tan gratos he pasado jugando con la nena.

Aunque pretendía regresar pronto a Roma para ponerme a escribir un nuevo libro sobre el que he estado cavilando —un libro sobre el arcano de la Santa Misa—, *De missarum mysteriis* lo pienso titular—, hoy me llegó una carta del Papa donde me ordena que vuelva al Languedoc y me asegure de la lealtad de Raymundo, que acaba de suceder a su padre como sexto conde de Tolosa. Lo conocí hace unos meses, durante mi primera visita a sus tierras, y me causó una excelente impresión. Nunca antes había visto a un señor con tanta autoridad sobre su gente.

Durante un incidente que Roberto Courçon y yo tuvimos con los *veralucis*, la hermandad de fanáticos que, con el pretexto de custodiar el Evangelio, cometen todo género de tropelías, Raymundo salvó mi vida y la de unos judíos inocentes. Me impresionó su serenidad, la confianza con que se conduce, su sincera devoción. No creo que el señor Papa tenga dudas acerca de su lealtad pero, en fin, iré a *asegurarme* de ella. Temo que, en el fondo, Celestino y Juan de San Pablo inventan lo que se les ocurre para que yo no me inmiscuya en los asuntos de Roma y Sicilia. Especialmente ahora que murió el rey Tancredo, con quien yo había establecido vínculos. Saben que mi madre hace constantes donativos a algunos cardenales y creen que está preparando el camino para que yo suceda a Celestino. En ocasiones, cuando atestiguo la torpeza con la que se manejan en Roma, la idea no me parece disparatada. Más aun: me seduce. Ante la división que impera en la Curia, donde cada monarca tiene su propio candidato, hay un vacío que yo podría llenar. Juan de San Pablo hace cuanto puede por congraciarse con el emperador y convertirse en su hombre en Roma, así tenga que entregar Sicilia y la Iglesia misma. Cuántas cosas haría yo en la silla de San Pedro, Esteban.

No sé qué va a ocurrir pero, lo confieso, tengo miedo. El rescate que *El perseguidor* cobró para liberar a Ricardo *Corazón de León* le servirá, perfectamente, para armar un ejército y avanzar sobre Sicilia. Nadie quiere darse cuenta del peligro en Roma. A pesar de las críticas que puedan hacérsele a Tancredo, hay que admitir que mantuvo a raya a los germanos. Les arrebató Apulia y Pescara cuando ya se ostentaban como dueños de Sicilia. Su pequeño hijo no reunirá en torno suyo el consenso necesario para sucederlo.

Por cierto ¿qué me cuentas del monarca inglés? Su cautiverio permitió advertir las debilidades del reino y me he enterado que el príncipe Juan, traicionado por el rey de Francia, fue perdiendo, uno a uno, los territorios de la corona inglesa: que se está quedando sin tierra. Felipe me parece un hombre al que hay que aproximarse con precaución. El parche que cubre su cara oculta algo más que un ojo muerto. Según se dice, hizo cuanto estuvo en sus manos para prolongar el cautiverio de Ricardo *Corazón de León*, y llegó a ofrecer una cuantiosa suma al emperador para que éste lo mantuviera preso. Cuando se enteró de la liberación de su enemigo, exclamó: «El demonio está libre de sus ataduras». Supongo que ahora que *el demonio* ha vuelto, hará lo posible para recuperar lo que Felipe arrebató a Juan. Los rumores insisten en que se trata de pleitos de amantes despechados. En cualquier caso, desde que Ricardo perdonó a su hermano por considerarlo «un niño engañado», y se embarcó para pelear contra Felipe, no he vuelto a saber de él. ¿Qué crees que vaya a ocurrir? También háblame de ti y de los avances de la titánica tarea que has emprendido. Mientras esto ocurre, no olvides a quien te profesa un gran afecto.

Lotario.

Los temores del cardenal de Segni no tardaron en confirmarse: animado por la muerte de Tancredo y preocupado ante la posibilidad de que la sucesión escapara de sus manos, el emperador Enrique VI organizó un ejército y, aprovechando el desbordamiento del Danubio, y los estragos que éste causaba en la región, avanzó hacia Sicilia. En esta ocasión, la fortuna lo favoreció. Compró la amistad de Génova y Pisa para cruzar, poco después, frente a las murallas de Roma. Fue un desafío incalificable. Después de someter a Nápoles, derrotó a la armada siciliana, cerca de Catania. A mediados de noviembre, había entrado a Salerno. En Navidad, se hizo coronar rey de Sicilia, y no sólo se negó a prestar el juramento de fidelidad que Celestino III le había exigido sino que la primera medida que adoptó fue encerrar a los obispos que declararon lealtad al Papa en la isla. Como si Dios quisiera expresar su beneplácito por aquella medida, un día después de la coronación, su esposa, Constanza, dio a luz un hijo al que puso el nombre de sus dos abuelos: Federico Rogerio.

No bien se hubo enterado del alumbramiento, el cardenal de Segni suspendió sus reflexiones sobre los misterios de la misa. ¿Nadie se daba cuenta de lo que estaba ocurriendo? ¿Nadie en la Curia Romana advertía cuál sería el siguiente paso de *El perseguidor*? Como cristiano, él se sentía impelido a actuar. Archivó sus notas y, sin pedir la autorización del Papa, viajó a Alemania para entrevistarse con Adulfo, el poderoso arzobispo de Colonia. Le daba igual que lo acusaran de insensato o que pensaran que quería ser Papa. «Si lo fuera, la Iglesia no estaría cruzada de brazos», decidió. Como prelado, él estaba obligado a velar por los intereses de su causa a pesar del Papa y de Roma entera. Adulfo lo hizo esperar media mañana en la antesala de su palacio, adornado con pieles de gamos y linces. Había también una piel de gato africano. La chimenea ocupaba una pared entera. Cuando al fin apareció el arzobispo, lo hizo seguido de una jauría de podencos. Era un hombre que frisaba los cincuenta. Bastaba ver su rostro rubicundo y su barriga descomunal para adivinar la vida que llevaba.

—Su Eminencia tendrá que perdonarme —dijo alegre—, pero no pude resistir la invitación que me hicieron los señores de Colonia para participar en una partida de caza. Vengo despernado.

Mientras los perros lo olisqueaban antes de volver a colocarse detrás de su amo, Lotario comprobó que no había ninguna señal de fatiga en el rostro del arzobispo.

—Agradezco a Su Excelencia que me haya recibido.

Entre las pieles, los perros y el calor de la chimenea, la tonsura en la cabeza del prelado se antojaba fuera de sitio.

—¿Y bien? —preguntó Adulfo— ¿Qué puedo hacer por un cardenal de Roma?

—Por mí, nada —respondió Lotario.

—¿Y bien? —repitió el arzobispo desplomándose en un sillón.

Los perros se echaron a sus pies, al tiempo que un sirviente colocaba una jarra de vino a su lado y otro se arrodillaba para desatar las correas de sus botas. De repente, sin que Lotario se hubiera dado cuenta de dónde la había tomado, Adulfo ya tenía entre las manos una pierna de faisán que comenzó a morder con furia.

—Su Excelencia es el único que, en este momento, puede salvar a la Iglesia —aseveró el cardenal—. Si, con los príncipes alemanes, reconoce como heredero al trono al hijo que acaba de tener el emperador, la Iglesia estará perdida.

El sirviente le quitó una bota a Adulfo y, después, la otra. Luego acercó un escabel para que el arzobispo estirara las piernas. Lotario advirtió que no había otro asiento en aquella estancia; que el arzobispo esperaba recordarle quién era quién, obligándolo a permanecer de pie.

—No entiendo —eructó Adulfo, al tiempo que se arrancaba una hebra de carne de entre los dientes.

—Su Excelencia siempre ha sido leal a Roma. De hecho, representa la fuerza de la Iglesia Católica en el Imperio. Es, por añadidura, quien, de acuerdo con la tradición, corona al emperador en Aquisgrán.

—¿Y...?

—Y si Enrique Hohenstaufen quiere salirse con la suya, tendrá que contar con el respaldo de su Excelencia.

—Pero Su Eminencia —el arzobispo fingió comprender de pronto— espera que yo no reconozca como heredero al hijo de *mi emperador*, hasta que él se someta a Roma ¿No es cierto?

—Eso es lo que espera la cristiandad entera, Adulfo.

—¿ Y éste es el mensaje que trae Su Eminencia del Santo Padre? —se interesó el arzobispo, colocando el hueso de la pierna de faisán sobre la mesa.

Lotario caminó por la estancia hasta situarse detrás de su interlocutor.

—No —respondió—: él ni siquiera está enterado.

Adulfo giró la cabeza desconcertado.

—¿Su Eminencia actúa por cuenta propia?

—Como Su Excelencia tendrá que hacerlo en caso de que le interese el destino de la Iglesia —contestó Lotario sin moverse—. Su Santidad, el señor Papa, a quien debemos nuestra lealtad más allá de sus propios deseos, está cansado...

—Ya lo creo —Adulfo hizo un esfuerzo adicional para mirar a Lotario—. Hace tiempo debió haber abdicado. ¿No se decía que el cardenal de San Pablo iba a sustituirlo?

—No hay ninguna previsión jurídica que permita una abdicación similar.

Lotario caminó ahora unos pasos hacia atrás para escapar de la mirada de su interlocutor.

—Su Eminencia es letrado —Adulfo giró con toda la espalda para no perder a Lotario de vista—. ¿Cómo lo pude olvidar? Me informaron, también, que es descendiente del gran Genserico.

—Eso aseguraba mi padre —respondió Lotario situándose de nuevo frente a Adulfo.

—Y que por la sangre de Su Eminencia corre, por tanto, el espíritu de vándalos y lombardos —el arzobispo se enderezó.

—Eso afirma mi madre —Lotario volvió hacia atrás.

—Entonces —resopló Adulfo girando de nuevo la cabeza—, estamos en buenas manos ¿verdad?

—Que son las de Su Excelencia —precisó Lotario, complacido de seguirle el juego al arzobispo de Colonia y de jugarlo bien.

Una vez de regreso, en Roma, el cardenal de Segni solicitó una audiencia con el Santo Padre para informarle sus gestiones en Alemania. Celestino lo recibió, de nuevo, sin hacerlo esperar. Otra vez cabeceando; otra vez asistido por Juan de San Pablo. Pero en esta ocasión, no le permitió abrir la boca ¿Estaba enterado Lotario de que el emperador Isaac II, de Bizancio, acababa de ser despojado del trono por su hermano Alejo? ¿Sabía, acaso, que Felipe de Francia se había divorciado de Ingeborge, la princesa danesa, sin solicitar permiso de Roma? ¿Tenía noticia de los preparativos que estaba haciendo el cristianísimo rey de Castilla para aniquilar a los almohades, esa nueva oleada de infieles que avanzaba por *Hispania*? ¿Tenía el cardenal de Segni algo más importante que informar? Si no era así ¿para qué había solicitado una audiencia con él? De pronto el anciano guardó silencio, cerró los ojos y su cabeza cayó sobre los hombros, a pesar del esfuerzo que hizo por evitarlo.

—El emperador no representa ningún problema —explicó el cardenal de San Pablo desdeñoso—. Hemos reanudado relaciones con él y hasta ha hecho votos para tomar la cruz y enviar una cruzada a Tierra Santa a principios del próximo año. Hemos intercambiado decenas de cartas. Si Su Eminencia venía a prevenirnos acerca de Enrique VI, llega tarde.

Lotario advirtió que las manos del pontífice temblaban sin que él las pudiera controlar. Todo olía ahí a incienso o algunos otros aromas que él no conseguía identificar pero que le irritaban ojos y garganta.

—Si eso es cierto —dijo el cardenal de Segni— la cruzada de Enrique VI será una cruzada alemana y Jerusalén será una ciudad alemana en caso de que éste logre recuperarla. La Santa Sede perderá lo poco que aún tiene. Me parece que Su Santidad debe impedirlo. Me parece que debe aproximarse a Inglaterra, a Polonia y a Francia.

—Nos hemos aproximado a Londres, donde acabamos de nombrar a un nuevo legado papal. Nos hemos aproximado a Portugal, a León y a Navarra— masculló el Papa despavilándose—. ¿Qué más quiere Su Eminencia?

—Sugerir a Su Santidad que propicie el apoyo de los reyes de León y Aragón al monarca de Castilla. Sin este apoyo, no logrará derrotar a los almohades.

Celestino lo miró burlón. Luego, volvió a quedarse dormido.

Pero Lotario tuvo razón. Aunque la derrota del rey de Castilla en Alarcos, se atribuyó a la participación de arqueros turcos, traidos de oriente, quienes conocían los hechos sabían que era la falta

de unidad de los reyes hispanos la que había provocado la catástro-
fe. En cuanto a las decenas de cartas que cruzó Roma con el Imperio, y que tanto enorgullecían a Juan de San Pablo, no impidieron
que el emperador invadiera los feudos de la Iglesia. Los distribuyó,
descaradamente, entre parientes y colaboradores. Su hermano Felipe se proclamó duque de Toscana y de Campania antes de llevar
sus incursiones hasta los suburbios de Roma. «¿Y sabes qué es lo
más terrible de todo?», escribió Lotario a Ortolana: «que, en la
Iglesia, la mayoría de los dignatarios están tan ocupados cuidando su
canonjías, que olvidan su responsabilidad. Aun si Celestino III muriera de pronto, el cardenal de San Pablo continuaría la política de
ceder, ceder, ceder, para complacer a Enrique VI y garantizar que
éste, intervenga en Roma para que lo elijan Papa. La iglesia acabará por desmoronarse. A veces ¿sabes? tengo la sensación de ser el
único preocupado por ella. A riesgo de parecer pretensioso, me gustaría llegar a ser Papa para detener esta debacle. Platón escribió que
el mayor de los castigos para un jefe que se resistía a gobernar era
ser gobernado por hombres incompetentes. Pero no es que yo me
resista. Simplemente, no veo cómo llegar a la Silla de San Pedro. A
veces quisiera que, en un acto de coraje, todos los cardenales que
no deben su lealtad al Imperio, se rebelaran contra las presiones de
éste y eligieran a un hombre decidido a defender *sólo* los intereses
de la Iglesia. Pero temen las represalias del emperador y, ante tal
amago, acabarán complaciéndolo».

Asís, en diciembre A.D. 1195.

Querido Lotario:

No sabes cuánto me ha hecho llorar tu carta. Un poco por lo que
escribes y un poco por mi deplorable estado de ánimo. La nueva guerra
contra Perusa es casi un hecho. Entre los partidarios del emperador, los
aliados del Papa y quienes buscamos una ciudad independiente del uno
y del otro, sólo queda un camino: la violencia. Favorino cree que debe-

mos abandonar Asís. Sobre todo ahora, que estoy nuevamente embarazada. Tanta incertidumbre me tiene enferma. Creo que tú, en otro sentido, también lo estás. He podido imaginarte a ti, tan seguro de lo que debe hacerse siempre, sumido en la impotencia.

Pero no desfallezcas. No todo está perdido. Cada día son más los sacerdotes y obispos, los arzobispos y cardenales, que empiezan a advertir la tragedia que, como preludio a la tormenta, se cierne sobre la Iglesia. Cada vez son más los que están convencidos de la necesidad de un nuevo pontífice, de una nueva política. Incluso, si Juan de San Pablo sucede a Celestino, como seguramente ocurrirá, se verá presionado para hacer alianzas con los enemigos de Enrique VI y, así, frenar la expansión del Imperio. Ellos le temen y cerrarán filas en torno a Juan de San Pablo para que el emperador no siga representando un peligro tan grande como el que ahora representa. Ten fe.

Por otra parte, me dices que tú no puedes hacer más de lo que has hecho. No estoy segura de que así sea. Además de haber conversado con Adulfo y de haber intentado sensibilizar al Papa sobre la amenaza que encarna Enrique VI, podrías solicitar a Celestino que te nombre su legado ante el emperador. Tú, mejor que nadie, podrías obtener ventajas para la Iglesia a cambio del apoyo pontificio. Me parece que es acertado lo que dices en el sentido de que Celestino no debe reconocer, por ningún motivo, al hijo de Enrique VI, como heredero. Si lo hace, cuando ese niño crezca no tendrá que solicitar la venia del Papa para ser emperador pues éste ya se la habrá dado desde ahora. Esto lo entiendo yo, pero ¿lo entiende Celestino? ¿Lo entiende Juan de San Pablo? También yo creo que tú deberías ser Papa para detener la debacle. Hagas lo que hagas, no olvides a quien te recuerda siempre.

Ortolana.


Celestino no accedió. Ahora, sin embargo, no habló de los jóvenes desbocados sino de los motivos de la familia de Segni. ¿Qué intereses la movían para que el cardenal fuera a Alemania a hablar por la Iglesia? ¿Se trataba de consolidar el patrimonio familiar en Lombardía, de cuidar a la Iglesia o de preparar el ascenso de Lotario de Segni a la silla de San Pedro? ¿Se trataba de ir a prometer sumisión ante el Imperio para obtener su respaldo a la hora de la sucesión? Ya, incluso, le habían llegado noticias de que Claricia Scotti estaba repartiendo dinero a manos llenas para conseguirlo. Aunque Lotario aseguró que su deseo de ir a Alemania y las limosnas de su madre no podrían tener aquel fin, el Papa continuó su reproche. Sí, hacía falta un legado eficaz en Alemania pero éste no sería Lotario. El Papa designó a otro prelado, a quien instruyó para tratar asuntos generales relacionados con «el crecimiento de la Iglesia Universal y del Sacro Imperio». Fue la última vez que Lotario fue recibido por el pontífice. A partir de ese día, Juan de San Pablo comenzó a hacerse cargo de todo. Fuera del *Palazzo Lateranense* se rumoreaba que de San Pablo se limitaba a comunicar la voluntad del Papa, algunas veces, como cuando éste aprobó que Joachim de Fiore formara su propio monasterio; pero que, otras, tomaba decisiones personales que hacía pasar como instrucciones del Santo Padre.

El cardenal de Segni estuvo seguro de ésto cuando de San Pablo lo mandó a Londres. Un iluminado se había nombrado *procurador de los pobres* y estaba instigando a la gente a saquear las casas de las familias más ricas de la ciudad. El señor Papa, le dijo de San Pablo, quería que fuera a verificar qué tan nobles eran las intenciones de ese *procurador*. De nada valió que Lotario explicara que sus intenciones no podían estar inspiradas por Dios si se dedicaba al robo y al pillaje, pero de San Pablo insistió: aquéllas eran las órdenes del pontífice.

Fue una jornada agobiante que le permitió, pese a todo, reunirse con Esteban Langton y recordar sus buenos tiempos en París, su viaje a Canterbury, sus conversaciones en Venecia… Visitaron Lincolnshire, dominios del padre de Esteban, y pasearon por York. Cuando Lotario le contó de Ortolana y de Clara, su amigo sonrió triste: no había sentado cabeza, dijo, pues hasta hacía apenas un tiempo, le hablaba de Bruna con el mismo entusiasmo.

—Bruna ocupa un lugar en mi corazón —admitió Lotario— pero Ortolana fue el más grande error de mi vida. La dejé ir.

—Ya estaba de Dios —suspiró el otro—. No hay nada que hacer.

Lotario descubrió, entonces, que Langton había envejecido. No importaba que ambos fueran casi de la misma edad —Esteban le llevaba sólo cuatro años—y que ambos comenzaran a descubrir cada vez más canas en sus sienes. Langton era un anciano. ¿Cómo podía decirle que ya no había nada que hacer? ¿Y el amor, qué? ¿Y la pequeña Clara, qué? ¿No significaba nada la niña? Él y Ortolana eran desdichados aunque pudieron haber sido felices. ¿Era tan fácil resignarse? Lotario confirmó la vejez de Langton cuando éste le anunció que ese año pensaba ir a vivir a París, «definitivamente», para concluir la reestructuración —así la llamó— de las Sagradas Escrituras. No era viejo por el hecho de que quisiera ir a reunirse con el *magister* Pedro de Corbeil o con Roberto Courçon sino por su actitud. Fatigado, hastiado de Inglaterra y del mundo, sin mostrar ningún propósito de querer superar su hastío.

—¿Esto me lo reprocha el autor de *De miseria humanae conditionis*? —quiso saber Langton con una mueca.

—No: esto te lo reprocha un cardenal de la Iglesia que está viendo que la mies es mucha y los operarios somos pocos. Por cierto ¿en qué capítulo de la Biblia está escrito esto, *magister*?

Langton sofocó una risita.

—No he llegado hasta ahí, Su Eminencia.

Cuando Lotario regresó a Roma, envió un informe escueto al cardenal de San Pablo: «No pude averiguar qué inspiraba al procurador de los pobres, pues éste fue ahorcado».

De San Pablo insistió. Citó al cardenal de Segni no en San Juan de Letrán sino en los jardines del Palacio Vaticano, donde la Curia despachaba de cuando en cuando. Lo tomó del brazo y,

mientras deambulaba con él al lado de los rosales que había ordenado plantar Celestino, le comunicó que debía trasladarse a Aragón, donde acababa de morir el rey. Su hijo lo sucedería con el
nombre de Pedro II. ¿Qué clase de persona era Pedro? ¿Combatiría
a los herejes con estrenuidad? ¿Los toleraría en sus territorios? El
deseo del Papa era que el cardenal de Segni instruyera al nuevo soberano sobre los deberes que tenía para con la Iglesia.

—Para transmitir esas instrucciones ¿no necesitaré algún nombramiento de su Santidad?

De San Pablo se detuvo bajo un arco por donde se desplazaba
una enredadera exótica, cuyas flores semejaban ovillos de lumbre.

—Entiendo que Su Eminencia gusta de conducirse sin títulos y
sin nombramientos ¿o me equivoco?

Aludía a la entrevista de Lotario con el arzobispo de Colonia.

—Adulfo... —intentó una explicación.

—Adulfo —lo interrumpió el prelado— se ha negado a que Federico, el hijo del emperador, sea coronado rey de los romanos y
heredero del Imperio. Sé que esto lo debemos a Su Eminencia.

—Lo debemos a las oraciones de Su Santidad —Lotario se alegró al confirmar que, a pesar de quienes deseaban mantenerlo lejos
de Roma, su trabajo era apreciado.

—Su Eminencia debe saber que, a raíz de la decisión de Adulfo,
el emperador ha solicitado su bendición a Celestino para emprender una cruzada contra los herejes del sur de Francia. De aquí que
resulte tan importante la información que se recabe ahí.

Salvo la referencia a las devastadoras lluvias que estaban asolan-
do el Languedoc, y a la que hizo a los rebaños de cabras que pastaban
en el aire, según los habitantes de Le Mans, el informe que envió
Lotario unas semanas después, a su regreso de Aragón, fue más opti-
mista que el de Londres: Pedro II era un rey «muy devoto» y había
prometido publicar una ordenanza para castigar a todo aquel hereje
que no abjurara de sus errores en el plazo que el propio monarca con-
cedería. A su pesar, de San Pablo comunicó al cardenal de Segni que el

Papa deseaba agradecer sus esfuerzos de forma personal. Una repentina enfermedad de Claricia Scotti, sin embargo, obligó a Lotario a postergar el encuentro. Preocupado por la salud de su madre, decidió trasladarla al Castillo de Gavignano. La humedad de Roma, sentenció el médico, no era conveniente para su salud.

—He tenido que estar al borde de la muerte —le recriminó Claricia Scotti— para que te dignaras conocer a Ugolino.

Al otro lado de la cama de su madre, oculto por las cortinas del dosel, Lotario entrevió a un joven espigado —le sacaba al menos la cabeza—, que lucía un bigote recortado con pulcritud y se mostraba ufano de su capa de damasco, su camisa de lino y sus mangas acuchilladas. Llevaba un pesado collar que culminaba con un medallón de oro. En él iba grabada el aguila jaquelada en sable y dorado, emblema de la casa de Segni.

—Es un placer, tío.

Lotario correspondió con una inclinación de cabeza.

—Ugolino —dijo Claricia, acomodándose entre las decenas de cojines que mullían la cama— se está preparando para ser algún día Papa. Debes enseñarle cuanto sabes, apoyarlo en lo que puedas. Es muy importante que tengamos pronto un pontífice en la familia. Los donativos que he entregado a algunos de los cardenales que tendrán que tomar la decisión van a ayudar, desde luego, pero los consejos que tú des a Ugolino serán fundamentales.

—Así lo haré —prometió Lotario recordando la acusación que acababa de hacerle Celestino.

Claricia Scotti cerró los ojos. Era la señal de que debían retirarse, tanto hijo como sobrino. Cuando, ya en la noche, Lotario se encerró en su recámara, lo invadió la sensación de desaliento que él ya creía sepultada. ¿Para qué tantos esfuerzos? ¿Para qué tantos desvelos sobre el destino de la Santa Sede? Si el Papa estaba más inquieto por el *Liber Censuum*, que había encargado al camarlengo, Cencio Savelli, para saber cuántas casas tenía cada obispo y cuántas fincas poseía cada cardenal ¿por qué debía él afligirse de que el arzobispo de Palermo estuviera preso en Sicilia y al de Siponto se le hubiera impedido tomar posesión? Si Juan de San Pablo estaba más preocupado por apartar de su camino a quienes podían hacerle sombra ¿qué ganaba él angustiándose por el hecho de que el embajador de Alejo III, usurpador y ahora soberano de Bizancio, hubiera sido encerrado y cegado por los agentes de Enrique VI? Volver al castillo de Gavignano le hacía recordar a Angelo y su visión de la vida pero, también, a Bruna. Después de todo, ella lo había abandonado por lo que representaba. Y eso que él representaba —la Iglesia, la aristocracia lombarda, la lucha por el poder—, quizá no era tan importante. Si todos iban a morir, lo que de veras contaba era que se hubiera disfrutado la existencia. Sobre su pecho sintió la *tau*. Quizá Ricardo, su hermano, había sido más sabio al casarse con una rica heredera, vivir sin más preocupación que lucir telas finas y tener su mesa repleta de manjares. ¿Para qué tantos viajes, pues? ¿Para qué tantos insomnios dedicados a la Iglesia? ¿Para que la familia tuviera un Papa? Esas eran veleidades de su madre, quien sólo había hecho el comentario respecto a Ugolino para provocarlo.

A esas horas, él debería estar viviendo con Bruna, en el sur de Francia, recorriendo Europa, al lado de Angelo, o casado con Ortolana, viendo crecer a sus hijos. «*Fac officium*», pensó. Pero ¿cuál era su deber? ¿Sacrificar su felicidad por un ideal incierto? A la luz de las velas que había colocado sobre su mesa de trabajo, Lotario desempolvó los pergaminos que halló en el cajón de su escritorio, cortó una pluma con cuidado y comenzó a escribir sus reflexiones sobre los hombres y su relación con las mujeres, con sus semejantes, con la Iglesia. «Cada relación es una suerte de matrimonio», concluyó. Entonces sintió que Angelo y Bruna lo observaban; que le preguntaban por qué permitía que su vida se le fuera en cavilaciones. ¿Por qué, en lugar de escribir aquello, no salía a disfrutar la creación? Escuchó, también, el llanto de Ortolana. ¿No estaría mejor ella ahí, a su lado, cuidando de la pequeña Clara, en lugar de vivir en la perpetua ansiedad que implicaba la guerra?

Al día siguiente, muy temprano, Lotario se dispuso a salir en busca de una mujer. Necesitaba sentir un cuerpo femenino a su lado; unos labios ardientes, una piel fresca que acariciar... Pero, al bajar, al pie de la escalera, encontró a Ugolino, que conversaba con un mensajero: Felipe Hohenstaufen, hermano del emperador, acababa de apoderarse de Vetralia, violando los Estados Pontificios. Se había hecho llamar señor de Tuscia y reclamaba, asimismo, el ducado de Espoleto. ¿Qué seguía? ¿Roma? Aquello era demasiado. Lotario comprendió de pronto que, más allá del triunfo o del fracaso de la causa, ésta era *su causa* —la causa que él había elegido para darle sentido a su vida— y estaba obligado a defenderla. En ella iba lo que él era y lo que aspiraba a ser. Las mujeres suculentas podrían esperar.

—¿De veras quieres ser Papa? —preguntó a su sobrino.

Este lo miró desconfiado.

—Algún día lo seré —barruntó el joven cauteloso— ¿Por qué la pregunta?

—Te lo diré si me acompañas.

Cuando Claricia Scotti despertó y pidió a su sirvienta que llamara a Lotario y a Ugolino para que la acompañaran a desayunar, ésta le informó que los jóvenes acababan de salir rumbo a Alemania. Irían a Sajonia y, después, a Turingia. El conde le había dejado una nota deseando su restablecimiento. Bajo su firma, Lotario garrapateó una despedida: «*Fac officium*, madre».

Hacia fines del año, gracias a compresas y una infusión hecha de polvos de lapislázuli, Claricia Scotti se recuperó. La noticia de que los príncipes de Sajonia y Turingia se habían negado a apoyar el imperio hereditario que proponía Enrique VI, terminó por aliviarla. La ceremonia que el emperador organizó entonces en Francfort para presentar a su hijo pareció inofensiva. Hasta Adulfo, el arzobispo de Colonia, la aplaudió. Cuando la duquesa volvió a Roma para encontrarse con su hijo, le informaron que no era ella la única que deseaba verlo: Celestino y Juan de San Pablo también lo estaban buscando impacientes. Pero, en esos momentos, el cardenal y su sobrino se hallaban en Sicilia.

Asís, en febrero A. D. 1197.

Querido Lotario:

Confiando en mi suerte, te escribo a Mesina. Espero que cuando llegue mi carta aún te encuentres ahí. Quedé muy afligida por tu último mensaje: ¿Qué quieres decir con eso de que vas a apostarlo todo por tu causa? No entiendo. ¿Qué significa que estás dispuesto a renunciar a todo aquello que te desvíe de tu objetivo? Me asusta ese tono. ¿Para qué tanto misterio conmigo? Dios ha escuchado nuestros ruegos y el emperador ha comenzado a aproximarse al Papa después de tantas vejaciones. Sin el apoyo de los príncipes alemanes, aun cuando Francia e Inglaterra, Chipre y Armenia, sean todavía sus vasallos, aun cuando Hungría y Dinamarca sigan postradas a sus pies, Enrique VI sabe que la única posibilidad que tiene para que su hijo lo suceda en el trono es contar con el apoyo de Celestino. La Iglesia está en deuda contigo y Jesús, en el cielo, debe sentirse complacido con tu labor. ¿Qué más sentido necesitas dar a tu vida? Si a lo que te refieres es a tu nuevo libro sobre las cuatro clases de matrimonio, dímelo así. Insisto en que no tienes por qué mostrarte tan oscuro. Menos conmigo. Parecería como si, de repente, algo se te hubiera metido entre ceja y ceja. Eres un cardenal de la Iglesia Católica ¿a qué más puedes aspirar por el momento?

En cuanto a lo que me preguntas de Clara, ella está preciosa, creciendo con una rapidez que me hace sentir cada vez más vieja. Sus ojos verdes y su mirada lánguida le harían creer a cualquiera que se trata de una niña dulce y obediente. Pero nada más alejado de la realidad. Es la más traviesa que puedas haber conocido. Traviesa y juguetona. No se está quieta un momento. Mi marido y yo no podemos seguirle el paso mucho tiempo. Sólo conozco a alguien tan inquieto como ella: tú.

Su hermana Catalina, en cambio, es tan tranquila; llora sólo cuando tiene hambre o frío y siempre está sonriendo. Su nodriza se esmera en pellizcarle nariz y mentón porque así, dice, la niña tendrá rasgos más finos y será más hermosa. Espero que cuando termines lo que tienes que hacer en Mesina te des una vuelta por Asís para constatar lo que te cuento. Espero que vengas lo más pronto posible. Perdona la exigencia pero, una vez más, es mi corazón el que habla. Mientras tanto, no olvides que te adora

Ortolana.

Lo que el cardenal de Segni tenía que hacer en Sicilia era preparar una revuelta contra el emperador. Si Enrique VI no hallaba obstáculo en su avance, acabaría por desmantelar a la Iglesia. Así, mientras Ricardo *Corazón de León* entraba al territorio angevino y comenzaba a recobrar, palmo a palmo, los territorios de los que el rey Felipe lo había despojado durante su cautiverio, Lotario decidió que tenía que recuperar —también palmo a palmo—, lo que Enrique VI había arrebatado a la Iglesia. No lo hacía porque fuera su deber, lo tenía claro, sino porque ahora ya no albergaba dudas: aquella lucha era *su lucha*; aquella causa —la Iglesia— era la que daba sentido a su existencia. Él lo había elegido así, más allá del deber. ¿Había sido el encuentro con Ugolino el que le había acicateado? ¿Habían sido las provocaciones de su madre? Una nueva ambición se empezaba a apoderar de su voluntad y, para satisfacerla, tendría que apostar su vida, como se lo había confiado a Ortolana: quería ser Papa. Sabía que sólo si él llegaba a la silla de San Pedro podría poner un alto al emperador. A diferencia del monarca inglés, no obstante, Lotario no contaba con armas ni ejércitos. Disponía, sí, de la autoridad moral de la Iglesia sobre los príncipes europeos; de su capacidad de generar esperanzas entre los cristianos, de atizar sus miedos. Juan de San Pablo acababa de escribir, ordenándole que volviera de inmediato a Roma. Ricardo

*Corazón de León* había hecho prisionero al obispo de Beauvais y era necesario corroborar los motivos del monarca, quien aducía que lo había apresado no como obispo sino como caballero. En cualquier caso, era necesario que el cardenal de Segni lo verificara, pues el obispo de Beauvais había solicitado auxilio del Santo Padre. Lotario echó la carta al fuego. Había tomado una decisión y no serían las intrigas de Juan de San Pablo las que le cerrarían el camino. Antes de averiguar si *Corazón de León* había atrapado a un obispo o a un caballero, habría que incendiar Sicilia.

Él y Ugolino volvieron a Roma la mañana que un grupo de patriotas —los mismos con que se habían estado reuniendo en secreto, los mismos a quienes habían entregado importantes cantidades de dinero—, destrozó los leones y descabezó a la virgen de la catedral que Enrique VI había ordenado edificar en Mesina. Los soldados del emperador intervinieron y el encuentro culminó en un baño de sangre. Sicilia se había levantado. Apenas volvió a Roma, su madre le hizo saber que, en esos momentos, otro movimiento se extendía, a lo largo de Toscana, haciendo lo mismo que él había hecho en Mesina: unir a los nobles, a los señores que tenían un mismo interés y que, en sus disputas domésticas, no se habían dado cuenta de que la unión entre ellos era el único camino para defenderse. Mientras Pisa y Génova alentaran las ambiciones de Enrique VI en Sicilia, ambas cavarían su propia tumba. Lotario se dispuso a sumarse a aquella empresa pero no lo consiguió: contra sus previsiones y las de Ugolino, el emperador, en persona, se puso en marcha al frente de su ejército para proteger Sicilia. Esto volvía inaccesibles la mayoría de los caminos en la península. Si a ello se sumaban los 60 mil hombres que el canciller del Imperio pretendía avituallar en la isla para enviar a Tolemaida, el viaje resultaba impracticable. Sobre todo para Lotario.

Se enteró, acongojado, del modo en que Enrique VI reprimió a los rebeldes sicilianos: Incendió poblados enteros y aquellos que no murieron abrasados por el fuego, fueron ahorcados o descuartizados. Hizo alarde de su crueldad, sin mostrar clemencia para nadie.

Ordenó que a las esposas de los cabecillas les vaciaran plomo hirviente en las entrañas, lo mismo que a una hermosa campesina a la que Ugolino había enamorado. «Nunca podré perdonarlo por eso», gimió el joven cuando se enteró. El heredero de Tancredo fue cegado y, no conforme con ello, Enrique VI ordenó que lo mutilaran. El pequeño quedó irreconocible hasta para su madre, quien fue enviada a una mazmorra, al otro lado de los Alpes. A continuación, el emperador hizo coronar a su propio hijo.

Las noticias que llegaban desde el norte resultaron igualmente desconsoladoras: las ciudades toscanas se unían, una tras otra, contra el *Tirano de Alemania*. Éste, convencido de que era preciso sofocar las revueltas de inmediato, no perdió un segundo. Por eso pareció tan extraño en Roma el informe que precisaba «la gravísima enfermedad» que doblegó al emperador a principios de agosto. Sin considerar los peligros que corría y desobedeciendo la orden expresa que le dio Juan de San Pablo, el cardenal de Segni viajó entonces a Mesina.

—¿No quieres un Papa en la familia? —increpó a su madre cuando ésta le rogó que se abstuviera de aquel viaje—. Como están las cosas, la próxima elección no va a ganarse sólo con dinero.

Una vez en Sicilia, solicitó una audiencia con Enrique VI. Tenía razones para saber que iba a obtenerla. Y la obtuvo. Con lo que no contaba era con la estampa con que se iba a encontrar. A sus treinta y dos años, Enrique Hohenstaufen parecía rebasar los sesenta. La piel amarilla pegada al cráneo, el cabello que aún le quedaba recogido en una cola y los ojos desencajados le hicieron comprender a Lotario que no estaba ante un enfermo sino ante un moribundo. De poco ayudó el guiño con que, a manera de sonrisa, lo recibió el emperador.

—Así que nuestro principal enemigo viene a vernos al lecho de muerte.

—No soy enemigo de Su Majestad —respondió Lotario.

El calor era sofocante y por la habitación pululaban los mosquitos. Más de una vez, el cardenal tuvo que sacudir los brazos para alejarlos.

—¿Su Eminencia cree, acaso, que no estamos enterados de todo lo que ha hecho en nuestra contra? —resopló—. Curiosamente, Su Eminencia es, ahora, la única persona que puede ayudarnos, que puede convencer al Papa para que nos brinde su apoyo. Por eso hemos aceptado recibirlo.

Una mujer que debía ser Constanza, su esposa, no perdía de vista al cardenal. Lo mismo hacían cuatro soldados de aspecto fiero. Todos sudaban copiosamente y hacían esfuerzos para ahuyentar a los mosquitos.

—A eso he venido: a ofrecer mi intermediación ante la Santa Sede —murmuró Lotario.

Enrique tomó aire.

—Qué distintas eran las cosas cuando Su Eminencia y nosotros cantamos juntos ¿verdad? Como cuando obsequiamos a Su Eminencia aquel halcón de bronce ¿lo conserva? Entonces apenas empezábamos a vislumbrar el mundo.

—Y hoy, Su Majestad está en el pináculo de su poderío —Lotario miró de reojo a la mujer y a los guardias.

—Su Eminencia miente de nuevo. Estamos al borde de la muerte.

¿Qué le había ocurrido al emperador de repente? ¿Lo estaban envenenando? ¿Quién? ¿Algún enviado de Juan de San Pablo? ¿Alguno de los príncipes alemanes que veía la posibilidad de apoderarse del Imperio? Un hombre tan desconfiado como él no podía haber sido envenenado tan fácilmente, pensó el cardenal. ¿Qué había sucedido pues? La respiración del emperador era densa, ruidosa.

—Si nos estuvieran envenenando —suspiró Enrique, como si adivinara los pensamientos de Lotario—, nos bastaría controlar con más rigor nuestros alimentos para poner un alto. El asunto es más delicado. Más delicado y deplorable. En cuanto hayamos muerto, todos los príncipes alemanes van a querer quedarse con la corona. Van a hacer todo lo posible por eliminar a nuestro hijo.

—Sí, eso ocurrirá.

Lotario se dio cuenta de que había sido demasiado rudo. Advirtió que Constanza —ahora ya no le quedaba ninguna duda de que la mujer era Constanza de Hauteville— reprimía el llanto.

—Su Eminencia —dijo el emperador con sorna —sigue siendo el mismo de antes: realista hasta la insolencia. Nos habría gustado tenerlo a nuestro servicio.

Lotario recordó cómo, cuando un sicario contratado por la Curia había tratado de matar a Enrique, éste lo había enviado de regreso a Roma con una corona de hierro, colocada al rojo vivo sobre el cráneo. Ahora él estaba frente a *El perseguidor*, principal adversario de la Iglesia Romana, y era testigo de cómo se precipitaba hacia la muerte.

—Estoy al servicio de Su Majestad —aseguró Lotario—. Defenderé los derechos de Federico como rey de Sicilia y, luego, como emperador. Pero eso exigirá que Su Majestad reconozca que Sicilia es un feudo de la Santa Sede.

—¿Por qué ese interés? —preguntó Enrique sin preocuparse de que los mosquitos deambularan por sus brazos y cuello.

—El Imperio debe sobrevivir, pero no a costa de la Iglesia. Si Alemania se une con Sicilia, los Estados Pontificios desaparecerán.

—En ese caso —Enrique fingió no darse cuenta del asunto hasta ese instante—, si Su Eminencia nos apoya, con la isla devolveremos, también, los territorios de Aquapendente hasta Ceprano. Además, tanto Constanza como Federico jurarán obediencia al Papa. Todo, con tal de que nuestro hijo pueda aspirar a sucedernos algún día.

—Su Majestad no se arrepentirá. La mejor garantía que tiene ante las pretensiones de los príncipes alemanes es la Iglesia. La Iglesia sabrá cumplir. Empeño mi palabra de honor de que así será.

Las miradas de Enrique y de Lotario se encontraron.

—Por la resolución de Su Eminencia, por su audacia, sabemos que podemos confiar en ello. ¿Podemos entregarle también nuestro testamento para que lo reciba el señor Papa a la brevedad posible?

—Juro ante Dios que Su Majestad puede confiar en mí. No lo hago por Sicilia ni por el Papa. Menos aun por todos los abades, obispos y cardenales que están dispuestos a vender su alma al demonio con tal de aumentar sus riquezas. Lo hago por la Iglesia.

Enrique trató de sonreír.

—Una Iglesia que, tarde o temprano, Su Eminencia llegará a encabezar. Lo presentimos. Es una lástima que nosotros no vivamos para constatarlo.

## 10

A finales de septiembre de 1197, consumido por la malaria, murió el emperador. La noticia restó importancia al establecimiento de la Liga Toscana, a los esfuerzos del Papa por alcanzar la paz entre Francia e Inglaterra y al desconcierto de los cruzados alemanes que, de pronto, se encontraron a las puertas de Beirut sin saber qué hacer. Después de la sorpresa, vinieron las preguntas: ¿Qué validez tenía el testamento de Enrique? ¿Cómo interpretar la llegada a Roma de Constanza y su hijo? ¿Qué significaban las diatribas del hermano de Enrique VI, Felipe Hohenstaufen —que ahora insistía en que se le llamara Felipe de Suabia— y las amenazas de Otón de Brunswick? Los príncipes alemanes no se ponían de acuerdo acerca de si la corona imperial debía seguir siendo electiva o volver a ser hereditaria. Mientras unos —como el rey de Francia— se pronunciaban por el hermano de Enrique VI, otros —como el rey de Inglaterra— pretendían que Otón de Brunswick encabezara el Imperio, aunque ni siquiera supiera hablar bien el alemán. Luego estaba lo otro; lo del entierro: ¿Por qué no se daba santa sepultura al cadáver de Enrique? ¿Por qué el Papa no se apresuraba a levantar la excomunión que había decretado cuando el emperador tomó prisionero a Ricardo de Inglaterra? ¿Cuánto tiempo había que esperar? Celestino sabía que todo mundo aguardaba respuestas de la Iglesia Católica, pero también sabía que él no estaba en condiciones de proporcionarlas. Angustiado ante la llegada de emisarios y cartas, exhortos y exigencias, una vez más rogó a los cardenales que le permitieran abdicar a favor de Juan de

San Pablo. El podría retirarse a algún monasterio, donde pasaría sus últimos días. Le costaba trabajo caminar sin ayuda y sus manos temblaban cada vez más. «Aun así», llegó a opinar el cardenal de Segni, «su abdicación constituiría una irresponsabilidad». La súplica del pontífice fue denegada. No se podía ir contra la voluntad de Dios.

Entonces, vencido por los años, frustrado y enfermo, Celestino aprovechó las fiestas navideñas para convocar a algunos prelados —entre los que no estaba Lotario— y les suplicó que, a su muerte, eligieran al único hombre que podía salvar a la Iglesia y a la cristiandad: Juan de San Pablo, cardenal de Sabina. Los asistentes se mostraron consternados. Su Santidad no tenía por qué dirigirse a ellos en ese tono ni regodearse al discurrir sobre la muerte. Ésta sobrevendría cuando Dios lo determinara. Ni siquiera él podía adelantarse a los designios del Señor. La luz mortecina que proyectaban las velas en el gabinete del pontífice hizo que aquella reunión resultara fúnebre. Como el Papa insistiera en su ruego, los cardenales prometieron que votarían de acuerdo con sus deseos cuando él ya no les acompañara. Cómo no darle esa última satisfacción al hombre que tanto había hecho por la paz, susurró el cardenal de Ostia. Apenas comenzó el año nuevo, ante el desamparo de aquellos dignatarios y la desolación de Constanza, ante el regocijo de Juan de San Pablo y las expectativas del mundo entero, Celestino III cerró los ojos por última vez.

Del mismo modo que lo había hecho siete años antes, el cardenal de San Pablo volvió a convencer a sus colegas acerca de la importancia de proceder, de inmediato, a elegir al nuevo pontífice. De elegirlo ese mismo día. Con los príncipes alemanes peleando entre sí, con los reyes de Francia e Inglaterra enfrentados a muerte, con los herejes del Languedoc aumentando en número y los musulmanes adueñados de Tierra Santa, no era posible perder el tiempo. De San Pablo tenía la esperanza de que esta vez podría ser elegido Papa, pero le preocupaba que algún otro de los favoritos quisiera adelantársele. Si la elección se llevaba al cabo ese mismo día, pensó, los cardenales que le eran adversos no tendrían tiempo de llegar a Roma. Censio Savelli, con la autoridad que le confería ser el cardenal camarlengo y de haber compilado el *Liber Censuum*, decidió respaldar a su colega y convocó a sus compañeros para la tarde de ese día, una vez que hubiera concluido el sepelio de Celestino. Savelli, sin embargo, tenía otro candidato.

En los pasillos del *Palazzo* de Letrán las especulaciones iban en aumento. Contra lo que imaginó Juan de San Pablo, muchos de los cardenales ya estaban en la *urbs,* aguardando la muerte de Celestino, para participar en la elección del nuevo pontífice. Fuera como fuere, sus malquerientes no alcanzarían un número importante. La decisión recaería, como él lo calculaba, en los diez o doce que se habían visto favorecidos por él. Quizá la única excepción era el cardenal de Segni. Por eso se le aproximó en cuanto lo vio aparecer en el vestíbulo.

—Me alegra mucho que Su Eminencia vaya a acompañarnos en esta ocasión. Quiero que sepa que si es la voluntad de Dios que yo ocupe la silla que ha dejado vacante nuestro amado Celestino, Su Eminencia podrá fungir como legado en Oriente o en Alemania; permanecer en la ciudad o elegir el destino que prefiera.

Algo le dijo a Juan de San Pablo que la mirada con que le respondió Lotario no auguraba nada bueno.

—Agradezco a Su Eminencia la distinción.

Lotario bajó hasta la plaza, donde cinco o seis cardenales conversaban con diversos grupos de personas. Todas parecían cuidarse de lo que decían, se miraban de soslayo entre sí y cuchicheaban. Su sigilo los hacía más visibles. Distinguió a Ugolino, jalándose las guías del bigote.

— ¿Sabes que eres el favorito? —se aproximó el joven.

—El favorito es Juan de San Pablo —murmuró Lotario, tratando de parecer indiferente. El rey de Francia lo apoya, aunque el de Inglaterra tenga otro candidato.

Varias miradas se clavaron en ellos. Ugolino distinguió a los embajadores de Pisa y de Génova, lo mismo que a los agentes de

*Corazón de León*. Todos se movían con recelo. Un hombre ataviado con un manto de seda abrió los brazos para atraer a sus interlocutores, como si con aquel gesto pudiera librarlos del escrutinio.

—Sabes que no es cierto. La fuerza del cardenal de Sabina provenía de sus vínculos con el emperador y, en segundo término, de Celestino. Muertos ambos, de San Pablo está acabado. Tu principal oponente es Juan de Salerno. *Tienes que saberlo*. Quizá haya dado a los electores más dinero que mi tía pero, ni con mucho, se le reconocen los méritos que te distinguen a ti. Si actúas con audacia, puedes llenar el vacío. Todo está dado para que lo hagas.

El joven condujo a Lotario hasta las murallas de la ciudad, donde nadie pudiera escucharlos. El cardenal de Segni tuvo la sensación de que, con su capa y su sombrero rojo, con el aparatoso anillo que se ponía por primera vez y su crucifijo de oro, no sólo era blanco de las miradas sino también de los cuchicheos de la gente que paseaba por ahí. Se detuvieron frente a la puerta asinaria, al lado del mercado de legumbres, sin que Lotario pudiera dejar de pensar que, por aquella puerta, hacía ya más de cien años, el emperador había penetrado a Roma para destituir a Gregorio VII. Los chillidos de las mujeres que promocionaban lechugas y hierbas mágicas, el pleito de los vendedores que pretendían apoderarse de un mejor sitio donde colocar sus puestos y el olor a tierra mojada confirmaron al cardenal que nadie estaba pendiente de él. Podía hablar.

—Tío —espetó Ugolino—, si permites que Juan de Salerno gane, la Iglesia se va a pulverizar en sus manos. Sólo hay un hombre que tiene la visión y la fuerza para devolver a la Iglesia su prestigio. Ese hombre eres tú.

—Me queda claro —suspiró Lotario—, pero no estoy seguro de cómo obtener la mayoría de los votos.

—Pues *debes* obtenerla. No será tan difícil. La conseguirás si persuades a los miembros del cónclave para reconocer tus méritos y tus posibilidades. Muchos cardenales están hartos de la pusilanimidad de los Orsini y de los Colonna. De su entreguismo. La mayoría simpatiza contigo. Representas la posibilidad de poner un alto a las aspiraciones imperiales y devolver su prestigio y esplendor a la Iglesia de Cristo. Ayer mismo, escuché a un grupo de cardenales que lo aseguraba. Además, *Fac officium*. No traiciones a la casa de Segni ni a las familias romanas que tienen puesta sus esperanzas en ti; no traiciones la memoria de tu padre. Y otra cosa: tienes mucho que ganar y nada que perder. Actúa con la audacia que te caracteriza. Mi tía ha hecho su parte. La familia ha hecho la suya. El juego final está en tus manos. Dedica todas tus fuerzas y facultades a conseguir nuestras aspiraciones.

Cuando entró a la capilla del *Septizonium*, el antiguo palacio del emperador Septimio Severo, convertido ahora en la fortaleza donde se celebraría la elección, Lotario sintió que su corazón amenazaba con salirse del pecho. Su respiración era fatigada. Temió que su cara estuviera ardiendo. Cuando el cardenal de Ostia, decano del Colegio, comenzó la misa, las siluetas de sus compañeros se difuminaron levemente ante él. Podía ser Papa si actuaba con inteligencia. Más aún: *debía serlo*. No por cumplir con su deber, se lo repitió, sino para defender la causa a la que había resuelto consagrar su existencia. Las palabras de su sobrino, no obstante, habían atizado sus ímpetus. Aquella era su oportunidad. Si no la aprovechaba, tal vez transcurrirían cinco años, o diez, o veinte, antes de que se volviera a presentar. Apenas concluyó la misa, los cardenales se postraron en el suelo, mascullaron un par de jaculatorias y se levantaron para darse el beso de la paz. Rápidamente se nombraron dos escrutadores y el cardenal de Ostia comenzó a hablar de Juan de San Pablo, de su bondad y su capacidad de trabajo; de su amor por Jesucristo y su abnegada labor. Recordó la promesa que algunos de los presentes habían hecho al difunto pontífice.

—Él nos pidió nuestro voto para el único de nosotros que conoce el camino— concluyó.

—Pero él está muerto —interrumpió el cardenal Juan de Salerno— y no puede anular el derecho electoral del que gozamos.

Ugolino había acertado. Contra lo que imaginaba Juan de San Pablo, en el cónclave sólo había dos candidatos: Lotario de Segni y Juan de Salerno. Además, cada voto que perdiera Juan de San Pablo, lo ganaría él.

—Por cierto —apuntó Lotario con aplomo—, yo no estoy seguro.

Ya no se encontraba en el *studium* de París ni alternaba con los miembros de la universidad de Bolonia. Estaba en medio de una treintena de los más altos dignatarios de la Iglesia Católica. Su temeridad podía ser castigada.

—¿De qué no está seguro Su Eminencia? —preguntó el cardenal de Ostia.

—De que el cardenal de Sabina conozca el camino que debe seguir la Iglesia. Si es así, yo votaré por él, desde luego. Pero, para no abrigar duda, quisiera que él nos respondiera quién debe llevar sobre sus sienes la corona del Sacro Imperio, ahora que el emperador Enrique VI ha muerto: ¿Otón de Brunswick o Felipe de Suabia?

Hubo un silencio. Una a una, las miradas de los cardenales se detuvieron en Juan de San Pablo. Éste, que no esperaba la arremetida, aspiró hondo y consultó el gesto de tres o cuatro de sus promotores.

—Otón de Brunswick —respondió contrariado.

—¿Por qué? —insistió Lotario.

El cardenal de Ostia trató de mediar, de romper la tensión que había provocado la interpelación del cardenal de Segni.

—Hermanos, no es usual...

—¿Por qué? —repitió Lotario.

—Porque Felipe ha agraviado a la Santa Iglesia —repuso Juan de San Pablo en actitud defensiva.

—En ese caso —dijo el cardenal de Segni—, mi voto no puede ser para Su Eminencia.

—Tampoco el mío —intervino Juan de Salerno—. El próximo emperador debe ser, sin duda, Felipe pues, como hermano del difunto emperador, contará con los apoyos más importantes.

—Si así piensa Su Eminencia —declaró Lotario advirtiendo que el eco de sus palabras resonaban bajo la bóveda del *Septizonium*—, tampoco votaré a su favor. Lo que tiene que hacer el próximo Papa es reconstruir la autoridad de la Iglesia. No importa quién sea el próximo emperador si éste reconoce a la Santa Iglesia como la autoridad moral que está por encima de él. Si admite que es emperador por la gracia y potestad de Jesucristo y de quienes hablan por él en la tierra. Si el nuevo pontífice consigue arrancar ese compromiso a los candidatos, lo mismo dará el emperador que sea Felipe o que sea Otón.

—Claro… —se escuchó en la capilla.

—Lo que debe hacer el próximo Papa —continuó Lotario— es decirle al rey de Francia y al de Inglaterra, al hereje y al infiel, que hay una voz que tienen que escuchar; que hay una autoridad a la que deben someterse porque esa voz, esa autoridad, es el *fundamentum totius christianitis*.

—Claro, claro… —volvió a escucharse.

—Su Eminencia, el cardenal de Ostia, afirma que el cardenal de San Pablo conoce el camino. Pero ¿de veras lo conoce? —Lotario apostaba el todo por el todo— ¿Lo conoce el cardenal de Salerno? Que nos digan, entonces, quiénes son los principales enemigos de la Iglesia.

—Los judíos —replicó decidido Juan de San Pablo—. Ellos traicionaron a Cristo.

—Los judíos son un pueblo portentoso —corrigió Juan de Salerno—. Los principales enemigos de la Iglesia son los musulmanes.

Lotario disimuló su satisfacción: sus dos rivales habían mordido el anzuelo.

—De nuevo, no comparto esa opinión: los principales enemigos de la Iglesia son los sacerdotes y los obispos que no están cumpliendo con la misión que tienen encomendada. Si cumplieran con ella, ni judíos ni musulmanes se empeñarían en sus errores.

—Claro —asintió el cardenal de Velletri.

—Ahora bien —prosiguió Lotario, seguro de que ya había cruzado su propio Rubicón—, si la sal pierde su sabor, como lo advierte el Evangelio, no hay nada que hacer. Si la levadura no fermenta a la masa, todo está perdido. Temo que algo así está ocurriendo con la Iglesia, hermanos. El próximo Papa debe devolver el sabor a la sal, y ¿saben por dónde debería comenzar? Por recuperar el patrimonio de San Pedro que nos ha sido arrebatado.

—Muy bien —aplaudió el cardenal de Velletri.

—Sugiero que demos nuestro voto al cardenal de Segni —dijo el cardenal de Palestrina.

—Cuenten con el mío —dijo Cencio Savelli, el cardenal camarlengo.

Nadie se atrevió a contrariarlos. Cuando el cardenal de Ostia hizo una señal, cada uno de los presentes se limitó a escribir el nombre de su candidato en un fragmento de pergamino. El mayor número de votos fue para Lotario. Juan de Salerno obtuvo diez. El resto se dividió entre Juan de San Pablo y otro cardenal.

—Ninguno de nosotros alcanza las dos terceras partes de la votación, que exige la *Licet de vitando discordia* —señaló inalterable el cardenal de Ostia—. Debemos repetirla, considerando solamente a los dos candidatos que obtuvieron el mayor número de votos.

Lotario se dio cuenta, de pronto, de que estaba a un paso de convertirse en el Santo Padre; en la cabeza de la Iglesia Católica. ¿Era eso lo que quería? Por supuesto. Pero ¿tan pronto? Si las cosas salían bien, tendría la oportunidad de hacer prevalecer su punto de vista y de sacar a la Iglesia del letargo en que se hallaba: de lograr que el bien y la justicia significaran lo mismo para toda la cristiandad y, también, para musulmanes, judíos y herejes. Se dio cuenta de que, a sus treinta y siete años, era el más joven de los cardenales que se encontraban reunidos en aquella capilla y de que atrevimientos como el suyo no iban a ser fáciles de perdonar, a menos, claro, que resultara electo. Cuando su mirada se encontró con la de Juan de Salerno, comprendió que la segunda ronda había empezado. Su rival sonreía. ¿Era un alarde de seguridad? ¿Era una gentil claudicación?

—Quiero dar mi voto al cardenal de Segni —anunció Juan de Salerno.

De ser así, la votación estaba ganada, aunque podía ser un ardid.

—Su Eminencia...

La voz del cardenal decano lo sacó de sus reflexiones. Entonces entregó el fragmento de pergamino, donde había escrito su propio nombre, recordando aquella escena bíblica en la que Jesús anunciaba que cierta profecía se estaba cumpliendo en él. Cuando la ronda hubo concluído, Lotario era el nuevo Papa. Todo había ocurrido tan rápido... A su alrededor, las expresiones de las vírgenes y santos de piedra se confundían con los rostros de quienes, hasta hacía un momento, eran sus colegas. No estaba seguro de no estar soñando. Debía estar soñando, desde luego. Si no ¿por qué las imágenes se volvían más difusas, más borrosas, y las voces no se escuchaban con claridad?

—¿Acepta Su Eminencia la designación? —preguntó el cardenal de Ostia.

Lotario tuvo la sensación de que flotaba. ¿En verdad no era aquello un sueño?

—Su Eminencia...

Advirtió que su interlocutor no se dirigía a él como *Su Santidad*. Eso lo haría hasta que él se hubiera ordenado sacerdote y se hubiera consagrado.

—Por supuesto.

—¿Con qué nombre reinará Su Eminencia?

Lotario sintió que su pecho ardía, que se desgarraba: era la *tau*. Entonces creyó ver que una de las estatuas cobraba vida y se transformaba en Angelo... Angelo. ¿Qué estaba haciendo el muchacho ahí? Era como si hubiera vuelto para reiterarle que contaría con él. En lo profundo de su corazón, Lotario juró que, a partir de ese momento, lucharía con todas sus fuerzas para unir a la Iglesia y a la cristiandad.

—*Eso lo tengo resuelto: Inocencio.*

—*¿Por qué?*

—*Es un nombre engañoso. Una careta de candidez. Además, el Papa que reinaba cuando Alarico saqueó Roma, cuando más desorden hubo en el mundo, se llamaba Inocencio. La Iglesia se desmoronaba, como ahora, y él consiguió que subsistiera a pesar de todo, que se fortaleciera ante el embate de sus enemigos... Me gusta lo que él representa. Luego hubo otro Inocencio, igualmente astuto, pero menos espectacular, que se enfrentó a un nuevo cisma. Inocencio es un nombre que conjura la desunión.*

—Inocencio —respondió Lotario cuando la imagen de Angelo hubo desaparecido.

—*Innocentti Tertii* —completó el camarlengo jubiloso—: *Papa habemus.*

El cardenal de Ostia, siempre imperturbable, colocó sobre los hombros de Lotario el manto púrpura. Los integrantes del Colegio sonreían discretamente o respiraban con dificultad, como si tampoco creyeran lo que ocurría. Amigos y enemigos comenzaron a arrodillarse ante él para besar su pie. Se arrodillaron el cardenal de Velletri y el de Palestrina; el de Porto, el de Frascati; se arrodillaron el cardenal camarlengo y el cardenal de Ostia. El último en hacerlo fue el de Sabina.

—Su Eminencia —puntualizó Cencio Savelli al terminar el rito— debe informar al Colegio cuándo desea que se lleve al cabo su consagración.

Había muchas decisiones que tomar pero, también, muchos asuntos que resolver antes de hacerlo. Lotario se acordó de su madre, de su hermano Ricardo y de su sobrino. ¿Estarían ocurriendo las cosas así si Claricia Scotti no hubiera realizado tantos donativos o si Ugolino no hubiera aparecido en su vida? Su sobrino había atizado, como nadie, sus ambiciones. Imaginó a Bruna. ¿Qué iba a pensar cuando se enterara de la noticia? ¿Por qué anheló, en ese instante, tenerla a su lado? No: lo que más deseaba en ese momento era tener a su lado a Ortolana. ¿Por qué, en un momento tan importante de su vida, dos mujeres tenían el poder de perturbarlo? La mujer era causa de pecado, como él mismo había escrito en sus libros. ¿Por qué, entonces, cedía ante el pecado? Pensó en Pedro de Corbeil y en Huguccio de Pisa, sus maestros; en Esteban Langton y en Roberto Courçon. Se acordó de Clemente III, en su lecho de muerte, exigiéndole que le diera sentido a su vida salvando a la Iglesia, pero también pensó en todos aquellos que debían acompañarlo en la ceremonia para darle mayor legitimidad. Tendría que invitar a los reyes de Francia, Inglaterra, Hungría, Bulgaria, Dinamarca, Noruega... quienes deberían, al menos, enviar representantes; a Pedro de Aragón y a Raymundo de Tolosa; al dogo de Venecia y al de Génova, a los monarcas y señores de Europa entera. Tendría que dictar decenas, centenas de cartas. Y luego, lo otro: ¿mantendría la corte papal en el *Palazzo Lateranense* o le convendría más mudarse al Palacio Vaticano para alejarse de los territorios de las familias romanas que rivalizaban con la suya?

—Su Eminencia...

—Me gustaría que mi consagración como obispo coincidiera con la fiesta de la cátedra de San Pedro —declaró.

El decano y el camarlengo inclinaron la cabeza. Los otros lo miraban, esperando que dirigiera algunas palabras. No se le ocurrió nada. ¿Debía dar las gracias? ¿Anunciar lo que haría? Era curioso: había criticado la timidez de sus antecesores, quizá porque la idea de transformar a la Iglesia, de gobernarla, lo había alentado siempre. Ahora, vacilaba. Sabía lo que tenía que hacer en Roma, el sur de Francia y Sicilia, en el Imperio y Tierra Santa, pero no sabía cómo dirigirse a sus electores.

—No sé qué decir —confesó al fin—, salvo que estoy muy agradecido. Agradecido y asustado. No ignoro la magnitud de la responsabilidad que se me acaba de conferir, señores. Lo único que puedo prometer es que situaré a la Iglesia en un lugar más prominente del que ha tenido hasta ahora.

Los cardenales lo condujeron ante el altar de la capilla, donde le permitieron orar en silencio, mientras ellos entonaban el *Te Deum*. Antes de salir, él se aproximó al cardenal de San Pablo. A los enemigos había que tenerlos cerca.

—Su Eminencia podrá fungir como legado en Oriente o en Alemania; permanecer en la ciudad o elegir el destino que prefiera. Yo le suplicaría, sin embargo, que considerara la posibilidad de ser mi confesor.

El cardenal de Sabina experimentó un vértigo. Tuvo que sujetarse del respaldo de una balaustrada para no caer. Aquello no podía estar sucediendo. «Si Enrique VI no hubiera muerto...», pensó. La calculada magnanimidad del nuevo pontífice, pese a todo, lo doblegó:

—Agradezco a Su Eminencia la distinción.

En cuanto hubieron salido del *Septizonium*, una turba de gente ovacionó al nuevo Papa, quien montó el caballo blanco que esperaba afuera. A su lado, cuatro cardenales lo escoltaron sosteniendo el palio con cruces y peces bordados en oro. Entre loas y el tañir de las campanas de la ciudad, Lotario se dirigió a San Juan de Letrán, *su catedral*, como obispo que ahora era de Roma. Apenas llegaron, le fue entregado un cetro y las llaves del tesoro papal.

La ceremonia de coronación, previa la tonsura y la ordenación sacerdotal se llevó al cabo el día previsto, en la Basílica del Vaticano, que hervía de gente. El cardenal de Ostia colocó sobre los hombros de Lotario el *pallium* de lana blanca, donde resaltaban las cruces rojas.

—Al investirte como Sumo pontífice de Roma —proclamó—, presides sobre la ciudad y el mundo entero.

En el momento que el cardenal de Ostia colocó sobre la cabeza de Lotario la tiara, en cuya base se hallaba una diadema en forma de corona y en cuyo extremo había una pequeña esfera de metal, tres palomas blancas revolotearon por la basílica, distrayendo la atención del público. Una primero; luego otra y, finalmente, la tercera, se posaron en los hombros del nuevo Papa. El clamor fue incontenible. «Un milagro», se escuchó, «un milagro». El cardenal decano se persignó, convencido de que si aquello no era un milagro, sí era, ciertamente, una señal del cielo: el colegio de cardenales había acertado en su elección. El coro estalló cantando *Gloria in excelsis* mientras, con la mirada, el Papa buscaba entre la multitud a los responsables del milagro. Al descubrir a Ortolana a un lado de su marido y de Ugolino, tuvo que hacer un esfuerzo para permanecer impasible. Ortolana y Ugolino, en cambio, pudieron sonreír a sus anchas. ¿Quién iba a darse cuenta de aquel gesto lleno de afecto y complicidad? Ni los delegados de Pisa y de Hungría, ni los embajadores de Francia e Inglaterra, que se habían esmerado en situarse lo más lejos posible unos de otros. Tampoco los enviados de Bizancio, cuyas gargantillas apenas les permitían moverse. Menos aun Adulfo de Colonia que, de cuando en cuando, echaba una ojeada a diestro y siniestro, para ver si la gente se había dado cuenta de la ostentosa mitra adornada con diamantes que lucía. ¿Acaso lo harían los arzobispos de Magdeburgo y Tréveris que estaban ahí, decían, en representación del auténtico emperador del Sacro Imperio, Felipe de Suabia? ¿O el dogo de Venecia? ¿O Roberto Courçon y Esteban Langton, que no paraban de cuchichear? ¿O los obreros que habían trabajado día y noche para ocultar las ruinas de la Basílica detrás de vistosos tapices?

En cualquier caso, la misa que el Papa ofreció a continuación estuvo impregnada de una vaga esperanza que no lograba concretarse entre la incertidumbre y el anhelo de paz que compartía gran parte de la concurrencia. Recordando las últimas recomendaciones de Clemente III, el pontífice advirtió durante la homilía:

—Sé que a algunos aún no les queda claro el papel que corresponde desempeñar al Santo Padre en un mundo que, a veces, parece incierto; en un mundo donde nadie sabe qué nos depara el mañana. No abriguemos más dudas, hijos míos: el Papa es el mediador entre Dios y los hombres: el *medius constitutus inter Deum et hominum*. No es vicario de San Pedro, como lo anunció nuestro amado Gregorio VII, sino vicario de Jesucristo en la Tierra. Fue Jesucristo, y nadie más, quien lo invistió del poder de atar y desatar en la Tierra aquello que Dios ataría o desataría en el Cielo.

Hubo rumores que se prolongaron hasta el final de la misa. Por menos que eso, Gregorio VII había ido a dar a un calabozo. Si Inocencio era el representante de Cristo en la tierra era, entonces, el representante de Dios. La pretensión se antojó descomunal. Cuando llegó la hora de saludar a los asistentes, Inocencio se dirigió hacia Enrico Dandolo.

—Nos honra recibir a Su Excelencia y constatar que han mejorado las relaciones con Hungría. Juntos vamos a hacer grandes cosas por la cristiandad.

Al anciano le bastó aquella frase, aquel *nos*, para percatarse de que el pontífice no era el mismo joven que lo había visitado en Venecia hacía algunos años.

—Estamos al servicio de Su Santidad —declaró al tiempo que se hincaba y besaba el pie del Papa—. Muerto el emperador Enrique VI, ha quedado sitio en la cristiandad para un señor de señores. La carta que nos envió Su Santidad dándonos a conocer su designación nos causó una emoción tan profunda que decidimos venir a decírselo personalmente.

En la carta a la que se refería Dandolo, Inocencio III aseguraba que había sido electo por unanimidad y que la inmerecida carga que el colegio cardenalicio había depositado sobre sus hombros lo sobrecogía. Había sido, solamente, un ejercicio de protocolo, como lo eran ahora sus abrazos paternales. Cada uno de los convidados a la ceremonia tenía la sensación de ser el más importante para el pontífice, el más querido.

La gente empezó entonces a formar filas para rendirle pleitesía. Lotario advirtió que Claricia Scotti avanzaba a la cabeza. Se limpiaba las lágrimas con un pañuelo de seda y se apoyaba en el brazo de su hijo Ricardo. Los dos se alegraban de haber utilizado su dinero con tan buen tino. La familia Segni se había impuesto sobre los Orsini y los Colonna, sobre los Vassaletti y los Frangipani.

—*Ragazzo…* —susurró al llegar frente a él.

Lotario la miró sin alterarse y, aunque la mujer abrió los brazos, él se limitó a extender la mano derecha.

—De rodillas, madre.

La duquesa obedeció sin protestar. Besó el anillo del Papa y, luego, su pie. Ricardo de Segni hizo lo mismo y aprovechó la ocasión para informar de lo avanzado que iba la construcción de la torre que había iniciado.

Cuando llegó su turno a Ugolino, éste miró fijamente al pontífice después de besarle el pie.

—Bajo la conducción de Su Santidad, vamos a dar a la Iglesia el lugar que le han arrebatado.

Inocencio supo, en ese instante, que su sobrino iba a convertirse en su principal colaborador. El joven desbordaba talento. Era la clase de hombres que él quería para la Iglesia, para *su Iglesia*. También tendría que incorporar a sus proyectos a Pedro de Corbeil y a Huguccio de Pisa, que lo miraban entre el orgullo y la admiración, así como a los escépticos, entre quienes distinguió al abad de Císter y al Maestre de los Templarios, cuya cruz roja, bordada tanto en la túnica, como en la capa blanca, contrastaba con el fondo negro y las cruces blancas en la vestidura de los caballeros hospitalarios que estaban de pie, a su lado. Cuando Ortolana y Favorino d'Offreduccio se arrodillaron frente a él, el Papa descubrió a la niña que lo miraba asustada. Su mandíbula comenzó a temblar. Nuevamente una mujer —ahora una pequeña— le provocaba un sobresalto. Fingió no darse cuenta de las lágrimas de Ortolana e hizo una caricia a Clara en su mejilla. Susurró un «Dios las bendiga».

Esa noche, ofreció una cena a sus invitados. Aunque el no bebió una sola gota, el vino corrió con una generosidad que nadie recordaba en los comedores pontificios. Al terminar, antes de que se hubiera podido quitar el *pallium*, Inocencio fue abordado por el cardenal Savelli. Lucía agotado. En su espalda había surgido una especie de joroba. Le suplicó que lo relevara de sus funciones. Estaba viejo, dijo, y anhelaba dedicarse a socorrer a los pobres. Su título de cardenal de Albano era su mayor riqueza. No aspiraba a más. El Papa recordó que, unos años antes, él había acudido ante Celestino III con una súplica semejante.

—Has sido uno de nuestros principales promotores —señaló Inocencio mientras tiraba de los dedos para quitarse los guantes—. Podemos relevarte de alguna de tus funciones pero no de otras. Por lo pronto, habrás de concluir el *Liber Censuum*. Es un trabajo comenzado y sería una lástima dejarlo a la mitad.

Apenas se retiró el cardenal Savelli, echó un vistazo al lugar: era el mismo despacho donde lo había recibido Clemente y donde lo había desdeñado Celestino. «Ahora yo soy el Papa», pensó. A partir de ese momento, tendría que dejar de pensar en sí mismo y ocuparse, única y exclusivamente, de la causa que había hecho suya: el engrandecimiento de la Iglesia. Desde ese instante, hasta el fin de sus días, tendría que trabajar por ella, desvelarse por ella, sufrir por ella, morir por ella. Esa había sido su elección y estaba dispuesto a afrontar las consecuencias. Amor, amistad, miedo, odio, tristeza, alegría, todo tendría que girar, a partir de entonces, alrededor de *su causa*. Corrió la cortinilla que separaba la estancia de su capilla privada —su *Sancta Sanctorum*— y bajó hasta el altar, donde arrojó a un lado el *pallium* con sus cruces y el manto ceremonial. Se desplomó sobre el antepecho del reclinatorio y suspiró. Si en su lugar hubiera estado Gregorio VII, seguramente se habría puesto a orar, a pedir fuerzas a Dios; a rogar que el Señor le iluminara.

Pero entonces Lotario de Segni descubrió, como lo temía desde hacía algún tiempo, que había dejado de creer en aquel ser eterno e impersonal, todopoderoso e inaccesible. Quiso hacer un último intento por rescatar de sus recuerdos a aquel Padre bondadoso al que se había encomendado en su infancia y adolescencia; por sentirse arredrado ante el supremo vengador, pero fue inútil. Dios no estaba ahí. No podía estar en las cruces, los templos y las ceremonias religiosas. Quizás no podía estar en ningún sitio. Tampoco le pareció cierta la identidad de Cristo. Por él, sin embargo, experimentaba una simpatía más próxima. De acuerdo con las Escrituras, era Dios convertido en hombre. Había descendido a la Tierra para ser martirizado en aras de la salvación de sus propias criaturas. La historia, que en algún momento de su niñez llegó a conmoverle, ahora se le antojaba absurda. ¿Acaso Dios no había podido haber salvado a sus criaturas de otra manera menos sanguinaria? Cerró los ojos y vislumbró en la oscuridad la sonrisa de Angelo. Los abrió de nuevo. La idea de morir para redimir a los hombres, cargar con los pecados de cada uno de ellos, le repudiaba. Jesucristo, en cuyo nombre actuaría en adelante, era más próximo al Prometeo griego, al salvador que se inmolaba para llevar luz, para insuflar vida a los hombres que moraban en la miseria y la oscuridad. A partir de ese día, él iba a hablar en nombre de Cristo que era, también, Dios. Ya no diría «*Yo* quiero», sino «*Nosotros* queremos». Ya no expresaría *su* ira o *su* tristeza sino *nuestra* ira o *nuestra* tristeza: Dios y yo. ¿Encontraría entonces a Dios en sus propias decisiones, sus esperanzas y sus dudas? El escándalo que escuchó afuera interrumpió sus reflexiones. Se oían gritos y protestas de una muchedumbre. Salió a su despacho en el momento en que Censio Savelli regresaba.

—¿A qué se debe este desorden? —preguntó.

El cardenal de Albano le explicó que, como no se había distribuido el *donativum* que solía darse cada vez que se ungía a un nuevo pontífice, el pueblo estaba irritado. Lo reclamaba. Pero Su Santidad no debía preocuparse, apuntó Savelli, pues aquello era ajeno al Papa.

—Te equivocas —dijo Inocencio—: ni los maridos que riñen con sus esposas, ni los bandidos que asaltan en los caminos, ni los reyes que se declaran la guerra entre sí son ajenos al Papa. A partir de hoy, *somos* responsables de los pensamientos y los sentimientos, de los temores y las esperanzas, de todo lo que haga o deje de hacer la cristiandad. A partir de hoy, el sentido de nuestra vida será dar sentido a la vida de los demás. A partir de hoy, el mundo debe tener una cabeza, una sola, cueste lo que cueste. De otro modo, la cristiandad no alcanzará su unidad y, si eso ocurre, nunca habrá orden. Nunca habrá paz.

Censio Savelli se estremeció.

## 11

Sólo había algo que el padre Alvar detestaba más que su propio rostro, picoteado por la viruela: el sudor de sus manos. Al principio era denso; luego, si no se apresuraba a limpiarlo en su hábito, pegajoso. Y aquella tarde, mientras esperaba ser recibido por el Papa, advirtió que sus manos sudaban más que nunca; que el sudor se había mezclado con la mugre de las uñas y que, hiciera lo que hiciera, causaría una impresión de desaliño en Su Santidad. Intentó tranquilizarse contando los mosaicos del piso —rombos negros y rojos—, pero de nada sirvió. Recordó el viaje que él y el cardenal de Segni habían hecho juntos al Languedoc. Tampoco. Inocencio III ya no era el cardenal de Segni. Entonces se concentró en el alboroto que se escuchaba desde afuera, e imaginó la torre que acababa de ver, entre las decenas que surgían por la ciudad, para anunciar el ascenso del nuevo pontífice. Camino al *Palazzo Lateranense*, había tenido que escabullirse por las estrechas callejuelas de la *urbs* para evitar a la turbamulta que, azuzada por los senadores de Roma, protestaba contra el Santo Padre. Fue el momento en que el monje benedictino decidió que Roma era una ciudad usada. Usada, sí. Hasta las familias más ricas habitaban ruinas. Daba igual que éstas hubieran sido restauradas. Eran los palacios y casonas que habían abandonado los emperadores antes de que Roma cayera en manos de los bárbaros, hacía casi mil años. Antes de que las disputas tribales, las inundaciones y los terremotos la hubieran llenado de escombros. Antes que la hubieran desmantelado, sí. Luego, cuando adivinó los cambios en la antesala del Palacio de Letrán —un oasis dentro de la ciudad—, lo confirmó: aquellas pesadas cortinas, así como los tapices con escenas de caza, baile y sueño, protagonizadas por los representantes de la familia Boboni-Orsini de las que tanto hablaban quienes conocían el Palacio de Letrán, habían desaparecido. Tampoco había vestigio de los relicarios y esculturas que se describían con tanto asombro en Roma. Lo que abundaba eran candelabros.

El padre Alvar saludó con una inclinación de cabeza a las otras personas que esperaban audiencia, sentadas en las bancas de cada hornacina, al lado de las ventanas con vidrios multicolores. Distinguió a toda clase de prelados e identificó, por lo menos, catorce jerarquías eclesiásticas. Pese a estar usada, reflexionó, Roma seguía siendo la capital del mundo. Los palacios de la *urbs*, forrados con mármol *travertino*, seguían siendo más luminosos que los lúgubres castillos de Londres o las toscas fortalezas de París. Afuera aumentaba el griterío. Adentro, el frío calaba a pesar de las velas encendidas. «No tengo por qué estar nervioso», se dijo Alvar. Él había sido una de las primeras personas a las que el Santo Padre había hecho un encargo antes de su entronización. Le había encomendado que recorriera las comunidades valdenses de Muret y otras ciudades del sur de Francia en busca de Bruna. Le había proporcionado las señas físicas de la joven, entre las que destacó la cabellera trigueña, a pesar del nombre que tenía, y la cara cubierta de pecas. Era difícil que otra mujer con esos rasgos pudiera llamarse así. Le rogó que pusiera todo su empeño en encontrarla, pues pretendía que estuviera con él el día de la coronación.

Cuando, por fin, le hicieron pasar, después de un desfile de abades, diáconos, priores, obispos, arzobispos y cardenales, el sacerdote constató que Inocencio sólo vestía un hábito blanco y ni siquiera llevaba su cruz pectoral. Era la misma austeridad del cardenal de Segni aunque, ahora, a pesar de su aspecto jovial, quien estaba frente a él era el Sumo pontífice de la Iglesia Católica. Lo que variaba era el gesto. O era la imaginación de Alvar o éste se había endurecido. La melena rubia de Inocencio, que generalmente le daba un aire de desparpajo, ahora, con la tonsura, le hacía parecer rígido, severo, más alto. O quizás esa impresión era producto del bigote rubio, muy delgado, que se había dejado crecer. «Todo es producto de mi ansiedad», concluyó el religioso. Lo que no surgía de su ansiedad eran los seis pupitres, al lado de la chimenea, donde otros tantos escribanos se esmeraban en no perder una sola de las palabras del pontífice que, en ese momento, dictaba a uno de ellos:

—No es posible concebir la misión de la Iglesia Romana si se le ha reducido a límites tan estrechos. Por ello, es preciso contar con el ducado de Espoleto, con la Marca de Ancona, con la Romaña entera. En otras palabras, con lo que Constantino donó a la Iglesia y Carlomagno confirmó. No pretendemos nada que no nos conceda, de antemano, el Derecho... —Inocencio dio media vuelta y enfrentó a otro escribano—: no hay otra razón para que neguemos a Su Excelencia, el príncipe Federico Rogerio, la corona imperial... —se dirigió a un tercer escribano—: viendo que Su Majestad, el rey de Noruega, no acepta nuestro papel de intermediarios y persiste en el error en que se encuentra... —señaló con el dedo al cuarto—: el amado Kalojan, del reino búlgaro, debe saber que cuenta con las oraciones del Papa... —y al quinto—: queremos que la paz reine en Hungría, por lo que el príncipe Andrés está obligado a cumplir el voto de cruzado que hizo su padre, el noble Bela...

De pronto, Inocencio advirtió que el benedictino estaba arrodillado ante él y besaba su pie. Se detuvo, como tratando de recordar el párrafo en el que había interrumpido su dictado.

—Su Santidad...

—Te escuchamos.

El sacerdote se incorporó con dificultad. Las piernas volvieron a temblarle. Hizo un esfuerzo para que el Papa no lo advirtiera.

—Traje la prueba que Su Santidad solicitó.

Avanzó y le entregó un anillo de oro con un zafiro engarzado. El Papa lo tomó, lo observó largo rato, jugó con él entre sus dedos y suspiró. Tenía tanto en qué pensar, tantas cartas que dictar, que al padre Alvar le extrañó que pudiera dedicar tiempo a aquel asunto. Pero aquello era algo que lo afectaba a pesar de sí mismo. Antes que Inocencio III, seguía siendo un hombre indefenso ante sus propias frustaciones. Colocó el anillo en el anular de su mano izquierda y se dirigió al sexto escribano:

—Escribiremos una carta dirigida a todos los obispos —anunció.

Mientras el pontífice se mordía el labio tratando de encontrar las palabras adecuadas, Alvar rememoró lo difícil que había sido hallar a Bruna, el desasosiego que había experimentado cuando ella se negó a acompañarlo a la ceremonia de coronación y el momento en que había estado a punto de arrestarla. Para eso le acompañaban ocho soldados. Seguramente lo habría hecho, se repitió, si Inocencio no le hubiera ordenado que la tratara con delicadeza, que no fuera a lastimarla bajo ningún pretexto. En el fondo, le agradó el descaro con que ella lo enfrentó cuando la encontró en aquel lupanar, ataviada con un vestido a través del cual traslucía su cuerpo. Llevaba los párpados pintados de azafrán y una guirnalda de flores en la cabeza, como diosa pagana, tal y como se lo escribió al pontífice. Admiró, a pesar de sí mismo, aquel gesto de orgullo con que Bruna le entregó el anillo: «Que el Papa sepa que no quiero nada de él». Aunque no se lo contó al pontífice, se sintió turbado ante la voluptuosidad de la mujer.

—Ya está —Inocencio interrumpió las reflexiones del sacerdote y comenzó a dictar al sexto escribano: «Entre las obligaciones de caridad que nos prescriben las Sagradas Escrituras, existe una de singular importancia, la cual consiste en corregir a aquellos que se hayan desviado del camino y hayan incurrido en el error» —hizo una pausa y volvió a morderse el labio—. «Bajo este principio, hemos decidido que todo aquel que rescate a una mujer pública de los burdeles y contraiga nupcias con ella, contribuye al perdón de sus propios pecados». ¿Te parece bien?

El Santo Padre ya no dictaba: acababa de formularle una pregunta. Además, a diferencia del cardenal de Segni, que se dirigía a él como *Su Reverencia*, el pontífice lo tuteaba. Lo que aún no le quedaba claro era el sentido de esa decretal. ¿La estaba dictando para ampliar los alcances de la Iglesia o para contribuir a la salvación de una mujer perdida en particular?

—¿Su Santidad pretende eximir de culpa a las prostitutas?

—No: a aquellos que se casen con ellas y las aparten del mal camino. Si queremos una Iglesia fuerte, ésta debe llegar a más personas. Debemos ser incluyentes.

—Graciano afirmaba —farfulló Alvar al fin— que el matrimonio entre una prostituta y un cristiano era correcto si éste tenía la intención de reformarla, de volverla al buen camino.

Inocencio alzó una ceja.

—No sabíamos que fueras versado en materia jurídica. ¿Qué te parece si mencionamos en esta decretal algunas ideas de Graciano? Ayúdanos.

Antes de que el sacerdote pudiera responder, un lacayo entró al despacho para informar que Ugolino de Segni estaba ahí.

—Que pase —ordenó el Papa.

Ugolino entró vestido con un jubón de terciopelo negro y su medallón con el águila jaquelada. Algo hubo en él que disgustó al padre Alvar. Eran, quizá, sus aires de suficiencia.

—He cumplido el encargo de Su Santidad —dijo arrodillándose ante el pontífice y besando primero su pie y luego su anillo—. He dado instrucciones a los nuncios para que rechacen las propuestas de los barones. Ahora saben que tienen que entregar sus ciudades y burgos, so pena de excomunión. Ese territorio pertenece a los Estados Pontificios y a ellos tiene que volver.

—¿Cómo han reaccionado? —Inocencio contuvo una mueca de satisfacción.

—Lo esperaban. La muerte del emperador no les deja alternativa. Hacia mediados del año, esos territorios serán completamente nuestros. Por lo pronto, al no tener emperador a quien servir, el legado imperial ha entregado el ducado de Spoleto. A partir de ahora, forma parte del patrimonio de San Pedro, del que Su Santidad es dueño y señor.

Ugolino le informó, no obstante, que la ciudad de Asís había aprovechado la confusión para tomar la *Rocca Maggiore*, fortaleza del legado imperial, y que había declarado su independencia del Papa y del emperador. Algunos nobles habían asaltado y destruido el castillo y, con sus piedras, estaban reforzando las murallas de la ciudad. Los nuncios papales habían quedado fuera.

—Cederán —musitó Inocencio—. Cederán. Los asfixiaremos si es preciso. Sin emperador, no tendrán más remedio que doblegarse. Lo mismo ocurrirá en Sicilia. Los alemanes defienden sus intereses, pero nosotros defendemos los nuestros. Prométele a él y a sus aliados que podrán elegir a sus administradores y a sus jueces si se someten al Papa. Ya hemos comenzado a dictar las cartas donde explicamos los motivos de la anexión territorial.

—Así lo he hecho, señor.

—Apresurémonos pues a enviar esta carta —indicó el pontífice al primer escribano—. Ahora el problema inmediato es Roma. Todavía no es nuestra. Sin una sede propia, será difícil gobernar a la cristiandad. Escucha cómo protestan los contingentes que han organizado los senadores. Quieren mostrar el puño; exigirnos concesiones a cambio de apaciguarlos. No transigiremos. Confiamos en que Ricardo, nuestro hermano, y Roberto Courçon, los reduzcan. Un pontífice sin Roma no puede cumplir con sus tareas. Por lo que a ti toca, Ugolino, queremos que te pongas en camino hacia el norte: que visites algunas ciudades rebeldes y te reúnas con los dirigentes de la Liga Lombarda. Necesitaremos el apoyo de nuestros amigos.

—Ya me he puesto en contacto con algunos comerciantes prominentes.

—Procura que no se incluya a ningún judío —advirtió el Papa—. Fueron amigos del cardenal de Segni pero, si no apoyan la causa de la Iglesia con todas sus fuerzas, no podemos seguir dispensándoles el trato de antaño. A los conversos, desde luego, todo nuestro apoyo. Lo mismo hay que hacer con los usureros arrepentidos. Que los comerciantes sepan que el Papa ha olvidado el Concilio en que se les infamó: si nos respaldan, los respaldaremos. Diles, incluso, que pronto canonizaremos a alguno de sus muertos ilustres y hazme alguna propuesta al respecto. Hay un tal Homobonus de Cremona. Averigua si es un candidato viable para la canonización.

Hasta ese momento comprendió el padre Alvar la auténtica naturaleza de la transformación del cardenal de Segni. No estaba en el hábito blanco, en la melena tonsurada o en el bigote ralo. No es que Lotario se hubiera transformado en Inocencio. Era Inocencio el que había estado cautivo en el cuerpo y el alma de Lotario. Ugolino se arrodilló, besó el anillo de su tío con devoción y salió caminando hacia atrás. En el camino estuvo a punto de tropezar con el cardenal Savelli.

—¿Me mandó llamar Su Santidad? —preguntó el prelado mientras besaba pie y mano del pontífce.

Cencio Savelli no llegaba aún a los sesenta años. Eran la joroba de su espalda la que hacía que, en Roma, se le supusiera al borde del sepulcro.

—Aunque te hemos concedido la licencia que has solicitado para retirarte, necesitamos que antes de hacerlo desarrolles un programa para centralizar la administración de los bienes de la Iglesia —respondió Inocencio— y otro para que el Colegio Cardenalicio se reúna tres veces por semana, como lo hacía antes. Nosotros presidiremos sus sesiones. Nos gustaría, también, que nos señalaras las ventajas de uniformar sus hábitos. Muchos utilizan el rojo; otros, el púrpura y otros, el que se les ocurre. ¿Vale la pena establecer un color obligatorio? Otra cosa: queremos que nos presentes el proyecto de las cartas que habremos de enviar a todos los obispos, exigién-

doles que repriman las desviaciones que se presenten en sus diócesis
y, sobre todo, que pongan el ejemplo con su conducta. Que sepan
que el nuevo pontífice no tolerará la vida licenciosa de los jefes de
la Iglesia, ni tampoco sus costumbres de corrupción y opulencia.
Habrá que escribir a Jutlandia y a Lund, a Auxeries y a Bourges, a
Hereford y a Verdún.

En unos cuantos días, Lotario había adquirido el tono de mando. Era el Papa y le regodeaba serlo. El cardenal Savelli ya había
sido testigo de aquel proceso varias veces, por lo que asintió respe-
tuoso y salió caminando hacia atrás. Sabía que con el conde de Segni sentado en la silla de San Pedro, las cosas iban a ser diferentes. Él
mismo había concedido su voto para ello; para transformar a la
Iglesia en luz y sal, para salvarla de sí misma. El pontífice derrochaba energía. No dejaba sitio al respiro. El frenesí que estaba impri-
miendo en Roma desde su coronación hizo entender al cardenal
camarlengo que había sido ingenuo al solicitar su retiro.

El lacayo entró de nuevo para anunciar al dignatario que, de
acuerdo con las instrucciones de Inocencio, debía pasar en cuanto
saliera el cardenal Savelli. El visitante era un hombre de ojos azules
y cabeza completamente blanca. Antes de que llegara hasta él, Inocencio lo interrogó:

—¿Traes los nombres de nuestros obispos en Islandia?

El religioso cayó de rodillas, besó el pie del Papa y luego se incorporó.

—Aún no, Su Santidad. Habrá que esperar a que vuelva el
padre visitador para tener sus nombres.

Inocencio miró al padre Alvar.

—¿Te das cuenta? Ni siquiera disponemos de un registro de
nuestros enviados en tierras lejanas. ¿Cómo queremos, entonces,
mantener nuestra autoridad? ¿Cómo pretendemos ser levadura
para fermentar al mundo si ni siquiera sabemos quién representa
a la Iglesia más allá de Roma? Te encargamos —señaló al recién
llegado con el dedo— que pongas todo tu empeño en conseguir

esos datos, pues ya hemos dictado algunas cartas y no sabemos a quién debemos hacérselas llegar. En Sajonia y Westfalia podría renacer el paganismo si no aseguramos ahí nuestra presencia. Lo mismo ocurrirá en Dinamarca si no contamos con el apoyo del rey. Por otra parte, es preciso crear nuevos obispados. En Estonia, por ejemplo. ¿Querrás hacerte cargo de él? Necesitamos gente capaz, comprometida con la causa de la Iglesia Católica. Hemos propuesto al *magister* Pedro de Corbeill para ocupar el obispado de Cambrai, pero...

La batahola que provenía de la antesala le impidió continuar. Las pesadas puertas de madera se abrieron de golpe y, antes de que el lacayo pudiera anunciar a alguien, un soldado irrumpió en el despacho del Papa y cayó de rodillas ante él. El nasal de su casco estaba destrozado y llevaba la cara empapada en sangre.

—¡Su Santidad debe venir! —gimió arrojándose a los pies de Inocencio—. El capitán Roberto Courçon está herido y Ricardo de Segni no tiene la suficiente autoridad para...

Tres guardias entraron agitando sus alabardas para detener al atrevido pero Inocencio los detuvo con un gesto.

—Sigue —instó al recién llegado.

—Al principio —obedeció el soldado—, pensamos que la turba sería sometida fácilmente... Nos equivocamos y temo que si Su Santidad no viene...

Inocencio no lo pensó dos veces. Salió, seguido por los guardias.

Apenas se había enterado de la elección de su hermano, Ricardo de Segni se había apresurado a fincar los terrenos de la familia. No perdió un instante. Eran los que rodeaban el antiguo foro de Nerva. Sin separarse un momento del espejo que cargaba para enfrentar posibles ataques del basilisco, Ricardo aprovechó los sillares descubiertos, reconstruyó las murallas y levantó una fortaleza de tres pisos, rematados por una triple corona de almenas. En poco tiempo, la familia tuvo un Papa y un castillo desde el cual dominaba la ciudad. Hasta ahí llegó Inocencio III para animar a las huestes pontificias contra el gentío organizado por los senadores, en su último intento por conservar Roma bajo su autoridad. Los ciudadanos, temerosos de enfrentar a aquella figura que apareció de repente en lo alto de la fortaleza, y que no vestía de rojo, como sus antecesores, sino de un blanco insolente, se amilanaron. Por todas partes se escuchaba: «¡Il Papa, il Papa!» Muchos de ellos estaban viendo por primera vez al pontífice, no al frente de una procesión pía sino dirigiendo la defensa de la *urbs*. Sin conocer sus propios límites, Inocencio ordenó un contrataque a las posiciones enemigas. Él fue el primer sorprendido de su buen éxito. Unas horas después, tanto el prefecto de la ciudad como los senadores responsables de la asonada comparecieron ante él, cabizbajos, para ofrecer su rendición. Roma era del Papa. El prefecto prestó juramento de fidelidad, convirtiéndose en servidor de la Curia.

—Has recuperado Roma —jadeó Ricardo de Segni sin dar crédito.

—La has recuperado tú —dijo el pontífice—. Pronto tomaremos posesión, también, de Espoleto y Ancona. El patrimonio de San Pedro ha crecido. Seguirá creciendo.

Un ayudante advirtió al Papa que había decenas de heridos. Quizá merecería la pena visitarlos. Entre ellos estaba Roberto Courçon. Seguido por sus colaboradores, Inocencio se dirigió al atrio de un templo, donde se improvisaron camas y se habilitó un hospital. En el camino contempló los cuerpos sin vida de muchos rebeldes. Se detuvo un momento al ver el de un soldado sin casco al que le habían partido el cráneo de un hachazo. Sus sesos estaban regados sobre la paja con la que se cubría el suelo para evitar los malos olores de la *urbs*. El Papa tuvo que cubrirse boca y nariz con un pañuelo para soportar la impresión. Todo olía a sangre y a madera carbonizada. La comitiva tuvo que rodear el camino para evitar los incendios que consumían algunos edificios. Más de un herido se aproximó al Papa para suplicar clemencia.

—Lamentamos lo que ocurrió —dijo el pontífice cuando llegó hasta su amigo.

Éste lo recibió sonriente, halagado de tenerlo a su lado. Su pelambrera pelirroja y su rostro fiero no habían sufrido un solo rasguño.

—Me han acabado —gimió.

—¿Acabar a Roberto Courçon? —Inocencio se sentó a su lado— Qué tontería. Te recuperarás y seguirás peleando más pronto de lo que crees.

El hombretón movió la cabeza.

—Estos malnacidos me han destrozado la pierna, Su Santidad.

Al mirar de reojo la pierna entablillada de su amigo, el Papa advirtió que su propio hábito estaba cubierto de sangre y tizne. Sin que él se hubiera dado cuenta del momento en que ocurrió, incluso llevaba desgarrada una de sus mangas.

—Volverás a pelear —insistió apretando el brazo de Courçon.

—En lugar de expresarme sus buenos deseos, Su Santidad debería decirme qué hará ahora que ha devuelto Roma al patrimonio de San Pedro.

—Recuperaremos el resto de los Estados Pontificios. Un pontífice no podrá cumplir su misión si antes no es dueño de estos Estados. Luego, iremos por los santos lugares. Tú nos ayudarás con tus bríos para recuperarlos. Te necesitaremos en la próxima cruzada a la que pronto vamos a convocar.

—¿Cuándo? ¿Cuándo será esa cruzada?

—Primero habrá que poner la casa en orden, Roberto. Habrá que reformar a la Iglesia. Limpiarla de tanta pestilencia.

Cuando Inocencio se incorporó, dispuesto a seguir alentado a los heridos, Courçon lo agarró de la muñeca.

—Debo decir algo a Su Santidad: aun vestido sólo con el hábito blanco, luce fuerte, grande, invencible.


—*Las primeras semanas de su pontificado fueron espléndidas, hija, sí. No pudo cumplir su programa con la precisión con que lo había trazado, pues los asuntos se sucedían con una rapidez inusitada.*

No acababa de atender uno cuando ya tenía otro ante sí. Eran los obispos o eran los senadores; eran los infieles o eran los herejes; era Francia o Alemania. Pero se había preparado para ello. Todo cuanto había hecho antes, lo supiera o no, había sido el camino, el adiestramiento. Era ¿cómo decirlo? Como si la oruga, después de un sueño ineluctable, hubiera desplegado sus alas, convertida en mariposa. Las primeras semanas, digo, fueron magníficas. En pocos días recuperó Roma y comenzó a reinvindicar, uno a uno, los territorios de los que había sido despojado el Patrimonium Petri. Claro que estos primeros buenos éxitos lo fueron endureciendo. El poder lo transformó, sí. Él se había preparado para ser Papa durante toda su vida. Ahora lo era. Tenía que actuar como tal. Por eso, aunque el cardenal de Segni opinaba que al predicar y promover el diálogo iba a convencer a los disidentes para que se sumaran a su causa, Inocencio III descubrió que ningún grupo iba a renunciar a sus ideales, a su visión de lo bueno o lo justo, sólo porque el Papa lo ordenara. Comprendió que tendría que echar mano de la violencia, sí. Pero ¿sabes? Esto tampoco resultó. No sé si estoy yendo demasiado lejos al decirlo pero me parece que, al final de su pontificado, no estaba satisfecho con los resultados. Su sueño, su gran sueño, seguía siendo unir a la cristiandad. Hacer que latiera, como una vez lo dijo, con un solo corazón. Al terminar el Concilio de Letrán, se percató de que ésta estaba más dividida que nunca. La última vez que cabalgué a su lado, camino a Perusa, me preguntó si no había precipitado; si era la razón la que controlaba a las pasiones, como lo enseña Platón, o si eran, las pasiones las que se imponían sobre la razón; si de veras era posible cambiar el corazón de los hombres, sí. Entonces adiviné que Su Santidad no había quedado complacido con la toma de Constantinopla, con la cruzada contra los cátaros y con muchas de las medidas que adoptó, como aquella de ordenar que los judíos emplearan un distintivo amarillo sobre su ropa para ser identificados. Se sentía responsable ante Dios de cuanto ocurriera en la cristiandad. Eso lo angustiaba.

*Por ello, no reparaba en medios para unirla. Incluso, haciendo co-*
*sas que iban contra sus sentimientos más íntimos. Cuando se dio*
*cuenta de su error, era demasiado tarde, sí.*

*—¿Su Excelencia nunca se lo hizo ver?*

*—Cuando pude hacerlo, no era necesario. Lo obedecí ciega-*
*mente y cumplí sus órdenes al pie de la letra. Me embarqué en*
*aquella infausta expedición que terminó en la toma de Zara y*
*Constantinopla. Esta cicatriz que llevo en la frente da testimonio de*
*ello. Luego viajé al sur de Francia para ser testigo de las matanzas*
*que hicieron los cruzados. Vi correr la sangre y olí la carne chamus-*
*cada de aquella gente cuya única falta había sido no rendir obe-*
*diencia a la Iglesia Católica. Los cristianos mataron a los cristianos*
*como nunca antes se había visto en la historia.*

*—Pudo haber...*

*—Quizá al principio, sí. De hecho, él solía bromear con sus*
*colaboradores. Pero en esa época no había nada de qué prevenirlo.*
*Después, fue imposible, sí. Poner en tela de juicio una opinión de*
*Inocencio III habría sido como desafiar a Dios mismo. Llegué a*
*hablar con tu madre al respecto pero no fue mucho lo que pudimos*
*hacer. Por eso, ahora que Ugolino, convertido en el Papa Grego-*
*rio IX, declara que yo traicioné a Inocencio, me siento lastimado,*
*afrentado. Es un infundio, Clara, una villanía. No importa que*
*provenga del mismo Santo Padre.*

Aunque Inocencio estaba resuelto a poner la casa en orden antes de
cualquier otra cosa, tuvo que postergar sus decisiones al respecto.
Apenas estuvo de regreso en el Palacio de Letrán, un mensajero le
informó que el hermano del difunto emperador, Felipe de Suabia,
había sido elegido rey por una dieta convocada por los señores sa-
jones en Mulhausen. Aquello se oponía a las más antiguas tradiciones
del Imperio. Podía ser el paso previo para convertirse en emperador. Una vez que éste hubiera sido nombrado, los Estados Ponti-

ficios correrían peligro. Por añadidura, los electores no estaban considerando la opinión del Santo Padre. Antes de cambiarse el hábito por otro limpio, Inocencio ordenó que compareciera ante él el más veloz de los jinetes para traer a Ugolino de regreso y encomendarle una nueva misión. No se trataba de apoyar a Felipe o a Otón, como al principio supuso el joven, que volvió al día siguiente, sino de lograr que ambos aceptaran al Papa como árbitro.

—¿Has leído lo que escribió Walther von der Vogelweide sobre nuestro ascenso? Asegura que somos demasiado jóvenes para el cargo.

—No leo a esos poetastros —replicó Ugolino con acritud.

—De cualquier modo —dijo Inocencio—, tu presencia hará considerar a los alemanes que Roma puede llegar a designar a un hombre aún más joven. A tu lado, nos verán frágiles y enfermos.

Ugolino se puso serio.

—No lo considerarán, puesto que yo ni siquiera soy cardenal.

El Papa dio un trago a la copa de vino que tenía sobre su mesa de trabajo y se lavó las manos en un aguamanil veneciano, regalo de Enrico Dandolo. Era un león alado del que salía agua por la boca.

—Lo serás si divides a los príncipes alemanes —murmuró mientras se secaba las manos—. En la medida en que alientes aspiraciones en cada uno de ellos, el Santo Padre podrá fijar el rumbo de la cristiandad. Y es necesario que lo haga. Si cada señor hace lo que le viene en gana, el mundo descarriará.

Ugolino se dió cuenta, hasta ese momento, que en el despacho de su tío, también estaba el padre Alvar. Le inquietó que Inocencio hablara con tanta libertad delante de aquel insignificante capellán.

—¿Enviarás a Su Reverencia a negociar con la Liga Lombarda? —preguntó con ironía.

—No. Él tiene encargos distintos: primero, tendrá que ir pensando en la forma de crear una imagen única de Cristo. No es posible aspirar a la unidad si cada pueblo, si cada grupo de fieles, adora a un Redentor distinto. Si para unos es de tez blanca y, para otros, morena; si para unos tiene barba, para otros tiene sólo bozo y para unos terceros es lampiño.

—Noble labor— asintió Ugolino.

El padre Alvar no estaba enterado de que iba a corresponderle aquella tarea, pero se mantuvo inalterable.

—Su segundo encargo— continuó Inocencio— será partir hacia el Languedoc para informar a los obispos que, si es preciso echar mano de la violencia para mitigar la herejía, como lo autorizó San Agustín, lo haremos.

Esta vez, el benedictino se sobresaltó. Se suponía que Lotario de Segni buscaba convertir a los herejes, convencerlos, adoctrinarlos, antes que usar contra ellos la violencia. Eso era lo que había expresado en Muret hacía algunos años.

—Has elegido un emisario inigualable para esta tarea —se ensañó Ugolino—. Felicidades.

—Se trata sólo de *una posibilidad*— aclaró el Papa con un tono que hizo saber a su sobrino que se había sobrepasado.

—Por el bien de la Iglesia— corrigió Ugolino, tratando de ser amable—, espero que Su Reverencia tenga buen éxito en ambas misiones. Unir al mundo es una tarea que implica diversos frentes y requiere talentos distintos.

El pontífice sonrió al advertir la rapidez con la que Ugolino captaba su mensaje. Se quitó el anillo de zafiro que llevaba en el anular y lo entregó a su sobrino. Éste lo colocó en su dedo y apretó los labios, complacido, al ver lo bien que ajustaba.

—Vuelve por tu capelo en cuanto hayas concluído la tuya.

Intercambiaron una mirada de complicidad.

—Así lo haré, Su Santidad.


—*Y vaya que lo hizo, Clara. Mientras yo viajaba discretamente por el sur de Francia, llevando cartas de monasterio en monasterio, donde el Papa exigía a los obispos que ejercieran sus facultades sin que les temblara el pulso, que asumieran la responsabilidad que implicaban sus diócesis, Ugolino agitó Alemania. La convulsionó, sí. Alentó aspiraciones en Felipe y en Otón pero, también, en decenas de duques y príncipes. No quería que hubiera emperador. El Santo Padre dirigía; Ugolino obedecía. El Santo Padre era el hombre de las ideas; Ugolino, el de los métodos. Inocencio buscaba a Dios; Ugolino lo había encontrado hacía mucho tiempo y no tenía dudas al respecto. Los dos conocían las debilidades de la naturaleza humana y los dos las aprovechaban para sus proyectos. Pero los proyectos eran distintos, sí: Inocencio todo lo medía, todo lo calculaba. Sabía que podía equivocarse. Ugolino era apasionado. Estaba convencido de que no podía cometer ningún desatino mientras actuara en nombre de Dios. Inocencio sembraba; Ugolino cosechaba y sigue cosechando lo que sembró su tío. Por eso, a veces desbarranca. El Santo Padre nunca lo hizo. Doblegó a sus enemigos, se impuso sobre ellos y aniquiló a quien se le puso enfrente, sí, pero con precisión matemática. No con odio, ni rencor, como pretende hacerlo ahora Ugolino. Quizá hubo cosas que Inocencio no calibró: La traición del hijo de Enrique VI, por ejemplo. Pero si él viviera, Federico no habría causado tanto daño. Con Inocencio en la silla de San Pedro, Federico habría acabado por someterse, sí. Otra cosa que no calculó y lamentó siempre fue lo alejado que se mantuvo de quien más quiso en el mundo, quien más influyó en él...*

*—¿A quien más quiso en el mundo? ¿Quien más influyó en él? ¿De quién habla Su Excelencia?*

*—Hay tanto que contar, Clara. La vida no me alcanzará. Estoy sacando fuerzas de la nada para esperar que Ugolino me permita recibir los sacramentos, sí. Sólo por esto me mantengo vivo. Pero hoy ya no puedo más. Me duelen los huesos y tengo seca la garganta.*

A pesar de su calvicie, Otón de Brunswick recordaba a un oso. No era su aspecto abulado sino las dimensiones de su espalda y su forma de caminar. También, su afición por castañetear su dentadura. Ésta era fuerte como el hierro, aseguraba, y podía quebrar el caparazón del cangrejo mejor acorazado. Así lo repitió a los príncipes del Bajo Rhin, cuando éstos lo invitaron a Alemania y lo eligieron rey en Colonia. Su ejército puso un inútil sitio a Aquisgrán, donde se hallaba Felipe de Suabia, quien, dos meses después, fue coronado emperador en Maguncia. Nadie sabía a quién obedecer y, tal y como lo había previsto Inocencio, las miradas se dirigieron a Roma. El Santo Padre era el único que podía determinar quién debía encabezar el Sacro Imperio. Pero Inocencio no tenía prisa. Si respaldaba a Felipe, él y el rey francés sojuzgarían a Roma; si apoyaba a Otón, él y el rey inglés irían contra Roma. ¿Para eso querían que emitiera su fallo?

Mientras la tensión iba en aumento, Su Santidad decidió dedicarse a otras actividades. Por ejemplo, a consagrar dignatarios. Entre ellos, Ugolino de Segni fue nombrado cardenal diácono de San Eustaquio. La tensión llegó a Italia, donde se consolidaron los antiguos bandos rivales: el que apoyaba a Felipe y el que respaldaba a Otón. Por sus lazos con los Hohenstaufen —y porque su grito de guerra era «¡*Waiblingen!*», en honor a su célebre castillo— a los primeros se les motejaba *gibelinos;* a los segundos, por sus vínculos con los Welf, *güelfos.* Unos y otros comenzaron a hacer lo indecible para obligar al pontífice a emitir una opinión.

Pero Inocencio callaba. Su prioridad, repitió, era la reforma administrativa de la Iglesia. Consideraba más importante resolver conflictos como el del sacerdote que había seducido a un acólito; el del capítulo de Laón, que no quería admitir a un nuevo miembro; la edificación de una capilla en Cambrai; la reconciliación de los canónigos de Tarragona con los monjes de Ripoll; el pleito entre la abadía de Vézelay y el obispo de Nevers; o el penoso caso del capellán que había matado accidentalmente a un niño. No le quedaba tiempo para más. Cuando al fin lo tuvo, revisó los fines que se daban a los recursos de la Iglesia, saneó el erario, removió de su cargo al legado papal en Inglaterra —«le preocupa más aquel reino que la

Santa Iglesia»— y, tres veces por semana, comenzó a presidir el Colegio Cardenalicio. Luego, a raíz de las quejas de los obispos de Limoges y Modena, frustrados ante la posibilidad de que cada una de sus decisiones pudiera ser apelada ante Roma, ordenó que, en los casos manifiestos —sólo en los casos manifiestos—, los obispos procedieran a la inmediata corrección de las faltas.

A mediados de julio, Inocencio abandonó Roma para visitar algunas ciudades aledañas. A Perusa, que se rindió a su dominio, otorgó todos sus derechos de ciudad. Luego fue a Foligno a ratificar a un magistrado y dirigió a los nobles de Tuscia una carta donde comparaba al papado con el sol y a la monarquía con la luna: «La monarquía», concluía, «debe la radiación de su dignidad a la autoridad del Papa». Los *güelfos* y *gibelinos* le tenían sin cuidado.

Cuando, en invierno, Alvar regresó de su misión en el sur de Francia, Inocencio ya estaba en Roma para confirmar lo que temía: los monasterios seguían perdidos en su indiferencia, asfixiados dentro de sus propios muros. El sacerdote informó que había descubierto a algunos clérigos venales, pero el Papa fue más allá:

—Son unos inútiles, unos parásitos. Viven en sus conventos, entre rezos y comilonas, mientras aumenta el número de personas que piensan lo que quieren y dejan de pagar el diezmo.

El monje sacó valor, quién sabe de dónde, para interpelarlo:

—Es lo mismo que dijo Su Santidad hace cinco años, en Muret.

Inocencio aceptó el desafío:

—Pero la situación ha cambiado, Alvar. Ahora podemos hacer que dé un giro. Entre otras cosas, vamos a crear nuevas órdenes religiosas a las que les estará prohibido permanecer encerradas.

Con esta convicción, confirmó la Regla de la Orden de los Caballeros Teutónicos. En nada interferiría la labor de Templarios y Hospitalarios. En cambio, resultarían de gran utilidad en Tierra Santa. También apoyó a un monje que pretendía fundar una orden que, en lugar de enfermos, se dedicaría a atender a los prisioneros.

Pero ese proyecto debió esperar. Ricardo *Corazón de León* seguía avanzando, ávido de recuperar sus antiguos territorios en el continente. Al tratar de preservarlos, el rey de Francia estuvo a punto de ahogarse cuando se desplomó un puente en Gisors. Inocencio escribió a uno y a otro rey, invitándoles a llegar a un acuerdo: «Cómo es posible» —escribió— «que dos príncipes católicos riñan como perros y gatos». Ambos le dieron a entender que no debía inmiscuirse en asuntos terrenales, pero el Papa insistió: los problemas territoriales no le incumbían, en efecto, pero la desunión de la cristiandad, sí. Ambos estaban violando un juramento, por lo que había una *ratione pecati* que involucraba al pontífice. Más valdría, pues, que llegaran a un armisticio. De no hacerlo, serían excomulgados. Pero lo que estaba en juego no era la hegemonía de Francia o de Inglaterra, lo sabía Inocencio, sino la autoridad del pontífice sobre uno y otro monarca. Algo similar ocurrió cuando murió Constanza, viuda del difunto Enrique VI. Sin más ni más, Inocencio abolió los privilegios de la monarquía sícula para que Sicilia quedara convertida en feudo papal. Después de todo, ¿no había nombrado Constanza a Inocencio tutor de su hijo Federico?

—Cuando crezca este niño —anunció triunfal a Ugolino, al cardenal Savelli y al padre Alvar—, será nuestro candidato al Imperio. Sólo entonces tomaremos una decisión al respecto. Eso sí, lo educaremos de tal modo que piense como nosotros, que haga que nuestros valores sean los valores del Imperio.

Ugolino de Segni y el monje benedictino intercambiaron miradas. Inocencio ni siquiera lo advirtió. Apenas salieron y él se quedó a solas con el cardenal Savelli, se apresuró a sellar la bula *Operante divine dispositionis*, mediante la que aprobaba la nueva organización y sus *Regula* de vida propia. Era un voto de confianza para la orden de la Santa Trinidad. Si todo marchaba como él quería, pronto habría que proponer un intercambio de prisioneros al sultán.

—Esperamos que no te sientas abrumado de trabajo si, además del que te hemos encomendado y que con tanta eficacia has resuelto —espetó a Cencio Savelli—, te consideramos para dos asuntos

más: la limpieza de las cloacas de Roma, que son una inmundicia, y
para que deleguemos en ti nuestras obligaciones de tutor de Federico. Este niño es la esperanza de la cristiandad.

El cardenal tomó aire y lo soltó lentamente. La capacidad de
trabajo de Inocencio, pese a todo, lo animaba. Por un momento,
tuvo la sensación de que la joroba de su espalda desaparecía.

—Estoy a las órdenes de Su Santidad —respondió.

—Otra cosa: es preciso construir mejores hospitales en Roma.
Por lo menos uno. Si Dios es sabio y bondadoso, más que templos
para que se le adore, debe querer hospitales para sanar enfermos. Por
todos lados hay leprosos, heridos, mutilados, hombres y mujeres a
quienes las llagas devoran. Queremos que nos ayudes a proyectar
la construcción de uno soberbio.

—Estoy a las órdenes del señor Papa —repitió Savelli solícito
—¿Desea Su Santidad algo más?

## 12

—*B*uscó *el poder, porque en él buscaba a Dios. Esto no evitó que incurriera en contradicciones.* «*Cuando lo que sea valioso para mí lo sea también para mí hermano*», *aseguraba,* «*todos hablaremos un lenguaje común y cesarán el odio y la guerra*». *Pero no actuó en consecuencia. Aseguraba que el nombre del demonio era* División, *pero él se conducía por la máxima* Divide et impera, *sí. Yo lo escuché susurrársela a Ugolino. Se la dijo a Roberto Courçon cuando éste regresó a París con la misión de persuadir al rey de Francia de volver con su primera esposa; la murmuró al oído de Esteban Langton el día que lo ungió arzobispo de Canterbury y se la repitió a Pandulfo cuando Langton apoyó la firma de la* Magna Charta Libertatum. *Dividió a cuantos pudo, sí...*

—*Quizá, en su afán de lograr la unidad, creyó que destruyendo a quienes se oponían a ella, la podía conseguir, Su Excelencia.*

—*A tantos años de su muerte, a unos días de la mía, ya no estoy seguro de que de veras hubiera querido la unidad. Es decir, no la unidad en la que cree Ugolino; no la unidad que resulta de que todos los hombres descubran la verdad y se guíen por ella. De hecho, no creía que existiera la verdad. Recuerdo que en aquel viaje que hicimos juntos al Languedoc, elogió las diferencias, las distintas maneras de entender y gozar la creación, sí. El cardenal de Segni creía que cada grupo debía expresarse como lo prefiriera pero el Santo Padre sabía que aquello no era conveniente para los intereses de Roma —los intereses que él representaba— ni para los de la cristiandad. No podía esperar que el Papa definiera lo que era bueno y lo que era malo puesto que él era el Papa y, por tanto, quien tenía que definir el bien y el mal. Sabía que miles de hombres y mujeres esperaban que él les indicara cómo amar, cómo sufrir y cuándo perdonar, sí. El cardenal de Segni podía leer a Aristóteles y regalar sus libros; el Santo Padre lo prohibió. El cardenal de Segni encomió a Pedro Abelardo; el Santo Padre hizo quemar sus escritos y llamó a su autor «dragón infernal». Como lo sostuvo cuando fue coronado, no se consideraba vicario de Pedro sino de Cristo. Estaba convencido de que encima de él sólo estaba Dios. En el sermón que dirigió al cumplir un año como Santo Padre, citando a Jeremías, advirtió que Dios le había dado poder sobre reinos y gentes. Con aquella voz formidable que poseía, declaró que a él le había sido confiado no una Iglesia sino Totus mundus. Se llamó a sí mismo «rey de reyes, señor de señores, sacerdote eterno», según lo había apuntado Melquisedec. Pero nada de esto fue tan significativo como su postura de que, fuera de la Iglesia, no había salvación. Y ¿sabes? Esto es lo mismo que opina Ugolino. Pero Ugolino, a diferencia de Inocencio, lo cree a pie juntillas y, por ello, ahora se ha trabado en una lucha tan cruenta con el emperador Federico. Ugolino... quién iba a adivinar que también él llegaría a ocupar la silla de San Pedro...*

*—¡Francisco! Francisco lo adivinó. Lo supo siempre. ¿Ha olvidado Su Excelencia que cuando Su Santidad, Gregorio IX, aún era cardenal de Ostia, Francisco lo llamaba «obispo del Orbe»?*

*—¿Cómo podría olvidarlo, Clara? Lamento que Francisco no hubiera podido adivinar, también, que se convertiría en mi peor enemigo. Que terminaría por negarme los sacramentos, convencido de que yo había traicionado a su tío. ¿Sabes qué es lo que creo en el fondo? Que siempre envidió el hecho de que Su Santidad, el Papa Inocencio III, haya muerto entre mis brazos y no entre los suyos, sí.*

*—Es posible. Pero Su Excelencia ha vuelto a desviarse. Prometió contarme sobre la persona a quien Su Santidad más quiso en el mundo...*

Inocencio tomaba un baño de agua caliente una vez a la semana. Disfrutaba zambullirse en la tinaja de madera, forrada con un paño por dentro y por fuera, así como oler las hierbas aromáticas que sus criados esparcían por la habitación. Le gustaba que untaran aceite sobre sus hombros y permanecía en la bañera largo rato. Cada vez que lo hacía se preguntaba por qué habrían desaparecido las termas romanas y consideraba la posibilidad de restablecerlas en la *urbs*. «Ya habrá tiempo», pensaba. «Ya habrá tiempo.» Pero la realidad lo defraudaba sin consideración.

A principios del año, Felipe y Ricardo se reunieron a dialogar. El monarca francés, montado en su caballo, a la orilla del Sena, y el inglés en su barca, compitieron para ver quién gritaba más fuerte. Accedieron a concederse una tregua de cinco años para decidir cuáles territorios pertenecían a Francia y cuáles a Inglaterra. Ricardo no aceptó liberar al obispo de Beauvais y Felipe retuvo Arras, Lens y otras ciudades. Ni Francia ni Inglaterra ganaban gran cosa, pero Inocencio se erigía en árbitro, así fuera durante unos días. Porque, como se dio cuenta muy pronto, lo que hoy se hacía, quedaba deshecho unos meses después. No había convenio que dibujara las fronteras de modo permanente y las treguas duraban lo que querían los príncipes, más allá de todo pacto. Nada era definitivo. La paz era fruto del equilibrio, pero éste se rompía a la menor provocación. Otra idea, que invariablemente, le venía a la cabeza cada vez que se sumergía en la tinaja era que la misión que había asumido era ingente. Nunca estaría terminada. Al cerrar los ojos, podía imaginar a Sísifo, empujando la roca hasta la cima de una montaña, consciente de que tendría que repetir su faena al día siguiente. ¿Cuál era el papel del Santo Padre en este escenario? Cuando creía haber resuelto un problema, surgía otro, y otro, y otro más. Para colmo, todos formaban un entresijo y la medida que sosegaba a un grupo provocaba la ira de otro. Un buen ejemplo lo constituía el matrimonio del rey de Francia con la princesa danesa Ingeborge, sobre el que Roberto Courçon le acababa de escribir.

Roberto Courçon, al señor Papa Inocencio III:

Doy cuenta de un fracaso que se debió al hecho de haber olvidado que el monarca francés era un zorro, como atinadamente lo advirtió Su Santidad, al decirme que Felipe era uno de los monarcas más hábiles, más ambiciosos de Europa, lo cual constaté pues, aunque preparé mis argumentos para demostrarle que el hecho de que fuera primo de Ingeborge en cuarto grado no constituía un obstáculo para la Iglesia Católica, él me sorprendió con un nuevo razonamiento, declarando su incapacidad para mantener trato carnal con la reina, luego de haberme hecho subir una larga escalera y hacerme esperar casi un día entero, mirando cómo ardían los braseros en la antesala del salón del trono, que es fría, helada, a pesar de estos braseros y de las elegantes cortinas azules, bordadas en hilo de oro, con flores de lis.

El rey me obligó a permanecer de pie en su presencia, a sabiendas de mi pierna destrozada, divirtiéndole mi exclamación cuando se quitó el parche y me hizo comprobar que goza de vista en ambos ojos, que no es tuerto, como lo hace creer a medio mundo. Es un escandaloso, eso sí, que gritó y agitó sus brazos para preguntarme si, alguna vez, yo había estado ante una mujer que no significara nada para mí; si sabía lo que era no reaccionar ante la fealdad de un cuerpo femenino, a lo cual respondí que sí, por lo que me exigió que entendiera su desgracia, haciéndome notar que ni yo ni el Santo Padre podíamos ordenar a los mares que dejaran de bramar, y que ni yo ni el señor Papa podíamos ordenar a la naturaleza que actuara de un modo distinto del que actuaba.

Lo he amenazado con la excomunión y hasta con el interdicto para Francia pero él ha vuelto a gritar, a agitar sus brazos, a decir que no, confesándome que se casó con Ingeborge con el único propósito de que el Rey de Dinamarca le auxiliara a invadir Inglaterra pero que, ahora, desaparecida esta posibilidad, él ya no tiene interés en la alianza, por todo lo cual aguardo las instrucciones de Su Santidad.

Seis años atrás, el rey Felipe había jurado amor eterno a Ingeborge. La misma noche de la boda, la arrojó del lecho. Con su rostro rubicundo y una expresión bovina que no era propia de sus dieciocho años, con su avidez por ver a un hombre desnudo y su risa estridente, la joven no entendía por qué su marido no reaccionaba ante sus senos enormes y sus nalgas flácidas. Inocencio estaba convencido de que si Inés de Merán podía provocarle un vértigo a Felipe, éste no era impotente y, por tanto, también la princesa danesa podría hacerlo. «Todo es cuestión de imaginación», había sugerido el Papa. Por eso, la carta de Roberto Courçon le inquietó. «El Papa no entiende nada de mujeres», replicó el monarca francés cuando se enteró de la preocupación que suscitaba su caso en Roma. Pero si Celestino III se había limitado a motejar a Inés «la adúltera», Inocencio se encargaría de prohibir aquella relación que tan mal ejemplo daba a la cristiandad. No era posible que alguien se casara, se aburriera, repudiara a su cónyuge y volviera a casarse.

No era una desavenencia entre dos: se estaba violando la palabra dada ante Jesucristo. Le concernía a Inocencio. Además, en Roma se daba por descartado que el rey de Noruega no se sometería al Papa mientras no sintiera la amenaza de Dinamarca. El rey de Dinamarca, por su parte, no amenazaría a Noruega si no contaba con el apoyo pontificio para reinvindicar a su hermana. Si Inocencio quería mantener unida a la cristiandad, debía empezar con la Iglesia. Y si quería unir a la Iglesia, debía mantener unidos a sus miembros; dentro de ellos, sobre todo, a los reyes y nobles prominentes. Necesitaba, pues, al rey franco. Lo necesitaba más que a cualquier otro monarca. No podía, sin embargo, solicitar su ayuda y presionarlo, al mismo tiempo, para que renunciara a su amante. Hacerse de la vista gorda, por otra parte, pondría en tela de juicio su autoridad ante Europa. ¿Por dónde empezar?

Como si adivinaran las divisiones que existían entre los príncipes cristianos, los cátaros del Languedoc crecían de modo incontrolable. A Inocencio le tenía sin cuidado que se burlaran de las reliquias y desdeñaran la cruz de Cristo; le daba igual que se perdonaran los pecados entre ellos y no creyeran en el Infierno. Lo mismo hacían los valdenses y los *Pobres de Lyon*. Todos predicaban la vida simple. Pero ni los valdenses, ni los *Pobres de Lyon*, ni los otros herejes contaban con una organización política. No representaban una amenaza para nadie. Los cátaros, sí. Se apoyaban en una sofisticada estructura para predicar *La Iglesia de Dios* y muchos nobles de Occitania no sólo simpatizaban con ellos sino que los financiaban. Otros los defendían abiertamente y advertían a sus prosélitos que serían perseguidos, como lo había anunciado Jesús. Llamaban a la Iglesia de Roma *Iglesia de Satanás*, y estaban dispuestos a cualquier cosa con tal de desligarse de ella. Eso dividía a la Iglesia, que debía ser una, apostólica y romana, como lo prescribía el Credo de Nicea. Inocencio también necesitaba para eso a Felipe de Francia. Llegado el caso, sólo él podía reducir a los cátaros a la obediencia.

Durante unos días, el Papa caviló en torno al Languedoc. Como cardenal de Segni, concedía la razón o los disidentes. Como Sumo pontífice de la Iglesia, tenía que incluirlos o deshacerse de ellos. No había término medio. Canceló audiencias y dejó de asistir a las reuniones del Colegio de Cardenales. Ordenó que no se le molestara hasta la llegada de Huguccio de Pisa, a quien mandó llamar. El viejo maestro, convertido en el flamante cardenal de Ferrara, llegó a Roma en cuanto pudo, apoyándose en un bastón de ébano pulido. Se arrodilló con dificultad y besó primero el pie y, luego, el anillo del pontífice.

—Acudo presuroso al llamado de Su Santidad —declaró al incorporarse.

Las vetas oscuras de su barba habían desaparecido y su mirada se perdía contínuamente. Al echar una ojeada a su entorno, resol-

vió que su despacho, en Ferrara, era ostentoso en comparación con
el escritorio y las seis sillas de cuero que su antiguo discípulo tenía
en el suyo. El único lujo estaba conformado por la madera, fina-
mente tallada, de contraventanas y postigos. La mesa de trabajo,
que Inocencio tenía a un lado, lucía cubierta por cartas sin responder
y decretales sin remitir. No había cuadros, tapices, ni crucifijos.

—Queremos que leas esto —le rogó el Papa, entregándole un
documento escrito de su puño y letra—. Mientras los reyes de la
cristiandad se desgañitan a insultos y los infieles amenazan al mundo, la herejía crece a pasos agigantados. Tenemos que hacer algo.
Ha llegado hasta los estados pontificios. En Viterbo y en Orvieto
cantan maldiciones contra *La Iglesia de Satanás* y componen versos
ridiculizando nuestros ritos. Hace unos días, apedrearon a uno de
nuestros sacerdotes. No lo podemos permitir, *magister*. Ningún
Papa responsable lo podría permitir.

Huguccio se sentó a leer aquella bula que su antiguo discípulo
sometía a su consideración, mientras éste escribía frenéticamente.

—Desde *Ad Abolendam*, no se había redactado nada parecido
—suspiró al cabo de un rato.

—¿Tenemos o no razón? —quiso saber el Papa, haciendo a un
lado los pergaminos de su escritorio.

La bula proponía un catálogo de castigos para «los defensores,
receptores, autores y creyentes de herejías». Se les despojaba de sus
propiedades y se les prohibía ocupar cargos públicos. Si eran abo-
gados, se les impedía ejercer como jueces, defensores o notarios y,
si eran sacerdotes, se suspendían sus prebendas. Los matrimonios
entre ellos quedaban anulados, lo mismo que las herencias.

—Había escuchado que Lotario de Segni era partidario de dialogar con los herejes.

—Y escuchaste bien, *magister*, pero las buenas intenciones de
Lotario de Segni no habrían ayudado a unificar a la Iglesia. El documento que tienes en tus manos lo redactó Inocencio III, a quien le
urge obtener resultados.

El anciano tomó aire. Qué hondo abismo se había abierto entre el joven impetuoso de Bolonia y el pontífice romano. Asumiendo su papel de jurista, procuró no rebasar los límites.

—No estoy seguro de que la privación del derecho a heredar esté debidamente justificada —señaló—. Hay una vieja ley, la *Lex quisquis*, que Su Santidad podría tomar como modelo.

—La recordamos vagamente —respondió Inocencio—. ¿Ves por qué era necesario que tú revisaras el proyecto de la bula?

—De lo que se trata es de presentar la herejía como delito de lesa majestad. Así se podría equiparar al traidor, al culpable de una conspiración, con los herejes. Después de todo, éstos también traicionan a su Iglesia.

La bula fue proclamada unos días después y, con ella, Inocencio acabó con la autonomía de Viterbo. Al mismo tiempo, ordenó un interdicto contra Orvieto, donde el pueblo acababa de tomar la fortaleza de Acquapendente, en abierto desafío al pontífice. Después de algunas discusiones procelosas con Huguccio, el Papa dio el paso definitivo: accedió a que pudiera enviarse a la hoguera a aquellos que promovieran la disidencia. Con ello, abría la caja de Pandora, lo sabía, pero ¿no quería la unidad de la cristiandad? ¿No era, acaso, Cristo en la Tierra quien lo resolvía? ¿No era la palabra del Papa la última que los cristianos debían escuchar?

—Ninguno de los antecesores de Su Santidad llegó tan lejos —protestó Huguccio.

—Precisamente por eso la Iglesia estaba a punto de desmoronarse —reviró el Papa—. Una vez unida, habrá tiempo para la conciliación y la concordia. Reinará la paz.

Unos días después, mientras cabalgaba por los alrededores de la *urbs*, un emisario alcanzó al pontífice para comunicarle algo que, al principio, se resistió a creer: Ricardo de Inglaterra acababa de morir. La sangre bajó a sus talones y un dolor borrascoso le sacudió la cabeza. «No puede ser», pensó. Nadie sabía cómo ni dónde, pero se le había dicho al mensajero que su madre había sostenido a su hijo entre los brazos hasta su último suspiro. «He perdido la luz de mis ojos», exclamó la reina, de acuerdo con las noticias que transmitieron al pontífice. Durante el asedio que el monarca dirigía contra una fortaleza, un ballestero había acertado en su brazo y una gangrena mal atendida hizo el resto. Todos los informes coincidían, eso sí, en que, en su lecho de muerte, interpelado por un sacerdote, el monarca inglés había declarado que quería despojarse de sus vicios, legando su avaricia a los cistercienses, su lujuria a los monjes mendicantes y su orgullo a los caballeros templarios. «¿En manos de quién va a quedar ahora Inglaterra?», discurrió Inocencio mientras recordaba su encuentro con él, en Sicilia, cuando se disponía a emprender la tercera cruzada. Tres semanas después de la muerte de Ricardo, Juan fue coronado duque de Normandía, paso inmediato para ocupar el trono. La noticia le hizo comprender que vendrían tiempos difíciles: «Juan no es un orate, como asegura Esteban Langton», escribió en clave a Ugolino: «es un cretino».

Una carta a Juan, una carta a los legados de Inglaterra, e Inocencio se resignó a volver al frente alemán. La desaparición de Ricardo dejaba a Otón sin su principal respaldo, lo cual aumentaba la fuerza de Felipe de Suabia. Habría que contrarrestarla: anunció a los electores que Otón podría tener su apoyo, siempre y cuando sobrepasara a sus antecesores en devoción hacia la Iglesia Romana. Otón, comprometido, anunció que donaría a la Santa Sede tanto Rávena como el Espoleto. «¿Pretende *donarnos* lo que ya es nuestro?», escribió el Papa a uno de los obispos alemanes. Un mes después, llegó a Roma una carta en que una cincuentena de señores afirmaba que apoyaría a Felipe de Suabia, pesara a quien pesara. «Magnífico», celebró el Santo Padre. Se sentía la mano de Ugolino. En cuanto concluyó la supervisión de las obras en la capilla que había empezado a construir en el *Palazzo* del Vaticano, mandó llamar al padre Alvar, recién llegado del norte.

—¿Cómo podemos creer que Esteban Langton siga en París, componiendo canciones ridículas, cuando nosotros lo necesitamos en Londres? —tronó—. ¿Has escuchado *Veni Sancte Spiritus*? ¿A quién le importará que venga el Espíritu Santo si perece la Iglesia? ¿A quién le interesará el orden de los libros y los capítulos numerados de la Biblia si se fragmenta aun más la cristiandad, Alvar?

—No entiendo por qué Su Santidad se preocupa tanto por el rey Juan —musitó el sacerdote—. Si, en efecto, es un cretino, será sencillo mantenerlo en el redil.

—Te equivocas —apuntó Inocencio—. Los zafios coronados son los más difíciles de controlar. No se dan cuenta cuándo les conviene hacer un trato y cuándo les conviene deshacerlo. No saben negociar. Creen que sólo porque son reyes, todo mundo les debe obediencia. Olvidan que la obediencia hay que ganarla, día a día, y también pagar sus costos. Queremos, pues, que te dirijas a Londres para que nos mantengas informados de lo que ocurre ahí.

Pero la carta que en ese momento recibió el pontífice hizo que Alvar olvidara su viaje a Londres y siguiera recorriendo la península.

Perusa, en marzo A.D. 1199.

Al Señor Papa Inocencio III, de Ortolana d'Offreduccio, indigna y pecadora:

¿Cómo debo dirigirme ahora a Su Santidad? ¿Cómo debo dirigirme al vicario de Cristo, que condena a los herejes en Viterbo y los envía a la hoguera en Orvieto? ¿Sabe, acaso, Su Santidad que los cónsules que mandó a Asís han causado la muerte de cientos de personas? Han enfrentado al pueblo contra los nobles y han orillado a los ciudadanos, armados de arietes y piquetas a devastar el castillo del conde de Sasso-Rosso y otras fortalezas, aduciendo que están malditas. ¿Qué más le queda por arrasar al Santo Padre? Mi marido, resuelto a combatir, se ha quedado en Asís pero mis hijas y yo nos hemos refugiado en Perusa, donde ni siquiera puedo disponer de mi dinero. La pequeña Clara no cesa de llorar. ¿Qué más debemos temer? ¿Es cierto que toda esta sangre, que toda esta masacre se debe a que Su Santidad pretende ampliar los Estados Pontificios y reducir el tamaño del Imperio? ¿Para qué? ¿Cuál es la diferencia entre el hecho de que una ciudad sea gobernada por el Papa o por el emperador? ¿El destino de los impuestos? Si alguna vez supuse que esto era importante, me desdigo mil veces y mil veces repudio el momento en que lo pensé. ¿Terminará la guerra algún día? Ruego a Su Santidad que, en nombre de nuestra antigua amistad, me proporcione alguna luz.

El padre Alvar era el único que podía dar respuesta a aquella carta. Y el Papa deseaba que la diera de inmediato. Esa misma noche, el monje benedictino se puso en camino hacia Perusa, donde entregó a Ortolana la bolsa de monedas de oro que le enviaba Inocencio. Al principio, la mujer no quiso aceptarla pero, luego, rendida ante la evidencia de sus fondos inaccesibles, la aceptó.

—Su Reverencia no puede entenderme porque no tiene hijos. Cuando se tienen, la vida cambia ¿sabe? Lo que antes parecía importante, deja de serlo y, en cambio, lo que antes se antojaba baladí, adquiere dimensiones gigantescas.

El sacerdote no continuó su viaje para reunirse con los miembros de la Liga Lombarda, como se lo había ordenado Inocencio, sino hasta que Ortolana se hubo instalado en una cómoda casa de Perusa y él se aseguró de que sus parientes velarían por ella y las pequeñas. De camino al norte, las preocupaciones de Alvar tomaron otro sesgo. No dejó de pensar en la solicitud que le había hecho el pontífice para conseguir una imagen de Cristo única: *La imagen*, como precisaba el Papa. Mientras cabalgaba por las colinas, flanqueadas por cipreses, acampaba en la noche y miraba el cielo inmenso, donde ya no había lugar para otra estrella, mientras se refugiaba de las pertinaces lluvias del verano, de los mosquitos y el calor, fue concibiendo aquella imagen que debería ser adorada en el resto del mundo. El nazareno debía haber sido un hombre de piel morena, nariz roma y barba desordenada, pero ¿esa era la imagen que buscaba? No: él convocaría a pintores, grabadores y escultores para que todos, al mismo tiempo, difundieran la imagen de un joven de cabellera rubia, barba partida en dos conos y nariz aguileña. Podrían tomar como punto de referencia la efigie del propio pontífice, pero prolongando su estatura, haciéndola más etérea. También habría que cambiar la mirada inclemente de Inocencio por una lánguida, de Dios misericordioso.

Regresó a Roma con dos triunfos y un fracaso. El fracaso se refería a Pisa que, en manos de los gibelinos, no quería saber nada de Roma mientras ésta no se pronunciara a favor de Felipe de Suabia. Los triunfos, en cambio, resultaban significativos: aunque las repúblicas del norte de Italia no estaban dispuestas a someterse incondicionalmente al Papa, lo reconocían como *el árbitro* y rechazaban la interferencia del emperador, se llamara éste Felipe u Otón. El otro triunfo consistía en el tablón que llevaba cargando, donde aparecía pintada la imagen, «el Cristo definitivo», como lo denominó ingenuamente el sacerdote.

Cuando llegó al palacio de Letrán se enteró de que el Santo Padre había salido rumbo a Anagni: Clarissa Scotti acababa de morir. Fue una agonía breve pero dió tiempo a la mujer para llamar a sus dos hijos a su *Palazzo*. Aunque ya no pudo pronunciar palabra, su mirada fue elocuente cuando apretó entre las suyas la mano del pontífice: «Siempre quise que la bendición de mi hijo fuera, también, la bendición del Santo Padre. Por eso, muero orgullosa». Dio un beso a Ricardo, hizo un esfuerzo fuera de toda proporción para decir *Fac...* y expiró. El Papa olvidó momentáneamente a Inglaterra y a Alemania, a herejes y a musulmanes, para asistir a las exequias de su madre. Dos veces presintió que las lágrimas desbordarían, pero éstas no aparecieron. Se quedaron atoradas en su pecho, en su garganta. De vuelta a Roma, celebró una misa solemne en la basílica de San Pedro y, de nueva cuenta, suspendió audiencias. Se sentía triste. Cuando por fin recibió al padre Alvar y éste le contó lo de la Liga Lombarda, el pontífice se mostró distraído. Ya Ugolino le había informado lo de Pisa y, también, la posición de las otras ciudades del norte.

—Si no se someten, las dejaremos sin obispo —anunció Inocencio—. Pero no debes afligirte. Se someterán. Tienen mucho que ganar y nada que perder. Mientras no haya emperador, todo fluirá de acuerdo con nuestros designios.

Luego miró con displicencia los grabados que le mostró el sacerdote.

—No nos gustan —repuso al fin—. ¿Qué te hace pensar que alguien crea que así era Cristo? Los herejes no desaprovecharán la ocasión para acusarnos por abusar de la ignorancia de la gente. Jesús debió ser feo.

—No podríamos mostrar así a nuestro redentor...

—¿Por qué no? Hay que mostrarlo como fue. Debe haber una pintura, un mosaico, una escultura elaborada por alguien que lo haya conocido; por un testigo de primera mano.

—Pero eso no existe, Su Santidad.

—Quién sabe. Hay que seguir buscando.

Los dos hombres guardaron silencio un rato largo. Alvar vaciló. ¿Debía retirarse o sería mejor esperar las instrucciones del Papa? Éste lucía pálido. Su rostro, a no ser por el bigote rubio, se confundía con la sotana blanca. Se sentó, agotado, y comenzó a hablar como si no pudiera evitarlo. No para el benedictino sino para sí mismo.

—La muerte de mi madre —dijo olvidando el *nosotros*—, me ha obligado a reflexionar. Ella me enseñó que el recuerdo de mis antepasados tenía que inspirarme grandes acciones, obligarme a cumplir con mi deber. *Fac officium*. Para eso, según ella, debía escuchar a mi corazón. Pero se equivocó. No es el corazón el que debe inspirar lo que haga o deje de hacer.

—¿Entonces?

—Debo guiarme por lo que conviene a la Iglesia. Nada más. He elegido este camino y debo seguirlo hasta sus últimas consecuencias, Alvar. Incluso, en contra de mis convicciones. Lo que debo preguntarme cada mañana, al despertar, es: «¿Qué espera de mí la cristiandad?». Si no ¿para qué *soy* el Papa? Quise serlo; luché para serlo. Bien: ya lo soy. No podré realizar todo lo que hubiera querido pero iré más allá que mis antecesores. Pero para eso, necesito resultados, Alvar. No cartas, ni discursos: resultados. Y éstos no se generan por las buenas intenciones.

—El corazón de Su Santidad hallará el camino —se atrevió el monje.

—¿Crees que sigo los dictados de mi corazón? —frunció el ceño—. Te equivocas. ¿Crees que me agrada que hayan quemado gente en Orvieto o que nuestros obispos se dediquen a dar esperanzas vanas a tantos infelices para mantenerlos obedientes? Desde luego que no. ¿Crees que me entusiasma restringir las actividades de los judíos? De ningún modo. Mi mejor amigo, el mejor amigo que he tenido en mi vida, nació judío. Pero ¿cómo apoyar a un pueblo que no mira a Jesucristo, símbolo y justificación de la Iglesia, como al Ungido? No es lo que a mí me agrade lo que debo hacer: es lo que convenga a la Iglesia para preservar los equilibrios y, así, mantener unida a la cristiandad. A nadie le importan ya las convicciones personales de Lotario de Segni.

—¿Cuáles son esas convicciones? —quiso saber Alvar.

El pontífice no respondió. Las lágrimas que llevaba atoradas en el pecho subieron súbitamente hasta su garganta, hasta los ojos. Incapaz de contenerlas, se echó a llorar.

*—Fue la única vez que vi llorar al Santo Padre, Clara. Me sentí halagado al descubrir la confianza que me tenía, aunque quizá sólo fueron las circunstancias, la necesidad que él tenía de desahogarse, sí.*

*—Haya sido lo que haya sido, lo que Su Excelencia refiere me obliga a pensar que la persona a la que más quiso Inocencio fue su madre.*

*—No. Claricia Scotti representó una influencia tremenda en su vida pero nada más. Ella era, si me permites decirlo, una mujer frí-*

*vola. Sólo pensaba en aventajar a sus rivales. Quería que su hijo lle-*
*gara a ocupar la silla de San Pedro para vengar las humillaciones de*
*los Frangipani, de los Colonna, de los Anibaldi y de los Vassaletti,*
*que habían llegado a mirar con desdén el castillo de Gavignano, til-*
*dándolo de rústico. El Santo Padre, en el fondo, despreciaba aque-*
*llo que representaba su madre, sí.*

*—No entiendo, entonces, a qué se refería cuando hablaba de*
*sus convicciones personales.*

*—Un par de veces habló de un amigo de su juventud. Un judío*
*sin escrúpulos que se hizo monje, leía a Horacio y llegó a proponer-*
*le que recorrieran el mundo, haciéndola de juglares. «Él era todo lo*
*que yo no me atreví a ser», me confió. El muchacho murió devora-*
*do por un lobo y el Santo Padre jamás se repuso de aquella muerte.*
*Quizá, las convicciones a las que él se refería tenían que ver con el*
*hecho de vivir despreocupadamente, disfrutando del vino y las mu-*
*jeres, sí; bailando, cantando, leyendo a los poetas profanos; dur-*
*miendo hoy en un pueblo y, mañana, en otro. «Pero alguien tiene*
*que hacerse cargo del mundo ¿o no?», llegó a preguntarme. Él esta-*
*ba condenado a guiarse por su responsabilidad, a ser consecuente*
*con su elección. «Si por algo me eligieron los cardenales, fue para*
*poner orden en la Iglesia y lograr que ésta pusiera orden en el mun-*
*do.» A finales de aquel año, cuando los alemanes se levantaron en*
*armas, asegurando que no iban a permitir que Sicilia fuera un feu-*
*do papal ni que el Santo Padre se ostentara como tutor del pequeño*
*Federico, él dirigió la resistencia desde su despacho en el* Palazzo
Lateranense, *sí. De nada le sirvió a los antiguos lacayos de Enrique*
*VI proclamar que éste les había confiado la tutela de su hijo. El*
*Santo Padre aprovechó las buenas relaciones que había hecho en la*
*isla cuando estuvo por allí y, con precisión inconcebible, valiéndose*
*sólo de pluma, tinta y pergaminos, levantó un ejército, tomó las*
*providencias necesarias para arrebatar a Federico de la custodia de*
*los alemanes y ponerlo a salvo, sí. Estos difundieron, entonces, que*
*Federico no era hijo de Enrique VI. Pretendieron el trono de Sicilia*

*para ellos mismos. Pero el Santo Padre los colocó contra la pared,
sí. Envió a Ugolino. Con su arrogancia de siempre, con su temeridad, que hay que reconocer, éste reunió a los jefes germanos y les
anunció que debían ceder Sicilia al Santo Padre. No había alternativa. Le gritaron, le insultaron, pero él regresó a Roma habiendo de-
bilitado la resistencia con aquel gesto. La batalla duró años, pero el
Santo Padre la ganó, sí. Lo mismo hizo en la cruzada que promovió
para cristianizar Livonia. «No creas que esto es lo que queremos
hacer», solía decirme, «sino lo que tenemos que hacer». Me cuesta
trabajo creer que ya han pasado más de dos décadas desde que murió en mis brazos, preso de la fiebre, y me pidió que anunciara a la
Curia su última voluntad: ser reemplazado por Cencio Savelli en
la silla de San Pedro.*

No le agradaba Roma. Ni las aglomeraciones ni su fetidez. Pero, de
cuando en cuando, disfrutaba los crepúsculos violetas y dorados
de la *urbs*. Aquella tarde, apoltronado en un sillón, desde la terraza
del Palacio de San Juan de Letrán, el Papa se dedicó a chupar los limones partidos a la mitad que el médico le había recomendado
para mitigar la acidez estomacal que lo atenaceaba después de cada
alimento. De acuerdo con Hipócrates, el cuerpo del hombre ence-
rraba sangre, flema, bilis amarilla y bilis negra. Del equilibrio de
estos humores dependía la salud. El limón, había asegurado su médico, también le ayudaría a adelgazar la sangre que se agolpaba en
las venas de sus pantorrillas. Entonces, de los humores de Hipócrates, sus pensamientos fueron a otro género de equilibrios.

　　Lo que transtornaba la salud del mundo era la presencia de
los herejes, a los que él mismo comparaba con la lepra, y la de los
infieles. Si a los herejes podía quemarlos a través de bulas correctivas, a los musulmanes no podía contenerlos con la misma facilidad.
Ellos formaban un mundo aparte. No es que interpretaran erróneamente los mandamientos de la Ley de Dios: es que tenían otro
Dios, otra forma de mirar la existencia. Vivían en el error. Permitirlo

resultaba peligroso para la salud, para la unión. Más aun, para la preservación de la cristiandad.

Por ello, para promover una nueva cruzada contra los infieles, para exaltar a quienes participaran en ella y denostar a quienes retrocedieran, para anunciar que había llegado el momento de recuperar Jerusalén y prevenir una invasión, Inocencio III encomendó a los mejores oradores de Europa que la predicaran. Recomendó que los discursos se acompañaran con desmayos de mujeres de entre el público, grabados de musulmanes pisoteando el santo sepulcro, lágrimas y adhesiones que parecieran espontáneas. Todo eso le había funcionado bien a Pedro el Ermitaño y a San Bernardo. Los resultados no se hicieron esperar. Muchos señores feudales comenzaron a recolectar fondos y a integrar grupos con tareas específicas. Destacaba el de Ecry. Ugolino había solicitado autorización para sumarse a éste y seguir con atención sus movimientos, pues los jóvenes nobles que lo integraban pretendían dirigirse al dux de Venecia y solicitar un préstamo o, en el mejor de los casos, hasta su flota. La presencia de un cardenal enviado por el Papa, sostuvo Ugolino, daría legitimidad a aquellas gestiones.

El Papa escupió el bagazo del limón y se metió otra mitad a la boca. Sus preocupaciones dieron un nuevo giro y concluyó que, primero, sería preciso dirimir la sucesión del Sacro Imperio. «Por lo menos, dar la impresión de que estamos preocupados por hacerlo.» A tal efecto, había anunciado que se instauraría un tribunal para que las partes interesadas decidieran quién iba a ser el emperador. La decisión de aquel tribunal, integrado por partidarios de Otón y de Felipe, sería inapelable. Resuelto el asunto, él podría dedicar sus energías a solucionar otros conflictos menos urgentes pero igualmente delicados. Por ejemplo, hacer que la Iglesia griega, separada de Roma desde hacía casi cincuenta años, volviera a los brazos de su madre, la legítima Iglesia de Cristo.

Ese era otro frente que le quitaba el sueño. «Ningún Papa responsable», dictó una carta, «podría ignorar el surgimiento de una falsa Iglesia que alega ser la verdadera y cuenta con el poder del Maligno para confundir a sus fieles». En otra, llegó a señalar, con lenguaje cifrado, que había que destruir a Bizancio: «Parafraseando a Catón, *Delenda est Bizanthyum*». Para la buena suerte de Inocencio, el emperador de aquellas tierras, Alejo III, había expresado su intención de asegurar este retorno. Aunque su conducta dejaba mucho que desear —había cegado a su hermano y lo había encerrado en una prisión para ocupar el trono—, si facilitaba la sumisión de la Iglesia griega, todo se le podría perdonar. Pero si Alejo III mentía, si sus propósitos no consistían en garantizar el regreso de la Iglesia de Oriente a Roma, Inocencio tenía prevista otra forma de concitarlo, para lo cual se había entrevistado con Alejo Angel, sobrino del emperador, que había escapado del poder de su tío. Lo que pretendía Alejo Ángel era que Su Santidad lo ayudara a reinstalar a su padre, «el legítimo emperador», Isaac Ángel. Pero, primero, Inocencio vería qué tanto podía confiar en Alejo III. «Alguien tiene que restaurar la salud en el mundo», razonó. Le angustiaba saber que ese alguien era él. Le tranquilizaba, en cambio, haber descubierto por cuál de los cabos tenía que comenzar a devanar la maneja: por el rey de Francia. Iba a ser difícil pero no tenía alternativa.

## 13

Muy bien, Inés, así... No dejemos que ese asceta pueda más que nosotros. Lo lograremos. A pesar de nuestra rabia. A pesar de que, en este momento, sólo pensamos en lo que él acaba de hacernos. De que fue en vano que su primer mensaje como Papa nos lo dirigiera a nosotros. Fue un hipócrita al reconocer que era mejor ser rex Franciae —rey de un pueblo asentado en un territorio— que rex francorum. Muy bien, Inés. Muy bien. Sigue pasando tu lengua por ahí... Mientras la sucesión del Imperio siga en disputa e Inglaterra siga gobernada por el imbécil de Juan, no hay monarca más poderoso que nosotros en la cristiandad. Él lo sabe. Sabe que nos necesita. Sin nosotros ¿cómo va a combatir la herejía en Albi? ¿Cómo va a convocar a una nueva cruzada? Sigue, Inés, sigue... Él nos ha desafiado. Pero no nos vencerá. Por un lado, exalta nuestra visión como administradores. Celebra que hayamos creado nuevos funcionarios para supervisar a los prebostes del reino y resolver los problemas militares. Para afrontar las dificultades hacendarias y judiciales de cada circunscripción. Por otro, dicta un interdicto contra Francia. Ordena que se cierren todos los templos. Hipócrita. Ahora resulta que éstos sólo pueden abrirse para bautizar a los niños. Pero ¿quién va a llevarlos al bautizo si sus madres no pueden entrar para purificarse después del parto? Qué espantosa forma de empezar el año. Sólo tus labios, Inés, sólo tus manos nos hacen hallarle sentido a esta lucha... Al principio, creímos que el clero de Francia, temiendo nuestra cólera, desafiaría la decisión *de Inocencio. Nos equivocamos. En París, Senlis, Soissons, Amiens y Arras, los templos ya están cerrados. Cerrados a piedra y lodo. De nada ha servido que nosotros hayamos increpado a los cléri- gos. De nada que los hayamos acusado de no preocuparse por los pobres. Pero ¿cómo espera este asceta que renunciemos a ti, niña? ¿Cómo pretende que saquemos a Ingeborge de su cautiverio, la convirtamos en nuestra reina y renunciemos a este placer que tú nos das? Así, así... muy bien. Hemos ofrecido a la danesa que tome los hábitos. Que vuelva a su patria, si prefiere. O que se quede en París. Que haga lo que quiera. Pero que no nos acarree más dificul- tades. Que nos permita disfrutar de ti. De esto que estás haciendo. Muy bien. ¿Ves cómo estamos a punto de lograrlo? Se lo hemos dicho al legado papal. Se lo hemos repetido al cojo: Ingeborge es espantosa. Es de una fealdad insufrible. El sólo hecho de verla nos repugna. Ni el Papa ni nadie pueden decirnos a quién debemos desear y a quién no. ¿O acaso debemos pedirle permiso para permi- tirte hacer lo que estás haciendo? Si ese asceta hubiera probado tus labios, cerraría la boca. Dejaría de escribir sandeces. ¿Quién cree que es? ¿Dios en la tierra? Estamos furiosos. El encuentro que tuvi- mos con Juan apenas nos ha consolado. Después de esto, ya ni siquiera estamos seguros de que él vaya a acceder a nuestras peti- ciones. Si permite que Inocencio lo aconseje, se negará a hacerlo. ¿Sabes cómo le apodan?: Soft sword. Pero el inglés no tiene alter- nativa. O nos paga 20 mil marcos de plata, nos rinde vasallaje y nos entrega Evrécin y el Vexin, o acabaremos por destruirlo. Claro, si al asceta no se le ocurre coronar antes a Otón como emperador del imperio. Si no se le ocurre colocarnos entre Alemania e Inglate- rra. ¿Cómo es posible que Felipe de Suabia no haya podido ocupar aún el sitio de su hermano? ¿Cómo es posible que toda Europa de- penda de los caprichos de este asceta? Pero ya no debemos pensar en él. Si lo hacemos, nos quitará el único placer que nos queda. Sólo debemos admirar la belleza de la mujer que tenemos a nues- tros pies. Sólo debemos sentirla. Sólo debemos dejarnos llevar. Así,*

*Inés, así... ¿Ves cómo ha despertado? Ahora déjanos demostrar lo que podemos hacer por ti...*

Había algo que el Papa no acababa de disfrutar sentado en la silla de San Pedro: a diferencia de Lotario de Segni, Inocencio III estaba impedido para ir de un sitio a otro, negociar, acordar, prometer, amenazar. Todo tenía que hacerlo desde Roma. «Trazar la línea a seguir», como decía, elegir a los responsables de tomar las decisiones inmediatas, lo obligaba a permanecer a la espera. Caminando de un lado al otro en su despacho, dictando cartas, impartiendo órdenes, pero a la espera. Así se iba enterando de los apocalípticos descalabros de Juan de Inglaterra ante Felipe de Francia. Así ordenó que se extendieran las disposiciones de su más reciente bula a Occitania, con la cual autorizó la persecución de la herejía en la tierra de los condes de Tolosa, enemigos legendarios del rey francés. Era una argucia obligar a Felipe a tomar partido contra los cátaros. Éste así lo entendió y se frotó las manos: «Es el inicio de la expansión del reino de Francia», concluyó.

Se habría sentido completamente feliz si no hubiera sido por las campanas de las iglesias que, en virtud del interdicto papal, aún guardaban silencio en diversas ciudades de su reino. De poco lo consolaba recorrer la construcción de la catedral de París y constatar los avances del crucero que había emprendido, escalar las galerías o diseñar los canales por los que se iba a desaguar la catedral después de cada tormenta. De poco lo animaba haberse mandado hacer un parche más grande para cubir su ojo. Hacia septiembre, Felipe comprendió que el interdicto de Inocencio empezaba a restarle fuerza ante sus súbditos. Cedió ante Roma. Prometió rechazar a Inés de Merán y volver con Ingeborge. Quedó fascinado al descubrir la facilidad con que el pontífice, confiando en su palabra, levantó el interdicto. Las puertas de las iglesias volvieron a abrirse y sus campanas sonaron de nuevo. Dios tenía que estar del lado de

Francia. «Ahora sólo falta que el Papa reconozca a Felipe de Suabia como emperador», discurrió. «Unidos, seremos invencibles.»

Pero eso era lo que temía Inocencio. No pretendía reconocer a ningún candidato como emperador. No quería emperador. Bastaba que el *rex Franciae* estuviera del lado del gibelino para que él apoyara al güelfo. De otro modo, el equilibrio se rompería. La Iglesia correría peligro de quedar asfixiada. Cuando, tiempo atrás, Ricardo *Corazón de León* había expresado su simpatía por Otón, el Papa eligió al candidato gibelino para mantener los equilibrios: «El equilibrio es el secreto de la salud», repetía al tiempo que devoraba un limón tras otro, para equilibrar sus propios humores.

En diciembre de ese año, luego de que la muerte de uno de los miembros de su tribunal hizo naufragar el proyecto, Inocencio publicó la *Deliberatio,* donde hacía este balance: a favor de Felipe de Suabia estaba que había sido elegido por el mayor número de príncipes; que disponía de más tierras que su rival y —lo subrayaba— que contaba con el apoyo del rey de Francia. En contra, que había sido excomulgado por Celestino III; que había prestado juramento de fidelidad al pequeño Federico —por lo que sería reo de perjurio si ocupaba el trono— y que había perseguido a la Iglesia. A favor de Otón estaba la dignidad de su persona, «muy superior a la de su adversario», y el hecho de que hubiera sido coronado en Aquisgrán, a manos del arzobispo de Colonia, tal y como lo establecía la costumbre. La *Deliberatio* dejaba clara la voluntad que había tenido el Papa de ser neutral, de permitir que los alemanes eligieran al sucesor y de que si ahora él debía designarlo, era porque ellos, los príncipes alemanes, no habían sido capaces de ponerse de acuerdo. También dejaba clara la potestad que tenía el pontífice, tanto por razones históricas como jurídicas, para elegir al emperador.

Impacientes por tener una cabeza, los príncipes alemanes se comprometieron a acatar la decisión del pontífice. Inocencio no necesitó más. Ordenó al obispo de Palestrina que se pronunciara y el elegido fue Otón. Como era de esperarse, los gibelinos protestaron, a pesar de lo que habían anunciado. Inocencio emitió, entonces, una bula donde explicaba que a los príncipes tocaba elegir emperador, ciertamente, pero que el Papa podía «elegir entre los elegidos», con el propósito de que se coronara a quien pudiera servir mejor a la cristiandad. ¿No habían estado los príncipes de acuerdo con que él fungiera como juez?

—Podrán no estar satisfechos —dijo Huguccio, a quien Inocenio mantenía retenido en Roma ora con un pretexto, ora con otro—, pero la opinión de Su Santidad es impecable desde el punto de vista jurídico.

—Sigues con tu fe ciega en el Derecho —le reprochó Inocencio—. Recordamos que, cuando nos despedimos en Bolonia, te dijimos que si algo te agradecíamos era que nos hubieras enseñado que el Derecho estaba concebido para justificar las decisiones de los más fuertes.

—Dios sabe que yo nunca enseñé tal cosa a Su Santidad.

Al Papa le divirtió la ansiedad de Huguccio.

—Nunca dejaremos de discutir lo mismo ¿verdad? Cómo transcurre el tiempo y qué poco cambiamos nosotros ¿no te parece?

—No. Desde entonces hemos cambiado mucho. Ahora soy el humilde cardenal de Ferrara y Su Santidad, el Sumo pontífice de la Iglesia Católica.

—Hay algo que, desde luego, ha cambiado —admitió Inocencio—. En aquella época, te preguntábamos quién era más importante, si el emperador o el Papa. Ahora sabemos que la pregunta estaba mal planteada. Ni uno ni otro es importante *per se*. La importancia es algo que debe conquistarse todos los días. Míranos aquí, luchando para que la voluntad del Papa se imponga sobre la del emperador. Si ganamos, lo habremos conseguido; si perdemos, el emperador será más importante que el Papa. Todo es una lucha, una larga y desgastante lucha. Suponiendo que hoy ganemos, mañana vendrá otro Papa y tendrá que pelear. Y podrá ganar o perder. Y, luego, vendrá otro emperador. El mundo es algo que hay que construir, que inventar todos los días, aunque en la Universidad nos enseñen que ya está hecho, que no hay más que obedecer las normas, acatar las disposiciones del Papa y del emperador. Y, quizá, así sea para muchos, *magister*, pero no para quienes somos responsables de él.

—¿Puedo preguntar a Su Santidad si le entretiene llevar el mundo sobre sus hombros? —se interesó Huguccio.

Inocencio lo miró fijamente. En aquella pregunta había algo de candor e ironía. Quizá Huguccio de Pisa era el único que podía haberle formulado esa pregunta. Y habérsela formulado *de ese modo*.

—Hay cosas que nos agradan y otras que nos afligen —reconoció—. Desde hace cuatro meses, por ejemplo, levantamos el interdicto sobre Francia para que el rey repudiara a su amante y volviera con su legítima esposa. Prometió hacerlo. No ha cumplido. Nosotros no contamos con armas y ejércitos para obligarlo a guardar su palabra. Sólo tenemos nuestra autoridad moral. Pero ¿cómo queda esa autoridad ante los ojos del mundo cuando lo que ordenamos no se cumple? ¿Quién es más importante, pues? ¿El rey de Francia o el Papa?


*Aunque no estuviéramos bien informados. Aunque no fuéramos perspicaces. Aunque no lleváramos la corona de Francia en nuestras sienes. Sabemos que fue el cojo. No sabemos cómo ni cuándo. Pero tuvo que ser él. Cree ser un justiciero. Se siente el vengador de Cristo. Tuvo que ser él. Parece que fue ayer cuando se presentó para informarnos que el Papa estaba disgustado con nosotros. Anunció que él había cumplido su parte del trato. Que había levantado el interdicto. Que nosotros, en cambio, no habíamos cumplido con la nuestra. Que no habíamos echado a «la adúltera» de nuestro lado. Recuerdo su pasmo cuando vio aparecer a Inés. De la sorpresa pasó al azoro cuando ella se arrancó la capa que la cubría. Quedó completamente desnuda. El cojo enmudeció al ver aquella cintura estrechísima que se desbordaba en las grupas firmes. El des-*

*dichado no había visto jamás a una mujer así frente a él. Ella le sonrió con desprecio. Le dio a entender que nosotros no la íbamos a abandonar nunca. Se lo dió a entender para que él informara al asceta que nosotros no cumpliríamos nuestra parte del trato. Que no la cumpliríamos aunque él volviera a dictar otros mil interdictos sobre nuestro reino. Al azoro siguió el escándalo, cuando Inés se arrodilló ante nosotros. Cuando desabotonó el calzón. Cuando comenzó a lamernos. Estuvo al borde del infarto. Sus horribles ojos parecían querer salir de las órbitas. El asceta tuvo que haberse enterado de aquello. Ahora ya no tendrá dudas acerca de nuestra virilidad. Por eso sabemos que fue el cojo. Que tuvo que ser él quien envenenó a nuestra niña. No fue casual que, después de aquella escena, la iglesia convocara a aquel ridículo concilio en Soissons. Fue para que los enviados del asceta y los juristas daneses determinaran si estábamos cumpliendo con nuestras obligaciones maritales o no. Querían demostrarnos, con libros y fórmulas disparatadas, que nuestro único matrimonio era el que habíamos celebrado con Ingeborge. Cómo nos burlamos de ellos. Llegamos al concilio contritos. Aseguramos que Inés nos había embrujado. Lo que menos esperaban aquellos miserables era que nosotros reconociéramos a Ingeborge como nuestra legítima esposa. Que les aseguráramos que nunca nos volveríamos a separar de ella. Todavía podemos ver sus expresiones de júbilo cuando subíamos a la espantosa gorda al caballo. Seguramente le informaron al asceta que nos había doblegado. Ninguno de ellos imaginó que la habíamos traído para mandarla encerrar. Queríamos evitar que nos volviera a importunar mientras disfrutábamos a Inés. Por eso sabemos que fue el cojo quien la envenenó. Lo hizo para vengar la afrenta contra Roma. Los partidarios de Otón no actúan así. El rey danés no ha logrado infiltrar un solo espía en nuestra corte. Sabemos que fue el cojo. Tuvo que serlo. De otro modo, no habría estado en Possy cuando ella murió ahí. Pero no hemos de perder la cabeza. No hemos de darle gusto al asceta. Tardaremos años en cobrar esta afrenta. Pero*

*ahora no es momento. No permitiremos que él sepa cuánto nos ha*
*lastimado. Como nadie nos vio ante el cadáver de Inés, nadie po-*
*drá ir a contarle con qué desesperación hemos besado sus manos y*
*sus labios inertes. Nadie podrá ir a informarle a Roma cómo nos*
*ha hecho llorar. Cuánto le aborrecemos. Ahora que el cojo se pre-*
*sentó para expresar sus condolencias, le dijimos que nos arrepentía-*
*mos de nuestros pecados. Cojo miserable. Asceta diabólico. Inés*
*no quedará sin venganza. Lo juramos.*


Aquella noche Inocencio fue a la cama con una preocupación distinta a las que solían asaltarlo: la muerte de Inés de Merán. ¿Cómo
se las habría arreglado Roberto Courçon para provocarla? ¿Lo
habría hecho él mismo o habría recurrido a otra persona? Como
hubiera sido, había tenido éxito. Un cristiano no debía matar a
otro cristiano, de acuerdo, salvo *ratione pecati*. Eso lo sabía Roberto. Lo había sabido siempre, pues él era un hombre estudioso pero,
también, un soldado de Cristo. Conocía sus obligaciones y contaba
con el suficiente valor para cumplir con ellas... pero ¿por qué, si
Inés de Merán estaba muerta, ahora la estaba mirando desde la
puerta del dormitorio? No, no se asemejaba a Inés... De hecho, él
no había conocido a Inés. Adivinaba aun así, que era ella. Aunque
tuviera las facciones de Bruna, el cuerpo de Bruna, la sonrisa de
Bruna, debía ser Inés la que avanzaba sonriendo hacia su cama. En
cualquier caso, era bellísima. Se pasaba la lengua por los labios
para humedecerlos. Al principio, el Papa se asustó. «¿El Papa?»,
pensó. «¿Me ha mandado llamar el Papa?» «No», susurró la aparición: «Tú eres el Papa. Tú me mandaste llamar». Inocencio no lo
recordaba pero temió que la joven hiciera ruido, que pudiera aler-
tar a los guardias que velaban a los pies de su cama. Pero no: los
guardias se habían quedado dormidos o habían desaparecido. Era
extraño. Todo era extraño. Ni siquiera estaba en el Palacio de Letrán. Tampoco en las habitaciones que, recientemente, había man-

dado remozar en el Palacio del Vaticano. Estaba, claro, en la pequeña habitación de su casa en Bolonia. «Estoy soñando», decidió. La mujer no se conducía como se actúa en los sueños. Subió a la cama y montó sobre él para besarle la frente, las mejillas, el cuello... «¿Por qué te alejaste?», quiso saber Inocencio. «Fuiste tú quien se alejó», respondió ella. Le arrancó el cordel de su camisón y lamió la *tau*. «¿Eres Inés?», quiso saber él. «No», susurró ella: «Soy Ortolana». Luego, quién sabe de qué forma, se metió bajo las cobijas y surgió, completamente desnuda, para obligarlo a colocar sus manos en cada uno de sus senos. Entonces, era Bruna. Ninguna otra se habría atrevido a colocarse sobre un hombre. Fuera quien fuera; él confirmó, extasiado, la avidez de aquella carne que le alucinaba en sus tiempos de estudiante. «¿Todavía puedes conseguir aquellas erecciones con las que me enloquecías?» Él empezó a explicarle que no estaba en Bolonia sino en Roma, pero ella le puso un dedo en los labios: «Calla». Cuando se corrió, no pudo evitar un grito contenido. Abrió los ojos asustado y vio que sus guardias lo miraban sosteniendo una antorcha.

—¿Se encuentra bien, Su Santidad?

—Sí —dijo Inocencio—. Debió ser un mal sueño.

En la entrepierna, empapada, tenía una erección formidable. Había sido una *nocturno pollutio*, una de aquellas pesadillas con las que el demonio atormentaba a los hombres probos, según aseguraba Huguccio. Ordenó a los guardias que encendieran las velas de su despacho, se levantó y limpió con su propio camisón el líquido lechoso. Luego se arropó con una frazada sobre los hombros. Iba a escribir una carta.

Querida Ortolana:

Te extrañará, sin duda, recibir estas líneas sin fecha. Sin firma. Sin la caligrafía que tan bien conoces. Pero tenía que escribirlas. Es de madrugada. Por la posición de las estrellas, veo que se aproxima la hora de los maitines. He despertado pensando en ti. En lo que dejamos de hacer por mi apatía. No estoy mal, desde luego, pues sigo avanzando por el camino que elegí. Me pregunto, no obstante, si es el correcto. Tengo cuarenta años y me siento solo. Terriblemente solo, a pesar de estar rodeado de aduladores y cortesanos.

Tú representabas otra senda: la que decidí dejar a un lado. Pensar en lo que pudo ocurrir me atormenta. Sé que no eres feliz —no todo lo que podrías ser—, como tampoco yo lo soy. No del todo. Hace unos días me enteré de que Otón acaba de abandonar sus pretensiones sobre el sur de Tuscia, la Marca de Ancona y el exarcado de Rávena. Eso significa que casi toda Italia central pertenece, otra vez, al *Patrimonium Petri*. Yo debía estar de plácemes. Pero ¿debo estarlo? No creo que nadie me vaya a recompensar en la otra vida por lo que haga o deje de hacer. No tengo duda, en cambio, de lo mucho que me gustaría despertar a tu lado. Cada hombre elige lo que es importante en su vida, de acuerdo, pero yo no sé si he decidido lo correcto. Cuando muera ¿a quién va a importarle lo que hice o dejé de hacer? ¿A quién va a importarle si dejé una Iglesia fuerte o no? Acabo de soñar contigo y ya no estoy tan seguro de que la ampliación de los Estados Pontificios sea algo que deba alegrarme.

Lo mismo ocurre con mi anhelo de recuperar Tierra Santa. Para garantizar el buen éxito de la cruzada a la que he convocado, no he querido apoyarme en los monarcas de Europa, pues cada uno de ellos tiene algo que reprocharme. Ni siquiera el rey de Armenia ha respondido como yo esperaba. Guarda rencor a los Templarios y a los Hospitalarios. Pero ¿sabes? Es mejor así. Los señores feudales se están sumando a este esfuerzo con verdadero júbilo. Si las dos cruzadas anteriores fracasaron fue porque eran cruzadas organizadas por los reyes, una feria de vanidades donde cada uno quería salirse con la suya, olvidando el propósito de la empresa. Si la primera cruzada triunfó, fue porque los reyes tuvieron un papel secundario. Esta vez habrá un solo jefe y ese jefe voy a ser yo.

Premostrenses y cistercienses, obispos y abades, nobles y comerciantes me apoyan por igual. Pero ¿todo esto debe llenarme de regocijo? Mi viejo amigo, el dux de Venecia, cuyos consejos siempre he apreciado, prometió hacer lo posible para facilitar los barcos que conduzcan al ejército cruzado y, por lo pronto, ha entrado en pláticas con algunos señores franceses. No creo que podamos establecer una base en Sicilia, como ellos pretenden. La razón es que los alemanes, que aún controlan parte de la isla, se niegan a liberar al pequeño Federico. Aducen que son ellos sus tutores. Nos complicarían las cosas. Pero ya lo verás: voy a doblegarlos. Lo haré tarde o temprano.

Lo mismo haré con los infieles y con cuantos se opongan a la cristiandad unida. Muy bien, lo conseguiré ¿y luego? A menudo pienso en mi hermano que, sin tener mis responsabilidades, es tan feliz al lado de su mujer y su hijo. Yo no lo soy. Vivo con la sensación de que no voy a ningún lado aunque, paradójicamente, estoy aquí para señalar rumbo a la vida de otras personas. Me queda claro que la semilla debe morir para dar su fruto pero ignoro si, a la larga, el sacrificio que hago tendrá sentido. Proporcionar esperanzas de eternidad a la gente ignorante llega a resultar cansado. Sobre todo, cuando se hace para que esa gente olvide cuán frágil y vulnerable es. Cuán frágiles y vulnerables *somos*. Después de todo, cuanto hoy haga, podría derrumbarse mañana si mis sucesores lo permiten. Y de nuevo ¿a quién le importará?

L.

El cardenal de Ferrara quedó sorprendido cuando, al volver al despacho del pontífice, advirtió que el escritorio estaba limpio: las cartas sin responder habían sido respondidas y las decretales sin remitir habían sido remitidas. Iba a expresar su beneplácito, cuando Inocencio soltó su pregunta a boca de jarro. Huguccio se agarró de una silla para no caer. Sin ninguna consideración, el pontífice mantuvo clavados sus ojos verdes en el viejo catedrático, escupió la cáscara mascada de un limón y repitió la pregunta:

—¿Alguna vez en tu vida tuviste relaciones sexuales, *magister*?

—Su Santidad disculpará...

—¿Alguna vez hiciste el amor? —insistió el Papa.

—Nunca.

—¿Cómo puedes escribir, entonces, sobre eso? Hoy, muy temprano, repasaba tu *Summa*. Toda la claridad que posee el libro cuando hablas de la preeminencia que tiene una decretal sobre un canon, se pierde cuando te refieres a temas que desconoces. Afirmas que el placer sexual no se da nunca sin pecado, que el único que no peca es aquél que no siente nada. Dices, incluso, que en una *nocturno pollutio* hay culpa.

—Eso es lo que afirmo, en efecto.

Inocencio se llevó a la boca otra mitad de limón y comenzó a masticarla.

—¿No crees que llegas al extremo cuando aseguras que, mientras más hermosa es la mujer con la que un hombre tiene una relación, mayor es el pecado?

—Contrariamente a los canonistas que sostienen que quien se enreda con una mujer hermosa peca menos, porque es «dominado en mayor medida», yo sostengo que es al revés, como bien lo precisa Su Santidad.

—¿Y lo crees de verdad? —lo interrumpió Inocencio— ¿Qué pensaba entonces Dios cuando nos hizo? ¿No te parece que tendría que ser un Dios francamente maligno para hacernos tan susceptibles al placer y luego prohibírnoslo?

—Quería ver hasta qué grado le amábamos —puntualizó Huguccio con un aplomo que sorprendió al pontífice—. Nuestro padre Orígenes, por ejemplo, como lo sabe Su Santidad, se arrancó los órganos genitales para no pecar.

—¡Orígenes era un loco!

—Su Santidad...

—Perdona, *magister*. Lo que ocurre es que anoche estuvimos pensando en el rey de Francia, en su amante muerta, en lo sensatas o insensatas que han sido nuestras prohibiciones, en todo lo que hemos vivido y en lo que algunos sabios, como tú, nunca han experimentado. Descubrimos que es el placer lo que nos mueve y el dolor lo que nos detiene. Como decía Aristóteles, somos animales.

—Ahora será Su Santidad quien tendrá que perdonarme —resolló Huguccio— pero, en lugar de leer a ese griego perturbado, debería prohibirlo a la cristiandad, impedir que sus libros puedan traducirse y proliferar. ¿No afirma, acaso, que nada hay en el hombre que no haya pasado antes por sus sentidos? Esto se opone a nuestra concepción de la revelación y la gracia.

—Seguramente terminaremos prohibiéndolo. Pero no porque sostenga que es preciso ver para creer, ni porque haya estado perturbado. Lo haremos porque la cristiandad podría alejarse de Cristo si reflexiona demasiado sobre el placer o, peor aun, si se deja llevar por él. También deberíamos prohibir todas esas imágenes de hombres y mujeres desnudos, o las estampas de parejas metidas en el lecho. ¿No es más placentero para un campesino quedarse en casa, copulando con su mujer, que oir misa? ¿No es más placentero para un artesano embriagarse con sus amigos que ir a la guerra a pelear por algo que no tiene nada que ver con él? Platón acertaba cuando aconsejó engañar al pueblo para evitar que éste pretendiera gobernar.

—Su Santidad no hablará en serio...

—Hablamos en serio y tú lo sabes, *magister:* hay que controlar el placer a toda costa. Sobre todo el placer sexual. Por eso habría que prohibir que se lean, traduzcan y copien las obras de Aristóteles o de cualquier otro autor que provoque estas inquietudes al hombre ordinario. Pero también hay que controlar la lujuria de las mujeres, su poder. Si no las controlamos, ellas se apoderarán del mundo. Su lujuria es mayor aun que la de los varones. Así lo dicen autores como Ovidio.

—Su Santidad no debería buscar respuestas en los poetas paganos— interrumpió Huguccio, asustándose por su atrevimiento.

—¿Qué debemos hacer entonces? ¿Esperar a que, algún día, aparezca un filósofo que sintetice nuestro ideal cristiano con el pensamiento aristotélico? Mientras esto ocurre, debemos evitar que los hombres anden a ciegas por el mundo.

—Nunca aparecerá un filósofo semejante. ¿Sabe Su Santidad por qué? Porque el único que tenía el talento para hacerlo, prefirió ocupar la silla de San Pedro; porque el único...

La entrada de Ugolino de Segni acabó con la conversación. Fiel a su costumbre, el joven cardenal se arrodilló ante su tío, besó su pie, su mano, y comenzó a hablar. Inocencio trató de invitarlo a sumarse a la discusión: ¿Había leído lo que decía Catón acerca del modo en que las mujeres podrían adueñarse del mundo si no se ponía freno a su lascivia?

—Su Santidad —cortó Ugolino—: debo comunicar algo terrible.

Huguccio se apoyó en su bastón de ébano pulido para levantarse y salir.

—Quédate —ordenó Inocencio—. No hay nada que el cardenal de Ferrara no pueda escuchar.

El pisano volvió a sentarse.

—Es terrible —repitió Ugolino—. Yo advertí a Su Santidad, con toda oportunidad, que era conveniente participar en los arreglos...

—¿De qué estás hablando? ¿Qué ocurre?

—La cruzada, el proyecto que con más ahínco se ha trazado en Roma se nos va de las manos. Felipe de Suabia ha convencido al dux de Venecia para deshacerse del legado que había enviado Su Santidad. Han rechazado, igualmente, la condición que puso de que no se fuera a atacar a ningún cristiano.

—Esa es una canallada —palideció Inocencio.

—Una canallada —repitió Huguccio.

Asís, en enero A.D. 1202.

Al señor Papa Inocencio III, de Ortolana d'Offreduccio, indigna y pecadora:

Aun cuando Su Santidad está enterado de cuanto sucede en Europa y en el mundo entero, me ha parecido posible que ignore lo que ocurre en los corazones de los fieles. Por ello he querido escribir estas líneas. Las escribo mientras los alemanes que aún viven en el ducado de Espoleto siguen apoyando a los Hohenstaufen. Según se dice, en septiembre del año pasado, otros se reunieron en Bamberg con arzobispos, obispos y abades, para redactar una carta, preguntando a Su Santidad dónde había leído, dónde había oído, que sus antecesores o sus representantes se hubieran inmiscuido en la elección del rey de los romanos, haciendo las veces de elector o examinando, como juez, la validez de una elección.

Se cuenta, también, que Su Santidad respondió preguntando si el Papa debería coronar como rey a un sacrílego, a un excomulgado, a un tirano, a un loco, a un hereje o a un pagano, en caso de que los príncipes eligieran a tal hombre. Se rumorea que el rey de Francia ha escrito una carta semejante y que el Papa le ha aconsejado, con su característico sentido de la ironía, que cambie su amistad con Felipe de Suabia por la de Otón. En otras circunstancias, todo esto divertiría mucho a la cristiandad.

Digo *en otras circunstancias*, porque he regresado con mis hijas a Asís. La casa de la plaza San Rufino quedó hecha un desastre y, prácticamente, hemos tenido que reconstruirla. Aunque en Perusa reina el júbilo, se determinó que todo aquél que buscara refugio en la ciudad, debía tener tierras en el condado. Me es, pues, imposible vivir ahí. Más de una vez fui insultada en la calle por quienes sabían que yo era extranjera. Perusa sigue agraviando a Asís y, aunque en los templos se repite que Su Santidad ama por igual a una y a otra ciudad, todos sabemos que no es así. De otro modo, ¿cómo explicar las distinciones que hace a favor de la primera? Yo lo entiendo: las autoridades de Asís, en lugar de acatar sin pretexto las instrucciones del señor Papa, han determinado que no tolerarán que las tropas de Perusa entren en su territorio. El miedo se respira en la calle y el mercado, en la plaza y la casa que habitamos. Una vez más, la guerra parece inevitable.

En cuanto a las niñas, siguen creciendo. Tanto, que he despachado a las nodrizas. Yo les hablo del Santo Padre. Les digo que es un hombre bueno, que sufre por lo que pasa en el mundo. Juntas, todas las noches, elevamos nuestras plegarias para que Dios ilumine y proteja a Su Santidad. Tanto Clara como Inés saben que el pontífice hace importantes donativos a las iglesias de Roma y da de comer, cada día, a 8 mil hambrientos en la *urbs*. Saben que auxilia a leprosos y a tullidos, que no sólo rebosan Roma sino la cristiandad entera. Saben que manda ayuda a los pobladores de Sicilia, que han perdido su casa después de las fuertes tormentas que siguen azotando la isla. Hasta conocen, de memoria, algunos de los párrafos que Su Santidad ha escrito en su *Encomium Charitatis,* y están enteradas de cuánto preocupa al Papa responder las consultas que le hacen a diario las personas sobre su vida matrimonial; que, a través de sus copiosísimas decretales, las orienta para que actúen como Dios manda. Les he dicho que contesta cientos de cartas y que explica quién se puede casar con quién y en qué casos; cuándo es posible disolver el matrimonio y cuándo no o por qué, si un hombre se porta mal con una parienta cercana a su prometida, aun así puede casarse con ella. Saben que vigila, con celo infatigable, que los reyes cristianos den ejemplo con su conducta en estos aspectos. Cualquiera se sorprendería al advertir cuánta atención ponen las niñas cuando les platico estas cosas. Favorino arguye que les dedico demasiado tiempo, que no entienden nada de lo que les digo. Pero, aunque así fuera, qué importa… Así soy feliz. Mucho más de lo que cualquiera pudiera imaginar. Con sinsabores y desvelos pero ¿quién no los tiene? A diferencia de los reyes y príncipes que disfrutan al conquistar y expandir sus territorios, yo soy feliz con las risas y juegos de mis hijas. Soy dichosa al mirarlas crecer. Ahora que pase todo esto, solicitaré una audiencia con Su Santidad y le pediré que nos bendiga a mi familia y a mí. Por lo pronto, quiero que sepa que le recuerdo en mis oraciones y, también, fuera de ellas.

## 14

Con una mano cubriéndose los ojos para evitar los rayos del sol y con la otra dando manotazos en la mesa, Enrico Dandolo exigió a los cruzados, a cambio de su apoyo, 85 mil marcos de plata. La cofia escurría por sus sienes y el corno amenazaba caer de su cabeza. Estaba furioso. ¿A quién podía habérsele ocurrido que Venecia iba a ir a una guerra incierta sin ningún motivo? Al recibir la cantidad señalada, dijo, «La Serenísima» proporcionaría a los cruzados barcos suficientes para transportar 4 mil 500 caballeros con sus respectivos caballos, 9 mil escuderos y 20 mil infantes. Sólo entonces. El objetivo era tomar posiciones en Siria o apoderarse de Damieta, en Egipto, para establecer una base. Desde ahí, se podría avanzar a Tierra Santa. Daba igual lo que opinaran los reyes de Francia y de Inglaterra. Daba igual lo que exigiera el Papa: esas eran sus condiciones. El dogo se comprometió, además, a que Venecia armara 50 buques de guerra a su propio costo. Eso sí, siempre y cuando se le garantizaran la mitad de las tierras y los tesoros obtenidos. Pero si en un principio estos acuerdos parecían claros, a medida que el año transcurría se fueron complicando. El rey de Francia, que continuaba expulsando a los ingleses de lo que él llamaba *suelo francés*, se dio tiempo para intervenir. Lo mismo hizo Felipe de Suabia. La muerte del comandante que, originalmente, iba a dirigir la cruzada, hizo las cosas más difíciles. En muchas cortes de Europa se rumoreó que Dandolo pretendía dirigir, personalmente, aquel *negotium pacis et fidei* y que, por ende, él mismo había eliminado al comandante para nombrar a otro al que pudiera manejar a su antojo. «Pero ¿no se suponía que el mismo Santo Padre iba a embarcarse para dirigir, de forma personal, aquella empresa?», se preguntaban algunos prelados. No todos los señores feudales que habían aportado tropas o dinero veían con buenos ojos al nuevo jefe de la cruzada y algunos llegaron a hacerle imputaciones graves, como ser una marioneta de los venecianos. En tabernas y palacios se volvió a discutir a quién iba a beneficiar la incursión.

Como si Inocencio no se percatara de lo que ocurría, no sólo bendijo la cruzada sino que vendió plata y piedras preciosas de su propiedad para contribuir a su financiamiento. Esto —adujo— permitiría quitar de en medio a aquellos temibles enemigos de la cristiandad. Anunció que, mientras no cayeran los infieles, él utilizaría una vajilla de madera para invitar a los cristianos a aportar el mayor número de recursos posibles y hacer los sacrificios necesarios. En cuanto se enteró de la vajilla de madera que utilizaba el Papa, el rey de Francia se compró una de cristal y mandó hacer unas cortinas con flores de lis bordadas en oro para adornar sus habitaciones. Eran las más caras que había mandado confeccionar durante su reinado. «No sé si Inocencio es un auténtico asceta o un fariseo», comentó entre sus cortesanos. El pontífice no se dio por enterado. Determinó que todo aquel que abrazara la cruz para ir a Tierra Santa, podría hacerlo sin el consentimiento de su esposa. Huguccio de Pisa objetó la decisión: las mujeres podrían ser infieles y pretextar abandono, lo cual las eximiría de culpa desde el punto de vista jurídico. El Papa no lo escuchó.

Pero nada de esto era tan delicado como la situación que se vislumbraba en Constantinopla, donde se exigía la ayuda de Roma y del mundo occidental pero se temía, al mismo tiempo, la llegada de una armada como la que se estaba preparando. Tantos soldados a las puertas de la ciudad, resultaban peligrosos. En la corte de Alejo III circuló la especie de que el Papa, el *dux* y el rey de Francia habían firmado protocolos secretos y que, a pesar de votos, juramentos y declaraciones, el propósito de aquella cruzada no era

Jerusalén sino la mismísima Constantinopla. Aquella era «una calumnia, una felonía», declaró el Santo Padre mientras, con unos finos alicates, arrancaba unos vellos de sus orejas y sus fosas nasales: «Una bajeza». Para que nadie tuviera duda acerca de sus sentimientos, se apresuró a escribir al emperador para tranquilizarlo, para asegurarle que sus temores eran infundados: los cristianos no iban a asesinar cristianos en ninguna circunstancia y por ningún motivo. Acababa de imprimir el águila jaquelada sobre el lacre de aquella carta, cuando experimentó un fuerte dolor de estómago. Fue como si, desde lo más profundo de sus entrañas, un remolino le perforara las vísceras. Tuvo que levantarse del sillón, tomar aire, caminar por la estancia, volver a tomar aire, para que éste se desvaneciera. Recordó a su tío Clemente. ¿Estaría destinado a morir como él? Una acidez subió hasta su garganta. Los humores no se equilibraban. Se dirigió hacia donde estaban los limones pero, en esta ocasión, prefirió el agua. Bebió un vaso, dos... La muerte no le preocupaba pero sí la idea de tener que marcharse antes de tiempo.

La entrada del sirviente que anunció al padre Alvar lo distrajo. Lucía agitado. Se arrodilló, besó el pie de Inocencio, su anillo, y anunció que, por fin, había hallado lo que el pontífice exigía.

—Veamos qué nos traes.

El sacerdote advirtió que, a un lado de la mesa de trabajo de Inocencio, había decenas de relicarios recubiertos de esmalte de Limoges: eran los obsequios que entregaba a los embajadores o a otros de sus visitantes distinguidos. El monje colocó sobre el escritorio un paquete cuidadosamanente envuelto en un trozo de lino, sin advertir que el Papa respiraba con dificultad.

—Es un mosaico desprendido de un palacio de Galilea —declaró, limpiándose el sudor de las manos en el hábito—. Data de hace más de mil ciento setenta años, por lo que ruego a Su Santidad lo trate con precaución.

El Papa desenvolvió el mosaico sin cuidado y sopló sobre él para apartar el polvo que le impedía distinguir el grabado. Se trataba de una pieza antigua, donde un hombre parecía caminar sobre las aguas y predicar ante unos pescadores que le observaban arrobados. Era alto, espigado, y su barba llegaba hasta el pecho. De su cabeza surgían rayos, meticulosamente trabajados en la piedra.

—Has dado en el clavo —exclamó Inocencio.

El benedictino sonrió de oreja a oreja.

—Desafortunadamente —añadió el Papa—, necesitamos otra cosa.

La desilusión desfiguró el rostro del sacerdote.

—No entiendo.

Inocencio se sonó la nariz y dio otro trago de agua. La acidez cedía.

—Jesús fue un criminal en su tiempo, Alvar. Murió crucificado. A nadie, en aquel entonces, se le habría ocurrido representarlo así. Además, no acaba de gustarnos la idea de los cabellos largos, de la barba florida. El propio San Pablo condena este aspecto. Esta imagen nos la han metido en la cabeza los bizantinos. No debemos seguirles el juego. Es demasiado oriental. Sí, sí; ya sabemos que Jesús vivió en Oriente pero quisiéramos algo menos próximo a Bizancio. Más cercano a nosotros. Otra cosa: ¿cómo sabemos que el mosaico es tan antiguo? Si lo fuera, no saldría luz de la cabeza de Cristo. Entonces él no era lo que es hoy. Nos gusta la pátina, el aspecto de deterioro, pero es obvio que se trata de una falsificación. ¿Tú crees que, además del populacho, alguien crea que las reliquias que se custodian en San Juan de Letrán sean reales? Nadie en su sano juicio cree que el manto de la virgen María, la mesa de la última cena o el cordón umbilical de Jesús sean auténticos. Necesitamos algo *auténtico*. Tenemos que seguir explorando las posibilidades. Cada vez estamos más cerca pero todavía no es lo que necesitamos. Por lo pronto —cambió el tono—, queremos que te prepares para un largo viaje.

—Siempre estoy preparado para los viajes que Su Santidad ordena —respondió Alvar mientras envolvía, compungido, su mosaico de mil ciento setenta años.

—Esta vez será uno largo. Primero, habrá que ir a Venecia.

—No será tan largo entonces —barruntó.

—Luego habrá que embarcarse a Tierra Santa.

—¿A Tierra Santa? —el benedictino experimentó un vértigo.

—Felipe de Suabia no nos perdona el apoyo a Otón, y el rey de Francia está convencido que nosotros mandamos envenenar a su amante. Ambos están empeñados, pues, en que esta cruzada sea *su* cruzada y no la de la Iglesia de Roma. Han pagado los servicios del truhán de Enrico Dandolo y han logrado, incluso, que se rechace al cardenal que propusimos como enviado. Y, bueno, alguien tiene que informar al Papa lo que ocurra. Somos nosotros quienes hemos promovido esta empresa. Somos nosotros quienes iniciamos los preparativos. No podemos quedar al margen. Quien tiene que acompañar a los cruzados, por tanto, es un hombre de toda nuestra confianza que no llame demasiado la atención. Ahora bien, si tú no te sientes capaz de viajar con estos guerreros que recuperarán las tierras del Señor...

Tocado en su amor propio, el sacerdote rechistó:

—¿Cuándo debo partir, Su Santidad?

Una nueva punzada en el estómago hizo que el pontífice se estremeciera.

—Antes queremos que nos acompañes a Subiaco. Necesitamos reposo. La flota no partirá hasta noviembre y nos gustaría olvidar, así sea unos días, esta vorágine.

—*Necesitaba el descanso, sí. Lo necesitaba más que nunca. Aunque cada año procuraba salir de Roma en otoño —tanto que al Palacio de San Juan de Letrán terminaron por motejarlo El Palacio de Invierno—, aquella vez fue distinta. Subiaco le afectó, sí. Volvió a Roma aun más alterado. El año no había sido alentador y los meses que estaban por venir lo serían aún menos. Le atribulaba advertir que los resultados que él esperaba no se producían con la ra-*

*pidez que él hubiera querido. Ese año falleció el dirigente de los ale-
manes en Sicilia, lo cual endureció la postura de éstos pues, contra
sus expectativas, el pequeño Federico siguió en manos enemigas.
Afortunadamente, el Santo Padre logró dividirlos. Ese año también
recrudeció la lucha entre Perusa y Asís. La batalla de Collestrada
costó a esta última ciudad muchas vidas, muchos prisioneros y una
buena parte de su tierra. Lo que vino después no obstante, fue
peor: la flota veneciana partió entre aplausos y loas. Pero no para
establecer una base en Siria o en Egipto, como se había anunciado.
Dandolo, aquel ciego miserable, aseguró que no se había reunido la
cantidad prometida y que las naves venecianas no partirían, a menos que los cruzados le ayudaran a recuperar la ciudad de Zara, sí.
Alegó que, históricamente, pertenecía a La Serenísima. Los jefes
aceptaron entusiasmados, lo cual sólo podía significar una cosa: la
toma de Zara era parte de un tratado que se había firmado a espaldas del Santo Padre. De pronto pareció claro el rechazo al cardenal
que el Papa había enviado en un principio para que se uniera a la
armada. Un día después de partir, ésta se situó frente a Zara y, a
una orden de Dandolo, comenzó a aproximarse al puerto, sí. Recuerdo sus murallas ocultas tras la neblina, como si las estuviera
contemplando ahora mismo. Nunca hice una travesía tan amarga.
Dormí entre soldados y cucarachas. Descubrí nuevos olores, todos
ellos nauseabundos, y experimenté aquellos mareos de los que
hablaban los viajantes. Pero también fue la primera vez que ví un
ejército enardecido. Me angustié. Todos gritaban, lanzaban imprecaciones para darse valor. Algunos se pintaban la cara y otros be-
bían para sentirse invencibles, sí. Por primera vez supe lo que era el
miedo. El asedio fue espantoso. Hicieron capitular a la ciudad sin
que mediara una declaración de guerra, sin que nadie lo esperara.
Los cristianos quemaron las casas de los cristianos y mataron a sus
hermanos. Aunque me quedé dentro del barco, me enteré de todo.
A fin de cuentas, se suponía que yo era quien tenía que evitar aquella barbarie. Luego supe que el Santo Padre había enviado otros*

*agentes en aquella expedición; que ésta ni siquiera se dirigía a Tie-*
*rra Santa, como él me lo había asegurado, aprovechando mi buena*
*fe. Pero entonces no lo sabía y tenía que hacer algo. Pero ¿qué?*
*Dandolo no quiso recibirme en un principio y, cuando lo hizo, en*
*la tienda que montó en Zara para escuchar a los nobles que acudie-*
*ron a ofrecerle la rendición de la ciudad —una tienda forrada de*
*cortinas negras—, apenas me atendió. Estaba eufórico porque al*
*fin, me confesó, había vengado la afrenta de los húngaros; al fin,*
*me dijo, había hecho que Zara pagara su arrogancia por desafiar a*
*La Serenísima, sí. Tuvo el cinismo de ofrecerme un crucifijo de pie-*
*dras preciosas que, aseguró, era mi parte del botín. Yo se lo arrojé a*
*la cara indignado y salí. Me temblaban las piernas, hija. Nunca ol-*
*vidaré su risotada.*

    *—Su Excelencia vuelve a desviarse. ¿Qué fue lo que ocurrió en*
*Subiaco que tanto afectó a Inocencio?*

    *—¿No te lo he dicho?: volvió a ver a Bruna.*


Enclavada en las montañas, casi formando parte de ellas, la abadía de
San Benedetto era un horno por aquella época. Ese otoño recordaba,
más bien, un verano. «Huimos del calor de Roma, de las moscas de
Roma, y aquí venimos a hallar más calor y más moscas», lamentó
Inocencio camino a Subiaco. Si bien el pontífice prefería acampar a
las afueras de la ciudad y montar sus espléndidas tiendas lejos de los
monasterios, en aquella ocasión optó por hospedarse en San Benedetto. Había rebaños de cabras por doquier y el Santo Padre no estaba de humor para escuchar sus balidos: «Son como ánimas en pena
que exigen que hagamos por ellas lo que ellas no hicieron por sí mismas», se quejaba. Además, quería que la presencia de San Benito, en
el Sacro Speco, le inspirara y proporcionara fortaleza. Él y su comitiva llegaron a la abadía después de recorrer un camino agreste. Una de
las mulas resbaló y perdió parte del equipaje; otra murió de insola-
ción. De repente se le doblaron las patas y ahí quedó, ahíta. Pero el

cambio de aire, aquellos colores ocres, matizados por el verde del bosque, y aquel ambiente místico —que el padre Alvar atribuía a que la abadía estaba construida sobre la cueva de San Benito y el cardenal de Albano a los cortes perfectos sobre la piedra, al contraste entre arcos y aleros, a las ventanas que parecían perforar la montaña misma—, contribuyó a aliviar a Inocencio.

En menos de tres días, el Papa descubrió que los dolores de estómago habían cesado. Por ello, no sólo se sumó al coro de monjes durante las misas de la mañana y cantó con más vigor que ninguno *Dixit Dominus*, sino que tampoco tuvo inconveniente en posar para una pintura que un artista griego, a petición del prior, quiso hacerle para reproducirla más tarde en los muros de la propia abadía. Con la barranca de fondo y chupando un limón tras otro, rechazó la posibilidad de posar con la tiara de plumas de pavorreal blanco que le había obsequiado Felipe de Suabia y unos emisarios llevaron hasta Subiaco. Le pareció tan ridícula, que prefirió la de tela que solía ceñir. Cuidó, eso sí, que cada una de las ínfulas cayera, armónicamente, de uno y otro lado y, al echar hacia atrás la melena rubia, rogó al griego que no dibujara las orejas demasiado grandes. Se preocupó, también, porque el *pallium* descendiera, con calculada espontaneidad, justo donde la dalmática escarlata comenzaba a cubrir su alba. Durante tres sesiones no parpadeó. Durante la cuarta, comenzó a impacientarse. Al final de ésta, entraron a la estancia dos ayudantes del pintor para ayudarle a recoger algunos lienzos y, cuando Inocencio ordenó en voz baja al monje benedictino que diera de comer a aquellos chicos, descubrió que uno de ellos lo miraba con insolencia profana. «Bruna...», murmuró.

Ni el maestro pintor, ni su ayudante, ni el padre Alvar, ni el otro sacerdote que le acompañaba, entendieron por qué, de pronto, sin mediar explicación, el Papa los empujó hacia fuera y, una vez que los hubo echado, cerró la puerta con el pestillo.

—Bruna...

—Sí, soy yo.

Su piel lucía seca. Había perdido la frescura de antaño. Pero sus ojos a veces azules, a veces grises, seguían siendo los mismos. Tanto, que hacían más notorias las arrugas en sus comisuras. El Papa comprendió que, pese a todo, estaba ante la misma mujer que, en alguna época, le había hecho desvariar. Pero aunque Bruna era la misma, él ya no lo era. Lo supo al advertir que su corazón no latía como antes.

—¿Cómo lograste entrar? —preguntó—. Llegar hasta aquí supone una travesía.

—Soborné a uno de los ayudantes del pintor.

Vestía un jubón, como el que había usado en Sicilia, y un gorro gastado. Probablemente el mismo de entonces.

—Veo que ni siquiera el Santo Padre está seguro hoy día.

—Ni siquiera él —dijo ella quitándose el gorro y sacudiendo su cabellera.

Inocencio se quitó, a su vez, la tiara.

—¿Y puedo saber qué te ha traído a esta montaña?

—Tú. Valdo volvió a ordenarme, en sueños, que te buscara.

Eran doce años. Desde la mañana en que ella lo abandonó en Sicilia, habían transcurrido doce años. Y ahora otra vez. Como si nada.

—Me alegra verte.

—He venido —añadió ella— porque ahora sé que eres el hombre con quien quiero pasar el resto de mi vida, en algún pueblo del sur de Francia o en donde tú quieras.

Inocencio no pudo creerlo. Se despojó del *pallium* y la dalmática, caminó por la estancia, tomó la mitad de un limón del plato que tenía a su lado y la echó en su boca. La mascó con lentitud.

—Fuiste lo mejor que pudo ocurrir en mi vida, Bruna. Lo sabes. Me enseñaste a vivir.

—No me porté bien contigo —admitió la mujer, sacudiendo otra vez su cabellera— pero ¿sabes? No podía casarme contigo mientras no estuviera segura de lo que quería.

—¿Y ahora lo estás? —suspiró él con un dejo de nostalgia.

—Sí.

A través de la ventana se veían las montañas enormes, cubiertas por el bosque verde, ubérrimo. No como en Sicilia, que se perfilaban a lo lejos, sino ahí mismo, frente a ellos, al alcance de la mano.

—Admiro tu entusiasmo, tu sed de vivir. Pero ahora, ya ves, soy el Papa. Ahora, la cristiandad entera espera que yo decida qué deben hacer o no hacer los reyes.

Bruna contempló a su antiguo amigo. Lo observó de pies a cabeza. Había cambiado poco. Tal vez sus pupilas eran más verdes, pero la intensidad de su mirada parecía atenuada por un ligero estrabismo. Tal vez apretaba más los labios. Pero no más. La tonsura y el bigote no alteraban, en absoluto, su gesto decidido.

—No te engañes, Lotario. Los reyes te necesitan para que justifiques sus guerras y sus crímenes. Respetan la figura del Papa porque saben que es su intermediario. Su cómplice, su embajador de lujo, su informante. Pero, en el fondo, te aborrecen.

Inocencio sintió que le ardía la palma de su mano izquierda, justo en la cicatriz de la cortada que se había hecho en Sicilia, cuando la joven lo abandonó.

—¿Lo crees? —también él la miró de arriba abajo—. En ocasiones ni siquiera los reyes saben qué hacer, adónde dirigirse. Entonces necesitan del árbitro, del juez. En ausencia de Dios, yo me hago cargo.

Ella caminó por la estancia, como si la estuviera inspeccionando. Palpó la dalmática que el Papa acababa de colocar sobre la mesa e hizo una mueca burlona.

—Para mí sigues siendo el mismo de siempre. Ahora con ropa de seda y bordados de oro; ahora con el bigote más espantoso que he visto en mi vida, pero Lotario, al fin y al cabo. ¿O ya no lo eres? ¿No extrañas nuestras conversaciones de cuando en cuando? ¿No has despertado nunca deseando tenerme desnuda, a tu lado?

—Muchas veces.

A Bruna le halagó ver cómo descendían las gotas de sudor por las mejillas del pontífice.

—¿Entonces? ¿Por qué no dejas todo esto? ¿Por qué no te olvidas de querer imponer tus puntos de vista a la cristiandad y vives la vida que quisimos vivir? Deja que otros dirijan el mundo, que maten, roben, declaren guerras... Tú, disfrútalo. Vamos a Egipto, pero no a conquistar Tierra Santa sino a contemplar esos templos y esas pirámides de las que alguna vez me hablaste.

El Papa imaginó aquella escena de los Evangelios en que el demonio tentaba a Jesús en el desierto.

—Egipto... —repitió.

—O a Grecia. Pero no a implantar el Imperio Latino de Oriente, sino a...

—¿El Imperio Latino en Oriente? —palideció el pontífice—. ¿Qué sabes tú de eso?

—He seguido tus pasos desde que nos separamos en Sicilia, Lotario. Fui yo la que te advertí que los *veralucis* eran quienes secuestraban a los niños en Muret y, por casualidad, llegué a leer la carta cifrada donde le hablas a Enrique Dandolo del Imperio Latino en Oriente. La llevaba uno de tus mensajeros, uno de los muchos hombres con los que he holgado, tratando de averiguar si alguien lo hacía mejor que tú. Cuando vi el sello con el águila, *tu escudo*, no pude dejar de echar un vistazo. Él me advirtió que no iba a entender nada. Ignoraba que tú mismo me habías enseñado a leer y a descifrar tus propias claves. Como acabas de decirlo, ni siquiera el Papa está seguro hoy día.

Sabía que Bruna había estado en Muret pero le pareció imposible que conociera el contenido de una correspondencia por la que cualquiera de los reyes de Europa habría pagado cientos de monedas de oro. Quizá, a esas horas, eran otros muchos los que disponían de aquella información.

—¿Para quién trabajas? —quiso saber de pronto el Papa.

—Para nadie. He ido de Francia a Italia, pasando fríos y hambre: he predicado la palabra de Dios y he robado dinero para entregarlo a Valdo y a los perfectos, porque así lo he querido. Para conseguirlo, he vendido mi cuerpo y he compartido la cama con nobles y campesinos. Lo he hecho hasta con algunas damas de la más rancia nobleza. ¿No lo han reportado tus espías? Deberían haberte informado que he compartido el lecho hasta con el mismísimo Inocencio III. He tenido que hacerme pasar por quien no soy, como tú lo hiciste. También, como tú sabes, he llegado a matar. He probado de todo. ¿Recuerdas que, cuando nos conocíamos, preguntabas por qué me habían puesto Bruna si mi piel era tan blanca y mi cabellera, trigueña? Mi madre lo reveló una vez que hice alguna travesura: porque mi alma era negra. Creo que tenía razón. Pero qué quieres: me enamoré de ti. No lo pude evitar. Ahora estoy cansada. Necesito tu respaldo.

Inocencio alzó las cejas. Aquel encuentro lo desconcertaba. Le agradaba pero no le emocionaba. ¿Cómo explicarlo? Era propio de una comedia. ¿Plauto? ¿Terencio? No, más bien había que buscar en Aristófanes. ¿Quién tenía una escena similar? Volvió a sentir la cicatriz en la palma de su mano y luego, de inmediato, la *tau* sobre su pecho. *Carpe Diem...*

—¿No crees que es tarde, Bruna? Yo he elegido un camino. Los hombres son infelices tratando de encontrar un sentido a su vida. Alguien debe orientarlos, mostrarles la Verdad. Ese alguien soy yo.

—Debe ser alentador creerlo —dijo ella incómoda—, pero vuelves a engañarte. ¿Quién te dice que tu verdad es *la Verdad*?

—*La Verdad,* como lo platicamos hace tanto tiempo, no existe. Por eso tengo que inventarla todos los días para tantos desdichados. Ellos la necesitan para alcanzar su felicidad.

—Cuánta arrogancia —se mofó Bruna—. Hablas como si fueras Dios ¿Crees que una mujer necesita de tus admoniciones para ser feliz al lado de sus hijos? ¿Crees que un mercenario necesita de tus regaños para saber que hace bien vendiendo su espada al mejor postor? ¿Crees que los hambrientos a los que socorres no saben cuántos manjares se sirven en las mesas de los reyes? No, Lotario: no puedes cambiar al mundo inundándolo con decretales.

¿En verdad estaba Bruna ahí, frente a él? El paso del tiempo la había hecho más serena; usaba sus palabras con imbatible precisión. Al mirarla con cuidado, el Papa descubrió que su piel no sólo estaba seca sino flácida, que sus pecas se habían transformado en paño. Su inteligencia, en cambio, era más cáustica que nunca.

—El asunto es más complejo.

—Suponiéndolo, ¿eres feliz inventando *la Verdad* para la gente?

—Esa es una pregunta subversiva —concedió él amable.

—Hace años, leíste para mí fragmentos de Aristóteles. Decías lo mismo. ¿Lo has olvidado? Directo del griego, Lotario. Desde entonces, sé que la felicidad no consiste en obedecer lo que dicen el Papa y el rey. ¿En eso consiste mi subversión?

Inocencio guardó silencio un instante, se mordió el labio inferior y tomó una rodaja de limón con la que jugó entre sus dedos.

—¿Qué se supone que debo hacer?

—No sé. Quizá invitarme a vivir contigo en el Palacio de Letrán.

El Papa sacudió la cabeza.

—Vives en mi corazón y ahí vivirás mientras yo viva, Bruna. Pero no puedo tenerte cerca de mi por ningún motivo. Soy el vicario de Cristo. Debo ser el modelo, dar ejemplo. Ordenaré que te den una bolsa de dinero y...

—¿Crees que he venido a eso? ¿A pedirte dinero? Cuando hablé de un respaldo no me referí a ello. Quizá he sido ingenua al proponerte lo que te he propuesto pero, bueno, tenía que intentarlo. Perdona.

—No hay nada que perdonar.

Antes de que él pudiera evitarlo, ella se caló el gorro y dió la media vuelta. Quitó el cerrojo de la puerta y salió caminando de prisa, con el paso del ayudante de un pintor que ha perdido el camino. Él pudo haberla detenido, ordenar que la arrestaran, exigir que le detallara qué había ocurrido con la correspondencia codificada; suplicarle que, al menos, se quedara a cenar con él aquella noche. Pero, una vez más, Lotario de Segni se quedó paralizado. Ni siquiera se preocupó por averiguar cómo podría abandonar la abadía y bajar hasta Subiaco. Al día siguiente, cuando el maestro pintor acudió a su cita, descubrió, desconcertado, que Su Santidad, el Papa Inocencio III, Sumo pontífice de la *Ecclesia Catolica Romanorum*, árbitro de la cristiandad y vicario de Cristo en la Tierra, se había afeitado el bigote.


—*¿Debo entender, entonces, que fue Bruna la persona a quien más quiso él en el mundo?*

—*No, Clara; el Santo Padre dejó de amarla.*

—*Su Excelencia debe estar equivocado. Tenía que haberla amado. Tenía que seguir amándola. Una pasión como ésa no se desecha con facilidad.*

—*Es posible, sí. Ya no lo podremos averiguar. Lo que es seguro es que ella no fue la persona a la que más quiso, la que más influyó en su vida.*

—*Pero ¿no dice Su Excelencia que la visita de Bruna lo alteró?*

—*Ya lo creo. Le inyectó nuevos bríos. Apenas volvió a Roma, se puso a enviar cartas, a reprender a obispos, a llamar la atención de las comunidades religiosas, a exigir cuentas a los caballeros templarios, hospitalarios y teutones. Siempre lo había hecho pero no con tanto furor. En noviembre, después de que se enteró de la caída de Zara, le comunicó al abad de Císter y a los de La Ferté, Pontigny, Clairvaux y Marimend que había rumores de que la orden había perdido su fisonomía, de que se había roto la simplicidad inicial. Nunca antes había sido tan duro con los cistercienses. Después de los templarios, que tanto le auxiliaron y a quienes tanto auxilió, los cistercienses eran sus mejores aliados.*

—*Entonces, ella fue la persona más influyente en su vida. Su Excelencia me da la razón.*

—*Si lo hubiera sido, habría luchado por retenerla a su lado, sí.*

—*¿Aun siendo el Papa?*

—*Desde luego. Pero ella no fue la persona a quien más amó. Te lo aseguro.*


Inocencio logró conciliar el sueño hasta muy tarde. Entonces, mientras dormía, apareció un joven que no debía rebasar los veinte años. El Papa tenía la impresión de conocerlo. Los dos navegaban hacia Jerusalén. Reían y bromeaban, sin que el pontífice lograra recordar quién era, de dónde lo conocía. De pronto, alguien gritó que el barco se incendiaba. «Tenemos que apagar el fuego», resolvió el muchacho. Inocencio lo siguió por la borda. Llegaron hasta donde el fuego se había iniciado. «No podemos hacer nada», advirtió el pontífice. Sin prestarle atención, el joven se arrojó a las llamas y comenzó a arder. Hasta ese momento lo reconoció. Era Angelo. ¿Cómo podía haberlo olvidado? Angelo... «¡Ayúdame!», gritó. Inocencio despertó. Su corazón latía con fuerza y tenía la cara, el cuello y el pecho empapado en sudor. En su pecho, ardía la *tau*. ¿Por qué, después de tantos años, volvía a aparecer su amigo en sueños? Aquella pesadilla tenía que ser un presagio, estar relacionada con lo que acababa de ocurrir, entrañar un mensaje al respecto, pero ¿cuál? Debía ser Zara, desde luego. No era la brutalidad con la que los cruzados habían saqueado aquella ciudad lo que angustiaba al pontífice sino la falta de justificación. Pasó el resto de la noche en vela, escuchando la pesada respiración de los criados que le hacían compañía a un lado de la cama. «Angelo», pensó: «creí que nunca volverías». El destino de la cruzada no era Jerusalén, como él lo había jurado al emperador Alejo III, cierto. Pero tampoco Zara. Desde un principio, tanto él como Enrico Dandolo habían estado de acuerdo que era preciso aniquilar a Constantino-

pla. Que era urgente edificar el Imperio Latino de Oriente para acabar con la amenaza de otra Iglesia que, como todas las de su género, aseguraba ser la auténtica y ponía en peligro la unidad de la
cristiandad.

Pero eso no implicaba Zara. Aquella ciudad no estaba dentro
del trato. Ambos sabían que resultaba apremiante contar con una
base de operaciones mejor situada que cualquiera de las fortifica-
ciones de aquella región. Sólo así sería posible «arrancar de cuajo»,
como gustaba decir el pontífice, la disidencia interna y la amenaza
del Islam. Pero eso no incluía Zara. Si Dandolo no le había informado aquello, acaso le ocultaba otras cosas. Por eso, seguramente,
había aparecido su viejo amigo en sus sueños: para advertirle el
riesgo que corría de ser traicionado. ¿Y si Dios se estaba tratando
de comunicar con él por aquel medio? Por primera vez en su pontificado, Inocencio consideró la existencia de Dios. Le alarmó descubrir que, hasta el momento, no había hecho nada concreto para
unir a la cristiandad. Sus esfuerzos se habían dispersado en admoniciones, regaños, intrigas. Ciertamente, la Iglesia era más fuerte
que nunca. Pero ésa no era la misión que él se había impuesto.
«Constantinopla será el primer gran paso», decidió. Tenía que serlo. Pero ¿y si lo traicionaba Dandolo? Después de la toma de Zara,
ya no le extrañaría que los cruzados se dedicaran a someter otras
ciudades y renunciaran a su tarea primordial. «Si no tomamos Bizancio ahora», pensó, Inocencio, «no lo haremos nunca».

Y es que la corrupción, la decadencia de Bizancio, la hacían
más vulnerable que nunca. Isaac, el anterior emperador, había pactado con Saladino en los tiempos de Barbarroja. ¿Qué tal si Alejo
III hacía lo mismo? Si los cismáticos se aliaban con los infieles, la
cristiandad peligraría. Mientras uno de los criados ahogaba su tos
en medio de la noche, el Santo Padre se preguntó por qué, si él había cumplido con su parte al predicar la cruzada contra el Islam, al
facilitar las cosas para marchar contra Constantinopla, el *dux* olvi-
daba que él, como príncipe de Venecia, no era nadie para hacerse

justicia por su mano. Había un árbitro en la cristiandad y ese árbitro era el Papa. No Dandolo.

Al día siguiente, con los pocos informes de que disponía, con la imagen de Angelo revolviéndose entre el fuego, Inocencio dictó una carta dirigida a los cruzados. Mientras lo hacía, sintió cómo le martilleaban las venas en la sien, cómo la rabia le impedía pensar con claridad: «El oro se ha convertido en escoria y la plata se ha cubierto de orín cuando, apartándose del recto camino y de la pureza del primer propósito, han abandonado el arado y han mirado hacia atrás, como la mujer de Lot». Después de Zara, cualquier Papa que entendiera su papel de guía espiritual debía lanzar, de manera fulminante, la excomunión. De hecho, pensaba hacerlo. Pero hasta que cayera Constantinopla. No antes. Así, no parecería involucrado. Por ello, a pesar de su enfado, decidió esperar y, en su carta, sólo formuló una amenaza: si los cruzados continuaban la destrucción de Zara y no restituían lo robado a los embajadores del rey de Hungría, serían excomulgados. En lo que a Venecia se refería, dictó una anatema que sería suspendida hasta que la armada llegara a Siria o a Egipto. Un recurso semejante le permitiría ganar tiempo y, en cualquier caso, ningún cristiano tendría nada que reprocharle. Apenas imprimió el águila de su anillo sobre el lacre, la *tau* dejó de hervir en su pecho y la imagen de Angelo se esfumó. ¿Existiría Dios después de todo?

*—No, hija; yo no lo sabía. ¿Cómo iba a saberlo? El Santo Padre movía sus piezas sin que nadie lo supiera, sí. Yo mismo era una de esas piezas. ¿Crees que si hubiera sabido que él se había entrevistado, en secreto, con los dirigentes de aquella expedición, yo habría aceptado formar parte de ella? Al menos, vaya, habría ido con otra actitud, sí. ¿Crees que si hubiera estado al tanto de las maquinaciones que el Santo Padre había hecho con el príncipe Alejo Ángel para ayudarlo a ocupar el trono a cambio de que éste sometiera la Igle-*

*sia bizantina a la de Roma, yo habría podido continuar la travesía? Habría regresado en ese instante, sí. Pero a Su Santidad no le preocupaba ocultar la información a sus colaboradores con tal de confundir a sus enemigos. El sobresalto de Zara quedó superado cuando Dandolo y el mismísimo Felipe de Suabia le enviaron cartas para garantizar que no iban a renunciar a Constantinopla en ninguna circunstancia.*

*—¿Felipe de Suabia? ¿No se supone que estaba peleado con Su Santidad?*

*—Lo estaba, sí. Pero, la política es una actividad deyecta. Sólo cuentan los intereses. Y los intereses cambian a cada instante. Tus amigos de hoy pueden ser tus enemigos de mañana y viceversa. Felipe de Suabia quería un triunfo en Constantinopla, ya que veía cada vez más lejana la posibilidad de convertirse en emperador; el monarca francés necesitaba dinero; Enrico Dandolo buscaba la hegemonía de Venecia en el mundo comercial y el Santo Padre estaba obsesionado con la idea de unificar a la cristiandad, de borrar del mapa todo aquello que se le opusiera, sí. De algún modo, todos consiguieron lo que buscaban. Felipe de Suabia llegó a obsequiar al señor Papa una hermosísima tiara, confeccionada con plumas de pavorreal. Éste, a cambio, le envió diez espléndidos machos cabríos. En política se puede pactar con los detractores y hundir a los aliados si con ello obtienes algo, sí. ¿Por qué crees, si no, que cuando murió Inocencio y subió a la silla de San Pedro Cencio Savelli, me hizo obispo? Para detener los ímpetus de Ugolino de Segni. ¿Por qué crees que éste, convertido ahora en Papa, sigue negándome los sacramentos a pesar de que tú, su predilecta, la predilecta de su tío Inocencio, la discípula amada de Francisco de Asís, la fundadora de la orden de las mujeres más piadosas de Europa, le has pedido tantas veces que me permita vivir en paz?*

*—Eso es algo que no alcanzo a discernir. No quería revelárselo a Su Excelencia para no afligirlo, para no hacer más dolorosa su enfermedad, pero ya que ha surgido el tema, debo informarte que,*

*esta mañana, recibí una carta de Roma. Su Santidad, el señor Papa Gregorio IX, insiste en que Su Excelencia traicionó a Inocencio III y que, por ende, ha hecho borrar su nombre de todos los anales y ha decidido no concederle los últimos auxilios. No lo entiendo; juro a Su Excelencia que no lo entiendo.*

## 15

El Tíber amaneció cubierto de anguilas. Cientos de ellas, salidas de quién sabe dónde, flotaban muertas sobre las aguas del río. «Mal presagio», pensó Cencio Savelli, quien ordenó retirar a los peces. Aquel olor, sumado al de las cloacas, cuya limpieza aún no había tenido tiempo de supervisar, resultó nauseabundo. Si para el padre Alvar, Roma era una ciudad usada, para el cardenal de Albano era más que eso: una ciudad agotada. Una ciudad que ya no importaba a nadie. Los presagios no tardaron en confirmarse.

El 7 de abril de 1203, Inocencio III comenzó a decir misa sin poner mayor atención a lo que hacía. Era lunes de Pascua y la Basílica de San Pedro, a la que él había conferido casi la misma jerarquía de San Juan de Letrán, hervía de gente. Pero él se hallaba lejos de ahí. Pensaba en lo equivocado que había estado Otón al haberle escrito que contaba con todos los príncipes de Europa. Era cierto que el *landgrave* de Turingia y el rey de Bohemia habían abandonado a los Hohenstaufen, pero este apoyo resultaba insignificante si se consideraba que el arzobispo de Colonia y otros personajes se estaban alineando con Felipe de Suabia. Inocencio pensaba, también, que si todo seguía saliendo de acuerdo con lo planeado, la flota de las costas de Dalmacia estaría a punto de salir rumbo a Constantinopla. Esa ciudad —y no Zara— había sido su propósito desde un principio.

Cuando la campanilla sonó a su lado, recordó que la hostia se hallaba entre sus dedos. Por ello, no comprendió el escándalo que empezó a sus espaldas. «¡Farsante!», gritó alguien. «¡Los Poli no permitirán la humillación!», añadió otra voz. El Papa alzó la hostia, se arrodilló y miró discretamente por encima de su hombro para averiguar lo que ocurría a sus espaldas. No advirtió nada extraño pero el rumor creciente hizo que el momento perdiera solemnidad. A la hora de elevar el cáliz, justo después del sonido de la campanilla, volvieron a escucharse unos gritos: «¡Tu hermano es un ladrón!». A partir de ese momento, fue imposible sosegar al gentío. «¡Nadie va a engañar a los Poli!» Unos insultaban al Papa y otros lo defendían. Inocencio prosiguió imperturbable con la misa y, cuando ésta finalizó, en medio de incienso y cánticos, se dirigió, bajo su palio, hasta la calle. Ahí, algunas personas trataron de agredirlo, mientras la guardia papal intervenía. «¡No olvidaremos los insultos que tu familia ha inferido a nuestras familias!», fue lo último que el pontífice escuchó antes de entrar al *Palazzo Lateranense*. «Lo que nos faltaba», masculló Inocencio, «una revuelta en casa».

Alentada por los Poli, que no aceptaban que Ricardo de Segni administrara sus bienes, y por los Boboni, que se veían desplazados por los Scotti, la turba no se conformó con interrumpir la misa e insultar al pontífice. Salió a la calle a lanzar estopas con fuego contra la residencia papal. La guardia pontificia arremetió contra ella y, en unos minutos, hubo muertos y heridos.

—Esto no sólo es cosa de los Poli y los Boboni —comentó Cencio Savelli—. Parece que la gente de Felipe de Suabia está metida en la revuelta. No debemos tolerar la provocación.

Inocencio estuvo de acuerdo. En aquel momento, cuando algunos príncipes y cardenales ponían en duda sus decisiones en Alemania y la flota veneciana estaba a punto de partir hacia Constantinopla, no podía darse el lujo de verse inmiscuido en una trifulca doméstica. Hacia la medianoche, el cardenal Savelli se abrió paso entre la turba y, con el rostro demudado, anunció que Su Santidad había abandonado la *urbs*: se encontraba enfermo. Muy enfermo. En peligro de muerte. Nadie sabía adónde había ido. Las palabras del prelado tuvieron un efecto mágico. Al amanecer del día siguiente, la revuelta había perdido su razón de ser. Quienes la alentaron, estaban de regreso en sus casas. Nadie esperó aquella reacción del pontífice.

Después de una breve estancia en Ferentino, Inocencio se instaló en el *Palazzo* de Anagni. Las calles empedradas y los recovecos de la ciudad; sus campanarios y laberintos le recordaban, de modo invariable, su adolescencia. Ahí se enteró de los pormenores de la cruzada, a veces por las cartas del padre Alvar, a veces por las de un noble francés aficionado a las crónicas. Supo, asimismo, que Alejo Ángel se había comprometido a entregar 200 mil marcos de plata si liberaban a su padre y lo reinstalaban en el trono, así como a rendir pleitesía a la Iglesia de Roma y a aportar 10 mil soldados para tomar Jerusalén. El problema fue que este acuerdo llegó a oídos de algunos capitanes cruzados. Entre ellos, Simón de Montfort, que decidió regresar, indignado, al frente de 2 mil soldados. «Me convocaron para mantener a raya a los infieles», vociferó. «No para asesinar a mis hermanos.» Al ser cuestionado por los propios cardenales sobre su participación en aquella expedición, Inocencio se apresuró a negar que estuviera al tanto de ella y, para demostrarlo, envió una carta en la que prohibía, terminantemente, que se atacara al Imperio Bizantino: «Que ninguno de ustedes se jacte de tener derecho a ocupar o saquear el territorio de los griegos, por más que se diga que esta tierra no obedece a la Iglesia Romana, y que el emperador que la gobierna, y que ha hecho reventar los ojos a su hermano, sea un usurpador. Cualesquiera que sean las faltas de este soberano, ustedes no son jueces. No han tomado la Cruz para vengar esta iniquidad». Eso sí, mandó la carta con poca anticipación. Por ningún motivo debía llegar a tiempo. La prevalencia de la Iglesia de Roma, la consolidación de una sola cristiandad con una sola cabeza estaba en juego.

En mayo, la flota estaba en Corfú, donde los soldados pasaron tres semanas antes de proseguir su camino. Finalmente, vislumbraron las torres y murallas de Constantinopla. El noble francés aficionado a las crónicas envió al Papa un informe pormenorizado de aquella visión que, dijo, lo aturdió por su espectacularidad. Ante la negativa de Alejo III para ceder a las exigencias de Dandolo —exigencias que nadie llegó a conocer bien a bien—, los cruzados tomaron la ciudad. De nada sirvieron al emperador las cartas de Inocencio, donde éste garantizó su seguridad: tuvo que salir huyendo mientras el pueblo, enardecido, liberaba a Isaac Ángel y lo colocaba de nuevo en el trono. Fue, entonces, cuando ocurrió algo que ni siquiera Inocencio, con todo su arsenal de provisiones, pudo imaginar.

*Fuiste astuto, asceta. Muy astuto. Pero no más que nosotros. No más que la muerte misma. Ahora, has dejado de existir. Lo que sentimos es que ya no puedas enterarte de los pueblos que han dado la espalda a «la causa del Papa». Tampoco de las villas donde han sido expulsados y hasta pasados a cuchillo tus soldados. En Sicilia, las revueltas han sido espantosas. Es una lástima que los alemanes estén divididos. Que los hayas dejado tan divididos. De otro modo, apenas se hubieran enterado de tu muerte, habrían tomado posesión de la isla. Pero, cuéntanos ¿de qué has muerto? ¿Acaso las astillas de los platos de madera que estabas utilizando se atoraron en tu garganta? ¿Fue una de las fiebres que solían tumbarte en la cama? ¿Fueron quizá esos dolores de estómago semejantes a los de tu tío? ¿O más bien fue el último disgusto que te causamos cuando Ingeborge, burlando la estricta vigilancia a la que la tenemos sometida, logró hacerte llegar una carta donde te dice que sigue como prisionera y no como reina? También pudo ser el dolor que te originan las mujeres de Asís, que andan por la calle arañándose la cara y arrancándose los cabellos, después de las guerras que han sostenido para echar de la ciudad todo aquello que huela al Papa. O el desconcierto que te provocó Kaloján de Bulgaria, refiriéndote que los griegos le habían ofrecido coronarlo emperador y hacerlo su*

*patriarca ¿O habrá sido la expansión de la herejía en Albi, donde*
*tus sacerdotes no se dan abasto para contener a los buenos hom-*
*bres y a las buenas mujeres que aseguran que tu Iglesia es una*
*ramera al servicio de Belcebú? O no. Ya sé: fue la decepción que te*
*causó tu querido y viejo magister, Pedro de Corbeil. Lo elevaste a*
*la dignidad de arzobispo de Sens y, cuando se lo pediste, no se atre-*
*vió a desafiarnos. Dínoslo, asceta. ¿Qué te llevó a la muerte?*
*Dínoslo para celebrarlo. Nos duele, también, que te hayas ido sin*
*enterarte de que la expedición a Constantinopla fue un fracaso. No*
*la conquista, desde luego. Francia va a recibir mucho oro de ella.*
*Fueron los acontecimientos posteriores. Tú querías apoyar a los*
*Hohenstaufen sin reconocer a Felipe de Suabia como emperador*
*¿no es cierto? Querías que Alejo Ángel, cuñado de Felipe, se con-*
*virtiera en emperador de aquellas tierras para unir tu Iglesia con la*
*de Bizancio ¿O no? Pues fracasaste. Alejo Ángel fue estrangulado.*
*Su padre volvió a las mazmorras. Bueno, a estas alturas, a ti qué*
*puede importarte esto. Supongo que lo que ahora debe preocuparte*
*es la salvación de tu alma. El demonio debe tener muchas razones*
*para disputarla. Te deseamos suerte. Ya que estás bajo la tierra,*
*comenzaremos a amarte. Ordenaremos misas en tu memoria.*
*Mientras tu obra se desmorona, descansa en paz.*

Aunque no pudo prever que los rumores de su muerte se extendieran por Europa, Inocencio sí pudo hacerles frente. Y lo hizo del
único modo posible: presentándose en Roma. La misma muchedumbre que lo interrumpió cuando celebraba misa, ahora lo recibió
con palmas y vítores. El hecho de que la Curia no estuviera en la
*urbs* se había traducido en problemas, pues los desórdenes se multi-
plicaban y, peor aun, los comerciantes veían disminuir sus ganancias. ¿A quien le importaban, pues, las luchas familiares entre los
Segni, los Poli, los Boboni y los Scotti, si el pontífice y la Curia volvían para darle vida a la ciudad? «¡*Il Papa! ¡Il Papa!*», coreaba la

gente. De cualquier modo, Inocencio no se dejó seducir: se apresuró a otorgar prerrogativas a sus enemigos y a realizar algunas obras para embellecer la ciudad. Entre ellas, mandó restaurar el mosaico del ábside de San Pedro e instó a Censio Savelli a que cumpliera su postergado encargo de limpiar las cloacas de Roma. También dio un cariz jurídico a las disputas familiares y, en cuanto pudo, se pronunció por los Poli. De nada sirvieron las protestas de su hermano Ricardo, que llegó al extremo de acusarlo por dar la espalda a la familia. Había cosas más delicadas, explicó Inocencio. Lo que ocurría en Constantinopla, por ejemplo.

Constantinopla, en mayo A.D. 1204.

Alvar, sacerdote y servidor de Dios, al señor Papa Inocencio III:

Escribo a Su Santidad desde un hospital, situado a la orilla del mar de Mármara. Por doquier hay lodo y humedad. A lo lejos se escuchan gritos de pánico. Aunque siempre he hablado de la vida y la muerte, debo confesar que nunca antes había visto morir a nadie. Ahora, desde que llegué aquí, he visto morir decenas, qué digo, centenas de hombres y mujeres. Me he acostumbrado al olor de la sangre y, en lo que me resta de vida, nunca podré olvidarlo. Además, no sólo la he olido: la he visto. He visto cómo un golpe de espada puede dejar a un soldado sin brazo —o sin cabeza— e, inevitablemente, he visto surgir los borbotones rojos, que han salpicado mis vestiduras. Aunque he lavado las manchas de mi ropa, jamás lograré borrarlas de mi memoria.

Es paradójico que escriba sobre esto a Su Santidad, pues hace apenas dos días se llevó a cabo la coronación del emperador del Imperio Latino de Constantinopla. Fue una ceremonia impresionante, en la aun más impresionante Basílica de Santa Sofía. Acudí como invitado personal del *dux* Dandolo, que ni siquiera parece acordarse del crucifijo que le arrojé a la cara. Nunca antes experimenté sentimientos tan encontrados. Por un lado, la emoción de estar ahí, bajo la bóveda que hizo exclamar a Justiniano: «Salomón, te he superado». Por el otro, la tristeza de confirmar que nada de esto que ha ocurrido, que está ocurriendo, era lo que el señor Papa deseaba.

Como informé en mi carta anterior, que espero haya llegado a manos de Su Santidad, apenas llegamos a Constantinopla, el emperador Alejo III salió huyendo. Se llevó todo el oro y las joyas que pudo. Le sucedieron Isaac y Alejo Ángel, que trataron de cumplir con sus promesas. Entregaron una enorme cantidad de dinero a los venecianos y saldaron la paga de los soldados. Anunciaron que la Iglesia bizantina se sometería a la romana, reconociendo como única cabeza al señor Papa, y permitieron que se quemara una mezquita de la ciudad, símbolo musulmán en aquellas tierras. Pero de nada sirvió. Es decir: sirvió para inflamar los ánimos del pueblo, que se sintió traicionado y, una noche, intentó quemar los barcos de los cruzados. El gentío tomó el palacio, estranguló a Alejo Ángel y devolvió a su padre al calabozo. El nuevo emperador, un hombre brutal cuyo único mérito es tener las cejas juntas, fue coronado e inició los preparativos para expulsar a los cruzados.

Para responder a lo que calificaron de «injusta agresión», Dandolo y los otros jefes decidieron apoderarse de la ciudad. Tengo la peor impresión de los venecianos. Semejan hienas rabiosas. Arrasan con lo que puedan. No necesitan sino las excusas más pobres, los pretextos más inverosímiles, para matar, saquear e incendiar. Es mentira que sean los guardianes del orden y de la paz, como lo presumen: son los instigadores de la carnicería. Obtener oro es su único afán. Con apenas 20 mil hombres, iniciaron el asedio, un asalto tras otro hasta doblegar las defensas bizantinas. Lo demás fue el horror que he descrito a Su Santidad. Vi arder, en una pira, por lo menos doce obras de Sófocles de las que, quizá, no existan copias. Luego, tuve el mal tino de aproximarme a la inspección que hizo Dandolo del hipódromo y, mientras desmantelaba el edificio, me pidió que anunciara a Su Santidad que, en su próxima visita a Venecia, podría ver, en la Basílica de San Marcos, lo que hacía falta: los cuatro caballos que ordenó subir a su barco. Empavorecido ante tal descaro, fui a refugiarme a un templo que creí abandonado. Ahí había un anciano que, como yo, pedía misericordia al Altísimo. De repente entraron tres soldados —los tres con la cruz de nuestro Salvador en su capa—, y se precipitaron sobre aquel hombre. Lo degollaron sin ninguna razón. Entonces me percaté de que a su lado había una joven. Casi una niña. En cuanto la descubrieron, la arrojaron al suelo y comenzaron a rasgarle las vestiduras. Sin provocación. Sin motivo. No sé si fue el Espíritu Santo o la indignación lo que me hizo olvidar el miedo. Reuní valor y, seguro de que mi hábito y mi cruz romana les infundirían algún respeto, ordené que se detuvieran de inmediato. Que lo hicieran en nombre del Papa. Vi, impotente, cómo los tres se abalanzaban sobre ella. Uno por uno, turnándose, la embistieron sin piedad. Ella, desesperada, pedía auxilio. Ellos la golpeaban y la acariciaban. Como insistiera en mis gritos —era lo único que podía hacer frente a aquellos criminales armados—, uno de los soldados me asestó un porrazo en la frente. Mi vista se nubló y perdí el sentido. Cuando lo recuperé, descubrí a mi lado al anciano y a la niña destazados. Dije bien: *destazados*. Juro a Su Santidad que no he sido testigo de cosa más horrible en mi vida. Había una pierna por un lado y una mano por el otro. Sangre en el suelo, en las paredes, por doquier... Ahí mismo, comencé a volver el estómago.

Al día siguiente, mientras continuaban los saqueos, seis venecianos y seis franceses designaron al emperador. Todo indicaba que sería el comandante de la cruzada pero el *dux* se opuso, no sé por qué, a este nombramiento. El nuevo emperador resultó Balduino de Flandes quien, después del ceremonial en la Basílica de Santa Sofía, ataviado con un *pallium* recamado de piedras preciosas, salió montado en un caballo blanco y ocupó el trono de Constantino. El comandante de la cruzada tuvo que conformarse con los reinos de Tesalónica y Macedonia. Los venecianos, en cambio, son ahora dueños del Peloponeso, el Epiro, las islas Jónicas, los puertos de Gallípoli, Tracia y Heraclea. Se dice que pronto tomarán posesión de Creta. En cuanto a Dandolo, ha sido nombrado *Déspota* y ha sido dispensado de rendir homenaje al emperador. Su Santidad tendrá que perdonar mi atrevimiento, pero considero que Dandolo es la hiena mayor, el mismísimo demonio. Quería vengarse de sus enemigos y obtener territorios, riquezas. Que no mienta a Su Santidad jurando que busca rescatar los lugares santos de manos del infiel. Es lo que menos le importa.

Tengo entendido que Su Santidad recibirá, muy pronto, una carta de Balduino de Flandes, donde éste le invita, como príncipe y caudillo, a ponerse al frente de esta «gloriosa gesta», cuyo fin más importante es unir a las dos Iglesias. Su Santidad debe desconfiar. En lo que a mí toca, volveré a Roma en cuanto me sea posible. Parece que la ruta más corta —o por lo menos la más rápida—, me obligará a pasar por Cesárea, donde será más facil abordar un barco. Por lo pronto, ayudo a los caballeros hospitalarios en la tarea de curar a los heridos. No creo que nadie pueda curar las llagas que esta matanza ha dejado en mi alma. Ruego a Su Santidad eleve sus plegarias al Cielo por el más humilde de sus servidores.

Arrellanado en su sillón, situado en el altar mayor de San Juan de Letrán, rodeado por los miembros del Colegio Cardenalicio, Inocencio terminó de leer la carta del padre Alvar y miró a uno y a otro lado, como lo hacía cada vez que quería una opinión. Por doquier se veían capas y mantos, anillos y crucifijos, sombreros y báculos.

—Es infame —resopló uno de los cardenales.

—Inaudito —completó otro.

—¿No se darán cuenta de lo que hacen? —preguntó el anciano cardenal de Ostia con voz temblorosa—. No sólo ponen en peligro sus almas sino a la Iglesia de Cristo.

—Ahora sólo nos falta que pretendan nombrar al patriarca —suspiró Ugolino, que acababa de llegar de Colonia—. Dandolo es un ciego en toda la extensión de la palabra.

—Más que eso —bufó el cardenal de Porto—: un perjuro.

—¿Qué piensa Su Santidad? —volvió el cardenal de Ostia después de un breve silencio.

Todas las miradas se dirigieron hacia Inocencio. Éste se acarició el mentón y pasó sus dedos por encima de la boca, donde antes había estado el bigote. En la penumbra, sus ojos verdes relampaguearon.

—Pienso que, al mal tiempo, debemos ofrecer buena cara, señores. El asunto no es tan grave a poco que lo meditemos. Si lo que buscamos es que sólo exista una Iglesia y, al mismo tiempo, un sitio donde apertrecharnos, una base de operaciones para lanzar, más tarde, una última ofensiva contra el mundo musulmán, ya tenemos lo que necesitamos.

Un murmullo impidió que el Papa continuara.

—Con todo respeto a Su Santidad —se atrevió Cencio Savelli—, creo que no tenemos nada. Balduino de Flandes, bajo el dominio de... ¿cómo se hace llamar ahora Enrico Dandolo? El *Déspota*, no nos garantiza nada.

Ugolino de Segni lo secundó.

—Su Eminencia, el cardenal de Albano, tiene razón. Además, Felipe de Suabia ha vuelto a quedar humillado. Es posible que reorganice sus fuerzas para consolidarse en Europa, lo cual nos va a traer dolores de cabeza.

—Por otra parte —señaló el cardenal de Velletri, acomodándose la mitra—, el *rex Franciae* verá ingresar tanto oro a sus arcas que querrá completar la recuperación de Normandía, lo cual también supone nuevas guerras.

—Todo esto —suspiró Huguccio de Pisa—, sin contar con el inmenso poderío que adquiere Venecia y con el mal ejemplo que da al mundo: poco le importa lo que ordene el Papa y lo que diga el Derecho.

Inocencio se levantó. De pie, era más fácil contrastar su hábito blanco con las capas y mantos, anillos y crucifijos, sombreros y báculos de los cardenales, que se levantaron también. Entre aquellos dignatarios, era el más bajo de estatura.

—Me parece que ninguno de ustedes ve hacia adelante, señores. Hemos castigado la deslealtad cismática de los griegos y hemos abierto una puerta a Tierra Santa. Pronto lograremos elidir la amenaza que representan los musulmanes para la cristiandad. Lo que ha ocurrido nos permite convocar a un concilio en que se unan las dos iglesias, así como enviar clérigos y monjes a predicar la fe y administrar los templos. No nos agrada el modo en que esto ha ocurrido pero, bueno, tal ha sido la voluntad de Dios.

—¿Y si las cosas no resultaran así, Su Santidad?

Inocencio clavó una mirada a su sobrino. Éste la sostuvo.

—En ese caso, convocaremos a otra cruzada. Y esa cruzada, Ugolino, la encabezaremos nosotros mismos si es preciso. Pero hasta ahora, Dios ha sido claro acerca de lo que quiere de nosotros. No hay motivo para dudarlo.

La carta que había anunciado el padre Alvar llegó unos días después. En ella, Balduino de Flandes se reconocía vasallo del Papa. También llegó una misiva de Enrico Dandolo quien, en los términos más de los que pudo echar mano, imploraba el perdón del Santo Padre y explicaba por qué se había visto obligado a desobedecer sus instrucciones. Animado por estas noticias, Inocencio escribió a Balduino para manifestarle «la esperanza —o más exactamente la certeza— de que venerarás a la Santa Iglesia Romana, madre y maestra de todos los fieles». Además, volvió a plantear el tema ante el Colegio cardenalicio. En esta ocasión, no obstante, cada uno de los prelados poseía su propia información. Era información que permitía rebatir el optimismo de su jefe.

—Han robado, Su Santidad.

—Han saqueado.

—Lo que narra en su carta el padre Alvar no son hechos aislados: son el pan de cada día.

Esa mañana no estaban en el colegio ni Huguccio de Pisa, que había vuelto a Ferrara, ni Ugolino de Segni que, alertado sobre algunos movimientos militares que realizaba Otón para invadir Suabia, había partido de nuevo hacia Alemania.

—Roma debe protestar.

—Sobre todo, ahora que sabemos que los legados de Su Santidad huyeron a Siria.

—Abandonaron el puesto que se les había confiado.

—Y, como Su Santidad debe estar enterado, en cuanto llegaron a Constantinopla, sin consultarlo con la Santa Sede, estos legados dispensaron de su voto de seguir a Tierra Santa a todo aquel que, durante un año, se consagrara a la defensa del Imperio Latino. ¿Para eso se insistió tanto en que se sumaran a esta expedición los enviados de Roma? Nunca había oído hablar de semejante deslealtad.

—Es terrible.

—Repugnante.

—Si Roma no protesta, se le considerará cómplice.

Inocencio se llevó la mano a la sien.

—Créanos —dijo—. Lo único que nos importa es la unión de la cristiandad. En ella soñamos y por ella trabajamos. Haremos lo que sea para garantizarla.


*Así que no estabas muerto, asceta. Vives. Sigues luchando para imponer tu voluntad. Qué espanto. Sigues queriendo que el universo gire en torno a Roma. Roma gira a tu alrededor. Eres hábil. Convenciste a Pedro de Aragón para que se casara con una mujer que detesta. Lo sabes. Sólo así accediste a recibirlo. A coronarlo en la Basílica de San Pedro. Pero, antes, él juró combatir la herejía en sus propios dominios. Juró pagarte, además, un tributo anual. Lo que nos intriga es saber por qué le prohibiste casarse con la mujer que ama. ¿Qué tienes contra el amor, asceta? ¿Tanto te duele no haberlo experimentado? Quizás, en el fondo, te avergüenza tu exigua estatura y tus espeluznantes orejas. Lo que nos hiciste a nosotros, no tuvo nombre. Nos asombra que también hayas doblegado al astuto Kaloján de Bulgaria. Le suponíamos más inteligente. Aunque, claro, a él le conviene el respaldo del Papa. Nos han informado que no sólo le enviaste la corona real sino algunos libros. Fue* para adoctrinarlo en sus nuevos deberes como súbdito tuyo, suponemos. Cuánta petulancia. Pero, escúchanos, asceta: no debes confiar en Kaloján. Ten cuidado. En cuanto pueda, te traicionará. Quiere apoderarse del Imperio Latino. Ese Imperio en el que tú tienes fincadas tantas esperanzas. No descansará hasta conseguirlo. Y del cristianísimo rey de Francia ¿qué piensas? ¿Qué te ha parecido la forma en que nos apoderamos de Ruán? Ahora, aunque pese a los ingleses, aunque te pese a ti mismo y trates de soliviantar al episcopado francés con tus decretales, somos dueños de Normandía. Y ¿sabes? Pronto seremos, también, dueños de Albi. Pero, para esto, vamos a necesitar tu ayuda. No aceptando la absurda propuesta que nos hiciste para participar en una cruzada como la que pretendes organizar contra los cátaros. No aceptando el territorio que tú pondrías a nuestra disposición. No. Como te lo habíamos escrito, la Iglesia no puede disponer de esas tierras. ¿Qué pensaría el mundo si nosotros dirigiéramos nuestros ejércitos contra Raymundo de Tolosa? Mejor apóyate en el abad de Císter para que, a imitación de Bernardo de Claraval, salga a predicar y convenza a los herejes. Es tan vanidoso como lo fue Bernardo, pero sin su talento. O en el legado que designaste el año pasado. Nos informan que es lo suficientemente obstinado como para devolver la fe en las tierras del Sur. Si ni uno ni otro funciona, negocia con los señores feudales de esa región. Hay muchos. A cambio de que les otorgues las tierras conquistadas, serán capaces de combatir a los cátaros. Los asesinarán. Los despojarán de sus castillos y sus fincas para quedarse con ellas. Haz que se destruyan mutuamente. Que se agoten. Entonces nosotros entraremos a pacificar a los beligerantes. Luego, nos quedaremos con todo. Por lo pronto, haremos que te enteres de lo que acaba de ocurrir: cuatro damas de la nobleza han recibido el consolamentum en Fanjeaux. ¿Sabes lo que eso significa, asceta? Que la herejía crece, crece, crece mientras tú continúas con la farsa de tu enfado por la toma de Constantinopla, por la muerte de cristianos que, según tú, tanto te duele, la herejía desborda en

*tus narices. ¿Qué vas a hacer para evitarlo? Convoca la guerra.*
*Nosotros esperaremos a que se desangren todos. Luego, convocare-*
*mos la paz.*


La carta que el Papa envió a los dirigentes del reciente Imperio Latino
no pudo ser más aspera: «Lo reconoceremos con dolor y vergüenza:
allí, donde parecía que habíamos realizado un avance, hemos retrocedido y las razones de júbilo se han transformado en motivo de angustia. Han teñido de sangre cristiana las espadas que hubieran debido
dirigir contra los infieles. No han respetado ni la religión, ni la edad,
ni el sexo. Han cometido, públicamente, adulterios y fornicaciones.
Han entregado a las madres de familia, e incluso a las vírgenes consa-
gradas a Dios, para que fueran deshonradas por sus soldados. Y no
les ha bastado con llevarse los tesoros del Imperio: también han robado los tesoros de las iglesias». Pero antes de saber si su carta había
sido recibida, Inocencio se enteró de que un clérigo veneciano acababa de ser nombrado patriarca en Santa Sofía. Cuando Ugolino entró
al despacho del Papa, tropezando, éste lo contuvo.

—Tengo que hablar con Su Santidad —dijo sofocado.

—Sabemos lo que tenemos que hacer —anunció el Papa.

—No lo creo.

—Por supuesto que lo sabemos —aseveró Inocencio—. No podemos revertir la decisión pues nos exponemos a que no se obedez-
can nuestras instrucciones. Pero hay algo que aún podemos...

—Tío...

Era extraño. Desde que era cardenal, Ugolino no se separaba
de sus insignias y no se dirigía al Papa como *tío*. Ni siquiera en
privado.

—Te diremos qué es: anularemos la elección de ese clérigo
veneciano para desacreditar a Dandolo y a nuestros amigos venecianos. Si creen que pueden actuar como se les antoje, sin consultar
las decisiones más delicadas con el Santo Padre, se equivocan.

—Tío...

—Luego —Inocencio resopló complacido por la solución jurídica que había encontrado—, nombraremos nosotros a ese mismo
clérigo patriarca del Imperio Latino. Más aún, le llamaremos a Roma y le investiremos de poderes extraordinarios. Nadie tendrá dudas sobre quién nombró al patriarca. ¿No es eso lo que has venido
a proponernos?

—No. He venido a decirte que Felipe de Suabia invadió Turingia y sometió tanto al *landgrave* como al rey de Bohemia. Sin saber
qué hacer, las ciudades renanas se han unido a Felipe.

—Magnífico —el Papa olvidó la designación del patriarca del
Imperio Latino—. Eso significa que, a pesar de nuestras buenas intenciones, de nuestro pronunciamiento a favor de Otón, aún no
contamos con un emperador.

—Y escucha lo mejor: Adulfo de Colonia acaba de coronar a
Felipe en Aquisgrán.

—¡Magnífico! —repitió Inocencio—: Adulfo tendrá que pagar
por su insubordinación pero sin emperador no hay Imperio y, sin
Imperio, los estados pontificios seguirán creciendo. La Iglesia de
Cristo se fortalece. Estás haciendo una labor espléndida, Ugolino.

—*Divide et impera*, tío: *Divide et impera*.

## 16

A sus cuarenta y nueve años, Esteban Langton se consideraba un anciano. Su figura larga, desgarbada, así como su voz aguda y la barba gris que le brotaba del mentón, a manera de mata silvestre, provocaban que muchos de quienes le conocían compartieran esta impresión. Su único anhelo, aseguraba, era terminar sus días en París, al lado de sus libros. A pesar de las innumerables cartas que había recibido del Santo Padre, donde éste le conminaba a trabajar «por el advenimiento del Reino de Dios», él estaba convencido de que no podía hacer por la cristiandad nada mejor que dedicarse a sus estudios. «No serviría bien al Señor ni a Su Santidad en otra parte», llegó a responder. Ante la insistencia de Inocencio, Langton le envió una esquela laudatoria: Su Santidad, escribió, «ha conseguido que cada obispo ejerza todas las facultades que tiene para engrandecer no sólo su diócesis sino a la cristiandad entera. En Livonia o Finlandia, en Flandes o Castilla, en Colonia o Hungría, nada se decide si no se piensa, antes, en la reacción del vicario de Cristo».

Pero de esto a que un académico como él pudiera sumarse a aquel esfuerzo, agregó, se abría un abismo. No es que no le importara iluminar a los hombres, como se lo reprochó el Papa. Evangelizaba a su manera: había logrado demostrar, por ejemplo, que era una comadreja, y no un hombre lobo, la que había devorado a los patos de unos campesinos que habían llegado a solicitar su consejo. «Eso no tiene importancia», había replicado el Santo Padre disgustado. Langton persistió: el hecho de que no quisiera dirigir una abadía o pelear con algún noble para ganar tierras que se sumaran al *Patrimonium Petri* no lo convertía en *tibio*, como Inocencio se lo echaba en cara.

Aquella vez, sin embargo, el llamado del Papa fue distinto. No lo buscó a través de una carta sino a través de su común amigo, Roberto Courçon. No le suplicó ni lo alentó: le transmitió una orden. Y las órdenes de Roma no se discutían. Por eso, a pesar de la contrariedad que le suponía que alguien lo apartara de sus libros, de su ciudad, emprendió el viaje a la *urbs*. Contra lo que imaginó, el Papa no se dio prisa en recibirlo. Lo hizo esperar un día, al cabo del cual, un ayudante le comunicó que Su Santidad tardaría en atenderlo, pues los búlgaros acababan de derrotar a Balduino de Flandes, el recién nombrado emperador de Bizancio. Su cuerpo y el de sus generales seguían desaparecidos. El Imperio Latino tambaleaba y Kaloján amenazaba con seguir avanzando. Era preciso llamar a los sacerdotes del oriente, escribir a Kaloján, entrevistarse con el patriarca y examinar, cuidadosamente, las medidas que debían adoptarse. El *magister* Langton lo comprendía ¿verdad?

El sabio se hospedó durante cuatro días en la casa de una de sus sobrinas de donde, una noche, seis guardias pontificios fueron a sacarlo. El señor Papa deseaba hablar con él *en ese momento*. Escoltado, entre antorchas, iba furioso. Escuchaba cómo sus pisadas y las de sus custodios se hundían en la paja del camino. Algunos perros ladraban a su paso y unos cuantos mendigos, que se arremolinaban en torno a una fogata, hicieron un comentario que acabó en risas. Langton se preguntaba cómo era posible que Lotario de Segni, por más Sumo pontífice que fuera, no tuviera consideraciones con su antiguo amigo. Iba a reprochárselo en cuanto lo viera. La comitiva se detuvo un momento frente a las puertas del *Palazzo* y los guardias intercambiaron comentarios con los centinelas. Langton observó la estatua ecuestre de Constantino, las cagarrutas de palomas que escurrían por la cabeza y los brazos del viejo *impe-*

*rator.* Recordó los comentarios que alguna vez le hiciera el cardenal de Segni, asegurándole que aquel hombre de barbas rizadas que saludaba con la diestra no era Constantino sino Marco Aurelio. «Qué ridiculez» pensó. Las puertas del Palacio se abrieron y, en menos de lo que supuso, se encontró ante Inocencio. Éste ni siquiera le dio oportunidad de besar su pie.

—Nos queda claro —lo recibió el Papa yendo de un lado al otro de la estancia— que Ricardo *Corazón de León* se sometió a la Santa Sede pero no cumplió sus obligaciones. Ordenó nuevos impuestos a los clérigos, respaldó al arzobispo de Canterbury en su disputa con los monjes de *Christ Church*, que contaban con el apoyo papal, y no sólo los persiguió a ellos sino, también, al arzobispo de York. Si fuimos benévolos con él fue porque convenía preservar los equilibrios.

De pie, frente al Papa, Langton no sabía si hincarse, avanzar o permanecer en el umbral de la puerta. Sus propósitos de reclamar perdieron sentido. El fuego de la chimenea proyectaba la sombra de Inocencio contra los muros de la estancia e iluminaba la mitad de su rostro, dándole un aspecto macabro. Vestía un hábito blanco y sus ojos refulgían. Por añadidura, el gesto se había endurecido. El cardenal jorobado que estaba junto a él le indicó que debía arrodillarse y besar el pie del pontífice, por lo que se apresuró a hacerlo. Pero Inocencio ni siquiera reparó en el movimiento. Langton se incorporó.

—Pero lo que ha hecho Juan —continuó Inocencio como hablando para sí mismo—, supera la conducta de *Corazón de León.* Se ha apoderado de las ventas del obispado de Limoges, ha embargado al obispado de York, ha designado obispos sin pedir nuestra autorización y ha impedido a los prelados enviados por Roma tomar posesión de sus sedes. Estamos hartos, Esteban. Hartos. Cuando expulsó al arzobispo de Dublín, lo amenazamos con un interdicto pero ¿sabes qué hizo? Se rio de nosotros.

—Recuerdo lo del arzobispo de Dublín —musitó Langton cuando el pontífice pareció haber terminado de hablar—. Yo mismo le ayudé a sufragar sus gastos durante su estancia en París.

—Pues ahora queremos otro tipo de ayuda: *te exigimos otro tipo de ayuda*. Hemos tolerado que te dediques a leer y a escribir; que te hayas convertido en uno de los eruditos más respetados de Europa. Pero tienes otras obligaciones. Obligaciones con Cristo, con la Iglesia Católica, con nosotros.

—Su Santidad dirá —respondió Langton, sorprendido por no atreverse a protestar.

—El arzobispo de Canterbury acaba de morir...

—Estoy enterado. Era uno de los mejores hombres de Inglaterra.

—Por eso, en su momento, lo cesamos como legado papal. Se preocupaba demasiado por el bienestar de Inglaterra y poco por el de la Iglesia.

—En cualquier caso —quiso saber Langton— ¿qué tiene que ver esto conmigo?

—Tú conoces Inglaterra, Esteban. Tienes amigos. El nombre de tu familia, dueña del castillo de Rochester, dice mucho en aquellas tierras. Eres un hombre de inteligencia privilegiada y, si esto no fuera suficiente, eres amigo del Papa. Queremos, pues, que vayas a Londres de inmediato.

—¿Qué puedo hacer yo en Londres por Su Santidad?

—Sustituir al fallecido arzobispo de Canterbury. Velar por los intereses de la Santa Sede. Doblegar a Juan.

Langton sintió que se le cerraba la garganta. Recordó a Pedro de Corbeil, que había sido maestro de ambos en París y que, casi a su pesar, había sido designado arzobispo por Inocencio. Resultaba difícil resistir los deseos del Santo Padre.

—Hace algún tiempo he perdido contacto con Inglaterra, como Su Santidad lo sabe —repuso—. Aunque de manera interrumpida, he vivido en Francia cerca de veinticinco años. Además, no creo que me conozcan los miembros del cabildo que designará al arzobispo de Canterbury. Si esto no fuera bastante, soy un hombre decrépito.

—El contacto con Inglaterra lo recuperarás apenas llegues a ella —precisó el pontífice—. Lo del cabildo es asunto nuestro. Te nombraremos cardenal diácono de San Crisógeno o de cualquiera otra de las sedes vacantes para que no parezcas tan ajeno al alto clero. Y, ahora, debemos dejarte. Necesitamos dictar algunas cartas a los señores alemanes y confirmar si Enrico Dandolo escapó de la furia de Kaloján. Desde que salió al mando de una columna para rescatar a los sobrevivientes del último ataque del búlgaro, no hemos vuelto a saber nada de él. Tenía noventa y ocho años. Ese sí era un hombre decrépito.

El cardenal jorobado se acercó para mostrarle la puerta. Con una seña le invitó a salir. Langton estaba tan desconcertado que no dijo una palabra. Hizo una reverencia y siguió a su acompañante. Cuando se encontró caminando por las calles de la *urbs*, escuchó que los perros ladraban a lo lejos y vislumbró el humo de las fogatas. Reparó, también, en la silueta de la torre de los condes de Segni, que recordaba a los transeúntes quién mandaba en Roma. Ya no le acompañaba la escolta. Ya nadie tenía prisa por llevarlo a algún sitio. Entonces advirtió algo que había pasado por alto: la ciudad apestaba. Se arrebujó en su capa y apresuró el paso para regresar. Una vez más evocó a Pedro de Corbeil. Primero, contándole que Inocencio había obtenido para él el arzobispado de Cambrai. Dos años después, a pesar de las protestas del rey de Francia, lo nombró arzobispo de Sens. «Nuestro afecto por ti», escribió el Papa al *magister*, «lo sobrepasa todo». Pedro de Corbeil estaba agradecido por la distinción pero, también, angustiado.

Luego, cuando Inocencio se enfrentó al rey de Francia por el asunto de Inés de Merán y trató de presionarlo a través del nuevo arzobispo de Sens, el *magister* vaciló, se demoró en cumplir las órdenes que le había dado su antiguo discípulo, acudió a Langton para que le aconsejara qué hacer. «El rey pudo haberse opuesto a mi designación», dijo, «pero siempre ha sido generoso. No puedo enfrentarlo». Langton le advirtió que sería aún más grave enfrentar a Inocencio. Pero de Corbeil se paralizó. Entonces el pontífice le envió aquella carta que Langton aún recordaba, letra por letra: «Pensamos que habíamos designado a un pastor al servicio de Dios y no a un mercenario. Apenas ves al lobo, huyes abandonando al rebaño. Eres un perro que no sabe ladrar». El *magister* se la mostró a Langton llorando y éste escribió al Papa, *su amigo*, para rogarle que no fuera tan severo con de Corbeil. Inocencio envió al arzobispo otra carta: «Si te decimos esto, *magister*, es porque todos saben el cariño que te tenemos y porque deseamos que seas ejemplo de los soldados que exige Cristo y la Iglesia».

¿Así acabaría el pontífice por tratar a Langton si él aceptaba ir a Inglaterra para desafiar al rey Juan? No lo toleraría. Él, al igual que Pedro de Corbeil, no era un hombre de poder. No tenía ninguna necesidad de abandonar sus estudios para ir a librar batallas inciertas. Inocencio lo humillaría como había humillado a su maestro. Como había humillado a sus colaboradores. Como había humillado a los cristianos de Constantinopla. La rata que pasó corriendo entre sus piernas lo distrajo de sus reflexiones. Era tarde y sintió que el sueño lo ofuscaba. Lo mejor sería dormir; meditar sobre cómo librarse de la carga que el Papa deseaba colocar sobre sus hombros.

Al día siguiente, dispuesto a sugerir al pontífice que ofreciera Canterbury a Roberto Courçon— también él había nacido en la isla—, Langton se presentó en el *Palazzo Lateranense* e informó que Su Santidad acababa de llamarle. Exigió que se le permitiera entrar. El mismo cardenal de la joroba que lo había conducido a la oficina papal la noche anterior salió a recibirlo para informarle que sería imposible que se entrevistara con el señor Papa pues, en esos momentos, él se encontraba en la terraza del Palacio, reconviniendo a un obispo y a su prior, que pretendían que los relevara de sus cargos para ir a predicar a los cumanos. Esperaba su comprensión. De cualquier modo, añadió Cencio Savelli, debía estar listo para partir de inmediato a Canterbury. Ya recibiría instrucciones. El sabio comprendió que las cosas iban a resultar más complicadas de lo que él había pensado. Cuando Inocencio decidía algo, no había fuerza que lo convenciera de lo contrario.

En esto, no obstante, Langton se equivocaba. Cuando recibió al obispo y al prior a los que aludía Savelli, el Papa estaba fastidiado de escuchar nuevos proyectos para evangelizar tierras lejanas. Aquel asunto sólo a él concernía. Pero, al escuchar hablar al obispo y a su ayudante, había cambiado intempestivamente de opinión. Lo que ellos proponían era, *precisamente*, lo que se necesitaba. No en las orillas del Vístula pero sí en el Languedoc. Una vez sometida la Iglesia bizantina, resultaba apremiante acabar con los brotes de insurrección en el sur de Francia. Pero, para doblegar a los herejes, urgían hombres diestros y sensibles que, en lugar de pontificar desde inaccesibles torres de marfil, se mezclaran entre los pobladores de aquella región, vistieran como ellos, hablaran como ellos, vivieran como ellos. Durante una travesía por aquellas tierras, el prior había logrado convertir a un hereje haciéndole ver sus errores. Aquello le llevó una noche entera pero valió la pena.

—¿Qué dice entonces Su Santidad? —preguntó el obispo.

—¿Podemos partir hacia el este? —preguntó el prior.

Éste hacía esfuerzos sobrehumanos para contenerse, para no saltar sobre sus interlocutores. Cuando hablaba, daba manotazos al aire. Cuando no lo hacía, mantenía dientes y puños apretados. Debía tener unos cuarenta años pero la piel pegada a su cráneo, la cabeza pelada y su mirada fija, le daban aspecto de calavera. Si a eso se sumaban los resoplidos que daba de cuando en cuando, resultaba difícil calcular su edad.

—No —dijo Inocencio—. Queremos que vayan a predicar en las condiciones que nos han propuesto, pero no a los cumanos. Hay necesidades más apremiantes que atender. Queremos que vayan al Languedoc; que convivan con los herejes, que se aproximen a ellos y les hagan ver sus errores, como ya lo han hecho antes. Queremos que se establezcan en Citeaux.

—¡Por supuesto! —respondió el prior—. ¡Vamos a arrollar a los herejes! ¿Sabe Su Santidad por qué? ¡Porque Dios nos inspira! ¡Porque la Verdad es nuestra! ¡Porque nadie puede negarse a reconocerla cuando se le muestra en todo su esplendor! ¡Vamos a arrollar, Su Santidad! ¡Venceremos!

Apenas salieron, Censio Savelli se aproximó al pontífice, que se había quedado observando las torres de Roma y los cipreses que coronaban las colinas, a lo lejos. El viento se había llevado los malos olores de la *urbs* esa mañana.

—Su Santidad parece satisfecho.

—Tenemos a los hombres para Inglaterra y el Languedoc. ¿Cómo no habíamos de estarlo? Vamos a aprovechar el prestigio de Langton para que el rey Juan sepa que no es él quien manda.

—¿Y en el Languedoc? —inquirió Savelli—. ¿Su Santidad requerirá los servicios de los dos clérigos que acaban de salir?

—En efecto.

Savelli se acarició el mentón.

—El prior no me causó buena impresión. Mientras hacía antesala, advertí su forma de hablar, su forma de mirar.

—Su Eminencia es perspicaz —asintió Inocencio—. Ese hombre está convencido de que es dueño de la Verdad. No sabe qué es ni dónde está pero cree que es suya. Paradójicamente, locos como éste suelen resultar útiles si los sabemos aprovechar. A propósito, Censio ¿puedes repetirnos su nombre?

—Domingo, Su Santidad: Domingo de Guzmán.


Asís, en junio A.D. 1206.

Nunca dejarás de sorprenderme, Lotario:

Hoy llegó un enviado de Roma con tu carta y hoy mismo te respondo. Me halaga que me permitas dirigirme a tí como en los viejos tiempos. Lo agradezco y, para ser recíproca, yo también te sorprenderé: estoy nuevamente embarazada. Si las cosas salen bien, pronto seré madre por tercera vez. Si es niño, le pondré Favorino; si es niña, se llamará Beatriz. Pero más allá de la distinción que me has hecho, más allá del júbilo que me provoca la idea de tener otro hijo, a mi alrededor se ciñen tantas dudas, tantos temores, que me gustaría saber qué tienes que decir tú.

Entiendo que hayas tenido que resignarte ante los desórdenes que ocurrieron en Bizancio. Entiendo que Felipe de Suabia no se haya avenido a tu decisión de apoyar a Otón y que, en su empeño por convertirse en emperador, haya enviado un ejército para conseguir adeptos en la Marca de Ancona. Entiendo que hayas excomulgado al obispo que encabezó este ejército y que, a la muerte del cardenal de Ostia, hayas conferido este cargo a Ugolino de Segni para que haga las paces entre Felipe y Otón. Tu sobrino debe sentirse honrado y comprometido con su nuevo título. Entiendo que, en Asís, Felipe goce de tantas simpatías después de que ayudó a recuperar Nocera del poder de Perusa. Pero hay otras cosas que no entiendo.

No entiendo, por citar un caso, por qué te preocupa lo que ocurre en el Languedoc. Cuando yo era joven, me parecía esencial acabar con los herejes. Ahora ya no me parecen tan claros los motivos para hacerlo. Desde que se levantó el interdicto a la ciudad de Asís y algunos nobles exiliados comenzaron a regresar a la ciudad, tuve oportunidad de conversar con los fugitivos de Tolosa y otras ciudades del sur de Francia. Uno de ellos me habló de Nuestro Salvador con una emoción, con una fe, que nunca antes había visto en un católico. Exaltó la humildad que enseñó Jesús y criticó, compungido, el modo en que muchos sacerdotes han desvirtuado su mensaje. Se refirió, particularmente, a los monjes de Císter.

Me contó, también, de las prácticas que los cátaros llevan a cabo: de su *consolament*, una suerte de bautismo para quienes aspiran a ser perfectos; de su *aparelhamen*, la penitencia pública que practican a la manera de los antiguos cristianos; de la *convinenza*, ese pacto que hacen los perfectos con los fieles para asistirlos a la hora de la muerte y de otras muchas prácticas que, por donde las miremos, no son ajenas a las enseñanzas de Jesús. Es cierto que otras son más difíciles de aceptar. La *endura*, por ejemplo. Dejarse morir de hambre para traspasar el umbral de la salvación me causa escalofrío. También la idea de que aseguren que Dios sólo creó lo invisible y el demonio, lo visible. Esto último, supone repudiar la cruz y la autoridad del Papa.

Por esto me dio mucho gusto que tu enviado me comentara que no sólo has ordenado pintar los muros de las iglesias con escenas bíblicas y cuadros edificantes que enseñen a los hombres la verdad, sino que estás «armando un ejército de predicadores» que irán al Languedoc y sacarán a estas buenas personas de los errores doctrinales en que han incurrido. Eso es lo que tenía que haberse hecho desde hace mucho. No como lo intentaron algunos de tus antecesores, pues eso llevó a los predicadores de fracaso en fracaso. Hay que hacer la evangelización de un modo imaginativo como, estoy segura, sabrás hacerlo tú. Y mientras da sus frutos, hay que aprender a vivir en paz, como afirman que ocurre en lugares como Toledo, donde los cristianos conviven con musulmanes y judíos.

Hablando de otras cosas, quiero que sepas que, una vez más, mi esposo, mis hijas y yo nos veremos imposibilitados de unirnos a la peregrinación que, por estas fechas, saldrá de Asís a Roma. De repente todos hemos enfermado y, aunque sólo a Favorino se le llenó la garganta de flemas y tuvo que guardar reposo en cama, las niñas y yo tenemos los ojos enrojecidos. No dejamos de toser. Sería arriesgado emprender un viaje tan difícil. Más, en las circunstancias en que se emprenderá este año.

Clara, por cierto, nos anunció ayer que ha decidido entregar su corazón a un joven de la ciudad. Es hijo de un acaudalado comerciante y está ávido de emprender hazañas heroicas. Se llama Francisco. Peleó en la guerra contra Perusa y estuvo prisionero. Antes que nadie, se ha enlistado en la peregrinación a Roma. Es sensible e ingenioso pero no creo que tenga intención de sentar cabeza próximamente. Ella, en cambio, a pesar de sus trece años, habla con gran seriedad. Analiza el amor y el matrimonio con la gravedad de una persona mayor. Nos ha dicho que ha elegido al hombre con el que quiere pasar el resto de su vida y que nada ni nadie la harán cambiar de opinión. A Favorino no le simpatiza la idea en absoluto, pues está resuelto a casar a la niña con quien dé lustre a su apellido. A mí, en cambio, me ha conmovido la determinación de Clara. Me sorprende lo rápido que ha crecido, lo rápido que se ha ido el tiempo.

Te prometo que iré a Roma en cuanto las circunstancias lo permitan. Dios sabe que si no lo he hecho es porque no he podido hacerlo. Voluntad, no me ha faltado. Te recuerda siempre con cariño

Ortolana.

—¿A quién desea Su Santidad que haga entrar primero?

El Papa enrolló la carta de su amiga.

—Es curioso —musitó con la mirada perdida—. Somos los responsables de dar sentido a la vida de miles de hombres y aún nos hacemos preguntas sobre el camino que hemos seguido. En ocasiones, nos parece que hemos logrado auténticas hazañas: recuperar Roma, consolidar el patrimonio de San Pedro, establecer castigos ejemplares para los herejes, haber dado los primeros pasos para aniquilar al infiel... A veces, sin embargo, nos parece que aún no hay nada concreto: el mundo sigue dividido. ¿No sería mejor criar y ver crecer a nuestros hijos, como lo hace la mayoría de la gente? Gregorio VII acertó al exigir el celibato a los miembros de la Iglesia pues no podíamos darnos el lujo de ver desmoronarse el peculio eclesiástico entre las manos de viudas y huérfanos. Cuando la Iglesia se haya consolidado, cuando esté por encima de reinos e imperios, la medida ya no será necesaria.

Ante el silencio en que se sumió el pontífice, Cencio Savelli repitió su pregunta.

—Afuera están el cardenal de Ostia, furioso por las nuevas disposiciones que adoptó Su Santidad para que nadie entre a su despacho sin ser anunciado, y el padre Alvar. ¿A quién debo hacer entrar primero?

—¿Alvar? —se sorprendió Inocencio despertando de su letargo— ¿Está aquí Alvar? ¿Cuándo volvió de Constantinopla?

—No tengo la menor idea, Su Santidad. Aquí llegaron ambos al mismo tiempo y quisiera saber...

—A Alvar, naturalmente.

El sacerdote entró cohibido. De la confianza que había ido ganando para dirigirse al Papa, no quedaba ni rastro. Apretaba con fuerza un lienzo contra su pecho y, al arrodillarse para besar el pie y el anillo que luego le tendió el Papa, no separó las manos de su cuerpo. Lucía exánime, con una barba desaliñada que ocultaba su rostro de roedor insomne. En su frente, una cicatriz mal cosida, que le cerraba el párpado izquierdo, daba testimonio de su viaje.

—Nuestro pobre Alvar —lo saludó Inocencio—. Cuánto has padecido. Queremos que nos hables de Constantinopla y que, esta noche, te sientes a nuestra mesa. Tenemos unas trufas que nos harán recordar el viaje en que nos conocimos y te harán olvidar muchas de tus recientes privaciones. Las acompañaremos con un vino suculento. Pero tu sacrificio no ha sido en vano: ni las detalladas cartas de ese noble francés convertido en cronista, ni las misivas llenas de excusas de nuestros legados, ni las mentiras de Dandolo, nos permitieron tener una idea tan clara de los hechos como tus informes. Pero ¿qué te detiene los brazos? ¿Qué es lo que traes ahí?

—*Ese fue el día más feliz de mi vida, hija. Primero, cuando Cencio Savelli salió del despacho del Santo Padre y musitó: «Su Reverencia, por favor». Pude ver la expresión de rabia en la cara de* Ugolino, *sí. De nada le sirvió ser, entonces, cardenal de Ostia. «Lo que tengo que comunicar a Su Santidad es muy urgente», hizo un último intento. Pero Savelli, adoptando su papel de Canonicus de Latere, le indicó que tendría que esperar, sí. Luego, cuando entré y el*

*Santo Padre me tendió los brazos, olvidando que antes debía besar su pie y su mano, supe cuánto apreciaba mis servicios. Cuando me pidió que le mostrara lo que llevaba, ya no me cupo la menor duda de lo importante que yo era en sus planes. De nada sirvió que le explicara que aquel lienzo de espiga de lino, tejido a manera de sarga, representaba al rey Bela en su lecho de muerte; que el artista, un joven pintor húngaro, me lo había regalado para agradecer mi intervención en Cesárea, cuando una patrulla de cruzados intentó arrestarlo y yo declaré que ambos viajábamos a Roma. Yo, a mi vez, lo llevaba a Su Santidad como obsequio. De nada sirvió que refiriera la técnica con que el joven lo había elaborado. La imagen había sido impresa en el lienzo, impregnado de alguna extraña sustancia para obtener la impronta que, cierto, resultaba prodigiosa: una sombra, donde apenas se adivinaban los rasgos del rey Bela. «Esto es un juego de luces», insistió el Papa. De nada sirvió que yo abundara sobre la imposibilidad de que aquel lienzo fuera lo que él pretendía, comenzando por las dimensiones del cuerpo. «De haber sido un sudario», le dije, «el dibujo se habría marcado de modo irregular. Las arrugas de la sábana no habrían permitido una impresión tan diáfana». Él no prestó atención. «Esto es, justamente, lo que necesitábamos», exclamó mientras comprobaba que, del otro lado del lienzo, no hubiera pasado la impresión. De nada sirvió que yo le hiciera ver que aquella barba, muy popular en Hungría, no podía ser la de un rabino judío que había vivido hacía mil doscientos años. Después de todo, él mismo me había advertido que no quería una imagen barbada. Pero entonces lo olvidó, sí. Midió la silueta, extendiendo la mano del pulgar al meñique —palmo a palmo—, hasta estar seguro de la longitud de la imagen. Luego, repitió la operación del lado donde el cuerpo del rey Bela aparecía de espaldas. Yo insistí: «El joven húngaro también me mostró otras interpretaciones, confeccionadas con la misma técnica, que sólo muestran la cara». Pero él temblaba. Temblaba, hija, sí. «¿Sabes cómo consiguieron este efecto?», preguntó como si no hubiera es-*

*cuchado nada de lo que había explicado antes. «Sólo habrá que añadir las heridas que le provocaron los azotes, la lanzada, las huellas de la corona de espinas», susurró para sí mismo. Cuando Ugolino, harto de esperar, irrumpió en la estancia para decir que las cosas marchaban a pedir de boca en Alemania, que Felipe de Suabia acababa de derrotar a Otón en Ruhr, el Papa lo miró hostil, evidenciando la impertinencia de la interrupción: «Dios ha puesto en nuestras manos la santa sábana en la que estuvo amortajado nuestro Salvador», anunció. Luego me miró con un gesto de complicidad y me guiñó el ojo, sí.*

## 17

Adulfo de Colonia era uno de los prelados más temidos de la Iglesia Católica. Disfrutaba jugar el papel de fiel de la balanza y ejercer su destreza para inclinar los hechos hacia un lado o hacia el otro, según le conviniera. Así lo había hecho siempre. «El Papa acaba siguiendo el camino que decide Su Excelencia», llegó a escribirle Celestino III, con la esperanza de ablandarlo, de hacerle entender que Roma necesitaba su colaboración. Pero Inocencio no era Celestino. Apenas se enteró de que Adulfo había coronado a Felipe de Suabia y, luego, lo había saludado con los honores de emperador, lo destituyó. «Ya nadie podrá decir que estamos promoviendo la desunión en Alemania», declaró. Pero su determinación provocó nuevas zozobras. Después de que Inocencio había impuesto severas condiciones a Otón de Brunswick, lo cual debilitó al güelfo hasta el grado de que el hermano de Enrique VI lo derrotara en Ruhr, nadie podía haberle reprochado a Adulfo su proceder. Nadie, excepto Inocencio. Y lo hizo. «¿Acaso imaginas que un descalabro militar debe cambiar nuestras decisiones?», escribió a uno de los desconcertados cardenales del Imperio. El pontífice se había pronunciado por Otón y seguiría respaldándolo. «Si el mundo aún no lo sabe», añadió, «harías bien en comunicárselo: el Papa es güelfo». En respuesta a aquella destitución, Felipe de Suabia ordenó el arresto del arzobispo designado en lugar de Adulfo. «No sabes cuánto nos hace sufrir todo esto», mintió Inocencio al mismo cardenal en otra carta.

Seguro de que vendría otro temporal de confusiones en Alemania —la batalla de Ruhr así lo hacía esperar—, el pontífice concentró sus esfuerzos en el Languedoc. Repuesto de sus dolores de estómago, publicó una bula donde sentaba las bases de la predicación. «Hay que hacer la evangelización de un modo imaginativo», le había escrito Ortolana. Así sería. Tenía todo para hacerlo. Por lo pronto, quien llevara la palabra de Dios a las tierras de herejes, tendría que vestir humildemente. No más la arrogancia de aquellos monjes que vivían entre lujos y exigían que se les rindiera pleitesía por el hecho de pertenecer a la Iglesia. Por conductas de esa clase había proliferado la herejía. Unos días después de haber publicado esta bula, recibió la noticia de que Domingo de Guzmán acababa de convertir a nueve mujeres albigenses, convenciéndolas para que integraran una congregación. Inocencio lo imaginó trepado sobre un taburete, haciendo el bizco, agitando las manos, arrancándose los pocos cabellos que le quedaban. Pero ahí estaban los resultados. Para apoyar el buen éxito de Domingo, el obispo de Tolosa obsequió a estas damas el templo de Santa María, en Prouille.

—¿No dijimos que, bien aprovechado, este loco podía resultar útil?

—Su Santidad tenía razón —concedió Savelli.

Los logros de Domingo fueron multiplicándose. Buen conocedor de la retórica e incomparable disertador, hoy desafiaba a un grupo de herejes para que le demostraran dónde había hablado Jesús de la «pureza» que ellos afirmaban preservar y, mañana, probaba que no podía saberse nada de lo invisible si no era a través de lo visible. Cristo mismo tenía una naturaleza humana. Sólo poniendo en evidencia las inconsistencias de los cátaros podría salvar a aquellas almas que vivían en el engaño. Hasta los perfectos temían enfrentarse con él en duelo verbal. Domingo de Guzmán no se conformaba con derrotar a sus oponentes o reagrupar a los conversos: «Lo que se construye sobre arena se derrumba», enseñaba. Así, estableció compromisos, obtuvo promesas, amenazó con castigos eternos a quienes no cumplieran. Cuando el arzobispo de Narbona confió a las hermanas de Prouille el templo de San Martín de Limoux, Domingo ya no tuvo la menor duda de que avanzaba por el camino correcto.

Armado del Evangelio de San Mateo y de las cartas de San Pablo, iba de ciudad en ciudad, con la barba crecida y vistiendo una túnica raída. Hacía el bizco, agitaba las manos, se arrancaba los pocos cabellos que le quedaban, tal y como Inocencio lo había imaginado. Pronto tuvo noticias del Papa, quien le ordenó que adoptara algunas de las estrategias de los perfectos cátaros y que enviara a los monjes que se habían unido a su empresa para que predicaran, de dos en dos, después de haberse puesto a las órdenes del obispo de cada diócesis: «Si las cosas siguen marchando tan bien como hasta ahora, daremos instrucciones para que los obispos establezcan lugares donde tú puedas operar».

Pero en su celo y su piedad, Domingo no advertía que el mundo se deshilvanaba ante sus ojos; que él estaba haciendo lo que más lo asustaba: edificar sobre arena. Aun cuando un perfecto, sacudiendo su dedo admonitorio, llegó a decirle «cuando vea a los obispos y a los cardenales de Roma vestidos como tú, entonces creeré en tu palabra», él no llegaba a advertir que, cuanto hacía, era inútil. Un hombre, una familia, una ciudad, no podían cambiar su fe sólo por haber escuchado uno de sus discursos. Inocencio tampoco se daba cuenta de ello. Por eso, cuando Domingo le aconsejó que excomulgara al señor de aquellas tierras, Raymundo de Tolosa, «promotor de esta pestilencia», el Papa accedió. Por algo se lo estaría aconsejando. Si, en esos momentos, Inglaterra no lo hubiera tenido tan ocupado, quizás no habría prestado oídos a las intrigas de Domingo. Pero Inglaterra exigía más atención de la que él mismo le hubiera querido conceder.

Furioso ante la tozudez del rey Juan, que se negaba a aceptar que Esteban Langton se convirtiera en arzobispo de Canterbury, el pontífice le advirtió que no se expusiera a la excomunión. La respuesta de Juan consistió en asignarle una pensión a Ricardo, hermano de Inocencio; al hijo de Ricardo y a Ugolino de Ostia, por ser el sobrino predilecto del Papa. Pero el pontífice no cedió. Consagró a Esteban Langton y le entregó el *pallium*, a pesar de que Juan insistía en que el cabildo había designado a otro candidato. «Los delegados reunidos en Roma», escribió Inocencio, «eligieron, en nuestra presencia, a Esteban Langton y una elección hecha en presencia del Papa no necesita ratificación alguna». Pero, cuando lo intentó, Esteban Langton fue advertido de que, en cuanto pusiera un pie en Inglaterra, sería conducido a la mazmorra más tétrica de Londres.

—¿Qué necesidad tengo de esto? —preguntó el sabio al pontífice cuando éste lo volvió a recibir en San Juan de Letrán— ¿Su Santidad busca que me martiricen, como a un nuevo Becket, para demostrar que Juan es un asesino y tener la excusa que espera el rey de Francia para invadir Inglaterra?

Inocencio lo miró con desprecio.

—No es mala idea. El rey de Francia estaría encantado de invadir Inglaterra si el Papa se lo pidiera. Puede no haber querido marchar al sur para sofocar a los cátaros, pero no se negará a ir a Londres. Menos, después del martirio del mejor amigo del Santo Padre. Desafortunadamente, ése no es nuestro plan, Esteban.

—¿Entonces?

—Debes aguardar nuestras instrucciones.

Al salir Langton compugnido, entró el cardenal de Ostia para informar que Felipe de Suabia había jurado obedecer al Papa, que admitía que éste era el vicario de Cristo en la Tierra y que, por ende, tenía el derecho de juzgar a todos los monarcas temporales sin que nadie —excepto Dios mismo— pudiera juzgarlo a él. Felipe se comprometía, asimismo, a enmendar cuantas conductas había provocado su excomunión, a licenciar al ejército que había reunido contra Otón y, por supuesto, a liberar al arzobispo de Colonia. Las fuerzas se reacomodaban de nuevo. Ugolino solicitó al Papa que le otorgara el perdón a Felipe y considerara la posibilidad de coronar al gibelino, quien estaría dispuesto a aceptar que su hija contrajera nupcias con Otón para que éste, a su vez, tuviera el derecho de sucederle como emperador.

—En caso de que Otón acceda —apuntó el Santo Padre—, habría que buscar algún pretexto para debilitar a Francia. Esa alianza me preocupa. También habría que destruir todas las cartas que pudieran utilizarse más tarde para revertir esta decisión.

—Así lo haré, Su Santidad.

Al caer la tarde, el cardenal Savelli anunció que afuera estaba el padre Alvar, acompañado de una mujer que solicitaba audiencia.

—Estamos cansados, Censio. Quisiéramos ya no tener que ver a nadie. Menos a una abadesa que, con seguridad, vendrá a formular reclamos. Atiéndela tú.

Se había derrumbado en su sillón y empezaba a sobarse los párpados con los dedos, como solía hacerlo antes de dormir. Debía estar agotado.

—El padre Alvar asegura que esta visita no fatigará a Su Santidad; que, por el contrario, le animará.

Y el benedictino tenía razón. Quien estaba en la antesala, y entró en cuanto se lo indicaron, no era una abadesa sino Ortolana d'Offreduccio.

—*Fue una cabalgata memorable, hija. Delante de todos nosotros iban el Papa y ella. Fue la única vez que le vi vestir un jubón, sí. Era blanco, discreto, pero jubón al fin. Además, no llevaba sombrero alguno. Era como si quisiera que todos diéramos fe de su nuevo aspecto, con el pelo recortado, al ras del cráneo. No quedaba nada de su melena de antaño. Atrás íbamos los demás invitados. Fue, cómo decirlo, como una partida de caza donde no había presa que perseguir. No me pidas que te diga de qué hablaron. Con tanta distancia de por medio, resultaba imposible escuchar. Pero él estaba eufórico. En cuanto entramos y Ortolana besó su pie y su mano, la abrazó con ternura. Ordenó que se ensillaran, de inmediato, los caballos que acababa de obsequiarle el rey Pedro de Aragón. Quiso recorrer los alrededores de la* urbs, *«como en los viejos tiempos», susurró. Ella accedió encantada, sí. Era tan elegante... Si se hubieran casado, habrían hecho una pareja envidiable. Advertí que ella no tenía una sola cana. Luego me reveló que se teñía el cabello con una pasta hecha de cenizas del sarmiento de la vid y de fresno macerado que cocía en vinagre. Cuando salimos de la ciudad y entramos al campo, ellos espolearon sus cabalgaduras. Sacerdotes, guardias, pajes y cuantos formábamos parte de aquella comitiva, tuvimos que hacer un esfuerzo para alcanzarlos. Pero ellos, te digo, estaban felices: como niños. Luego, durante la cena, el Santo Padre ordenó que se guardara la vajilla de madera, que se pusieran platos de cerámica y cuchillería de oro. Él bebió, bromeó y, de repente, cuando nadie lo esperaba, cuando todos creíamos que habíamos visto más de lo que nunca volveríamos a ver, golpeó con su copa sobre la mesa y anunció que cantaría en honor de Ortolana y del arzobispo de Canterbury que, no me preguntes por qué, ahí estaba, con cara de pocos amigos. Esa cara, por cierto, desapareció en cuanto Inocencio comenzó a cantar* Veni Sancte Spiritu, *la canción que había compuesto el propio Langton y de la que tanto se ufanaba, sí. Los comensales, que no eran otros que los cardenales que se encontraban en el Palazzo Lateranense y algunos embajadores desprevenidos, se contagiaron del júbilo. Recuerdo a un noble de la corte de Castilla que fue el primero en caer de bruces sobre la mesa. El Santo Padre se levantó de su asiento y proclamó que si Cristo había venido a la Tierra era para eso, para gozar y enseñar a gozar a los cristianos, sí. Que para eso había transformado el agua en vino durante las bodas de Caná. Para que no cupiera duda, siguió cantando. Lo hacía prodigiosamente ¿sabes? Recuerdo que entonó una canción de Ricardo Corazón de León, otra de Enrique VI —«en memoria de estos príncipes, que fueron mis amigos»— y una tercera de Walter Von*

*Der Vogelweide, para que todos nosotros fuéramos testigos de que*
*no guardaba rencor al poeta por sus críticas. Era una canción acerca*
*de las flores que brotaban sobre la hierba y los pajarillos que gorjea-*
*ban en una mañana de mayo. Después de tantos años, aún puedo*
*ver la cara del Santo Padre engolando su voz, sí:*

> Sô die bluomen ûz dem grase dringent,
> same si lachen gegen der spilden sunnen,
> in einem meien an dem morgen fruo,
> un diu kleinen vogellîn wol singent
> ir besten wîse die si Kuneen,
> was wünne mac sich dâgelîchen zuo?

*El cardenal Savelli no daba crédito. El Santo Padre advirtió su*
*estupor y se aproximó a él para servirle más vino, que acabó derra-*
*mando fuera de la copa. Era un vino exquisito. Aún siento en mi*
*paladar su aroma amaderado. Después, volvió a brindar; esta vez,*
*por aquel monje que conoció en su juventud y le animó a ser un*
*juglar desbocado. «Él me enseñó el auténtico sentido de la vida»,*
*confesó. «A veces hemos pensado que si aquella madrugada que*
*salió de Narni para volver al monasterio de Segni lo hubiera hecho*
*sólo un poco más tarde, hoy la cristiandad sería distinta. No sabe-*
*mos cómo pero, sin duda, no sería lo que es hoy.» Entre tantos*
*invitados a aquel festín, nadie entendió lo que quiso decir Su Santi-*
*dad. Cuando la cena hubo terminado, él recobró su gesto adusto y,*
*como si no hubiera bebido una sola gota de vino, me pidió que le*
*acompañara a su despacho pues Donna Ortolana le había hecho*
*algunos comentarios. Él quería escuchar mi opinión. Yo estaba*
*mareado, pero seguí a ambos, sosteniéndome de las paredes y pro-*
*curando que nadie se percatara de mi estado. Seguramente lo nota-*
*ron, sí. Lo que inquietaba a tu madre era el asunto de Raymundo*
*de Tolosa. Por ello, el Santo Padre quería que yo le refiriera, una*
*vez más, nuestro encuentro con él. Ortolana lo había acusado de*

*ingrato: después de que el conde nos había salvado la vida a él y a mí, cuando estuvimos a punto de ser asesinados por los veralucis en Muret, ahora el Santo Padre lo excomulgaba, instigado por Domingo de Guzmán. Hice un nuevo esfuerzo para parecer sobrio y logré ser franco en mi apreciación, sí: el hecho de que el conde de Tolosa hubiera salvado la vida al cardenal de Segni de aquellos temibles veralucis, no autorizaba al señor Papa a proteger a los herejes en su tierra. Conversamos un rato sobre la herejía y fue entonces cuando me dí cuenta de la gran simpatía que ella tenía por los cátaros: «¿Ser piadoso es un pecado?», increpó a Su Santidad. «¿Seguir las huellas de Cristo es una falta?» Luego, antes de que él respondiera, le contó cómo, en abril de aquel año, el joven con aspiraciones a la gloria militar del que le había escrito en su última carta, vástago de una de las mejores familias de Asís...*

—*Francisco...*

—*Francisco, sí, había pasado por un periodo de apatía. Sin que nadie lo entendiera, refirió Donna Ortolana, el joven acabó por presentarse ante el obispo de la ciudad para declarar que no quería volver a saber nada «de su padre material»; que su auténtico, su único padre, era Dios. Se desnudó en público, sí. «Todos pensaron que el muchacho había enloquecido», dijo Ortolana. «Yo no». Ella creía, sinceramente, que las enseñanzas de los cátaros habían llegado hasta los cimientos de la cristiandad y que no tardarían en prender en toda Europa: «Porque éste es el verdadero Evangelio y no el que se pregona en Roma». Cualquier otra persona que se hubiera atrevido a decir algo similar en presencia de Inocencio III habría sido aprehendida en ese instante. Pero Ortolana era distinta. «Eres muy importante para mí», le reveló el Santo Padre cuando se despidieron. Ella le pidió que, si de veras lo era, levantara la excomunión sobre Raymundo de Tolosa. Él prometió considerarlo y formuló a su vez, otra solicitud: deseaba ver «a la niña».*

—*Entonces, mi madre fue la persona más influyente en la vida de Inocencio; a la que más quiso, sin duda.*
—*No, Clara; ella tampoco fue.*


La cara del pontífice estaba enrojecida. Su labio inferior temblaba. Antes de dirigirse a los miembros del colegio cardenalicio, inhaló y exhaló un par de veces. Por fin, estalló:

—¿Todavía siguen creyendo que Raymundo de Tolosa es un buen hombre, un buen cristiano, un buen hijo de la Iglesia, un señor cuya única falta es proteger a quienes predican la sencillez en sus territorios?

Sentados alrededor del pontífice, envueltos en sus mantos de colores, donde ya empezaba a predominar el púrpura, y tambaleándose ante el peso de sus báculos, los cardenales intercambiaron miradas.

—No —admitió Censio Savelli, moviéndose de tal modo que parecía querer acomodar mejor la joroba sobre su espalda—. Me acongoja admitirlo pero lo ocurrido no deja lugar a dudas.

—El cardenal de Albano tiene razón.

Esa mañana, se habían enterado de que el legado del Papa en el Languedoc había sido acribillado con una pica para cazar jabalíes. Su cadáver apareció bajo un puente, en el camino a Castel Lavanum. Todo parecía indicar que el asesino era uno de los oficiales de Raymundo de Tolosa. En la basílica de San Juan de Letrán se respiraba un aire denso.

—Esta es una forma terrible de comenzar el año —se atrevió el cardenal de Velletri— pero ¿cómo podemos estar seguros de que el autor de este crimen sea el conde de Tolosa? Es cierto que no ha combatido con suficiente energía a los cátaros de sus dominios, pero ¿quién nos dice que...?

—Es evidente.

La voz chillona que salió de entre las sombras obligó a todos los cardenales a estirar el cuello o a inclinarse para descubrir de dónde provenía. Algunos de ellos identificaron a Arnoldo Amaury, que apenas podía moverse ataviado por pesadas capas de seda y un sombrero aderezado con piedras preciosas. Era un hombrecillo de nariz ganchuda, ojos pequeños, entrecerrados, y dientes negros.

—Hemos pedido al abad de los cistercienses que abandone su encierro para dirigir la cruzada contra los herejes —anunció Inocencio—. Si nos echan en cara nuestra apatía, el abad demostrará, con su presencia, que ésta no existe.

Hubo un rumor donde se mezclaron los «bien, muy bien», con los «quizás no sea el momento». Hubo estornudos, escupitajos y hasta un ataque de tos. El cardenal de Porto se despojó por un instante de su halo de santidad e intervino con vehemencia:

—Pero ¿no nos había dicho su Santidad que había solucionado el problema del Languedoc? ¿No nos había comentado que contaba con los mejores oradores de Europa, con los predicadores que convencerían a los herejes de su error? ¿No había elogiado los avances de Domingo de Guzmán?

—Fracasaron —reconoció Inocencio—, como ha fracasado todo lo que hemos intentado en aquellas regiones. La pestilencia se propaga. Debilita la unidad de la cristiandad en sus más profundos cimientos. Ya no tenemos más alternativa que la violencia. No sólo lo haremos por Roma y la cristiandad sino, como lo enseñó nuestro padre San Agustín, por ellos mismos. Dios sabe que hemos agotado nuestros recursos.

—¿Y cómo vamos a financiar otra guerra? —quiso saber Juan de San Pablo—. Hasta donde sé, el rey de Francia nos ha negado su apoyo otra vez.

—Su Eminencia, el cardenal de Sabina —indicó Amaury agitando sus minúsculas manos, «manos de enano», como solía decir el cardenal de Ostia—, se equivoca al suponer que necesitamos al rey de Francia. Hay muchos santos varones, muchos nobles que, al anhelar el perdón de sus pecados, se unirán a la cruzada.

—Temo —susurró el cardenal de Velletri—, que esos santos varones, esos nobles, no se conformarán con el perdón de sus pecados. A cambio de su participación, querrán apoderarse de esas tierras.

—Que se apoderen de ellas —exclamó Amaury—. No nos importa. Lo único que busca la Iglesia es la salvación.

—A través de la unidad de la cristiandad —puntualizó el Santo Padre—. Mientras la cristiandad no tenga una sola cabeza, mientras no sienta con un solo corazón, no habrá paz ni armonía.

—Me aflige —comentó el cardenal de Porto— que podamos precipitarnos, que vayamos a cometer otro error, como en Constantinopla.

Inocencio lo miró furibundo.

—¿De veras cree Su Eminencia que cometimos un error en Constantinopla? Desmantelamos la pretendida Iglesia de oriente que tanto nos cuestionaba. Edificamos una base que, en lo futuro, nos permitirá acabar con los musulmanes y ganar Tierra Santa para la verdadera Iglesia. Ahora tenemos que hacer lo que esté a nuestro alcance para aplastar esta nueva amenaza. Si no la detenemos a tiempo, acabará por devorarnos a Su Eminencia, a mí, a Roma, a la cristiandad entera.

—No creo que el ataque se justifique —insistió el cardenal de Porto consternado.

Seguro de que sus años y su prestigio lo ponían a salvo de cualquier represalia del Santo Padre, el prelado se arrellanó en su asiento y entornó los ojos. Pudo palpar el silencio que acababa de provocar.

—El señor Papa tiene razón —replicó Ugolino después de un rato—. El mismo Jesucristo expulsó a los mercaderes, látigo en mano, del templo de su Padre. «O están conmigo, o están contra mí», advirtió. Y los herejes no entienden más lenguaje que el del látigo. Con los problemas que tenemos en Inglaterra y Alemania, no podemos darnos el lujo de que ellos, los judíos y un grupo de nobles desleales, financien una nueva Iglesia. Más aun: una nueva religión. La guerra será de carácter preventivo.

—Acabaré con los señores y sus protegidos, con herejes y judíos —amenazó Arnoldo Amaury, agitando el puño y haciendo rechinar sus dientes.

—Así lo esperamos —suspiró el Papa mirando de reojo al cardenal de Porto, que permanecía con los ojos cerrados—. Es urgente que arranquemos la mala hierba para quemarla hasta las raíces. Se trata de un *negotium pacis et fidei*, de cuyo buen éxito dependen la paz y la fe en la cristiandad.

—En suma —murmuró el cardenal de Porto sin abrir los ojos—, de otra cruzada, de otra guerra de cristianos contra cristianos, para que los nobles franceses amplíen sus territorios y los comerciantes expandan sus mercados: de otra masacre sin sentido.

Pero si en Roma volvió a prevalecer la voluntad de Inocencio, no ocurrió lo mismo en Inglaterra. Unos días después de su encuentro con los cardenales, el Papa amenazó de nuevo con poner al reino en entredicho si el rey insistía en desconocer a Esteban Langton como arzobispo de Canterbury. Juan reaccionó. Mientras arrojaba objetos contra la pared, vomitaba bilis y se revolcaba por el suelo, juró que, si el Santo Padre se atrevía a cumplir su amenaza, él haría cortar nariz y orejas a cuanto enviado llegara de la *urbs*. El Papa la cumplió. El rey no tuvo oportunidad de cortarle a nadie la nariz, pero expulsó a los obispos de sus cargos y confiscó sus bienes. Inocencio no consideró aquella decisión como una afrenta personal sino como un desafío a la Iglesia. No iba a quedar impune.

*No damos crédito, asceta. No lo damos. Nunca en la historia había habido un pontífice tan necio, tan belicoso y tan cínico como tú. Estás peleado con una mitad de la humanidad y aún tienes fuerza para iniciar un pleito con la otra. No lo creemos. De veras. No lo creemos. ¿Qué es lo que te mueve? ¿Tus sueños de gloria? ¿Tu afán por unir a la cristiandad, como lo repites a diario? ¿Tu demencia? Tu propio hermano te aborrece. No dejará de hacerlo por más que le hayas conseguido más prebendas y le hayas convertido en conde de Sora. Los sicilianos no quieren nada que huela a ti. Tampoco las familias de Roma. Sienten que los Scotti, los Segni y toda tu parentela se ha aprovechado de tu posición para lastimarlos. Si no te cuidas, los romanos terminarán por envenenarte. Además, has retrocedido el camino andado en Alemania. Felipe te sigue odiando. También te odia Otón. Ahora resulta que, después de haberte pronunciado por el güelfo, nos haces saber que eres neutral ¿Neutral tú, asceta? ¿Quién pretendes que lo crea? Al principio, confiamos en que te preocupaba que llegara al trono el más noble de los candidatos. Ya vemos que tu única inquietud es mantener al Imperio dividido. ¿Crees que no nos damos cuenta de tu perversidad? Aunque no lo conseguirás, debes tener cuidado. Nuestros espías me han informado que el rey de Inglaterra y Otón pretenden quitar del camino a Felipe. Él lo sabe. Se lo hemos advertido. Después de todo, él es nuestro aliado. Nuestro candidato. Harías bien en tomar precauciones: si Felipe es asesinado, estarás en dificultades. Queremos decir, en más dificultades de las que ya tienes por meter tus narices donde no te incumbe. Por aleccionar a los reyes sobre lo que deben hacer y no hacer a la hora de combatir y de amar. Aunque, déjanos decirte, ya supimos que hace un par de meses bebiste y cantaste para impresionar a una antigua amante. Ignorábamos que, alguna vez en la vida, tú también habías amado. Muy bien. Eso te hace menos aborrecible. Por supuesto, no te quita lo malvado. Si Dios existe, va a exigirte cuentas estrictas. Nosotros por, nuestra parte, aplaudimos que, por fin, hayas decidido ir a la guerra contra los albigenses. Que hayas nombrado al frente de tu cruzada a un hombre tan corrupto como Arnoldo Amaury. Si quieres mantenerlo leal a tu causa, te aconsejamos que le proporciones novicios jóvenes y hermosos. Porque sabes que esa es su mayor afición ¿verdad? Dicen que tiene un grupo de donceles a los que, cada noche, les desgarra el culo. Que los obliga a gruñir, a mugir y proferir toda clase de chillidos indecentes. También celebramos que hayas ofrecido la salvación eterna a todo aquél que se una a tu empresa. Así acostumbran hacerlo los papas cuando convocan una cruzada a Tierra Santa. Haces bien. No importa que esta nueva cruzada no vaya encaminada a doblegar al infiel. El recurso ya funcionó antes, cuando te enfrentaste con los alemanes en Sicilia. Pero, ahora, también tendrás que ofrecer tierras y castillos. Así te lo han aconsejado tus cardenales. Escúchalos. Puedes hacerlo. ¿No eres, después de todo, el vicario de Cristo en la Tierra, el mediador entre Dios y la humanidad? Nos asombra que te atrevas a proclamarlo. Nos desconcierta, aún más, que haya quien lo crea. Sin embargo, te deseamos suerte. Acaba con los condes de Tolosa y de Foix. Acaba con el vizconde de Béziers y Carcasona. Acaba, incluso, con el rey de Aragón. Todos ellos son nuestros enemigos. Nos harás un favor al eliminarlos. A cambio, prometemos cuidar tus intereses en París. Proteger al cojo. Porque, aunque engañes a Dios, a nosotros ya no podrás engañarnos. Desde la muerte de Inés, que no hemos olvidado, vigilamos a Roberto Courçon. Hemos seguido cada uno de sus pasos. Hemos descifrado las cartas que te envía. Hemos constatado cómo planeaste la muerte de tu propio legado en el Languedoc. Le conferiste plenos poderes y luego ordenaste que se le atravesara con una pica para cazar jabalíes. Ya tienes el pretexto para invadir Albi. ¿Qué estás esperando?*

## 18

Ocurrió como en un drama griego. Inocencio accedió a levantar la excomunión a Felipe de Suabia, signo inequívoco de que el noble Hohenstaufen sería el nuevo emperador. Entonces, en el culmen de su popularidad, en el momento en que se disponía a tomar el Imperio como la herencia que se le debía, le cercenaron el cuello. La noticia estremeció a casi toda Europa. *A casi toda* porque los príncipes alemanes no se amilanaron. En las dietas de Halberstadt y Francfort, reconocieron a Otón de Brunswick como emperador. Habían descubierto la estratagema del Papa para mantenerlos divididos y, por primera vez, cerraron filas. Fue inútil que Inocencio expresara su indignación por la muerte de Felipe, que condenara al asesino, que pidiera tiempo para estudiar el asunto o encargara a Ugolino iniciar una investigación. En Spira, Otón lució un casco espectacular —no se sabía si era celta o vikingo— con dos grandes alas de metal a los lados. Ahí organizó un concurso para ver cuál de sus generales partía mejor un cangrejo con los dientes y, acto seguido, reconoció los derechos de la Iglesia: la libertad en las elecciones eclesiásticas y las fronteras de los estados pontificios. Anunció que sólo esperaba que el pontífice le indicara la fecha en que sería coronado.

Alentado por aquellas noticias, el rey de Inglaterra consideró que, con su aliado sentado en el trono imperial, podría recuperar parte de los territorios que le había arrebatado Francia y —lo más importante—, que podría poner un hasta aquí a Inocencio. Así, ordenó que se reprimiera a aquellos nobles que, con motivo del entredicho, se habían levantado contra él. Fiel a sus métodos, promovió detenciones y saqueos; incendió las fincas de aquellos que denostaban su gestión y encerró a decenas de sus enemigos. Esta vez sí cortó narices y orejas. Él mismo, subido en el pescante de su carruaje, camino a uno de sus castillos, conminó a la gente que le miraba atónita: «¡Si el Papa es su salvador, que entonces venga a salvarlos!» Pero, por aquellos días, el Papa se encontraba abrumado, ultimando los detalles para exterminar la herejía del Languedoc.

Arnoldo Amaury había accedido acaudillar la cruzada contra los cátaros, pero había suplicado al Papa que le permitiera hacerse acompañar de un militar experimentado. Propuso a Simón de Montfort. ¿Recordaba Su Santidad que, por defender la causa de Cristo, el monarca inglés había despojado a Montfort de su título de conde de Leicester y le había arrebatado sus propiedades en Inglaterra? ¿Recordaba Su Santidad que, cuando advirtió la traición de Enrico Dandolo, de Montfort había abandonado a aquellos falsos cruzados en Zara? ¿Recordaba Su Santidad...? Sí, sí; Inocencio recordaba todo eso y no tenía inconveniente en que aquel hombretón, cuyos larguísimos bigotes le daban el aspecto de jefe oriental, recibiera su bendición. Lo que decididamente no recordaba el Santo Padre era dónde había visto, antes, la mirada del antiguo conde de Leicester. De rodillas, haciendo resonar su pesada armadura negra sobre las lozas de mármol, Simón de Montfort meneó la cabeza cuando Inocencio se lo preguntó. La mirada de aquel soldado era terrible, por más que se esforzara en dulcificarla. Era una mirada con la que el pontífice ya se había encontrado alguna vez. Estaba seguro de ello. En cuanto de Montfort hubo salido, el padre Alvar advirtió que si el Papa hubiera visto antes esa mirada, no habría tenido más remedio que recordarla. Tampoco era fácil olvidar el león rampante que utilizaba de Montfort como escudo. Se trataba de un emblema desafiante y virulento. Vaticinaba victorias.

—Dios te escuche, Alvar; necesitamos algunas. A veces tememos que el Señor, deseoso de probar nuestra paciencia, siembre piedras en nuestro camino. Hasta el rey de Dinamarca, que se proclama nuestro aliado, intenta imponer obispos, a sabiendas de que éstos son rebeldes, apóstatas e inútiles. Pero si lo que Dios quiere de su vicario son resultados, resultados va a tener.

Antes de que el benedictino pudiera responder, Inocencio lo tomó del brazo y lo condujo hasta su capilla privada, donde descubrió, montados en sendos bastidores, el lienzo que él le había traído de Constantinopla y otro similar. Ambos estaban recargados sobre las pilastras y, por su altura, alcanzaban las ventanas abocinadas de la capilla.

—No entiendo.

—Observa bien, Alvar. Ve la frente de una y otra imagen: advierte la marca ignominiosa de las espinas; ve el tórax y la lanzada irreverente; ve la espalda y la huella atroz de los azotes.

—No, no es posible —balbuceó el monje después de un rato— ¿Cómo logró Su Santidad reproducirlo?

No le amedrentaba la posibilidad de una falsificación. Él mismo la había intentado un par de veces. Pero aquello era demasiado próximo, demasiado auténtico. Era Cristo y no lo era.

—¿Tiene alguna importancia? —Inocencio se encogió de hombros—. Lo que debe tenerla es mantener el mayor sigilo al respecto. Queremos que escribas una carta a Huguccio de Pisa para preguntarle por la naturaleza del agua que emanó del cuerpo de Nuestro Salvador cuando éste estaba en la cruz. Queremos estar seguros de lo que hacemos. El cardenal de Ferrara es un hombre imaginativo. Podrá aportar alguna recomendación.

—Lo haré de inmediato.

—Queremos pedirte otro favor —el Papa lo condujo de nuevo a su despacho—: acompañarás a Arnoldo Amaury y a Simón de Montfort al Languedoc. Nadie conoce esas tierras mejor que tú y, después de los valiosos informes que nos enviaste desde Constantinopla, estamos seguros de que tu presencia en aquel frente nos resultará de inapreciable utilidad.

El padre Alvar palideció.

—Pero, Su Santidad...

Inocencio se quitó el anillo que llevaba en el anular y lo extendió al sacerdote. Éste, que no salía de su estupor, lo tomó para insertarlo en su propio dedo. Advirtió que el anillo era demasiado grande para él.

—Sabemos qué piensas. Pero ésta es la única reliquia convincente de todas cuantas existen. Si la cristiandad no cuenta con una sola imagen de Nuestro Salvador, nunca va a unirse.

—No es una reliquia, Su Santidad. Es...

—Escribe a Huguccio y prepárate para volver al Languedoc. Todo cuanto hacemos es por la unión de la cristiandad. Eso es lo que quería Jesús. A tu regreso, te haremos obispo.


—*Quizá pueda parecerte ingenuo, Clara, pero te confieso que, hasta entonces, nunca antes había pasado por mi cabeza la idea de ser obispo. El Santo Padre fue tan elocuente, sí, que mi lengua se trabó y no supe qué decir. Me obsequió un anillo de zafiro, distinción que sólo hacía a los obispos y cardenales más importantes de la Iglesia. Fue como un modo de garantizar su promesa, sí. Asentí y salí apresuradamente. Apenas tuve tiempo para escribir a Huguccio sobre la naturaleza del agua que emanó del cuerpo de Nuestro Señor y para constatar, atónito, que nos respondió haciéndonos la misma pregunta que le habíamos formulado. Ya estaba viejo. Aquellos eran sus últimos días.*

—*El caso es que Su Excelencia marchó, una vez más, al Languedoc...*

—*En efecto. Pero antes de unirme al ejército del abad de Císter, tuve que acudir a Saint-Gilles, donde Raymundo de Tolosa fue azotado ante la presencia del nuevo legado papal, quien tenía órdenes de humillarlo, de exigirle que repudiara públicamente la herejía y tomara las providencias necesarias para que se sumara al ejército*

*que lucharía contra los cátaros, sí. Aquello, la destitución de los ju-*
*díos que ocuparan algún cargo en la ciudad y la donación de siete*
*de sus castillos a la Santa Sede fueron las condiciones para que se*
*levantara la excomunión que pesaba sobre él. Aún puedo verlo*
*apretando los dientes mientras caía el látigo sobre su espalda des-*
*nuda. Las lágrimas escurrían de su rostro sin que él pudiera evitarlo.*
*Sus dedos se crispaban a cada golpe, a cada latigazo que le rasgaba*
*la piel. Pero no chistó. Traté de captar con la mirada la forma en*
*que se abría la carne al golpe del flagelo pero fue imposible. Éste*
*caía sobre la espalda y, cuando volvía a agitarse en el aire, la herida*
*estaba hecha. A cada azote había nuevas marcas sanguinolentas.*
*Me recordó la imagen del falso sudario que acababa de ver en la ca-*
*pilla privada del señor Papa. También me vino a la cabeza mi últi-*
*mo encuentro con Raymundo, en Muret, donde nos había salvado*
*de los veralucis al cardenal de Segni y a mí. Cómo lamenté no haber*
*podido ayudarlo en ese trance, agradecerle su auxilio de antaño, sí.*
*Pero aquellos azotes estaban concebidos para purificarlo. Para que*
*se le pudiera perdonar, como sucedió después. Y, en esto, como po-*
*drás adivinarlo, tu madre tuvo mucho que ver.*

Tras dos semanas de asedio, Béziers sucumbió al ataque de los cruzados. El señor de la plaza, Roger de Trancavel, había solicitado
el apoyo de Pedro de Aragón pero éste nunca llegó. ¿Cómo iba a
enfrentarse el rey de Aragón a un ejército bendecido por el Papa?
Arnoldo Amaury ordenó, entonces, que 20 mil prisioneros fueran
ejecutados. Cuando vio cómo cercenaban sus gargantas con cuchillos afiladísimos, Alvar se sintió horrorizado. Pero la parálisis que
se apoderó de él le impidió volverse de espaldas, correr, salir de ahí.
Vio cómo uno por uno de los prisioneros, tras un borbotón de
sangre, era arrojado a una pila de cadáveres que crecía en cada momento. Los sobrevivientes de Béziers, enfermos, exánimes, heridos
y semidesnudos, fueron expulsados de la ciudad. Mientras los con-

templaba atravesar las murallas, el abad de Císter se frotó sus manos de enano. Ordenó que Roger de Trancavel fuera desposeído de sus títulos y que éstos pasaran a algunos nobles franceses que se habían distinguido en el asedio. Estos, temiendo que el rey de Francia pudiera considerar aquello un acto de deslealtad, los rechazaron. Ni tardo ni perezoso, Arnoldo Amaury los hizo recaer en Simón de Montfort. Un mes después, el soldado se lo agradeció tomando Carcasona. Si alguno de los caballeros cruzados albergaba alguna duda sobre quién era el auténtico jefe de la expedición, aquellos nombramientos y la caída de Carcasona la disiparon.

Al enterarse de aquello, Inocencio se sintió turbado. No era fácil mostrar su mejor cara ante los cardenales, sostener que todo marchaba bien, a pedir de boca, mientras albergaba tantas dudas ¿De veras podría unir las Iglesias de oriente y occidente al devastar Constantinopla? ¿De veras lograría socavar la herejía provocando tantas muertes en el Languedoc? Si una cristiandad unida, imbatible, era deseable para todos ¿por qué, entonces, había tanta resistencia? «Qué cómodo sería que el demonio existiera», resolvió. «Todo sería cuestión de culparlo, de atribuirle todo aquello que la figura de Dios no basta para explicar». Predicaba la existencia de un solo Dios pero, en la práctica, necesitaba dos: uno para justificar el bien y otro —el demonio— para justificar el mal. «Los cátaros no están del todo equivocados», llegó a decirse. Luego recapacitó: lo cómodo, lo verdaderamente cómodo, sería que Dios existiera. «Sólo tendría que ponerme en sus manos. Dejárselo todo a Él». Pero el problema, lo sabía, era suyo. No del diablo ni de Dios.

Asís, en septiembre A. D. 1209.

Al señor Papa, Inocencio III, de Ortolana d'Offreduccio, indigna y pecadora:

Escribo desolada, furiosa, sin poder contener mi rabia, sin saber si mañana me habré arrepentido de las palabras que hoy plasmo

sobre este pergamino. Pero tengo que hacerlo. Si no lo hago, me asfi-
xiaré y terminaré ahogada por mis lágrimas. ¿Por qué Su Santidad
permite que se asesine a tanta gente inocente en el Languedoc? ¿Sólo
porque no piensan como Su Santidad supone que deben pensar? ¿Porque creen que la muerte en martirio los liberará de reencarnar una y
otra vez? ¿Porque visten de negro y se saludan diciendo: «Dadnos la
bendición de Dios y la nuestra»? No se me ocurre ninguna otra
razón, a no ser el miedo que tiene Roma de que la Iglesia que ha surgido en el Languedoc, respaldada por los señores de aquellas tierras,
ponga en evidencia la fragilidad doctrinaria y las contradicciones de
los abades, obispos y cardenales, que han hecho de las enseñanzas
de Nuestro Salvador un pretexto para mantener a los pobres en su
pobreza y a los ignorantes en su ignorancia. Mientras, ellos comen y
beben hasta saciarse, duermen a pierna tendida y se benefician con el
trabajo de estos ignorantes.

Cuando estuve en Roma y pregunté por qué había tanto encono
de la Santa Sede hacia los cátaros, Su Santidad me respondió que él,
en lo personal, simpatizaba con ellos, como simpatizaba con valdenses y judíos, ¿lo recuerda? Me aseguró que había aceptado un encargo y debía velar por los intereses que representaba, por lo cual se
aplicarían algunas medidas correctivas. Lo entendí. Creí haberlo entendido. Pero lo que se ha visto ahora en el Languedoc no es más que
una carnicería, emprendida por salteadores de caminos que apalean,
matan e incendian en nombre de un Dios que no puede ser el mismo
a quien yo rezo todas las noches y a quien encomiendo a mi marido
y a mis hijas. ¿Qué diría Jesús, que nos enseñó a amarnos unos a
otros, a perdonar a nuestros enemigos, si viera el modo en que actúa
su vicario? Lo que ocurrió en Béziers y en Carcasona, en Castres y en
Lombers, no pudo ser una medida correctiva. ¿Espera Su Santidad
aniquilar la herejía quemando a los buenos hombres y buenas mujeres, a quienes ni siquiera da la oportunidad de un juicio?

Su Santidad, que estudió Derecho y, se supone, es un jurista
cabal, un hombre justo, ¿qué hace al respecto? Nada. ¿Será porque se

solaza con tanta sangre? ¿Será, acaso, porque él mismo ordenó sacrificar a su legado, como lo cree todo mundo, para desatar esta guerra y, así, favorecer los intereses del rey de Francia y de sus compinches, que ya se hacen dueños del Languedoc? Me da vergüenza haber sido amiga de Su Santidad, haber enseñado a mis hijas a respetarlo, haber creído en su palabra. No quiero volver a saber nada de Inocencio III. Y si esto que digo, esto que pienso, constituye una afrenta, una felonía por la que merezca ser arrojada a una de las hogueras que Su Santidad ha encendido con tanto júbilo por Europa, gustosa iré a ella, maldiciendo su nombre y alabando el del Dios bueno, el del Dios grande, el del Dios verdadero, que nunca vería con agrado que tantos asesinos, tantos hipócritas, cometan estas tropelías mientras lo alaban.

Ha sido la última vez que escribo a Su Santidad.

Mientras el pergamino ardía en uno de los braseros de la terraza del *Palazzo Lateranense*, el Papa se incorporó sobre su asiento y sobó cuidadosamente sus pantorrillas. Desde hacía una semana, sus venas varicosas le habían provocado dolores intensos, obligándolo a vendarse las piernas y a mantenerlas extendidas, sobre un escabel. Así lo había encontrado el cardenal de Ostia y así lo escuchó leer la carta de *Donna* Ortolana.

—¿Qué te parece?

—En algo tiene razón, Su Santidad: no se está sometiendo a juicio a los herejes. Se está procediendo con escandalosa arbitrariedad.

—¿Y qué pretendes que hagamos? ¿Qué llevemos a juicio a cada uno de ellos? Tenemos el tiempo encima.

—Como juristas que somos, creo que es necesario instrumentar un proceso inquisitorial de carácter sumario para condenar a esos miserables de acuerdo con el Derecho —respondió Ugolino retorciéndose la guía de su bigote—. En la Decretal *Qualiter et quando*, que Su Santidad dictó en 1205 para que se investigara el caso del obispo de Agde, están los fundamentos de este procedimiento. Quizá habría que retomarlos.

—Recordamos el asunto, desde luego. Pero no es lo mismo nombrar delegados para que investiguen a un obispo que juzgar a miles de herejes. Además ¿quién supervisaría ese proceso? ¿Arnoldo Amaury? ¿Simón de Montfort?

—Su Santidad podría apoyarse en Domingo de Guzmán y en sus discípulos. Son hombres estudiosos y honestos.

—¿Domingo de Guzmán? Ese monje está cada vez más alunado. Se ha ido a refugiar a Fanjeaux y se ha proclamado *perro del Señor*. Nos informan que entrelazó diez rosarios de los que utilizan los musulmanes en su oración y proclamó que había recibido este nuevo instrumento de manos de la Santísima Vírgen para rezar. Si esto no fuera suficiente, hace unos días le preguntaron si predicaría con el mismo entusiasmo en caso de que el perseguido fuera él y, en lugar de explicar la nobleza de nuestra causa, los motivos de nuestra cruzada, respondió que sí, que le gustaría que un verdugo le cortara un dedo y después otro, para hacerlo sufrir con lentitud. ¿Tú crees que un hombre así nos serviría?

—Quizá —musitó Ugolino— *un hombre así* sea el que más nos serviría para dar carácter jurídico a las ejecuciones que se están realizando.

—No estamos seguros.

—¿Y respecto a *Donna* Ortolana sí lo está Su Santidad? Después de esta carta tan ofensiva, habrá que adoptar alguna medida contra ella.

—¿Contra Ortolana? —suspiró Inocencio— ¿Qué podríamos hacer contra ella? ¿Entablarle un proceso inquisitorial para enviarla a la hoguera? Esa mujer es más importante para nosotros de lo que tú imaginas, Ugolino. Tú y ella son las dos únicas personas en las que aún podemos confiar. Sus palabras nos han destrozado. Pero ¿qué podemos hacer? ¿Viajar a Asís para explicarle que lo que hacemos es por el bien de ella, de sus hijas, y de todos aquellos que desean una sola Iglesia, una sola justicia, una sola cristiandad? Ojalá que Dios nos dé vida para ver realizada nuestra misión, ese mundo en el que todos adoremos al mismo Dios, en el que todos pensemos y sintamos al unísono. Ortolana cree que esta guerra nos hace felices. ¿Cómo va hacernos felices que unos cristianos maten a otros? Pero, por otra parte ¿qué culpa tenemos de que unos hayan torcido el camino? ¿Cómo va a hacernos felices el hecho de que la propia Iglesia se divida y que, mientras la orden de Temple, nuestra querida orden de Temple, nos exprese su apoyo incondicional, la orden del Hospital muestre su abierta simpatía por los cátaros? Pero tú no has venido a que te sermoneemos sino a informarnos acerca de los preparativos para coronar a Otón de Brunswick ¿no es cierto? No sabes cuánto nos irrita la idea de tener que coronar a ese bribón.

El pontífice continuó sobando sus pantorrillas, ajustando las vendas y mirando cómo ardía el pergamino que acababa de leer, mientras el cardenal de Ostia lo puso al tanto sobre las gestiones que había efectuado en Alemania, así como sobre el juramento que el emperador electo había realizado en Spira. Le contó que Otón estaba preocupado por el joven Federico quien, liberado de los alemanes y proclamado rey de Sicilia, intentaba turbar la paz del Imperio. Por ello, Otón solicitaba a Su Santidad que no le brindara ningún apoyo al muchacho hasta que él llegara a Roma. A cambio, se comprometía a respetar los derechos feudales del Papa sobre la isla. Ugolino le informó, por último, que el emperador había reunido un ejército en Augsburgo y, a la cabeza de éste, marchaba hacia Roma.

—Suponemos que, en estos momentos, debe estar atravesando los Alpes— lamentó Inocencio.

Así era. Antes de entrar a Roma, Otón de Brunswick se probó doce trajes y quince pelucas. Desde el asesinato de Felipe de Suabia, había expresado su alegría comiendo con más fruición que nunca.

Estaba gordo. Además, en su intento por partir el caparazón de un cangrejo, había perdido dos dientes. Sus hombres se apresuraron a fabricar prótesis de oro pero, al verse en el espejo, Otón se halló grotesco. Prefirió utilizar piezas de marfil que le ataron con hilo mientras acampaba en las faldas del monte Mario. Dos días después, entre nubes de incienso y una multitud que agitaba ramas de olivo, cambió su casco alado por la corona del Imperio en la basílica de San Pedro. Lució eufórico, a pesar de que el Santo Padre no permitió que su ejército pusiera un pie en la *urbs*. Inocencio le entregó anillo, espada y cetro. Antes de coronarlo, en lugar del globo, le ofreció una manzana. Lo ungió como siervo de la Iglesia, recordando que había sido electo por Dios *y por el Papa*. Al día siguiente, olvidando su peluca y sus dientes falsos, Otón volvió a colocarse su casco alado y se paseó por la ciudad, como si ésta fuera su nuevo territorio. Esto disgustó a los romanos que, en el Puente de San Angelo, le cerraron el paso. El pontífice tuvo que intervenir. Rogó al nuevo emperador que abandonara la ciudad a la brevedad posible. Aunque todo quedó en unos caballos robados, Inocencio se inquietó. ¿Qué ocurriría si Otón, a imitación de los Hohenstaufen, decidía que el Imperio abarcaba Sicilia y terminaba por engullir los estados Pontificios?

Sus temores no tardaron en confirmarse: en la Navidad de ese año, las tropas del emperador avanzaron hacia la Marca de Ancona y el ducado de Spoleto. «Juré restablecer el Imperio», escribió Otón insolente, «y eso es lo que voy a hacer». Inmediatamente después, se dirigió a Sicilia e invadió Apulia. Cuando el cardenal de Ostia volvió a comparecer ante Inocencio, lo halló paseando de un lado a otro de su despacho, envuelto en una frazada. No quedaba rastro del dolor de sus piernas.

—¿Qué vamos a hacer ahora? —quiso saber Ugolino angustiado.

Inocencio no le prestó atención. Se dirigió hacia una copa rebosante de trozos de limón y tomó uno. Lo mascó con calma.

—Hemos renovado nuestro tratado de amistad con Perusa —anunció—. Además, tenemos que escribir al arzobispo de Lund para felicitarlo por la magnífica labor de evangelización que ha emprendido en Suecia y Finlandia. Hemos ganado ambas para la Iglesia Católica. Ojalá pudiéramos decir lo mismo de Noruega.

—Su Santidad —insistió Ugolino—, Otón y los güelfos nos han traicionado. ¿Qué vamos a hacer?

El Papa escupió el bagazo que le quedaba en la boca.

—Volvernos gibelinos —declaró.

Roberto Courçon, al señor Papa Inocencio III:

Aunque no he recibido respuesta a mis cartas anteriores, Su Santidad sabe que he cumplido, cabalmente, con cuanto encargo me ha hecho a través de los monjes de la abadía de Fanjeaux, por lo cual escribo ahora para dar cuenta del último.

La actitud del rey de Francia ha cambiado radicalmente pues se ha convertido en un hombre gentil, cuyo corazón ha sido tocado por el Espíritu Santo y cuya única ambición es servir a Roma y a Su Santidad, situación que comprobé ayer, cuando me llevó a visitar las obras de la catedral de París y, mientras la admirábamos juntos, me confesó con lágrimas en los ojos que lo que más desea en su vida es que, algún día, el Santo Padre oficie misa en este altar, mismo que se trata de un prodigio de la arquitectura moderna, que no imagino cómo vamos a superar en Roma.

Aunque el rey Felipe sabe que la construcción de este edificio no comenzó en su reinado ni terminará en él, habla de la catedral como si fuera obra suya y ha dirigido, personalmente, los trabajos del crucero.

Antes de invitarme a subir por los andamios, para que pudiera ver cómo detallaban los artesanos las escenas bíblicas de algunos rosetones con vidrios multicolores y el pórtico de la Virgen, repleto de bellísimas esculturas, me ha anunciado que está en busca de la imagen de una madona con el niño que dé nombre a la patrona de

Francia para que sea ella la que reine en aquel recinto, donde la luz resulta asfixiante cuando el sol penetra a través de esos cristales, los cuales causan efecto sublime.

La catedral apenas necesita de columnas, pues retoma muchas de las estructuras de la abadía real de San Denís, donde los contrafuertes aéreos soportan gran parte del peso del edificio, atosigado por símbolos cabalísticos que no sé qué hacen aquí.

Terminado el recorrido, Su Majestad me expresó sus temores ante las atrocidades de Otón del que, aseguró, es un bribón al que debemos detener a toda costa, pues ha invadido Sicilia, sin ningún derecho, y rechazó la oferta de paz que le hizo el rey Federico, motivos, ambos, por los que Su Majestad considera que Su Santidad debe excomulgar a Otón a la brevedad posible y, más aún, deponerlo de la dignidad imperial pues, según cree, cada día que el Santo Padre deja pasar es un día perdido para trabar alianzas con los señores y los arzobispos a los que Otón ha desairado, obligándolo a él, rey de Francia, a contribuir con 20 mil marcos para deponer al traidor.

En lo que a la Universidad de París toca, he transmitido a Su Majestad el mensaje del Santo Padre en el sentido de la alegría que le daría emitir una bula reconociéndola como una corporación legal, para lo cual entregué al rey, además, lo que podrían ser las leyes para regir a estudiantes y maestros, advirtiéndole que tendríamos que tener cuidado con los libros que leyeran los alumnos, particularmente los de Aristóteles, aseveración que hago, cierto de que Su Santidad está al tanto de que en París proliferan la *Ética* y la *Metafísica*, copiadas en Constantinopla, y de que algunos religiosos, que se dicen leales a Roma, son quienes más los han promovido, propiciando que el pueblo pueda explicarse el mundo sin necesidad de Cristo y la Salvación, aunque el rey estaba más interesado en otros aspectos del programa, sobre todo en que no se incluyeran algunas materias jurídicas las cuales, ha dicho, podrían contribuir a que se cuestionara el poder de un monarca.

Por lo que al Languedoc se refiere, la opinión en Francia está dividida, ya que un grupo expresa su júbilo pues estima que el rey

Felipe sólo espera que cruzados y cátaros queden exhaustos para que él pueda aducir, a su favor, «el legado de Carlomagno» y reclame esas tierras, mientras otros piensan que las matanzas que se están efectuando no tienen ninguna justificación, posturas, las dos, que me hacen advertir que mientras más al sur viven los franceses, más simpatía sienten por los cátaros y han llegado a decir —Dios me perdone por repetirlo— que el señor Papa es el Anticristo, por todo lo cual aguardo las instrucciones de Su Santidad.

La comitiva había ido de un lado al otro de la *urbs*. El Papa quería cerciorarse de que los frescos que ordenó pintar en diversos templos —particularmente en la basílica de San Pedro—, despertaran tanto la piedad como el miedo. También deseaba estar seguro de que los trabajos de reconstrucción y embellecimiento de la ciudad se desarrollaran en forma conveniente: el campanario de San Juan y San Pablo, cuyas escudillas de cerámica se habían deteriorado; la basílica de Santa María en el Transtevere; la de San Clemente, cuyos muros comenzaban a devorar los hongos; la de San Crisógeno y el Hospital del Santo Espíritu. Aquí se encontraba, impartiendo instrucciones sobre el modo en que los obreros debían enjabelgar los techos, cuando el padre Alvar, sin que nadie acertara a explicar de dónde había salido, se arrojó a sus pies, frente a la concurrencia. Si ya había desobedecido al Papa abandonando su encargo en el Languedoc, qué más daba que se abriera paso entre sus ayudantes y desafiara a sus guardias que, por lo demás, no hicieron intento alguno por detenerlo.

—Ruego a Su Santidad me perdone —exclamó abrazándole las piernas—. He abandonado la misión que se me encomendó y he roto mi deber de lealtad, pero lo que está ocurriendo en el Languedoc es superior a mis fuerzas.

El Papa ayudó a incorporarse al sacerdote y, comprendiendo que se trataba de algo excepcional, lo sujetó del brazo y lo condujo hasta una sala en construcción. Nadie se atrevió a seguirlo. Un

horripilante demonio con tres ojos morel de sal, encargado de fla-
gelar a las almas que, en vida, se habían negado a obedecer a Roma, les observaba desde una de las paredes del hospital. Fue el
único testigo de la conversación.

—Te hacíamos lejos de aquí, Alvar.

—No sabía qué informar, Su Santidad; no sabía qué hacer —el
monje volvió a arrojarse al suelo—. En Béziers, descubrí que el ejército cruzado está integrado solamente por unos cuantos caballeros,
sí. En el campamento se ven pabellones, tiendas, escudos, entre los
que destaca el león rampante de Simón de Montfort. Pero lo demás
es escoria: ladrones, salteadores, vagabundos que se han unido al
ejército sólo para ver qué ventaja obtienen de todos esto, Su Santidad. Los ví actuar cuando Simón de Montfort los lanzó por delante, a punta de lanza, para que ellos irrumpieran en la ciudad, la
saquearan, la quemaran, sí...

Un acceso de espasmos le impidió continuar. El pontífice colocó su mano sobre la cabeza del sacerdote para tranquilizarlo.

—Cuando éramos jóvenes —aventuró—, pensábamos que
alcanzaríamos la justicia sin esfuerzo, que el Reino de Dios vendría
a nosotros con sólo pedirlo. Ahora hemos aprendido que no basta
desear las cosas para que éstas ocurran.

—No me he explicado —himpó el benedictino, recuperándose—:
ví la saña del abad de Císter, oí los gritos de hombres, mujeres y niños
que no entendían lo que ocurría. Cientos de inocentes fueron sacrifica-
dos por Simón de Montfort, sí. Vi cómo los degollaban, Su Santidad.
Lo vi.

—¿Consideras inocentes a quienes desafían a Cristo? ¿Consideras inocentes a quienes siembran la discordia?

—Su Santidad: ni el abad ni Simón de Montfort se han detenido un instante para averiguar quién ha desafiado a Cristo y quién
no. Cuando increpé a Amaury en nombre de Su Santidad, respondió que había que sacrificar a todos, que ya Dios reconocería a los
suyos en la otra vida. Así lo dijo, sí, sí...

El pontífice se apartó de Alvar y caminó por la sala, dubitativo. Ese lugar, pensó, en unos cuantos meses estaría lleno de enfermos y heridos, de medicamentos y galenos. Era curioso que el mismo vicario de Cristo que, por un lado buscaba aliviar el dolor, por otro se esmerara en causarlo, en exaltarlo, en otras regiones de la cristiandad. ¿Para qué provocar tanto sufrimiento? ¿Valdría la pena? La idea de una cristiandad unida lo entusiasmaba, sin duda, pero ¿iba a realizar su ambición? No le importaría el precio, por alto que éste fuera, si tuviera la certeza de que, algún día, palabras como *Bien* y *Justicia* llegarían a significar lo mismo para todos los seres humanos. Pero no la tenía y, por momentos, había llegado a sentir que sus desvelos perdían sentido. Quizás estaba siguiendo un camino equivocado.

—Es un clérigo apasionado— resopló al fin.

—Es un carnicero despreciable, con perdón de Su Santidad. Lo ví en Bram, trepado en su litera, cubierta por damasquinos, regocijándose al ver cómo mutilaban la nariz y el labio superior a los cien sobrevivientes de la ciudad, sí.

En aquellas palabras había algo que molestaba a Inocencio sin que él pudiera precisar de qué se trataba. A sus pies, entre piedras, maderos y arena, no estaba un súbdito rebelde sino un sacerdote asustado, impotente, que acudía al Santo Padre para que éste le explicara qué estaba pasando, para implorar su consejo y ayuda. Su cicatriz, su frente deforme, acentuaba el aspecto de indefensión. Aquella súplica, no obstante, tenía visos de un involuntario reproche. Y el Papa no disponía de una respuesta contundente, como en otras ocasiones.

—Los caminos de Dios suelen ser inescrutables —respondió— ¿Quién te dice que esos cien mutilados no servirán de lección para que otros herejes reflexionen y vuelvan al buen camino? Si hoy no los detenemos, así sea a través de estos métodos escalofriantes, mañana dividirán a la Iglesia y acabarán por dividir a la cristiandad.

—A noventa y nueve —continuó el monje avanzando de rodillas hacia el Papa— les arrancaron los dos ojos, sí. Al último sólo le sacaron uno para que pudiera guiar a sus compañeros, sí. Y Amaury reía a carcajadas, agitaba sus piernas...

—Los caminos del Señor son inescrutables —repitió Inocencio, como si quisiera convencerse a sí mismo de lo que decía—. Nosotros sólo somos instrumentos en sus manos.

—Y yo —balbuceó compungido el sacerdote, mirando de soslayo al demonio de los tres ojos—, no he sabido cumplir mi parte en esos designios. ¿Verdad? Regresé sin autorización de Su Santidad, descuidé la misión que se me encomendó, sí.

—Podrás compensar este desacato haciéndonos un pequeño favor.

Roma, en junio A. D. 1210.

Muy bienamada y amante hija:

Hemos rogado al padre Alvar  que te entregue personalmente esta carta, sin sello y sin firma, y que no vuelva a Roma sin una respuesta favorable.

Tus palabras nos han herido, por duras e injustas, pero también nos han hecho reflexionar. Preguntas que por qué permitimos que ocurran tantos estragos en el Languedoc. ¿Has olvidado que San Agustín dejó escrito que, cuando se persigue a los herejes, cuando se les mata, no se viola el quinto mandamiento pues uno sólo es instrumento de Dios: *Non autem ipse occidit, qui ministerium debet iubenti, sient adminiculum gladius utenti?* Los soldados que causan ese sufrimiento son el medio en que el Señor realiza su voluntad. Son la espada de Dios. Y a Dios, hija, no podemos juzgarlo.

Nos preguntas qué tenemos contra los cátaros; que si acaso nos preocupa que ellos, con su conducta, pongan en evidencia «la fragilidad doctrinaria y las contradicciones de los abades, obispos y cardenales», a lo que te respondemos que, si así fuera, no nos estaríamos reconciliando con los *humiliati* —a quienes, incluso, hemos autorizado a predicar— y no habríamos abierto las puertas de la Iglesia a quienes pueden vivir las enseñanzas de Nuestro Redentor de un modo diferente *sin desafiar a Su Iglesia*. ¿Acaso no advirtió

Jesús que se estaba con él o contra él? «*Putatis quia pacem venidare in terram? Non, dico vobis, sed separationem*»: no vine a traer la paz sino la división. Una división que, para tener razón de ser, debe acabar en una unión más sólida, desde luego: en una unión perenne. Combatimos a los cátaros por lo mismo que combatimos a los musulmanes y a los judíos: se niegan a reconocer el esplendor de la verdad. Si ellos tuvieran la verdad y Cristo no hubiera sido hijo de Dios, como sostienen los primeros, o no hubiera sido el Mesías, como afirman los segundos, la Iglesia Católica no tendría sentido alguno. Estaríamos enseñando la mentira. Pero si la mentira son los otros, entonces los debemos aplastar. ¿No anunció, también, Cristo que había venido a traer el fuego a la Tierra? «*Ignem veni mittere in terram!*» Si, hace tantos años, la Iglesia de Roma no hubiera aniquilado a las iglesias de Rávena y Milán ¿qué habría sido hoy de nosotros? ¿Qué será de tus hijas si hoy no exterminamos a los cátaros y a sus seguidores? Cumplir con una responsabilidad como ésta, llevar un peso tan grande sobre nuestras espaldas no es grato, créenoslo. Pero sería mil veces más ingrato, mil veces más grave, oponernos a la voluntad divina.

Por otra parte, tú sabes desde hace cuántos años hemos buscado, en vano, la reconciliación con los habitantes del Languedoc. Tú sabes cuántas veces buscamos un acercamiento amistoso, cuántas veces predicamos la verdadera palabra de Dios, cuántas veces conminamos a los señores de aquellas tierras a reconciliarse con nosotros y a no fomentar la herejía. Agotamos los recursos. No hubo respuesta. En Béziers se les pidió que entregaran a unos cuantos herejes para salvar la ciudad. Nos ignoraron. Al hacerlo, eligieron su destino.

Mientras tú lees esta carta, ya habrán sucumbido la ciudad de Minervois y el castillo de Ventajeu. Habrán enviado a la hoguera a decenas de cátaros y estarán asediando Minerve. Luego, quizás, siga Cabaret. Pero ¿esto es cruel? ¿No lo es más permitir que el mundo se corrompa con las enseñanzas de estos herejes sobre el matrimonio y la creación? ¿No es peor tolerar que cada hombre haga lo que le venga en gana, sin rumbo, sin guía, sin una sola y única fe que dé sentido a su existencia? *Ruere in servitium*, escribió Tácito. Acertó. Los hombres se precipitan, naturalmente, hacia la esclavitud, hacia la servidumbre. Ahora bien ¿qué servidumbre es aquella que les conviene? ¿La que proponen los musulmanes, que es falsa a todas luces? ¿La que siguen los judíos, que martirizaron a nuestro Salvador? ¿La que pregonan los cátaros, tildando a la Iglesia de Cristo de ser la Iglesia de Satán? Si todos ellos son lerdos e ignorantes, nos toca a nosotros señalar el camino de la luz, inventarles una razón para trabajar, para luchar, para vivir. A pesar suyo, estamos obligados a mostrarles el camino que deben seguir y, al mismo tiempo, a dar la *animadvertio debita* a quienes promueven el desconcierto. Si de algo te sirve saberlo, todas las ciudades que hoy son aniquiladas, serán reconstruidas.

Otra de tus críticas importantes —porque lo que mencionas respecto a nuestro legado en Francia es tan repugnante que ni siquiera amerita una explicación— tiene que ver con el hecho de que no se está sometiendo a juicio a los herejes. Tienes razón. La tiene también el cardenal de Ostia, al afirmar que sería útil un proceso inquisitorial pero ¿cómo lo organizamos ahora? Desgraciadamente, no contamos con los hombres «justos y cabales» para impulsarlo. Pese a esto, hemos dado pasos para sustituir la *infamatio* por un procedimiento de indagación. Nos dolió, especialmente, lo que aseveraste sobre nuestra condición de juristas. Para que veas cuánto influyen en nosotros tus comentarios, el mismo día que recibimos tu carta, comisionamos al mejor abogado de la Santa Sede, Pedro de Benevento, para que compilara y sistematizara nuestras decretales y las de nuestros antecesores. En adelante, contaremos no sólo con un libro que se conozca en las escuelas de Derecho sino con un Derecho Canónico definitivo que permita a los hombres y mujeres del mundo saber a qué atenerse en cada caso. El cardenal de Ostia está interesado en este trabajo, y ya, desde hoy, haciendo alusión a las compilaciones anteriores, lo ha llamado la *Compilatio Tertia*. Más aun, hemos comenzado a acariciar la idea de convocar a un nuevo concilio ecuménico en Roma. Los cristianos deben tener muy claros sus deberes. En ocasiones, hay tantas normas que se contradicen entre sí, que nos hace falta una guía más precisa, que no deje lugar a dudas sobre lo que podemos hacer y lo que no podemos hacer, so pena de ofender a nuestro Salvador.

Te decimos todo esto para que no te quede duda de nuestro afecto, de nuestra devoción.

Mientras Inocencio masticaba las semillas de un limón, el padre Alvar volvió a disfrutar el contraste entre los muros de *travertino* del Palacio de Letrán, los mosaicos que formaban rombos sobre el piso, los postigos de madera labrada y los helechos que desbordaban las macetas de la terraza, con la suciedad de la *urbs;* con sus ruinas, el musgo que brotaba, incontrolable, entre las piedras de cada casa, de cada edificio... Si la imagen espectral de aquel falso sudario, oculto en la capilla privada, no se hubiera interpuesto entre lo que veía y lo que pensaba, el sacerdote habría concluído que el despacho del Sumo pontífice, a pesar de su austeridad —o quizás a causa de ella— era el recinto donde mayor placidez podía respirarse en el mundo.

—¿Dices que ella entiende cada una de nuestras palabras, que nos da la razón, pero que espera que recibamos a este joven como muestra de nuestro afecto? —preguntó el Papa— Qué extrañas son las mujeres.

—Así es, Su Santidad. Éstas fueron las palabras que utilizó *Donna* Ortolana, sí.

—¿Y dices que este joven está aquí, afuera, esperando que nosotros le demos audiencia?

El benedictino asintió.

—Según entiendo, Su Santidad, desde que llegaron de Asís, él y algunos de sus seguidores han estado esperándola.

—En ese caso, te rogamos que vayas a buscarlos. Les concederemos la audiencia de inmediato.

Quien apareció en la terraza del *Palazzo*, sin embargo, no fue el joven por quien abogaba Ortolana d'Offreduccio sino el cardenal de Ostia. Se acababa de enterar que el pontífice iba a recibir a un grupo de pordioseros y era su deber prevenirlo de que, a instancias del obispo de Asís, éstos habían conseguido antes una audiencia con Juan de San Pablo. Su Santidad debía tener cuidado con ellos. A pesar del tiempo transcurrido, a pesar de que el Papa lo había nombrado su confesor y le había encargado misiones delicadas, el cardenal de Sabina seguía resentido con Inocencio. No perdería oportunidad para ocasionarle algún perjuicio. Era una imputación que Ugolino solía hacer hacer con frecuencia, por lo que el pontífice no le prestó atención. Condescendiente, pidió a su sobrino que le acompañara en aquel encuentro.

Una vez más, nada de lo que sospechaba Ugolino se confirmó. Los mendigos irrumpieron en la terraza de un modo tan desordenado que los soldados tuvieron que intervenir. Todos vestían andrajos e iban descalzos. Todos miraban hacia el suelo. Sus pies, al igual que sus manos, su cara y su cuerpo entero, estaban cubiertos de lodo. En algunos, no se distinguía el hábito gris de la piel. Inocencio y Ugolino hicieron un gesto de asco en cuanto los vieron entrar. A un sólo golpe, los pordioseros cayeron de rodillas ante el pontífice. Éste, sorprendido ante el hedor que despedían, retrocedió. El padre Alvar permaneció de pie, detrás de ellos. Lo mismo hizo Cencio Savelli, que acababa de entrar.

—¿Y bien? —los increpó el cardenal de Ostia impaciente —¿Qué se les ofrece?

Con la cabeza en el piso, ninguno de ellos se atrevió a hablar.

—¿A qué han venido desde Asís? —preguntó el Papa—. Los escuchamos.

—Están ante Su Santidad, el señor Papa Inocencio III —aclaró Ugolino sin disimular su enfado.

Al fin, el que parecía el jefe y estaba más rezagado, sin levantar el rostro un momento, avanzó de rodillas y trató de besar las zapatillas de Ugolino. Éste se hizo a un lado y Cencio Savelli, amable, se aproximó al mendigo para explicarle quién era el Papa.

—El Señor les dé la paz —exclamó con la voz hecha un hilo—. Queremos la autorización de Su Santidad para ser pobres.

—Para eso no necesitan nuestra autorización —repuso el pontífice.

—Queremos predicar la pobreza, la abnegación, como lo hizo Jesús. Queremos ser insignificantes, como él.

Inocencio miró de reojo al monje benedictino y carraspeó:

—Lo sentimos. No sabemos cómo podríamos ayudarte. Querías ser recibido y has sido recibido. Comunícaselo así a nuestra querida hija, Ortolana d'Offreduccio. Lo único que podemos hacer por ustedes es otorgarles nuestra bendición. *In nomime Pater* —trazó la cruz con su mano—, *Figlio et Spirito Santo*...

El mendigo, sin despegar la cabeza del piso, empezó a retroceder, de rodillas, hasta la puerta. Sus compañeros lo imitaron.

—¿Puedes decirnos tu nombre? —preguntó Cencio Savelli.

—Francisco —respondió el joven.

Luego, él y sus compañeros se incorporaron sin atreverse a mirar a los prelados y, siempre seguidos por los guardias, abandonaron el Palacio de Letrán.

—Asunto concluido —declaró Ugolino.

Por eso al Papa le pareció extraño que, al día siguiente, muy temprano, mientras revisaba los planos que sus arquitectos le habían presentado para levantar la torre del Hospital del Santo Espíritu— «Nuestro hospital», como decía Inocencio—, su sobrino se anunciara en su despacho con una expresión que desbordaba júbilo.

—¿Qué motivos tienes para sentirte tan dichoso? —preguntó el pontífice.

Ugolino se hincó a su lado, besó el pie de su tío, su anillo, y se incorporó.

—Que Su Santidad tiene lo que le estaba haciendo falta para contrarrestar a sus críticos en el Languedoc.

—¿Ah, sí? ¿Y qué es?

—Los harapientos que vinieron ayer.

—No entendemos.

—Ayer conversé con Juan de San Pablo y me enteré que el movimiento que han emprendido estos desarrapados está teniendo en Asís una acogida extraordinaria. Los ven como santos sin considerarlos herejes; los miran como intérpretes de la auténtica voluntad de Cristo, sin pensar, ni por un momento, que puedan desafiar a la Iglesia. Pero lo más interesante es que, contra lo que podríamos haber pensado, todos ellos provienen de familias adineradas. Han renunciado a sus bienes para predicar la pobreza. Cantan, ayunan, visitan los pueblos aledaños para socorrer leprosos y reparan los templos derruidos que hallan a su paso.

Inocencio comprendió el interés de Ortolana y los vínculos que la unían con aquellos jóvenes. El jefe del grupo debía ser, sin duda, aquél a quien Clara pretendía amar; aquél que se había desnudado en plena plaza, frente al obispo de Asís.

—Ya lo vemos —dijo.

—Creo, por tanto, que si Su Santidad les autoriza a predicar la abnegación, como ellos mismos lo solicitaron, nadie tendrá duda de las intenciones de Roma. Si Su Santidad les autoriza a vivir en la insignificancia, como vivió Jesús...

—Jesús nunca vivió en la insignificancia —cortó Inocencio—. Era hijo de un artesano y, por tanto, aunque no era rico...

Se detuvo de pronto: sumar a aquellos andrajosos a la Iglesia, como lo proponía el cardenal de Ostia, podría ser, en efecto, una medida oportuna. Una jugada magistral. Más ahora, que él debía mostrar, ante sus detractores, que no estaba contra la humildad de los cátaros sino contra su insubordinación; no contra la denuncia que ellos hacían de la opulencia de Roma —denuncia en la que el mismo Jesucristo podría haber estado de acuerdo— sino contra la arrogancia, contra la burla, contra el afán de los cátaros de ser los dueños de la verdad. Dios ponía en su camino no a un puñado de jóvenes resentidos que exigían que los ricos se volvieran pobres sino a un grupo de jóvenes ricos que, voluntariamente, habían optado por la pobreza. El mensaje era contundente: la pobreza, como elección, tenía sentido. ¿Cómo no se le ocurrió antes? Desde luego, habría que poner una condición terminante: que juraran obediencia al vicario de Cristo. Obediencia completa. Obediencia absoluta. Como los *humiliati*, a quienes había autorizado predicar, siempre que no criticaran a la Iglesia o desdeñaran a quienes no vivían como ellos. Que no hicieran nada sin consultarlo con Roma. Sería como tener su propia versión del catarismo. Un catarismo que él podría manejar a su antojo.

—Su San... —se atrevió Ugolino al advertir que el Papa se había sumido en sus reflexiones.

—Que los localicen de inmediato —ordenó Inocencio haciendo a un lado los planes del Hospital del Santo Espíritu—. Los autorizaremos a predicar la insignificancia en la que vivió Jesús. Claro que sí.

Aquella noche, el Papa volvió a soñar con Angelo. Le anunciaba que viajaría a Béziers. Inocencio le prohibía hacerlo. Entonces el muchacho le decía que iría a Bram... El Papa despertó confuso, preocupado. ¿Qué mensaje trataba de transmitirle su amigo? ¿De veras era su amigo o sólo su imaginación? ¿Tendría que ver Dios en todo aquello? Porque si, finalmente, resultaba que Dios sí existía y el Papa, su representante, no estaba actuando de conformidad con Su voluntad, entonces estaba en un problema. Pero ¿cómo interpretar la voluntad divina, si es que la había? «Estoy desvariando», se dijo. Los textos bíblicos eran confusos, contradictorios. Aquella nueva aparición perturbó a Inocencio. No logró conciliar el sueño el resto de la noche, y el chirriar de un grillo que había logrado instalarse en alguna grieta de las paredes de su recámara, llegó a desesperarlo. Qué estupendo habría sido ser un hombre de fe, como Gregorio VII, al que sólo le bastaba «sentir» que Dios le ordenaba una cosa u otra. ¿Por qué Angelo había vuelto a aparecer? Algo había en aquel sueño, algo en aquel afán de su antiguo compañero por querer ir a Béziers y a Bram. Pero ¿qué? Volvió a recordar aquella época en que ambos discutían sobre los aciertos y desaciertos de la Iglesia Católica. Pero una cosa era ser un joven cardenal, deseoso de transformar el mundo, y otra estar dirigiéndolo, desde la silla de San Pedro. Si en verdad existía Dios ¿por qué se valía de Angelo, que nunca creyó en la doctrina de la Iglesia, para transmitir un mensaje? ¿Sería, precisamente, por eso? O quizás, después de todo, también existía el demonio y era él quien trataba de jugarle una mala pasada. ¿Qué tenía que hacer el vicario de Cristo para estar seguro de lo que hacía? «Te exijo... te ruego que, si existes, Señor, me envíes una prueba de ello, una señal más clara». Le sorprendió descubrir que, después de muchos años, había vuelto a orar.

—*Yo mismo fui a buscarlos por la ciudad, donde el cardenal de Sabina me dijo que podría encontrarlos, sí. Los hallé durmiendo, amontonados, en el Hospital de San Antonio. Los acompañé hasta el Palazzo Lateranense y fui testigo del afecto con el que los acogió el Santo Padre, sí. Ahora los recibió en el Salón de los Espejos. Ellos, como la vez anterior, no se atrevieron a alzar la cara ni un instante. Ni un instante, Clara. El, señor Papa les contó, conmovido, que la noche anterior había tenido un sueño. Un sueño, sí. La basílica de Letrán se derrumbaba sin que él pudiera evitarlo. Entonces, cuando el campanario comenzaba a desquebrajarse, a caer a pedazos, aparecieron aquellos jóvenes y lo detuvieron con sus manos. Aquél, dijo el Santo Padre, tenía que ser un mensaje divino. La basílica de Letrán representaba la Iglesia Católica y Francisco era su Salvador, sí. Todos estábamos conmovidos. Francisco sacó, entonces, un pergamino de entre sus harapos y, temblando de pies a cabeza, como si de pronto se hubiera puesto a bailotear, estiró el brazo y lo entregó al Santo Padre. Éste lo dio, a su vez, a Ugolino, prometiendo que lo estudiaría con cuidado. Eran citas inconexas de las Sagradas Escrituras que, según Francisco, constituían la Regla de su comunidad. El cardenal de Ostia sonrió, entonces, complacido. Luego me enteré de que, contra la voluntad del cardenal de Sabina, había obligado a Francisco y a sus compañeros a que se hicieran la tonsura. «No queremos ser sacerdotes», se atrevió a protestar Francisco. Pero Ugolino exigió que se sometieran a aquel rito pues, dijo, sería la prueba de su lealtad a Roma. Evitaría que se les confundiera con herejes. Curiosamente, aquel encuentro con Francisco significó el principio del cambio que experimentó el Santo Padre, sí. No quiero parecer irreverente pero fue como si, desde ese día, tener a Francisco de su lado le permitiera actuar sin límite. Comenzó a disfrutar, por decirlo de algún modo, la cruzada contra los cátaros. A partir de entonces, cada vez que se enteraba de una victoria de Arnoldo Amaury, de una nueva matanza de Simón de Montfort, ya no se preocupaba por disimular su alegría. Cuando cayó Termes y se rindió Cabaret, cuando tomaron Lavaur y se enteró de que 80 caballeros habían sido estrangulados y 400 cátaros habían perecido en la hoguera, o cuando Arnoldo Amaury castigó a Raymundo de Tolosa prohibiéndole hablar, lo celebró, sí. Te repito que no lo entiendo. Mientras la comunidad de Francisco crecía en el amor, el corazón del Santo Padre se endurecía. «Tenemos que arrancar la mala hierba desde su raíz», repetía. Luego, ordenó pintar cuadros y hacer esculturas donde Cristo, Nuestro Señor, apareciera con más sangre, con más heridas, con una expresión más doliente, sí. «Que aquellos que se quejan», sentenció, «recuerden cuánto sufrió el Hijo de Dios. Que les avergüence protestar». Unos días después de aquel encuentro, me aseguró que ni Juan de Inglaterra ni Otón de Brunswick se saldrían con la suya, pues había llegado el momento de respaldar al único emperador, al auténtico heredero: Federico de Sicilia, sí. Lo dijo con tal vehemencia que me asustó. Advirtiéndolo, cambió el tema y me pidió que empezara a considerar una nueva idea que se le había metido en la cabeza: la celebración de un concilio ecuménico. Debía ser el más grande, dijo, el más espectacular de la historia. Mientras chupaba un limón tras otro y se paseaba de un lado al otro de su despacho, ataviado únicamente con su hábito blanco, me aseguró que, después de aquel concilio, él tendría que estar enterado de los pensamientos de cada hombre, de cada mujer que formara parte de la Iglesia. Que tendría el poder para determinar si un hombre y una mujer podrían seguir unidos en matrimonio o no. Había resuelto elevar al rango de sacramentos la confesión y el matrimonio. También agoró que la hostia que se elevaba en misa ya no sería sólo un recuerdo de Jesús, sino su cuerpo mismo. «Alquimia divina», sí. Luego, mientras los ojos se le inyectaban de sangre y la vena de su frente percutía, tomó en cada una de sus manos las llaves del tesoro y las entrecruzó, ruidosamente, bajo el escudo de su familia. «Así lucirá el blasón del vicario de Cristo», proclamó: «Recordará a la cristiandad que lo que nosotros atemos en la Tierra, quedará atado en el Cielo; que es a nosotros y sólo a nosotros, a quienes corresponderá custodiar las llaves del reino». Sin saber por qué, mi mandíbula se trabó y no acerté a responder palabra.*

## 19

El halcón se posó en la rama de un árbol y contempló a las cincuenta o sesenta personas que tenía frente a sí. Movió la cabeza a un lado, al otro. Finalmente, levantó el vuelo de nuevo para posarse en el brazo del rey de Sicilia. Los aplausos y los *hurra* llenaron el claro del bosque.

—¿No es una maravilla? —quiso saber Federico mientras el pájaro agitaba las alas para mantener su equilibrio.

Sus cortesanos coincidieron. El rey dio entonces la señal de regresar. La comitiva entera se puso en marcha. En ella había caballos, gerifaltes, guepardos adormecidos y monos vestidos de cortesanos de Venecia; había decenas de aves exóticas, entre las cuales destacaban diez pavos reales que graznaban de modo incesante. Algunos soldados eran negros y usaban turbante; otros lucían cascos y armadura. La rudeza de unos y de otros contrastaba con las bailarinas que llevaban brazos y vientre descubiertos. En una litera, tres de ellas se revolcaban desnudas y se acariciaban entre sí. Unos criados pastoreaban avestruces y otros se encargaban de alimentar a los leopardos que rugían dentro de sus jaulas. Decenas de músicos agitaban cascabeles, tocaban flautas y laúdes. Todo era brillante, estrafalario.

—Va a ser triste renunciar a esto —bostezó el rey de Sicilia, pasándose la mano por su cabellera, que llevaba recogida hacia atrás, en una cola, a la manera de los Hohenstaufen.

Alguno de los consejeros aproximó su caballo al de Federico y le susurró al oído que sólo sería de manera temporal pues, tarde o temprano, regresaría a la isla para gobernar el Imperio desde ahí.

—Ni siquiera eso —suspiró el rey—. El Papa ha prometido darnos su apoyo, siempre y cuando renunciemos al reino a favor de nuestro hijo. No quiere que Sicilia y el Imperio se unan por ningún motivo.

El consejero sonrió malicioso. Su Majestad, insinuó, podría llevar la corte a la ciudad que prefiriera de Alemania. Ahí reuniría a sabios y a artistas, a los jefes de todas las religiones del mundo, como lo había soñado. Los gritos de dos odaliscas que peleaban distrajeron al rey. Éste ordenó con displicencia que, esa noche, condujeran a sus habitaciones a la que había provocado el pleito: tendría que bailar para él y copular con tres de los soldados negros. Y más le valdría hacerlo bien. Luego, con la misma displicencia, entregó a uno de sus ayudantes el halcón. Detuvo la cabalgadura para extender sus manos y decidir de cuál de sus diez anillos se iba a deshacer ese día. Optó por el que llevaba en el cordial de la derecha. Era una montura con un pequeño zafiro, regalo de Su Santidad.

—Será para quien adivine en qué estamos pensando —anunció al tiempo que espoleaba su caballo.

Sus escoltas y varios de sus acompañantes hicieron lo mismo para no perder el paso. Alguno aventuró una hipótesis: Su Majestad pensaba en las razones que tendría su esposa para oponerse a que renunciara al reino de Sicilia —que ya era suyo— a cambio de un Imperio que quizás nunca llegaría a serlo.

—No.

¿Estaría pensando, acaso, en la Dieta celebrada en Nuremberg donde, a instancias del Santo Padre, el rey de Bohemia, los obispos de Maguncia, Tréveris y Magdeburgo, así como otros señores, habían depuesto a Otón?

—No.

En ese caso, en lo que pensaba el rey era en la última visita que había hecho el cardenal Cencio Savelli a Sicilia para conocer a su hijo recién nacido, y en los consejos que le había dado sobre las obligaciones que tendría que enfrentar su mujer —en su carácter de regente— ahora que él abandonara la isla para ir a luchar por el Imperio.

—Tampoco.

Entonces sólo quedaba una posibilidad: el monarca pensaba en cómo sería su primer encuentro con Inocencio, ahora que éste lo recibiera en la *urbs* y lo coronara rey de Roma. ¿Cómo sería el Papa? ¿Qué le diría?

—Qué tontos son ustedes —bufó Federico colocando su anillo en el cordial—. Pienso en el modo en que me recordará la historia después de todo esto. Se me recordará como *Stupor mundi*.


*¿Estupor del mundo? Cuánta fatuidad. Y eso que ya tiene diecisiete años. Quien provoca nuestro estupor no es tu joven protegido, asceta. Son los reyes, condes, obispos y señores que se han unido a tu causa para expulsar del trono a Otón, a quien tú mismo coronaste. ¿De veras viajaste a Alemania de incógnito, como se rumorea, para convencerlos? Todos ellos han creído lo que proclamaste acerca de que Dios había elegido a Saúl y luego lo reprobó para colocar en el trono a David. Aseguraste que Federico era el nuevo David. Lo creyeron, asceta. Lo creyeron ¿No es asombroso? Quien provoca nuestro pasmo es el malogrado emperador. En cuanto se enteró de su deposición, se puso una peluca, abandonó Sicilia y se dirigió a Alemania para casarse con su prometida, la hija de Felipe de Suabia. Tenía la ilusión de unir su partido con los Hohenstaufen. Pobre Otón. Pobre mujer. Cuatro días les duró el gusto. En esta ocasión, no le echaremos la culpa al cojo sino a las mancebas de Otón. Sólo ellas pudieron envenenar a la recién casada. ¿No es para quedar boquiabierto? Por cierto, el cojo está feliz ahora que lo has nom-*

*brado cardenal. Le has conferido facultades para reformar la uni-*
*versidad de París. Para prohibir algunos libros de Aristóteles. ¿Por*
*qué le tienes tanto miedo al filósofo? Cuéntanos. ¿Temes que eche*
*abajo el andamiaje de mentiras que has construido para justificar*
*tu poder? Conseguimos una copia de su* Ética. *Leímos frases que tú*
*debes considerar demoledoras. Para Aristóteles, lo bueno es la fe-*
*licidad. No el Dios que tú dices representar. Para él, los hombres de*
*alma grande deben ser altivos. No obedientes, como tú enseñas. No*
*serviles. No sumisos y apocados, como pretendes. Aristóteles no con-*
*cibe la felicidad sin placer. ¿Por qué, entonces, tú y el cojo se han*
*ensañado con la* Metafísica *antes que con la* Ética? *En la* Metafísica
*sólo hay especulación sobre universales, causas eficientes, materia y*
*forma. Me gustó lo de la esencia: aquello que hace que algo sea lo*
*que es. Pero es incomprensible. ¿Será porque Aristóteles da a enten-*
*der que la inmortalidad es imposible, contra lo que tú predicas?*
*¿Será porque enseña a pensar? Hablando de andamios, por cierto,*
*hemos llevado a Roberto Courçon a conocer la catedral de* Notre
Dame. *Está fascinado con los vitrales. Dice que deben ser lo más*
*cercano al paraíso. Lo hemos invitado a subir por puentes y tablo-*
*nes. Albergamos la esperanza de que, deslumbrado, pierda el paso.*
*Aún no lo hace. Confiamos en que lo hará. Lo hará tarde o tempra-*
*no. Otros que nos causan auténtica sorpresa son tus nuevos prote-*
*gidos. Domingo, el domine cane, como se llama a sí mismo, y*
*Francisco,* Il Poverello. *Uno ayuda a salir del río a un par de pere-*
*grinos y ahora se dice que resucita muertos. El otro recoge a los gu-*
*sanos del suelo para no pisarlos y predica ante los pájaros, a los*
*que llama «hermanos». En lugar de que lo tachen de orate, lo em-*
*piezan a mirar como santo. ¿En qué mundo vivimos? ¿No te alar-*
*ma provocar tanto desvarío? ¿Cómo pretende competir Federico*
*con tantos locos? ¿Y qué me dices del rey de Castilla, que ha decidi-*
*do expulsar de* Hispania *a los almohades? Si no se unen a su em-*
*presa los reyes de Aragón y León, nada podrá hacer contra el infiel*
*y ¿quieres que te diga una cosa? Ni el monarca de Aragón ni el de*

*León se unirán al castellano pues tienen muchos negocios con los musulmanes. Hay muchas complicidades ¿No te bastó confirmarlo en la derrota que sufrieron los ejercitos cristianos en Alarcos, hace ya más de quince años? Pero lo que más nos sorprende, más que la expulsión de Otón, más que su esposa asesinada, más que Domingo, Francisco y el monarca de Castilla, es la carta secreta que nos enviaste. Nos sugieres la posibilidad de que podamos adueñarnos de Inglaterra. Eso sería magnífico. Nos propones coronar a nuestro hijo rey de aquella isla. A cambio, nosotros tendríamos que preparar un ejército para invadirla. Lo haremos. Claro que lo haremos. Sobre todo, ahora que has desligado a los ingleses de la obligación de obedecer a su rey. Has declarado que Inglaterra es feudo papal. Primero nosotros, al quitarle lo que tenía en el continente y, ahora tú, al arrebatarle la isla, hemos dejado a Juan sin tierra. «Juan sin tierra». Suena mejor que Soft Sword. Nosotros no tendremos dificultades para hacer nuestra parte. Luego, en agradecimiento, te levantaremos un altar al lado de la imagen de Nuestra Señora. ¿No has dicho tú, acaso, que María ganó lo que Eva perdió? ¿No te has dedicado a fomentar el culto a «la madre de Dios», como una fuente de financiamiento y como una forma de hacer más suave, más femenina a la Iglesia? Pero no, no creas lo de tu altar. Otón creyó que le entregaríamos París si llegaba a convertirse en emperador y ahora tiene pretensiones de instalarse en San Denís, para gobernarnos. De él nos libraremos de un momento a otro. De ti no nos libraríamos nunca. Lo que sí debes creer es que eres tú y no Federico, ese joven imberbe, quien nos llena de estupor.*

Otón de Brunswick, «el Viudo», como se le apodaba ahora, no calculó los costos de traicionar a Inocencio. Impetuoso y maldiciente, cambiando sus dientes de marfil por unos de oro y volviendo pronto a los de marfil, desestimó a su antiguo protector. Cuando se dio cuenta de lo que había ocasionado, descubrió, también, que ya no había marcha atrás. Pisa había roto con el Papa para respaldar-lo, cierto, pero ¿qué otra carta tenía el güelfo a su favor? Hasta el marqués de Ancona lo había abandonado, traspasando la Marca al pontífice una vez más. Al saber que Federico, candidato del Papa para ocupar el trono imperial, había dejado Sicilia con el propósito de ganar adeptos para su causa, Otón hizo un movimiento desespe-rado. Resolvió dirigirse hacia el sur para acabar con su rival.

Pero Federico contaba con la protección de la Iglesia. Después de haber comido y conversado con él, después de haberle mostrado el halcón sobre una esfera que le había obsequiado Enrique VI —su padre—, Inocencio lo coronó rey de Roma —«Qué gusto nos da mirarte a los ojos, hijo mío»— y ahora lo protegía en Trento, Coira y San Gall. Cuando Otón salió a su encuentro, era demasiado tar-de. Federico había alcanzado Constanza. Convirtió aquella ciudad en base de operaciones. Los obispos de Estrasburgo y Spira le ayu-daron a cruzar Alsacia y a situarse en las fronteras de Francia. De-masiado tarde se percató Otón de que Inocencio no necesitaba un ejército propio para salirse con la suya.

Si lo anterior no hubiera sido suficiente, la posición del pontífice se fortalecía día con día. Habría sido muy difícil asesinar-le entonces, como aconsejaban a Otón sus capitanes. El Papa iba de victoria en victoria. En el Languedoc, ante la declarada rebeldía de Raymundo de Tolosa que, harto de las exigencias de Arnoldo Amaury, había acabado por romper con los cruzados, Simón de Montfort había arremetido contra el improvisado ejército occitano en Castelnaundry, evitando que Raymundo y el conde de Foix unieran al Languedoc.

Los desguarneció. En Hispania, los reyes de Aragón, Castilla y Navarra, respondiendo a las promesas y amenazas de Roma, moti-vados por las indulgencias que Inocencio había concedido, se unieron, de una vez por todas, y derrotaron a los almohades en las Navas de Tolosa. «El *rex Franciae* se equivocó», anunció el pontí-fice a sus cardenales, quienes le habían puesto al corriente sobre los comentarios que había hecho Felipe. El triunfo resultó completo. La batalla, interesantísima desde el punto de vista militar, fue determinante desde el punto de vista político: «A partir de ahora», escribió el Papa a Pedro de Aragón, «los musulmanes comenzarán a perderlo todo. En unos cuantos años, Europa se habrá librado de la más grande plaga que le ha invadido». Animado por esto, y ante la sorpresa de Europa, decidió dar un paso más en la consolidación de la supremacía de la Santa Sede: encargó al rey de Francia que ejecutara la sentencia que él mismo había dictado contra Inglaterra y depusiera, sin pérdida de tiempo, al rey Juan. Había estudiado minuciosamente el asunto y sabía que podía castigar al monarca rebelde. Por ello, el ejército de Felipe tendría la justicia de su lado y —algo aun más importante— la bendición papal.

*—Vaya que si aquellas fueron épocas difíciles, Clara. Por ese entonces, yo dedicaba todo mi tiempo a la organización del Concilio de Letrán y casi no me daba cuenta del ajetreo, de la angustia que reinaba en Roma. Pero la presentía, sí. Al cardenal Savelli, que se tomaba muy a pecho su papel de chambelán, le empezó a temblar el pulso. Se decía que cada noche crecía su joroba. Ugolino de Segni comenzó con sus ataques de cólera y al Santo Padre le recrudecieron los dolores de estómago, sí. Temía tanto que alguien fuera a envenenarlo que hizo aun más estrictas las medidas de seguridad en torno a su persona. «Ahora no podemos morir», decía. «Todavía no». —Su sueño era recuperar Tierra Santa. Pensaba que, sin ella, nunca uniría del todo a la cristiandad.*

*—Yo, en cambio, recuerdo aquellos años con nostalgia, Su Excelencia. Aunque Asís había sido, tradicionalmente, una ciudad imperial, a falta de emperador pretendimos nuestra autonomía y terminamos convirtiéndonos en papistas. Comenzamos a pagar impuestos a Roma y a celebrar sus triunfos. Por todas partes se escuchaba lo que ocurría en el Languedoc y los juglares no dejaban*

*de pregonar las hazañas de Otón y Federico, según con quién sim-
patizaran. Los partidarios de uno y de otro, eso sí, alababan las de-
rrotas de los musulmanes. Pero yo, Su Excelencia, sólo pensaba en
Francisco. Desde niña había anunciado a mis padres que deseaba
pasar el resto de mi vida a su lado y, aunque él hubiera renunciado
al matrimonio, yo no pensaba renunciar a mi propósito. Cuando
aquel domingo de Ramos escapé de mi casona, en la plaza San Rufino, para reunirme con él, no me importaba ni Inglaterra, ni Francia. Menos aun los cistercienses o los templarios. Mi mundo giraba
alrededor de Francisco. Aún me duele recodar cómo me condujo
a un monasterio primero y, luego, a otro, como si quisiera desem-
barazarse de mí. Pronto entendí que aquello lo hacía para que
nadie fuera a separarnos más tarde pero, entonces, le digo, me sentí
lastimada. Acabé aquí, en San Damián, donde, desde entonces, he
vivido. Quince días después, como lo sabe Su Eminencia, se reunió
conmigo mi hermana Catalina. Francisco la bautizó «Inés». Fueron
los días más felices de mi vida. Mi padre estaba fuera de sí. Quería
casarme con un noble o con alguien que elevara el prestigio de la
familia. Fui injusta con él al haber tomado una decisión tan precipitada pero yo, entonces, ni siquiera había cumplido dieciocho años.
No podía calcular las consecuencias de seguir el llamado de mi
corazón. Mi padre, enfurecido, me buscó cuando huí de casa y volvió a buscarme cuando lo hizo mi hermana. Quiso sacarnos del
monasterio, acompañado por mi tío y mis primos. «Esto es una
afrenta para los condes de Sasso-Rosso», vociferaba. Pero nada
consiguió. Mi madre lo acompañó en las dos ocasiones sin abrir la
boca. Ella me entendía. Me entendía mejor que nadie y rezaba.
Rezaba y lloraba. «Es inconcebible», repetía mi padre. Pero ¿qué
podía hacer él? ¿Qué podía hacer yo? Me sentía tan apenada y tan
dichosa al mismo tiempo… La mirada de Francisco me hacía
perder el habla. Había algo de mágica en ella. Cuando cortaba mis
cabellos, cuando me tocaba, cuando me contemplaba absorto, ves-
tida con una túnica de arpillera, como la suya, y descalza, experi-*

*menté un cosquilleo que sería incapaz de describir ahora. Fue algo divino. Por ello, al saber que estaría cerca de él, todo me daba igual. Antes de marcharse, mi padre alzó el puño y aseguró que la culpa era de mi madre, por haberme malcriado, y de Lotario de Segni, por haberle dado alas a Francisco.*

*—Tenía razón: el señor Papa veía a Francisco como lo que él mismo pudo haber sido y no fue. Quizás por ello lo apoyó tanto. Si el señor Papa no optó por una vida más libre, fue porque se había impuesto la misión de unir a los hombres en Cristo, sí.*

*—A su manera, también Francisco encarnó la posibilidad de una vida más tranquila ¿no es cierto?* Digo *también, por lo que Su Excelencia me ha referido sobre aquel monje que pretendía que el señor Papa acabará convertido en juglar.*

—Ese monje, en efecto, fue fundamental en la vida de Inocencio III.

*—¿Tanto como para llegar a considerarlo la persona a la que él más quiso y la que más influyó en su vida?*

*—No. No tanto, hija.*


En su desesperación por no ser desbancado, apenas se alió con el clero de Colonia, Otón de Brunswick tomó dos decisiones fundamentales: cambiar sus dientes de marfil por unos de oro y crearle un problema tanto al Santo Padre como al rey de Francia. Tenía que ser, por supuesto, un problema de grandes dimensiones, un problema que minara la autoridad moral de uno y el poderío del otro. Y halló lo que podía suscitarlo. En la corte de San Denís se presentó un adolescente que llevaba una carta para Felipe. Según decía, se la había entregado el mismísimo Jesucristo. Aunque el rey no le prestó atención, el iluminado levantó en pocos meses un ejército de niños y jóvenes deseosos de viajar a Tierra Santa. Los citó en Vendome para, de ahí, partir a Marsella o a algún otro puerto donde embarcarse. Anunció que, en cuanto estuvieran frente al mar, éste se abriría y ellos caminarían hasta Jerusalén para lograr lo que no habían conseguido los más valientes caballeros. Poco después, en Colonia, bastó que tres chiquillos de las afueras de la ciudad juraran que se les había aparecido el Hijo de Dios —«Dejad que los niños se acerquen a mí», era su lema—, para que, provenientes de múltiples ciudades de Alemania, otros de su misma edad empezaran a reunirse con el propósito de integrar una legión y dirigirse a Tierra Santa para liberarla de los infieles. «Sólo el corazón puro podrá doblegarlos» se aseguraba por doquier. Todo mundo hablaba de aquel ejército de críos desarrapados. Todo mundo donaba ropa y alimentos para que cumpliera su misión. De dónde salían tantos niños, era un misterio. Se decía que sus padres, campesinos incapaces de continuar manteniéndolos, les habían instigado a formar parte de aquel contingente, pero pronto se unieron a la cruzada hijos de buenas familias, sacerdotes visionarios y todo género de personas deseosas de recobrar Tierra Santa. En algunas aldeas aparecieron pregoneros y flautistas encargados de dotar a los niños de banderas y escapularios. ¿Quién les proporcionaba todo eso? ¿Quién financiaba las cruces y los estandartes que llevaban? Nadie lo sabía.

Cuando Inocencio se enteró de que en Marsella y en Brindisi había cientos de niños, unos esperando que se abrieran las aguas del mar y otros con la idea de embarcarse a Tierra Santa, tuvo que olvidar por un momento las hogueras que ardían por Europa y las gestiones para que los alemanes proclamaran príncipe a Federico. Aunque los niños de Brindisi pretendían que el pontífice les otorgara su bendición antes de partir, a éste le preocuparon más los de Marsella, pues algunos comerciantes habían puesto a su disposición siete embarcaciones para que emprendieran la travesía.

—El demonio tiene que estar metido en esto —rugió el cardenal de Ostia—. Sólo el Maligno podría haber concebido algo así.

— En este asunto no resultará culpar al diablo —sentenció el Papa—. Sabemos que es Otón. Quiere debilitarnos.

Los informes que recibió Inocencio en el curso de la siguiente semana confirmaron su punto de vista. Para entonces, los dos ejércitos de niños se habían engrosado con la participación de inválidos, mujeres embarazadas, mendigos y ancianos.

—En otras circunstancias, trataríamos de hacer algo más —declaró el pontífice—, pero en estos momentos no es posible. Habrá que convencer a sus dirigentes.

—Sus dirigentes son niños histéricos —informó Pietro de Benevento, que abandonó temporalmente la recopilación de decretales para mantener informado al Papa—: pastorcillos que dicen tener éxtasis de manera continua. A algunos se les aparecen Jesús y, a otros, María.

—Entonces habrá que dispersarlos —ordenó Inocencio—. Sobre nuestro pontificado no va a caer el estigma de haber convocado a estos críos. Quien tiene que jurar que tomará la cruz es Federico, en cuanto sea emperador. No estos mocosos.

Rápidamente escribió al obispo de Marsella para que les prohibiera embarcarse. Fue tarde. Las siete naves habían partido, llevándose aquellas huestes. Para calmar los ánimos del contingente, de Brindisi, Inocencio accedió a recibir a su jefe, a quien exhortó a volver a Colonia. Al entrar al despacho del Papa, el nuevo iluminado no dejó de volverse a uno y a otro lado. Llevaba la cara cubierta de mugre y agitaba una rama en cada una de sus manos para ahuyentar, dijo, a los malos espíritus de Roma.

—¿Me nombrarás santo? —quiso saber el muchacho.

Inocencio hizo un esfuerzo para conservar la calma.

—No será tan pronto —respondió—. Para ser santo hay que dedicar toda una vida al servicio a Dios. Hay que obedecer a su vicario, el Papa. Tú darás el primer paso volviendo con tus compañeros a casa...

—¿Entonces me harás santo? Los ángeles me anunciaron que me harías santo.

—Si te dijeron eso, quizá no eran ángeles. Los ángeles no mienten. Por lo pronto, habrá que volver a casa —repitió el pontífice.

—Es el diablo —profirió Ugolino de Segni cuando el jovencito hubo salido.

—Es Otón —insistió el Papa.

En cuanto Federico fue proclamado rey en Francfort, devolvió a Roma el ducado de Espoleto. El Papa estimó, entonces, que había llegado el momento de consolidar su alianza con el rey francés. Le pidió una vez más —y de una vez por todas— que incorporara a Ingeborge a la corte. Ya no era posible continuar la simulación. Le exigió, también, que expulsara a los judíos de París pues, con su terquedad de considerarse «el pueblo elegido», rechazar a Cristo y negar obediencia al Papa, minaban la autoridad de la Iglesia Católica. Felipe no tuvo reparo en consentir. Si Inocencio iba a convertirlo en dueño de Inglaterra, era necesario estar en los mejores términos con él. Además, si Dinamarca iba a auxiliarlo a invadir la isla, era conveniente no tener agravios pendientes con aquel reino. Ingeborge regresó a la corte con los honores que le correspondían. «Sé que esto lo debemos a Su Santidad», escribió la mujer a Roma, profundamente agradecida.

Aprovechando la insistencia de Pedro de Aragón, que juraba que la cruzada contra los cátaros había cumplido su cometido, que en aquellas tierras nunca volvería a fructificar la herejía, Inocencio dio un paso más: estableció la paz en el Languedoc. A tal efecto, hizo saber por todos los medios que la guerra había terminado. «Al vencedor de las Navas de Tolosa no puede negársele una gracia», escribió. Uniendo la acción a la palabra, comenzó a regular el nuevo estado, a través de los *Estatutos* de Pamiers. Asistido por Pedro de Benevento, dictó las directrices para establecer el pago de diezmos, la autoridad de los obispos sobre los clérigos y la repartición de los bienes de los herejes. Quienes habían apoyado la cruzada serían elevados y quienes la hubieran dificultado serían depuestos. Arnoldo Amaury, agitando sus manos de enano y asegurándose de estar rodeado por los soldados más apuestos, se instaló en la sede metropolitana de Narbona. Ahí se le nombró duque de la ciudad.

Muchos cruzados, como era de esperarse, no estuvieron de acuerdo con los *Estatutos*. Acatarlos significaría detener los pagos que se les habían prometido y echaría abajo numerosos negocios incipientes. Para colmo, les impediría confiscar nuevas tierras. Simón de Montfort, a quien Inocencio dirigió una misiva, acusándolo de haber utilizado contra los católicos algunos poderes que debían haberse dirigido, solamente, contra los herejes, resultó el más contrariado. «Mientras no caiga Tolosa y quienes respaldaron la herejía», advirtió sin prestar atención a la decisión del Papa, «ésta no habrá sido extirpada de raíz: venimos a acabar con ella y no nos iremos sin lograrlo».

Convencido de que los *Estatutos* le permitirían olvidar, por lo pronto, el Languedoc, Inocencio se concentró en la resolución de otros problemas. La soberbia de Juan de Inglaterra, la insolencia con que había rechazado a Esteban Langton, único y legítimo arzobispo de Canterbury, así como la crueldad con que había perseguido a los sacerdotes leales a Roma, no podían quedar impunes. Mientras Felipe de Francia reunía el ejército con que habría de invadir Inglaterra, el Papa aprovechó el tiempo para supervisar los correctivos al interior de la Iglesia. A últimas fechas, se habían acumulado denuncias sobre las relaciones sexuales que algunos sacerdotes sostenían con niños de familias devotas. Aunque los obispos se esmeraban en guardar silencio sobre el asunto, las cartas pontificias se volvieron más cáusticas. «Ya no sabemos», escribió el Papa en una de ellas, «si para pertenecer a la Iglesia en estos tiempos hay que tener afán de lucro o un deseo desmesurado por desgarrar culos». A los cluniacenses, que se reunieron en capítulo general y le solicitaron algunas palabras de aliento, les escribió para advertirles cuánto lamentaba el relajamiento general de la orden. «El priorato de la Caridad», concluía su mensaje de aliento, «es un modelo de corrupción». Apenas recibió noticias de que el ejército del rey francés estaba dispuesto a partir hacia la isla, hizo a un lado las perversiones de los curas y designó rey de Inglaterra al hijo mayor de Felipe. Después de todo, Luis era esposo de una nieta del difunto rey Enrique y cubría las exigencias jurídicas que tanto preocupaban al pontífice.

Unos días después, el Papa halló el momento oportuno para convocar al Cuarto Concilio de Letrán, en el que venía trabajando con ahínco. Sus inquietudes parecían haberse reducido: «Dos cosas me preocupan ante todo», proclamó: «la liberación de Tierra Santa y la reforma de la Iglesia Universal». La verdad es que sólo le preocupaba una: la cristiandad unida. Citaba a sus abades, obispos, arzobispos y cardenales para reunirse en Roma. Antes, sin embargo, citó a Roberto Courçon.

Desde hacía algunos meses, el ahora cardenal había solicitado audiencia, por lo que se sorprendió cuando supo que lo buscaban en la Santa Sede. Inocencio recibió a su viejo amigo en la sala de audiencias del Palacio Vaticano. A pesar del esfuerzo que tuvo que hacer éste para arrodillarse y besar su pie, el Papa no hizo intento alguno por dispensarlo de cumplir con el rito. Sólo cuando Courçon se incorporó, extendió el brazo para ayudarle. Supuso que el pontífice querría preguntarle por la *Summa* que se hallaba escribiendo o por el reglamento que estaba elaborando para regir la Universidad de París, donde se contemplaba la creación de la Facultad de Artes. Después de sonarse la nariz, Inocencio puntualizó: celebraba el interés de Courçon por Graciano y el *Decretum*, así como sus reflexiones en torno a la usura. Había que condenarla, naturalmente. Veía con buenos ojos que se preocupara por dosificar las lecturas de los estudiantes de París, así como de proveer a los más pobres de trajes adecuados y otros enseres para que pudieran realizar sus estudios en mejores condiciones. Pero no era nada de eso para lo que lo había mandado traer hasta Roma. Lo que Inocencio quería era designarlo legado *ad latere* para empezar a predicar la próxima cruzada a Tierra Santa.

—¿La próxima cruzada? —Courçon no pudo contener su júbilo— ¿Su Santidad va a convocar una nueva cruzada? Eso es grandioso.

—En el mundo no caben dos religiones —dijo Inocencio mientras iba de un lado a otro— y eso tú lo sabes mejor que nadie. Si los musulmanes están en lo correcto ¿cuál es nuestro papel aquí, Roberto? Si Cristo no es el hijo de Dios, la Iglesia Católica no tiene motivo para hacer lo que hace. Los cátaros tendrían razón al llamarla *Iglesia de Satanás*. Somos *La Verdad* o no la somos. No puede haber dos, tres o diez verdades. El demonio se ha encargado de confundir a la cristiandad y nosotros estamos obligados a derrotarlo.

Courçon no supo si el Papa estaba convencido de aquello pues, hasta donde lo recordaba, Lotario de Segni siempre había puesto en tela de juicio la existencia del demonio. Pero daba igual. El Papa Inocencio III, ataviado con su hábito blanco y produciendo destellos verdes con sus ojos, iba a convocar una nueva cruzada. Ni la invasión de Inglaterra ni la celebración del Concilio ecuménico tenían la trascendencia de aquella noticia. Y él, Roberto Courçon, iba a ser punta de lanza. Quien se lo estaba comunicando era el representante de Cristo en la Tierra. Entonces, sin darse cuenta, Courçon se permitió una audacia que ningún otro de los colaboradores del Papa se habría permitido: tomó la última rodaja de limón de un plato de cerámica que se hallaba a su lado y comenzó a mascarla. El cardenal Savelli, que también había quedado atónito con el anuncio de Inocencio, se repuso e hizo señales a un criado para que volviera a llenar el recipiente.

—Supongo que lo mismo habría que decir de los judíos...

—Lo mismo, Roberto, desde luego. Cristo es el Mesías o nosotros representamos a un usurpador. Lo que está en juego es nuestra legitimidad. Por eso debemos localizar a los judíos, identificarlos, señalarlos de algún modo para que nadie los confunda con nosotros. Advertir a los nuestros que, aunque ellos se parezcan a nosotros, no somos iguales: ellos no creen lo que nosotros creemos. Hemos logrado que sean expulsados de París y hemos dado instrucciones a Esteban Langton para que les haga la vida difícil en Inglaterra. Insistimos: somos *La Verdad* o no.

—¿Y qué es lo que espera Su Santidad que yo haga? —preguntó Courçon echando hacia atrás su cabellera pelirroja, que no había sufrido deterioro alguno con el paso de los años.

—Que recorras Francia, que hables con la facundia con que el Señor te ha dotado, que comprometas al mayor número de personas a tomar la cruz. Todas son útiles. Todas son necesarias. Todas son bienvenidas para defender la causa de Dios y de la Iglesia. Cuando se reúna el Concilio de Letrán para indicar a la cristiandad qué es la Verdad y qué no, qué debe creer y qué no, es preciso contar con un ejército en forma. Un ejército que esté listo para marchar a la conquista de Tierra Santa. Dios te ha elegido por tus virtudes como soldado para cumplir esta tarea.

—La acometeré con el celo que Su Santidad conoce —exclamó Courçon—. Sólo quisiera hacer una súplica.

—Tú dirás.

—Deseo que, cuando todo esté listo, se me permita ir a esa cruzada.

Inocencio asintió satisfecho.

—Ponemos al cardenal Savelli por testigo de que irás. Más aún: le instruimos para que se haga responsable personal de que tú estés ahí, en medio de la batalla, como tanto lo anhelas.

—Las instrucciones de Su Santidad serán cumplidas al pie de la letra —declaró el cardenal de Albano.

Un rato después de que Courçon se hubo marchado, entró el cardenal de Ostia. A juzgar por las ojeras que llevaba, no había dormido en tres noches. Deseaba informar al pontífice que su diagnóstico sobre los niños había sido correcto: era Otón y no el diablo quien estaba detrás de la expedición infantil. Los mercaderes que habían puesto los barcos a disposición de los pequeños, acababan de ser detenidos mientras planeaban el secuestro de Federico. Lo triste era que dos de las embarcaciones habían naufragado en las costas de Córcega; otro de los buques había sido capturado por piratas y, a esas horas, los niños que viajaban en ellos estarían ahogados o habrían sido vendidos como esclavos en diversos puntos del Mediterráneo.

—Olvida la cruzada de esos desgraciados chiquillos —dijo Inocencio—. Hemos llamado a Roberto Courçon para que empiece a preparar la próxima cruzada. Una cruzada que tendrá que ser la última.

—¿Contra Inglaterra? —Ugolino temió que las cosas hubieran ido demasiado lejos.

—También olvida Inglaterra.


*Tu nombre es una afrenta a la verdad, asceta. Llamarte Inocencio, cuando eres el ser más mudable y artero sobre la faz de la Tierra, es un insulto. Para corroborarlo, nos has vuelto a engañar. ¿Cómo pudimos haber creído en tu palabra, cuando sabemos que no la tienes? ¿Cómo pudimos haberte concedido crédito, cuando sabemos que careces de él? Eres un hombre sin moral, sin honor, sin convicciones. O, a decir mejor, con una sola convicción: el engrandecimiento de la Iglesia que presides. ¿Cómo pudimos pasarlo por alto, si sabemos que lo demás no te importa? Tus amigos son los de la Iglesia. Tus enemigos son los de la Iglesia. Tu palabra vale mientras beneficie a la Iglesia. Deja de valer cuando ya no le sirve. Pero lo que nos hiciste, no tiene perdón. No nos preocupa haber formado una armada y un ejército. Antes o después, echaremos mano de ellos. Sobre todo ahora, que Otón está pensando invadir Francia. Un ejército, por más caro que cueste, nunca es inútil. No nos molesta que hayas designado a nuestro hijo rey de Inglaterra. Si lo miramos por el lado bueno, esto ha aumentado el prestigio de nuestra familia en Europa. Tampoco nos enfada haber cedido a tus presiones para traer de regreso a esa gorda inmunda con que nos casamos por error. Ni la vemos, ni la tocamos, ni renunciamos a nuestra «vida licenciosa», como tú dices. A cambio, obtenemos el respaldo de Dinamarca y nos liberamos de tus invectivas. No te reprocho que nos hayas impulsado a expulsar a los judíos de París. Nos diste oportunidad de convocar a un concilio que nos aportó ventajas. Al mismo tiempo, libraste a nuestros cortesanos de pagar sus deudas. Lo que nos parece un agravio es que hayas despertado nuestras ilusiones. En el momento más delicado, las hiciste añicos. Era lógico que Juan se acobardara ante la posibilidad de ver su reino invadido. ¿No lo habías previsto? Era evidente que lloraría. Que pediría clemencia. Pero ¿esto bastó para que tú retiraras tu amenaza y enviaras a Pandulfo, tu legado, para que tomara posesión de la isla y hasta de Irlanda? Ahora resulta que, si invadimos Inglaterra, estamos invadiendo un territorio de la Iglesia. ¿Tan fácilmente te convenció ese miserable prometiéndote un tributo anual de mil marcos de plata? Cediste sin preocuparte por nosotros, asceta. Nosotros te habríamos pagado aún más. También habríamos designado a Esteban Langton arzobispo de Canterbury. Pero tú y nosotros no hemos terminado. De nuevo has ganado una batalla. No tenemos sino que reconocer tu destreza. No protestaremos en público. No gritaremos. No nos declararemos humillados para que tú continúes pensando que nos tienes de tu lado. Pero ¿sabes? Aún no has ganado la guerra. No. Lo que más nos interesa ahora es Albi. Lo queremos para Francia. Aunque tú has declarado el fin de la cruzada, nadie te está haciendo caso: las matanzas se vuelven cada vez más espantosas. Tus legados se despachan con la cuchara grande. Todos te engañan. Los induce a ello ese truhán que es Simón de Montfort. Se cuenta que hasta tu fiel vasallo, Pedro de Aragón, está preparándose para enfrentarse con él y eliminarlo. Estupendo. Albi quedará tan lastimado que nosotros sólo nos presentaremos a recoger sus despojos. Los incorporaremos a nuestro reino. Ya lo verás, asceta. Ya lo verás. Pero tendremos paciencia. No podemos desafiarte ahora que nos amenaza Otón de Brunswick. Necesitamos tu apoyo y nos conduciremos como leales servidores de tu causa.*

Inocencio estaba disgustado. Hacia días que no montaba su caballo predilecto, un nórico de capa negra y crín blanca. Ahora que resolvía cabalgarlo, advertía que tenía semillas de cardo hasta en el pelo de sus menudillos. ¿Quién era el responsable de cepillarlo? ¿Quién estaba a cargo de los establos? Aquello era inadmisible.

—No puedo creerlo— tronó.

Censio Savelli no supo si se refería a la limpieza del caballo o a la información que acababa de proporcionarle.

—Perdón, Su Santidad.

—No puedo creerlo —repitió Inocencio al tiempo que arrancaba otra semilla de cardo de la crín del animal.

—Sancionaremos a quien se encarga de los establos, Su Santidad.

—Me refiero a Pedro de Aragón —aclaró el Papa.

Por pocos monarcas de Europa sentía Inocencio tanto afecto como por aquel gigante lenguaraz y mujeriego. Por él había obligado a Simón de Montfort a doblar la rodilla y a rendirle vasallaje, reconociéndolo como soberano de Carcasona. Por él había iniciado el proceso de paz en el Languedoc. Había desechado las acusaciones de sus legados en aquella región, quienes insistían en presentarlo como un traidor. Quizá, de ninguna otra persona había escuchado tantas habladurías como de Pedro de Aragón. Todas las había ignorado. Ahora, no obstante, los hechos lo delataban: el rey estaba movilizando su ejército para reunirse con Raymundo de Tolosa y con los señores de Comminges y Foix, con la obvia intención de aniquilar a de Montfort. El vencedor de las Navas de Tolosa, a quien el Papa acababa de proclamar su campeón, el cristianísimo monarca de Aragón, estaba respaldando a los herejes. Eso echaba por la borda sus méritos anteriores.

—¿Qué dicen sus embajadores al respecto?

Censio Savelli adelantó el paso de su propio caballo para situarse al lado del pontífice.

—Que el señor Papa ha declarado el término de la cruzada y que, por tanto, el ataque que realice contra Simón de Montfort no será, de ningún modo, un ataque contra Su Santidad. Que, de hecho, es de Montfort quien ha ignorado los *Estatutos* de Pamiers, quien ha desobedecido a Roma y que él hará que se cumplan las órdenes de Inocencio III.

Él, Savelli y el padre Alvar desmontaron y entraron a la Basílica de San Pedro. El Papa detuvo con un gesto a los soldados que lo custodiaban e hicieron el intento de seguirlo. Quería estar a solas con sus colaboradores. Ya en la Basílica, se desplomó sobre el sillón, desde el cual presidía el colegio de cardenales. Su voz se magnificó entre el estuco, las columnas forradas de oro y los frescos recién restaurados. Dio instrucciones, censuró, felicitó y repasó las actividades próximas. En poco más de un año, pensó, aquel sitio estaría lleno de prelados, teólogos y predicadores, venidos de todo el mundo, para definir la doctrina de la Iglesia Católica, para consolidar su unión y lanzar la cruzada definitiva contra los musulmanes. ¿O sería conveniente reunirlos, mejor, en la Basílica de Letrán para no romper la tradición? Su intención de sustituirla por la del Vaticano se debía a rivalidades familiares que cada día resultaban menos significativas para él. Nadie dudaba ya que Roma perteneciera a los Segni. En eso debería estar pensando y no en Pedro de Aragón. Cuando la guerra en el Languedoc parecía concluida, cuando el rey Juan había sucumbido y Otón se mostraba más débil, cuando Hungría y Polonia, Portugal y Suecia, Bulgaria y Finlandia estaban a sus pies, cuando Francia accedía a sus peticiones y Castilla aumentaba el monto de sus tributos a la Santa Sede, su gran amigo lo abandonaba.

—Escribe una carta al rey de Aragón —ordenó al padre Alvar—, expresándole lo decepcionados que nos tiene su comportamiento.

El cardenal Savelli estuvo a punto de explicar por qué creía que Pedro tenía razón, pero Inocencio soportaba cada vez menos las objeciones. Estaba más convencido de que, como Sumo pontífice de la Iglesia Católica, la razón debía asistirle siempre o, por lo menos, que *su razón* debía prevalecer.

En respuesta a la carta que firmó Inocencio, el rey de Aragón solicitó una audiencia, pero el Papa, entusiasmado por el hecho de que Federico Hohenstaufen acababa de prometerle sumisión absoluta, ni siquiera se dignó responder. Pedro insistió. El Papa volvió a ignorarlo. En esta ocasión, con el pretexto de atender el caso del obispo de Brixen, un anciano que estaba enfermo, había perdido la vista y era incapaz de predicar, como lo había hecho antaño. Persuadido de que un hombre así no podía ser cabeza de una diócesis, Inocencio había resuelto destituirlo, lo cual no se tomó bien en Brixen. Daba lo mismo: el obispo se fue. Pedro le envió una tercera carta.

—Ya tendremos tiempo para él —anunció fastidiado cuando hasta el padre Alvar trató de interceder por el rey de Aragón.

No lo tuvo. A mediados de ese año, Pedro sumó sus fuerzas a los ejércitos de Tolosa, Comminges y Foix y, con el lema «vencer o morir», avanzó contra las tropas de Simón de Montfort, que se hallaban apertrechadas en la ciudad de Muret, a orillas del río Garona. El rey de Aragón pondría fin a las carnicerías y abusos cometidos en el Languedoc. A las atrocidades que, contra las órdenes de Roma, se seguían perpetrando. Como el propio de Montfort lo confesó a sus hombres mientras ajustaba las correas de sus brafoneras, tenía miedo. Los ejércitos aliados superaban en mucho a los suyos y, si se iniciaba un sitio, Muret sucumbiría antes de que pudiera llegar cualquier refuerzo. Pero Montfort conocía la principal debilidad de su enemigo: los ímpetus. No se equivocó. Resolvió abandonar las murallas de Muret y pelear a campo abierto, esperando que el rey de Aragón lo atacara sin orden ni concierto. Así lo hizo. Con la confianza de contar con superioridad numérica, con el prestigio que le antecedía como vencedor en las Navas de Tolosa, Pedro se precipitó en una carga. «¡Yo soy el rey!», gritó. Sus adversarios, sin saber siquiera de quién se trataba, arremetieron contra él. Dos de ellos fueron derribados del caballo pero otro logró ensartarle su lanza en el costado. Lo atravesó de lado a lado. Antes que la batalla hubiera comenzado, Pedro estaba muerto. Raymundo de Tolosa, que aguardaba el momento de su intervención, entró en pánico. Sin saber qué hacer, inició la retirada. El pavor cundió entre sus hombres, así como entre los de Pedro que, incrédulos ante lo que ocurría, retrocedieron hacia el río Garona, donde se ahogó la mayoría. Envalentonado por el repliegue, de Montfort ordenó una carga. Los que no murieron en el río bajo el peso de sus lórigas, lo hicieron bajo las hachas de los cruzados. El soldado que no logró deshacerse de su coraza fue incapaz de flotar en las aguas embravecidas; el que lo consiguió, murió atravesado por las flechas del enemigo. Al terminar la refriega, de Montfort se quitó el casco y, fingiendo desconsuelo, acudió ante el cadáver de Pedro, frente al cual rezó algunas jaculatorias y dio instrucciones para que fuera entregado a los Caballeros Hospitalarios, de los que tan amigo había sido en vida. Sin la menor duda de que aquella victoria había sido una señal del Cielo, de Montfort decidió que aún no era hora de suspender la guerra. Lo que hubiera ordenado el Papa, daba igual.

—Prepárense para marchar sobre Montauban y Tolosa —gritó.

En Roma, la noticia de la muerte de Pedro de Aragón y el avance de los cruzados estremeció a Inocencio. Mientras sus legados tomaban solemnemente posesión de Inglaterra y la declaraban bajo protección de la Santa Sede, mientras él mismo felicitaba a Juan por haber renunciado a su territorio en beneficio de la cristiandad, la idea de que las cosas pudieran escapar de su control en el Languedoc lo afligió. Esa noche fue a la cama, extremadamente nervioso. En sus sueños encontró a un joven, sentado en la rama de un árbol. Devoraba una pera. Lucía feliz. Vestía una túnica harapienta y balanceaba sus piernas mientras silbaba una canción que Inocencio no logró identificar. Le recordó al dirigente de la cruzada infantil. «Baja», suplicó el Papa. «Lamentamos lo que ocurrió, pero quienes te dijeron que te haríamos santo fueron los esbirros de Otón; no los ángeles.» El muchacho no lo escuchó «¡Baja! Necesitamos hablar contigo. Hay algo de lo que debemos prevenirte». No lo escuchaba. Ni lo veía siquiera. Entonces se oyó el galope de unos caballos. Inocencio descubrió, angustiado, que los *veralucis* estaban ahí. Sin que él lograra explicarse cómo, subieron hasta donde estaba Angelo —porque era Angelo, ahora lo sabía— y comenzaron a clavarle sus puñales. Uno tras otro. En la cara, en el pecho, en el abdomen... Él gritaba y se revolvía mientras la sangre brotaba a chorros. Entonces, el jefe de los *veralucis* se arrancó la capucha y comenzó a reír. El Papa despertó. Ante el desconcierto de los criados que velaban al lado de su cama y se apresuraron a preguntarle qué se le ofrecía, ordenó que llamaran al padre Alvar de inmediato. Éste, que desde hacía rato estaba en pie, rezando las vigilias, llegó en el acto. Encontró al pontífice de pie, caminando de un lado al otro de su recámara.

—Ahora lo sabemos, Alvar.

A la luz de las antorchas, las picaduras en el rostro del monje benedictino y la cicatriz de la frente, que le cerraba el párpado izquierdo, le daban un aspecto lúgubre.

—¿Qué es lo que ahora sabe Su Santidad?

—Fue una revelación, un presagio. Hay algo que estamos haciendo mal. ¿Recuerdas nuestro viaje a Muret, hace ya tantos años?

—Cómo olvidarlo.

—¿Recuerdas que estuvimos a punto de perder la vida?

El sacerdote no quiso dejar pasar la oportunidad:

—Recuerdo que, gracias a la oportuna intervención y al valor de Raymundo de Tolosa, sí...

—¿Recuerdas la mirada obsesiva del cabecilla de los *veralucis*?

—Nunca podría olvidarla, Su Santidad.

El Papa le dirigió una mirada mordicante.

—Pues la olvidaste. Nosotros mismos la olvidamos. Aquel hombre era Simón de Montfort. Ya no tenemos duda al respecto.

Las fechas de su participación en la secta coinciden con nuestra visita a Muret. ¿Cómo pudimos haberlo pasado por alto?

Antes del amanecer, Inocencio ya había nombrado al cardenal Pedro de Benevento legado *ad latere* en el Languedoc. Le ordenó no sólo que absolviera a quienes hubieran acudido a Muret para enfrentarse a de Montfort, sino que obligara a éste a liberar al hijo del difunto rey de Aragón, a quien mantenía como rehén. «No podemos creer que Pedro esté muerto», mascullaba el Papa, «no podemos creerlo». Cuando, unos días después, se enteró de que el vizcondado de Niemes se encontraba en disputa y que Simón de Montfort lo reclamaba para sí, Inocencio dio instrucciones precisas a su legado para que realizara una exhaustiva investigación.

—Hay que poner un alto a este cretino —rugió frente a sus colaboradores, que lo contemplaban atónitos.

Angelo había prometido que siempre estaría a su lado para denunciar sus errores ¿Estaba cumpliendo el muchacho aquella promesa? Entonces, después de todo ¿existía vida en el más allá y un fantasma trataba de comunicarse con él? ¿Dios se empeñaba en transmitirle un mensaje a través del muchacho? ¿Era esa la señal que había solicitado? No: sería muy pobre; muy vaga. Lo cierto es que el sueño lo había vuelto a perturbar. Angelo representaba todo aquello que él había podido haber sido: un hombre ordinario, dedicado a satisfacer sus sentidos; todo aquello a lo que él había renunciado a cambio... «¿A cambio de qué?», reflexionó. ¿De unir un mundo que no tardaría en desmoronarse? No lo iba a permitir. La naturaleza humana era frágil y egoísta, pero él la cambiaría si era preciso. Para eso había convocado al Concilio de Letrán: para que los cristianos no tuvieran más remedio que dominar sus pasiones; para que lo que atara la Iglesia, no lo desataran la soberbia, la envidia, la avaricia, la lujuria o la ira. Y ahora que estaba a punto de lograrlo, Angelo volvía a morir, así fuera en sus sueños, sin que él pudiera hacer algo para evitarlo. Pero ¿qué podía hacer? ¿Cuál era el error que había ido a denunciar el joven? ¿Haber abandonado a Pedro de Aragón? ¿No haberse preocupado por contener a Simón de Montfort? Todo eso redundaría en la unión de la cristiandad, se repitió. No había error. No podía haberlo. Apenas estuvo seguro de ello, tuvo la sensación de que todo se difuminaba en su entorno. ¿Qué ocurría? Se esmeró en que Pedro de Benevento, Ugolino y Censio Savelli no se dieran cuenta del vértigo que lo asolaba. «¿Por qué los muebles dan de vueltas?», se preguntó. Advirtió, como de lejos, que los tres avanzaban hacia él, con el rostro contraído; que ventanas, cortinas y sillas de la estancia se duplicaban. Comenzaban a flotar... Trató de detenerse de la mesa donde estaba un vaso de pórfido con sus limones recién partidos, pero sus manos no la alcanzaron. Cayó al suelo sin sentido.

## 20

Al señor Papa, Inocencio III, de Esteban Langton, Arzobispo de Canterbury por la divina misericordia de Nuestro Salvador, a quien se encomienda en todo cuanto él puede ser:

Ante las órdenes que se me han dado para expresar mi humilde punto de vista a Su Paternidad sobre la malhadada incursión del monarca inglés a Aquitania, comienzo con una premisa que, no por obvia, debe ser ignorada: no puede entenderse la posición del rey Juan, hombre torvo y sanguinario, sin hacer mención a Francia. Desde que ciñe la corona, su ambición ha sido —¡condenable propósito!— recuperar el territorio que poseyeron sus antecesores en el continente. La pérdida de Normandía, a manos de Felipe, le provocó llanto y dolor pero, más aún, le significó un duro, un terrible golpe, del que aún no se repone. Por ello, desde hace años, como Su Paternidad lo sabe, construyó una flota para lograrlo. Cegado por la codicia, esa mala consejera, se ha esmerado en afianzar su alianza con los condes de Flandes y Boulogne, hombres malvados pero ingenuos. Para su desgracia —justo castigo por desafiar los designios celestiales—, nunca ha contado con el respaldo de los grandes barones de Inglaterra —muchos de ellos mis amigos— que se sienten ligados por el pacto de vasallaje al rey de Francia, por quien, en lo personal, siento afecto y gratitud. Estos barones, cuyo corazón mueve Dios en Su infinita bondad, en Su misericordia sin límite, no sólo no le han apoyado en sus ruines propósitos sino que han obstaculizado sus esfuerzos en este sentido. Más de una vez, movido por el rencor, vencido

por la ira, Juan secuestró a los hijos de algunos de ellos para obligar-
los a luchar contra Francia. Pero plugió al Cielo que fuera poco lo
que pudiera conseguir. Desesperado, aumentó los impuestos en todo
el reino. Los resultados volvieron a ser magros. Lo único que obtuvo
fue el odio de pobres y ricos.

A últimas fechas, no obstante, pareciera que Belial se hubiera
apiadado —si en él pudiera caber este sentimiento— del rey Juan. Así
es como él ha logrado deshacerse del más grande de sus temores. De
aquel que le quitaba el apetito y espantaba su sueño: la invasión
de Francia. Desde que Felipe tomó Flandes e intentó penetrar a Inglaterra, el año pasado, Juan comía poco. Dormía mal. Ahora, desde
que Inglaterra es feudo de la Iglesia Católica, por obra y gracia de Su
Paternidad, él sabe que ni Felipe ni los barones se atreverán a desafiar
al señor Papa. Lo que a Su Paternidad le pareció un triunfo, no ha
sido sino una estratagema de este monarca sin escrúpulos, de este tirano que no teme a Dios ni a Su cólera divina, quien, apoyado por
Otón de Brunswick, se ha animado a dejar su reino para viajar al
continente, pues se siente más seguro que nunca. Así se lo he hecho
ver a los barones, mis amigos. Hasta donde tengo entendido, pretende restablecer a Raymundo de Tolosa en todos sus derechos para,
después, invadir Francia y dejar a Otón sentado en el trono imperial.
Lo que sigue después, Su Paternidad podrá imaginarlo.

Creo, por todo cuanto he dicho, por todo cuanto trato de entender, que en el próximo Concilio de Letrán, al que Su Paternidad, iluminado por el Espíritu Santo, ha tenido a bien convocar, debe quedar
claro que el conde de Tolosa no tiene ningún derecho sobre el Languedoc ni sobre aquellas tierras que pertenecen a la Santa Madre Iglesia.
De otro modo, nos exponemos a que cualquier bandolero sin escrúpulos quiera valerse de este noble descastado, presentándolo como dueño
legítimo de esas tierras. Dios nos libre de ello. Aunque Su Paternidad
conoce la repulsión que me provoca Simón de Montfort, me parece
que éste no es momento para retirarle el apoyo de Roma. Aunque
sé que entró a Tolosa y que es el *dominator* de la ciudad, sé también

que los tolosanos se han negado a concederle cualquier título. Así lo ha querido Nuestro Señor Jesucristo y así deben proseguir las cosas. Debo informar a Su Paternidad, por último, que aconsejé al rey de Francia enviar un ejército al Languedoc y demoler las defensas de Tolosa antes que Juan, en su furor, inspirado por Belcebú, pueda convertirla en bastión para, luego, sin vergüenza de ninguna índole, devolverla a Raymundo. Amén.

En Canterbury, el 8 de abril, A.D. 1214.

—Este hombre debe decidir para quién trabaja —sostuvo el Papa mientras agitaba la carta del arzobispo de Canterbury—. Nos dice que informa a sus amigos, los barones, y que hace propuestas al rey de Francia. ¿Está al servicio de los barones de Inglaterra, de Felipe o de Cristo?

Después de su desmayo, del cual se guardó un gélido silencio en Roma, el pontífice permaneció dos días inconsciente. Alguno de los criados que velaba a su lado le escuchó murmurar: «Angelo, Angelo...», pero nada más. Su médico le transfundió en las venas sangre de tres niños. Cuando al fin recobró el sentido, el Papa estaba hambriento. Pidió algo de comer. Devoró el pollo, los higos y el queso que le llevaron. Una raspadura en su mejilla fue lo que quedó del incidente. Nadie hizo comentario alguno y el pontífice reanudó sus actividades como si nada hubiera sucedido. De hecho, en ese momento había interrumpido su recorrido por el Hospital del Santo Espíritu para leer la carta que le había entregado un mensajero. Acababa de promulgar la regla de la orden de los hermanos que atenderían el hospital y estaba más que satisfecho con el trabajo que éstos realizaban para buscar a los enfermos más pobres de Roma, asegurar su traslado y cuidar que comulgaran a su ingreso. Los alimentaban, los lavaban y, al final, si era el caso, los preparaban a bien morir. Se le había reprochado que el hospital acogiera, también, a los niños recién nacidos que hubieran abandonado sus madres; que se hubiera llegado al extremo de instalar una rejilla con un cilindro giratorio para que éstas los fueran a depositar. Esto provocaría, aducían sus críticos, que las mujeres perdieran sus escrúpulos y tuvieran hijos con quien se les antojara, a sabiendas de que podrían deshacerse de ellos con el aval del Santo Padre. Quizá, en otro momento, Inocencio lo habría considerado así pero, cuando ordenó instalar aquella rejilla, estaba bajo el influjo de un nuevo sueño, terrible como el anterior, donde él paseaba con Ortolana a la orilla del Tíber y, de pronto, descubrían que Clara se estaba ahogando. «¡Es mi hija!», gritó la mujer. De la nada, entonces, apareció un joven, se arrojó al río y rescató a la niña sana y salva. La colocó a un lado del hospital. El Papa no supo cómo debía interpretar aquel sueño. ¿También tendría que ver con los errores que estaba cometiendo? ¿Se trataba de otro asunto? ¿Por qué Dios, en caso de que existiera, se manifestaba en formas tan extrañas? Y si no era Dios ¿de quién se trataba?

—Su Santidad me dirá cuándo debo partir.

La presencia del caballero que estaba a su lado, con una lustrosa armadura encima, le recordó que debía continuar caminando. Por todos lados se escuchaban quejidos y se veían caras tristes. El caballero lo siguió.

—No entiendes lo que ocurre en Europa —Inocencio lo miró con un dejo de reproche—. No, no tienes por qué entenderlo. Mejor preocúpate por ir a Narni y someterla. Encárgate de que la ciudad se comprometa a pagarnos un tributo. De otro modo, no levantaremos el interdicto. Necesitamos dinero para seguir financiando este hospital, para seguir financiando la expansión de la Iglesia de Cristo.

El caballero se inclinó con dificultad y abandonó la comitiva ruidosamente.

—Es un Segni —sonrió el cardenal de Ostia, que caminaba al lado del pontífice—. Lo conseguirá.

—Necesitamos dinero —suspiró el Papa sin atender a su sobrino.

—No creo que eso deba inquietar a Su Santidad —lo tranquilizó Ugolino—: estamos recibiendo donativos y limosnas como nunca.

—Ugolino —interrumpió el pontífice— ¿sabes que en estos momentos Juan ha desembarcado en el continente y ha tomado La Rochelle mientras, en el noroeste, se están concentrando sus aliados? Ya sometió al vizconde de Limoges. Nos informan que ha capturado Ancenis, Nantes y Angers. En estos momentos debe tener desplegado su ejército frente al castillo de La Roche-au-Moine, donde se halla el hijo del rey de Francia. Si se une con los refuerzos de Calais, Boulogne y Damme, no habrá quién lo detenga. Entrará a París y, aliado con Otón, derrotará a Felipe. Nunca antes se había enfrentado el *rex Franciae* a una amenaza tan grande.

—Dios es grande, Su Santidad. No permitirá...

—A Dios hay que ayudarlo, Ugolino. Hay que ayudarlo.

Un anciano con la cabeza vendada se arrojó a los pies del Papa para pedirle que rezara por él. La piel de las manos, del cuello y de la cara se le caía a pedazos. Inocencio lo bendijo sin detenerse. Lucía ajeno, distraído, como cuando algo le afligía.

—¿Y cómo vamos a ayudar a Dios en esta ocasión, Su Santidad?

—Hemos dado instrucciones al obispo electo de Senlis para que se una al ejército del rey Felipe.

—¿Eso de qué servirá?

El Papa y sus compañeros entraron a un pabellón donde el griterío era insufrible. Olía a podredumbre. A lo lejos, una mujer se convulsionaba mientras dos monjes hacían esfuerzos por sujetarla.

—El obispo de Senlis es uno de los mejores estrategas militares que hemos conocido. Quizá debió haber sido soldado. Es frío y metódico.

Al salir del hospital, Inocencio contempló la fachada satisfecho: sus cinco arcos en el primer piso, sus ventanas geminadas con arco de medio punto en el segundo, su ventanal de rueda en el frontón y su torre daban al edificio un aspecto de templo y palacio al mismo tiempo. Era de una austeridad festiva, como lo había descrito él mismo. Probaba que la parquedad no iba reñida con la belleza ni con la elegancia. Situado entre la basílica de San Pedro y el antiguo mausoleo del emperador Adriano, a un lado del Tíber, haría que el nombre de Inocencio se recordara durante años, independientemente de la suerte que corriera el rey de Francia en su enfrentamiento con Otón de Brunswick.

Douai, en julio A. D. 1214.

Roberto Courçon, al señor Papa Inocencio III:

Dios ha escuchado las oraciones de Su Santidad, pues nada explicaría, de otro modo, lo que acaba de ocurrir en la llanura de Bouvines donde, cuando menos lo esperábamos, apareció el ejército de Otón de Brunswick, con tres soldados por cada uno de los nuestros, avanzando hacia nosotros, dispuesto a aniquilarnos.

Al principio tuvimos el impulso de huir pero el obispo de Senlis, siempre cabalgando al lado del rey Felipe, aconsejó que enfrentáramos a los alemanes, por lo que me habría gustado que Su Santidad constatara la devoción de Felipe, mientras rezaba diciendo: «no soy más que un hombre, Dios mío, pero soy un rey», y el modo en que exhortó a su ejército diciendo: «Nuestros enemigos son enemigos de la Iglesia, a la cual debemos defender» y añadiendo que muchos de estos enemigos habían sido excomulgados por el señor Papa y que la mejor prueba de su desafío a la Iglesia era que habían decidido pelear en domingo, día del Señor, pero que si nosotros aceptábamos hacer lo mismo no era por impiedad sino para defendernos.

Felipe apenas tuvo tiempo de colocarse la armadura, elevar algunas oraciones y exhortar a los soldados a la lucha, así como de integrar tres divisiones rápidamente, a la manera de los alemanes pero, ante la ausencia de algunos de sus generales más aptos, que en ese momento se hallaban en el sur de Francia, acompañando a su hijo, el rey lucía nervioso y su figura destacaba al lado del estandarte escarlata y el pendón azul, con la flor de lis plateada, al centro.

Aconsejado por el obispo de Senlis, el rey extendió la formación del ejército lo más que pudo, para prevenir una carga contra una eventual concentración de soldados, advirtiendo que Otón hacía lo propio y que avanzaba hacia nosotros, para encontrarse con nuestro ejército cara a cara, sin darse cuenta de que nosotros teníamos una loma en nuestra contra, pero ellos tenían al sol dándoles en los ojos.

La primera carga la dirigió el propio obispo de Senlis quien, al sonido de las trompetas, avanzó al frente de 300 jinetes mientras Otón arremetió contra el ala que comandaba Felipe el cual, más adelante, durante la batalla, fue desmontado de la cabalgadura, mientras yo veía cómo caían los golpes de las espadas sobre su cuerpo y temía lo peor pero, por la intervención de Nuestra Señora, de la que él es tan devoto, gracias a las oraciones del señor Papa y a la oportuna intervención de uno de sus capitanes, su armadura lo salvó.

No quiero abrumar a Su Santidad con los detalles de la batalla pero tengo que añadir que la victoria fue completa, que acabamos con Otón y sus aliados y que la infantería desempeñó un papel más digno que la caballería, siendo el obispo de Senlis quien más se distinguió y a quien yo vi cuando, armado con un mazo, hizo volar la cabeza de más de uno de los soldados enemigos, logrando que la batalla terminara antes de que cayera la noche, situación que impelió al rey a ordenar que los muertos se enterraran en la abadía de Cysoing, mientras que los heridos fueran conducidos a Douai, desde donde escribo.

Su Santidad no tiene idea de cuánto lamento no haber podido pelear, batirme como en los viejos tiempos porque, además, todo ocurrió de manera inesperada, pero me hizo pensar que en la próxima cruzada, ocurra lo que ocurra, combatiré, pues Su Santidad me ha prometido que me lo permitirá y, con esta convicción, informo que hoy y mañana permaneceré en Douai alentando a los heridos para que, al concluir, pueda salir rumbo a París para continuar reclutando voluntarios para la próxima cruzada a Tierra Santa, por todo lo cual aguardo las instrucciones de Su Santidad.

He oído decir, por otra parte, que el botín de la batalla resultó formidable en lo que se refiere a armas y a armaduras y que se capturaron carros llenos de oro, joyas y telas preciosas, así como que el rey Felipe pretende pedir cuantiosos rescates por los prisioneros, entre quienes se cuentan más de cien caballeros y cinco condes, que han sido conducidos a París y, si bien no fui testigo de ello, sí lo fui del hecho de que Felipe enviara el estandarte imperial de Otón, convertido en girones, a Federico, pues, ante mis ojos, sus embajadores salieron llevando este símbolo en sus manos.

Al no tomar parte activa en la batalla, por otra parte, pude ser testigo de la deferencia con que se peleó, del espíritu caballeresco que alentó a uno y a otro bando, así como de las consideraciones, propias de un torneo, de una gesta amistosa, con que los jefes se respetaron, propiciando, así, que sólo murieran los soldados y sólo dos o tres capitanes.

La batalla de Bouvines acabó con las especulaciones en Europa. Con su derrota, Otón perdió el Imperio. La causa de los gibelinos y del Papa había triunfado. El rey Felipe, a quien desde entonces comenzaron a apodar «Augusto», sometió Flandes y acabó con las esperanzas de Juan, que entonces pareció más «sin tierra» que nunca. Aunque conservó Poitou y Gasconia, había perdido Normandía, Bretaña, Maine y Anjou. A partir de aquella batalla, el monarca inglés quedó confinado en su isla, a merced de los barones que, alentados por Esteban Langton, comenzaron a exigir una prerrogativa tras otra.

Mientras cabalgaban por las afueras de la *urbs*, seguidos a distancia por una escolta, Inocencio hizo algunos señalamientos al cardenal de Ostia. El sol se perdía a lo lejos, dando tonos metálicos a la campiña romana. El viento, a su vez, confundía los aromas de pinos, cipreses y adelfas que llegaban hasta ellos en bocanadas. El otoño estaba en su esplendor.

—No sé si te das cuenta de la magnitud de esta victoria, Ugolino.

—De lo que no me doy cuenta es de lo que fue a hacer ahí Roberto Courçon. Si Su Santidad no lo envió...

Inocencio tiró de la brida de su caballo para evitar que éste se adelantara.

—Roberto siempre ha sido así, incontenible. Somos amigos desde la juventud. Nuestro papel es encontrar lo mejor, sacar lo mejor de cada cristiano. Todos tenemos defectos pero, si sus virtudes son mayores, debemos pasarlos por alto. Roberto sabrá predicar la próxima cruzada con enjundia. Si, cuando se reúna el Concilio de Letrán, ya tenemos un ejército en forma, todo resultará más fácil y, en un par de años, Tierra Santa volverá a nuestras manos. Si Roberto lo consigue, podemos perdonarle cualquier cosa.

—Supongo que lo mismo pensará Su Santidad de Domingo de Guzmán, de *Il Poverello*, de Esteban Langton y de sus otros protegidos.

—Domingo hace bien lo suyo. Debemos apoyarlo. No hemos olvidado tu interés en refrenar sus ímpetus con un procedimiento jurídico pero, para eso, aún debemos esperar. En cuanto a Francisco, está un tanto chiflado y tiene la peligrosa virtud de contagiar su chifladura. Hasta Clara y su hermana sucumbieron a ella. «A su don divino», dicen. Aprovecharlo fue idea tuya, después de todo. Por eso te hemos pedido que no lo pierdas de vista. Infiltra a algunos hombres de tu confianza entre sus prosélitos. Haremos que sus *hermanos menores* y él mismo funcionen como una orden monástica sin serlo. Nos hace parecer a todos más bondadosos de lo que somos. Da a la Iglesia Católica un aire de gentileza, de espontaneidad.

—Aun, si considero todo esto, no sé hasta dónde lo podré controlar.

Inocencio sonrió con los labios apretados. Su sobrino se refería a la peregrinación que había hecho Francisco a Santiago de Compostela para visitar la tumba del apóstol y al viaje que había pretendido efectuar a Marruecos para ser martirizado. Una inesperada enfermedad y una carta terminante del cardenal de Ostia lo habían obligado a regresar a Asís.

—El que tememos que esté saliendo de control es Esteban Langton —resolló el pontífice—. Nos inquieta su alianza con los barones ingleses. Hemos oído decir que, a raíz de la victoria en Bouvines, están fraguando doblegar a Juan con una serie de condiciones y que Langton les está asesorando. Esperamos sea prudente. Le ordenamos que metiera a Juan, al redil, de acuerdo, pero las circunstancias han cambiado. Ahora hay que buscar el apoyo de Juan. Ojalá que Esteban no pierda de vista que el monarca inglés es vasallo de la Iglesia Católica y no de los barones de Inglaterra.

—Pues más que Francisco y Esteban Langton, a mí me preocupa Roberto Courçon —insistió el cardenal—. Sigue pareciéndome un imbécil.

El Papa sospechó que su sobrino tenía razón cuando, unos días después, el embajador de Francia le informó que Courçon había desencadenado la rabia de condes y duques de aquellas tierras. Haciendo un esfuerzo por reprimir su propia indignación, el diplomático contó al pontífice que Courçon estaba desligando a sus siervos de sus vínculos con los nobles. Hablaba de los miríficos ejércitos con los que «el Preste Juan» contribuiría a recuperar Tierra Santa y juraba que él mismo había sido llamado por la Santísima Virgen para sumarse a la empresa. Por añadidura, el ejército que, supuestamente, iría a recuperar Tierra Santa, estaba conformado por ancianos, niños, inválidos, prostitutas y hasta leprosos. ¿Así era como Su Santidad pretendía sojuzgar al infiel? Sería el escarnio de los musulmanes. Inocencio ordenó a Roberto Courçon que suspendiera de inmediato su tarea. Siempre obediente a las instrucciones de Roma, pero siempre deseoso de servirla, Courçon se reunió, entonces, con Simón de Montfort, quien le pidió que confirmara la posesión de sus dominios en Agenais, Rouergue, Quercy y aquellos que los cruzados fueran arrebatando a los herejes. Convencido de que Simón de Montfort era un buen cristiano y había prestado valiosos servicios a la Iglesia, Courçon accedió. A principios de 1215, convocó un Concilio en Montpellier, donde se reunieron media docena de arzobispos y veinticinco obispos, para exigir que se entregara a Simón de Montfort lo que alguna vez había pertenecido a Raymundo de Tolosa.

—Roberto Courçon es un imbécil —repitió Ugolino cuando se enteró.

Estaba por inaugurarse el concilio y Courçon, engalanado con una sotana malva, se disponía a sentarse al centro de la sala principal de la Abadía de Montpellier, cuando irrumpió Pedro de Benevento, que no sólo era el mejor jurista de la Santa Sede, como Inocencio gustaba proclamar, sino uno de los hombres mejor informados de la cristiandad. Había sido comisionado por Su Santidad para presidir el concilio.

—Su Eminencia me permitirá ocupar este sitial ¿no es cierto?

Sin saber qué hacer, Courçon trastabilló y ocupó el asiento de al lado. Los prelados comenzaron a murmurar, a preguntarse, atemorizados, qué ocurriría cuando llegara de Montfort y advirtiera que quien presidía no era su amigo, el legado para predicar la cruzada, sino su enemigo, el legado en el Languedoc. Pero Pedro de Benevento, adivinando aquellas inquietudes, se apresuró a aclararlo: Simón de Montfort no llegaría. No estaba invitado. Más aún: no tenía autorización para entrar a Montpellier. Al término de la reunión, el comandante militar del ejército cruzado sólo consiguió que el arzobispo de Embrum fuera comisionado para ir a Roma a solicitar el veredicto del Santo Padre, el cual no resultó favorable para él. Fue la Iglesia la que tomó posesión de Tolosa y del castillo de Foix. En cuanto al ducado de Narbona, éste fue adjudicado a Arnoldo Amaury que, una vez más, aplaudió y agitó los pies, en su nueva silla, desde la que no alcanzaban a tocar el suelo. Ordenó que los muchachos más hermosos de la ciudad comparecieran ante él para celebrar en su compañía. Cuando, en mayo, de Montfort entró a Tolosa y fue testigo del fervor con el que Domingo de

Guzmán anunció la creación de la orden de los predicadores, la forma en que se arrancó sus últimos cabellos y habló de *La Verdad*, se dio cuenta de algo de lo que aún no se percataba Roma: el vencedor de aquella guerra, ocurriera lo que ocurriera, y murieran los herejes que murieren, sería el rey de Francia.

Pero no era esto lo único de lo que no se había percatado el Papa. También había pasado por alto la actividad de Esteban Langton en Inglaterra. Hasta que su legado en aquella isla, Pandulfo, se presentó en la *urbs* sin haber sido convocado, Inocencio lo entendió. Era tarde. Después de haber escuchado a Pandulfo, su mirada permaneció fija. Respiraba pesadamente y apoyaba los codos sobre los brazos de su sillón. Su sien, sobre la mano. Ni Ugolino de Segni, ni Cencio Savelli, ni Pedro de Benevento, ni el padre Alvar lo habían visto nunca tan alterado. Intercambiaron una mirada entre sí. Fue el cardenal de Benevento el que se atrevió a hablar:

—Su Santidad no debe preocuparse. La idea no progresará. En su tratado *Picraticus*, Juan de Salisbury deja claro que el príncipe es *legibus solutus*. Tiene el deber de promover la justicia. Esto lo sabe cualquier jurista inglés y lo sabe, también…

—Pedro —el pontífice hizo un gesto con la mano para que éste dejara de hablar—, no estamos ante un asunto jurídico sino político. Lo que digan Juan de Salisbury y los jurisconsultos ingleses nos tiene sin cuidado. Una caterva de rufianes ha obligado al rey de Inglaterra, vasallo del Santo Padre, a concederles derechos y prerrogativas. ¿Sabes tú lo que esto significa en términos políticos?

Pandulfo tragó saliva. La garganta se destacaba más que de costumbre. Después de todo, era él quien había ido a llevar la noticia; quien había ido a referir cómo, en las llanuras de Runnymede, cerca de Windsor, el rey Juan había sellado con sus enemigos una *Magna Carta Libertatum*, donde él mismo aceptaba que sus facultades quedaran restringidas en beneficio de los barones, obligando al monarca a no privarlos de su libertad sin previo juicio, a no imponer impuestos «sin el común consejo del reino» y a que existiera un cuerpo de barones convertidos en jueces para decidir asuntos fundamentales del gobierno.

—Quizá sea una buena idea después de todo —se atrevió Cencio Savelli—. La Iglesia saldrá ganando.

—Claro —agregó el benedictino—. ¿No dice, acaso, la Carta que *quod ecclesia Anglicana libera sit*? La Iglesia será libre.

—Nos escandaliza el candor de ambos —farfulló Inocencio con mirada vidriosa—. ¿De quién será libre la Iglesia Anglicana? ¿De Roma? ¿Del Santo Padre? ¿Habrá, entonces, una nueva Iglesia como la que tanto trabajo nos está costando desarticular en Constantinopla? El deber de la Iglesia Católica es preservar el orden, señores; ponerlo a salvo de todos aquellos que quieran subvertirlo. El hecho de que un hato de bárbaros se ufane en imponer su voluntad sobre un rey, por más cruel y salvaje que éste sea, da pie a que el orden se pulverice. ¿Les cuesta tanto trabajo entenderlo? Hace un par de años, en Dover, ante la presencia de nuestro legado —miró a Pandulfo de reojo—, Juan hizo acto de sumisión, se despojó de cetro y corona. Se reconoció como nuestro vasallo.

—Yo mismo —añadió Pandulfo para dejar claro que nada había tenido que ver con la asamblea de Runnymede— recibí del rey una bolsa de dinero, mismo que arrojé al suelo y pisoteé para que todos constataran la sumisión que él declaraba. Guardé durante cinco días el cetro y la corona.

—No queremos detalles —interrumpió de nuevo el pontífice—. Hay que invalidar esa pestilente *Carta Magna*.

—Ahora bien —intervino el cardenal de Ostia—, ese texto no pudieron haberlo redactado los barones. Ni siquiera se habrían atrevido a organizarse para ello. Como Su Santidad apunta, son un hato de bárbaros. El documento en cuestión sólo pudo haberlo concebido y escrito un hombre.

—Su Eminencia tiene razón —musitó el Papa—. Roberto Courçon es un idiota y por eso le perdonaremos los estropicios que ha hecho en el Languedoc. Pero Esteban Langton es un traidor. Con esa *Carta Magna*, ha cubierto de oprobio al pueblo inglés y ha puesto en grave peligro la causa de Cristo. Ha sustraído a Inglaterra de la autoridad de la Iglesia. Debe ser destituido y castigado.

—*Me equivoqué, Su Excelencia. Pensé que el Espíritu Santo movería el corazón del señor Papa. No ha sido así. Esta mañana ha llegado la orden de Roma para que Su Excelencia salga inmediatamente de San Damián. Se nos prohíbe, además, que le demos la comunión. Pero no voy a obedecer. No en esta ocasión. Debo muchos favores a Su Santidad, el señor Papa Gregorio IX. Le debo respeto, cariño, devoción... Pero creo que está cometiendo una injusticia con Su Excelencia. Si alguna vez dije que no a mi familia; si alguna vez dije no al señor Papa Honorio III; si alguna vez dije no al mismísimo Francisco, hoy se lo diré al señor Papa Gregorio IX.*

—*No, Clara; no lo hagas. Ugolino es... un hombre, vengativo, sí. Además, no le daremos oportunidad de...*

—*No hable. Su Excelencia necesita guardar fuerzas.*

—*Sólo lo haré... lo haré para pedirte algo importante... lo último. Un favor. Me siento responsable... y no quiero, no quiero... El sudario: no dejes que engañen a nadie. No es un sudario. El Santo Padre lo entregó a... a Guillermo de Chartres, Gran Maestre de los caballeros Templarios, sí, pues quería... pretendía que cuando llegaran los cruzados a Tierra Santa... Pero no supo cómo...*

—*Su Excelencia me lo ha contado.*

—*No es Cristo, hija.*

—*Lo único que me gustaría saber ahora es qué fue lo que hizo Su Excelencia para que el señor Papa le aborreciera. En su carta vuelve a referirse a una traición. ¿Cómo un hombre tan bueno como Su Excelencia pudo haber cometido una traición? Creo que el señor Papa se excede. No debería decirlo pero eso es lo que creo. Confío tanto en Su Excelencia...*

—Y yo moriré tranquilo... Moriré sabiendo que conté con tu confianza, sí. Con la confianza de... la mujer... de la mujer que, sin proponérselo... sin saberlo siquiera, inspiró gran parte... gran parte de la obra... de Inocencio III. De la mujer a la que él... a la que él más quiso en el mundo, aunque la tuvo tan lejos... Tan lejos, Clara; tan lejos... sí.


Finalmente Federico Hofenstaufen fue coronado en Aquisgrán. Como la sede arzobispal de Colonia continuaba vacante, correspondió al arzobispo de Maguncia colocar la diadema imperial sobre su cabeza. Después de la ceremonia, se dio de comer a toda la ciudad, se sirvió vino a granel y se repartió oro. Al término de los festejos, el nuevo emperador bajó a las catacumbas, donde se hallaba el sepulcro de Carlomagno. Clavó el féretro en presencia de los legados pontificios, tomó la cruz y juró no descansar hasta que hubiera recuperado Tierra Santa. Las huestes del Islam, aseveró, no se apoderarían de la cristiandad. No mientras él viviera. Como bien había dicho el señor Papa, nadie podría vivir en paz mientras los infieles maniobraran con tal odio para socavarla. Concluiría la empresa que habían dejado sin término su abuelo y su padre. Cumpliría la promesa que, desde niño, había hecho al propio pontífice y hoy refrendaba ante Cristo.

Inocencio no podía estar más satisfecho. Un mes después, publicó una bula mediante la cual anulaba la Carta Magna, explicando que ésta había sido arrancada a Juan por la fuerza. Acusaba a sus obispos de ser peores que los sarracenos, por haber pretendido despojar de su corona a un rey cristiano. Acto seguido, se entregó a la preparación de los documentos que debía ratificar el Concilio, así como a plantear soluciones a los problemas que se iban a ventilar ahí: desde la presión que hacían diversos grupos para que se adjudicara Tolosa a Simón de Montfort, tal y como se había expresado en el Concilio de Montpellier, hasta las exigencias

del arzobispo de Toledo para que se le reconociera como primado
de las Españas. En el encuentro que tuvo a puerta cerrada con el
iracundo español, Inocencio le recordó que ellos, los hombres que
habían decidido servir a la Iglesia, no debían preguntarse por lo
que les agradaba o no:

—Nuestra única preocupación debe ser si conviene o no conviene a la cristiandad. ¿Por qué crees que hemos respaldado a Francisco, *Il Poverello*? Porque sirve a la Iglesia Católica, porque hace
llegar a los pobres un mensaje que nuestros monjes cistercienses,
con sus veleidades, nunca lograron transmitir.

Entre ceremonias y sesiones judiciales, audiencias y servicios
religiosos, sermones, reuniones, oraciones colectivas y su impres-
cindible correspondencia, el Papa no desatendió la organización del
Concilio. Cuidó, personalmente, el asunto de los «presentes de
despedida», las dádivas que debería entregarle cada uno de los asistentes para, así, aumentar el caudal de las arcas de Roma. Discutió,
por largas horas, la conveniencia de elevar a la categoría de dogma
la existencia del Purgatorio. Después de todo, constaba en la Biblia.
¿No se hacía una alusión a él, aunque difusa, en el libro de los Ma-
cabeos? Las indulgencias eran una fuente insustituible de financiamiento y sería una lástima desatender la idea del Purgatorio, de la
que tanto había animado a hablar a los obispos y con la que tantos
fondos había obtenido. Al advertir que eran escasos los prelados
que apoyaban su propuesta, aventuró otras formas para vender las
indulgencias —«Ese dinero se empleará para unir a los hombres en
Cristo», explicó— y se dedicó a vigilar, palabra por palabra, la
redacción de los compromisos que iban a adoptarse.

Le inquietaba, en particular, la confesión de los pecados: hacer
obligatoria esta práctica a cuantos hombres y mujeres creyeran en
Cristo. Lo mismo tendrían que confesar sus pecados reyes y mendigos. Así, él estaría enterado de cuanto sucediera o pudiera suceder
en la cristiandad. Sabría quién dormía en el lecho de quién y quién
hacía negocios con qué personas. Sabría quién decía la verdad y

quién mentía. Bastaría que todos los cristianos se confesaran una vez al año. En este punto y en el del matrimonio indisoluble, no cedió un ápice. Exigió apoyo incondicional de sus cardenales. Otro punto en el que se empeñó, aunque sabía que no iba a tener un éxito rotundo, fue en la prohibición de la cacería y la cetrería a los prelados. Era inadmisible que un archidiácono, como el de Richmond, tuviera en su séquito cerca de 100 caballos. Los abades aducían que estaban obligados a agasajar a los nobles y que sería muy difícil prescindir de la caza. Habría que ver.

Cuando llegó Esteban Langton a Roma, se negó a recibirlo. Le comunicó que su hermano Simón no podría ser arzobispo de York, como lo proponía el cabildo, y que sería el candidato de los canónigos ingleses que acudieran a Roma el que ocuparía la sede de aquella ciudad. Le hizo llegar, asimismo, una copia de la bula mediante la cual lo suspendía como arzobispo de Canterbury. Pero no lo recibió. No volvería a recibirlo nunca más.

## 21

El 11 de noviembre de 1215, Inocencio III presidió la apertura de *su* Concilio. En la Basílica de San Juan de Letrán se dieron cita los miembros del colegio cardenalicio, los patriarcas de Constantinopla y Jerusalén, sesenta y un arzobispos, más de cuatrocientos obispos, ochocientos abades y priores, prelados del Imperio Latino, de Germania, Francia, Inglaterra, Aragón, Portugal, Hungría, Dalmacia, Polonia, Bohemia, Livonia, Estonia... En total, 2 mil doscientos ochenta y tres dignatarios. Era tal el gentío que se aglomeraba en las naves que el anciano arzobispo de Amalfi murió sofocado. Lo sacaron a rastras sin que la muchedumbre se percatara siquiera.

—San Juan de Letrán nos quedó chica —susurró el cardenal de Ostia al pontífice.

—Sí —admitió el Santo Padre—. El próximo concilio tendremos que celebrarlo en San Pedro. Quizá ya vaya siendo hora de ampliarla.

—A cambio, Su Santidad tiene aquí a sus protegidos.

Vestido de púrpura, a la usanza de los antiguos emperadores romanos, desde su majestuoso sillón, en cuyo respaldo había hecho grabar el águila jaquelada y dos llaves cruzadas, desafiantes, Inocencio vislumbró a Domingo y a Francisco conversando entre sí. A aquella distancia, no conseguía distinguir sus facciones pero sabía que Domingo era el que azotaba el aire con las manos. Se decía que no dormía, que pasaba hambres, que su único placer era aconsejar a

Simón de Montfort y ver a los herejes retorcerse en la hoguera. Francisco, en cambio, lucía fatigado. Había padecido diarreas devastadoras antes de llegar a Roma.

—A nuestros protegidos y a los herejes arrepentidos —bromeó el Papa, acomodándose la tiara.

Sentado a la derecha de Inocencio, el cardenal de Ostia reconoció a Raymundo de Tolosa, acompañado por su esposa, la hermana del difunto Pedro de Aragón, y por su hijo. A su lado se hallaba Roger de Foix. Lucían exánimes, vencidos. Ambos vestían, no obstante, atuendos y joyas que nada tenían que pedir a los prelados que intentaban desplazarse entre el gentío agitando sus báculos.

—¿Su Santidad desea devolverles Tolosa? —quiso saber Ugolino.

—No es lo que nosotros deseemos —respondió Inocencio—. Nos enfadaría tener que entregársela a de Montfort pero, si no tenemos alternativa, lo haremos. El cretino, ya ves, ni siquiera se ha presentado.

—Tampoco se presentaron los obispos de Escandinavia, Su Santidad.

El tumulto les impidió continuar. No sólo era el de la Basílica sino, también, el de la ciudad. Ninguno de los romanos, por más viejo que fuera, recordaba las calles de la *urbs* tan rebosantes como ese día. Las lenguas tan diversas, los colores, los vestidos, los sombreros, los carros, las bestias... Era un delirio. «Es el presagio del fin del mundo», advirtieron algunos abuelos a sus nietos.

Cuando los presentes ocuparon sus lugares —unos sentados y la mayoría de pie—, todos, a uno, entonaron el *Veni Creator*. Inocencio lo hacía con más arrestos que nunca. Estaba eufórico. Cuando el canto hubo concluido, se hizo un silencio profundo que el Papa aprovechó:

—Queridos hijos: *Desiderio desideravi hoc pascha manducare vobiscum, antequam patiar...*

Un rumor recorrió la Basílica. ¿Por qué el Santo Padre elegía aquellas fúnebres palabras de San Lucas para inaugurar el encuentro? ¿Qué quería decir con eso de que había deseado, ardientemente, comer esa pascua con ellos «antes de partir»? ¿De partir a dónde? «Es el presagio del fin del mundo», repitieron los abuelos a sus nietos cuando se enteraron.

—Para nosotros —continuó Inocencio—, la vida es Cristo y la muerte es ganancia. Por eso, si Dios así lo dispone, beberemos el cáliz de la pasión, ya sea en defensa de nuestra fe, en la cruzada contra los infieles o en la lucha por la libertad de la Iglesia Católica.

El rumor prosiguió durante su intervención. ¿Por qué se valía de imágenes tan oscuras? Algunos cardenales coligieron que el Santo Padre pretendía acompañar a los cruzados en la próxima expedición a Tierra Santa. Una vez que hubo terminado, tomó la palabra el patriarca de Jerusalén para describir cuánto sufrían los cristianos en aquellas lejanías. Lo siguió el obispo de Agdé, quien habló sobre lo urgente que resultaba acabar con la herejía en el Languedoc: ¿Cómo era posible que hubiera quienes se empeñaran en desconocer el magisterio de la Iglesia de Cristo? ¿Cómo podía un buen cristiano tolerar que aquellos que hablaban en nombre del Salvador rechazaran la autoridad del Santo Padre? Los corros repetían, una y otra vez, aquellas palabras hasta los últimos rincones de la basílica, donde se perdía la voz de los oradores.

Aunque los documentos más interesantes del Concilio se redactaron en las reuniones a puerta cerrada que antecedieron o siguieron a los actos públicos, la asamblea se reunió dos veces más. La segunda sesión estuvo caracterizada por gritos y protestas, primero; por insultos y puñetazos, después. En cuanto salió a relucir el tema del Sacro Imperio Romano Germánico, güelfos y gibelinos aparecieron por doquier para expresar su rabia en todos los tonos. Se criticó al emperador Federico. Se maldijo a Otón de Brunswick y al difunto Felipe de Suabia. Hasta Barbarroja salió denostado. El Papa trató de conminarlos a un diálogo ordenado pero, al descubrir la imposibilidad de su propósito, abandonó San Juan de Letrán, golpeteando con su báculo sobre los mosaicos de la basílica.

La tercera sesión del Concilio, que se celebró diez días después del griterío, tuvo mejor suerte. En ella se establecieron las posturas de la Iglesia en torno a diversos asuntos. Fue una sesión de conclusiones. Lo mismo se determinó la naturaleza de la comunión —aquel pedazo de pan era el mismísimo cuerpo de Jesucristo «transubstanciado» gracias a la bendición del sacerdote— que la obligación que tenían los cristianos de confesar sus pecados, por lo menos, una vez al año. Se obligó a los judíos a llevar un distintivo amarillo en sus vestiduras para que nadie los confundiera con los seguidores de Cristo —«si el enemigo se confunde entre nosotros, tarde o temprano ha de vencernos» —y se descalificó a los clérigos que habían impuesto al rey Juan, vasallo de Su Santidad, la ominosa *Carta Magna*. Se adoptaron medidas administrativas y se ampliaron los términos del credo de Nicea para definir en qué debían creer los cristianos y en qué no. Quienes opinaran, como los cátaros, que la parte material del universo había sido creada por el demonio, no podrían formar parte de aquella *ecclesia* en Cristo. Habría, pues, que creer en un Dios, Padre, Todopoderoso, Creador del cielo y de la Tierra. Pero, además, de todo *lo visible y lo invisible*. Se castigó a quienes no pensaban como se ordenaba pensar en Roma y se premió a quienes habían contribuido a la expansión de la Iglesia. Entre éstos, con el pesar de Inocencio, a Simón de Montfort.

*Estuviste espléndido, asceta. Magnífico. El Cuarto Concilio de Letrán hará que se te recuerde como uno de los mejores papas de la cristiandad. Si no fueras tan maligno, hasta se te podría adjudicar el mote de «el grande». Lograste lo que nadie soñó antes que tú. Reescribiste el credo de la Iglesia Católica. Has declarado que hay que creer en el bautismo y en el perdón de los pecados. Debiste haber añadido: «Y en Inocencio III, el mayor sinvergüenza que ha dado la cristiandad». Quien no crea lo que tú dices, como los musulmanes, los cátaros o los judíos, se considerará fuera de la Iglesia y, por ende, ajeno a la salvación. Has decidido lo que es moral y lo que no lo es. Has encerrado a tu rebaño con toda suerte de cerrojos y candados. Has dejado claro que la Iglesia es madre y maestra. Que quien no siga sus enseñanzas, quien no se someta a tu implacable voluntad, perecerá entre las llamas del Infierno. Pero fuiste más allá: diste carácter obligatorio a esa espantosa práctica de la confesión. De hoy en adelante, sabrás quién te odia con todo su corazón y quién sólo lo hace a medias. Esto, claro, en caso de aquellos que se confiesen sinceramente. Por lo que a nosotros se refiere, nunca conocerás lo que en verdad sentimos por ti. Nadie te hablará de nuestro desprecio. Nadie te contará de nuestro rencor. Qué pena. También conseguiste que una persona no pueda separarse de su esposa o de su esposo sin tu consentimiento. Cuánta astucia. Tendrás en tus manos a todos los maridos hastiados. A todas las mujeres insatisfechas. Acudirán a ti. Te ofrendarán sus vidas con tal de que disuelvas ese vínculo, pues «nadie puede desatar lo que Dios ha atado». La excepción —cuánta vileza— será que obtengan tu aval. Aunque nosotros siempre hallaremos el modo de burlar tus órdenes, nos parece que fuiste cruel. ¿Qué necesidad tenías de condenar a la desdicha a quienes se aborrecen por vivir bajo el mismo techo? También obtuviste que se fijara una fecha para que los príncipes católicos marchemos, una vez más, a Tierra Santa. Esperamos que, en esta ocasión, no vuelvas a desviar la cruzada. A querer someter a algún otro de tus enemigos, como lo hiciste para tomar Constantinopla. Para subyugar a la Iglesia de aquellas regiones. Eso, por cierto, fue atroz. Obligaste a los cristianos a matar cristianos. Luego, te desentendiste. Te lavaste las manos, como Pilatos. Es cierto que llenaste las arcas de muchos señores franceses y de muchos de nuestros vasallos —gracias— pero, de cualquier modo, fue execrable. Algún día, alguno de tus sucesores tendrá que pedir perdón por lo que hiciste. Si creíste que sometiendo a los griegos a la jerarquía latina conseguirías unir a las iglesias, te equivocaste. Hiciste lo contrario. Dividiste aún más a la cristiandad. Qué pena. Por ello no alcanzarás el mote de «el grande». Por ello, la Iglesia Católica, por la que tanto has hecho, a la que has moldeado a tu imagen y semejanza, terminará por repudiarte. O, al menos, por olvidarte. De nada servirá que estés pensando en agregar otras dos coronas a tu tiara, para que nadie dude que, como sacerdote, obispo y rey, tu voz debe escucharse más que la de cualquier otra testa coronada. De nada servirá que hayas añadido al escudo heráldico de tu familia un par de llaves entrecruzadas, no sólo para crear un escudo papal sino para recordar a la cristiandad que eres el guardián de las llaves del Cielo. ¡Cuánta osadía! Mientras a nosotros nos honrarán por haber ampliado el territorio de Francia, a ti no te erigirán ni siquiera una estatua. Nos deleitó, también, tu decisión de nombrar a Simón de Montfort amo y señor de Albi. Nuestros espías nos contaron tu diálogo con Raymundo de Tolosa, ese pobre imbécil, y con Roger de Foix. Supimos que te esmeraste en guardar la calma. En ostentarte como árbitro imparcial de la cristiandad. Pero también estamos enterados de que Roger de Foix te sacó de quicio. Te hizo perder la cordura al decir que aplaudía haber asesinado a tantos cruzados. Que lamentaba no haber podido matar más. A favor del Conde de Foix, habría que decir que cayó en la provocación del obispo de Tolosa. Ese hombre es de cuidado. Tanto como Domingo de Guzmán, ese fanático del que tanto provecho estás sacando. Son un par de orates. Me dicen que el obispo de Tolosa ni a ti te respetó. Que, cuando al principio, intentaste concederle sólo una parte de estas tierras a de Montfort, él preguntó, desafiante, cómo podías desheredarlo de manera tan disimulada. «Si Su Santidad le arrebata el feudo», te interpeló, «perderá Tolosa». Y en tu enfermiza búsqueda de prebendas para tu Iglesia, le hiciste caso. De todos modos, la perderás. ¿De veras no te das cuenta del resentimiento que has provocado despojando de sus tierras a estas personas que, aunque mal organizadas, no cometieron más falta que seguir las enseñanzas de Jesús? Sé que en cuanto han regresado, humilladas por ti, han decidido no obedecerte. No descansarán hasta que Montfort*

*y tus cruzados les devuelvan lo que consideran suyo. Porque el he-*
*cho de que Montfort tenga ahora más tierras que nosotros mismos,*
*el hecho de que tú hayas cedido a las amenazas del obispo de Tolo-*
*sa y de Domingo de Guzmán, no garantiza la paz en Albi. Por su-*
*puesto que no. En cuanto a nosotros, sólo esperamos el momento*
*de entrar con nuestro ejército. ¿Por qué crees, si no, que te profesa-*
*mos pública reverencia y aseguramos venerar tu nombre, aunque te*
*abominemos? Porque somos más pacientes que tú: porque no quere-*
*mos echar a perder el trabajo que haces por nosotros. Pacificaremos*
*a los contendientes en el Languedoc —en tu nombre, desde luego—*
*y después, incautaremos esas tierras fértiles, esos campos, antaño*
*tan prósperos, para que pasen a formar parte del Reino de Francia.*
*Rogamos a Dios que te dé vida para constatarlo, asceta. Es Felipe II*
*«Augusto»*, rex Franciae, *quien lo vaticina.*


En el Salón de los Espejos del *Palazzo Lateranense* aún quedaban
copas llenas de vino, sillas tiradas bajo las mesas... Algunos asistentes al Concilio habían proseguido los debates después de que
éste quedó clausurado. Aquella tarde, el salón daba una idea del
tono que había caracterizado la discusión. Pese al desorden, Inocencio prefirió que la reunión con Francisco tuviera lugar ahí para
no ser interrumpido. Desde hacía tiempo, deseaba conversar con él.
Aquella era una ocasión inmejorable. Le agradaba advertir que la
figura del Papa, como centro de la cristiandad, era más sólida que
nunca. Muchas de las concesiones que había tenido que hacer, aunque no le satisfacían, iban a redundar en el fortalecimiento de su
causa. De la causa que él había elegido y a la que estaba dedicando
todas sus fuerzas. *Quid pro quo*, como todo en la vida. ¿Qué más
podía desear? En cuanto lo vió aparecer, vestido con su hábito
blanco, Francisco cayó de rodillas y besó su pie.

— Te pedimos que estuvieras aquí antes que los otros para conversar acerca de tí, de tu trabajo...

—El señor te dé la paz —musitó Francisco sin despegar la cara del suelo.

Resignado ante la tosudez del joven, Inocencio levantó una de las sillas y se sentó frente a él.

—Nos gustaría saber por qué elegiste esta vida que llevas —dijo—. Cuando, hace algún tiempo, hicimos la misma pregunta a Domingo de Guzmán, respondió que esperaba una recompensa en el Cielo. ¿Lo mismo esperas tú?

Francisco tardó antes de responder. Al fin reunió fuerzas.

—El hermano Domingo tendrá que perdonarme, pero qué respuesta tan desafortunada dio al señor Papa. La vida se volvería amarga si todos trabajáramos en pos de una recompensa. Más que amarga, triste. Vivir es, en sí, una recompensa, como lo es el canto de las aves y un atardecer.

—Tú eres hijo de una familia adinerada —prosiguió el pontífice—. Podías haber optado por otro destino, por una vida... cómo decirlo... más grata que el canto de las aves y los atardeceres. No negamos el placer que esto entraña, pero ¿qué nos dices de las comodidades, del lujo?

—La pregunta es complicada —admitió *Il Poverello*, sin dejar de mirar al suelo—, pero creo que tengo la respuesta: Dios está en todas partes. En las aves y en los atardeceres, tanto como en las comodidades y el lujo, en los árboles y los palacios de los reyes. Lo importante es que uno logre encontrarlo. Quien lo halla en un riachuelo es tan feliz como quien lo halla en sus anillos y piedras preciosas. Quien no lo descubre en la sonrisa de un niño es tan desdichado como el que no lo descubre en sus carruajes y sus mantos de seda bordados con hilo de oro.

—Quisiéramos entender —volvió Inocencio— por qué no te conformaste con una vida más cómoda.

—Quizá —respondió Francisco después de otro rato— lo que hice fue, precisamente, conformarme con la vida *más cómoda*. Mendigar el pan es más fácil que pensar a quién debo matar para que sus negocios no vayan a arruinar los míos. Opté por esta vida porque me fatigaba competir. El señor Papa sabe que, en un principio, busqué la gloria militar. La lucha es extenuante, ¿sabe? Necesitaba encontrar un sentido a mi vida y descubrí que lo mismo podía hallarlo en la riqueza y los honores que en la vista de un amanecer o el perfume de las flores.

El Papa se mordió el labio. En su pecho sintió la *tau.* ¿Cuánto tiempo había pasado desde que él se había hecho aquellas mismas reflexiones? ¿Quién disfrutaba más la existencia? ¿Él, que dictaba normas de conducta a la cristiandad entera, o Francisco, que entonaba himnos a la lluvia?

—¿Por qué, entonces, predicas la castidad? ¿No hay encanto en besar los labios de una mujer, en sentir sus senos palpitantes? Dios está ahí también, según lo enseñas.

—La lujuria puede llegar a ser grande, señor Papa; tanto, que puede devorarlo todo. Puede impedirnos ver la luz del sol. Es como el vino. Embriaga. Uno disfruta la embriaguez al principio pero, luego, ya no puede disfrutar nada más. Así es la lujuria. Además, resulta más costosa que los placeres simples: incluso, si uno se casa, tiene que trabajar duro para mantener esposa e hijos. ¿Puedo hacer una confesión al señor Papa? La sola idea de tener una familia me causa horror. Cuando, en ocasiones, la concupiscencia se ha apoderado de mí, pienso en las dificultades que implicaría mantener a una esposa exigente y a unos hijos glotones. La idea me domeña, me hace olvidar la carne. Esto, desde luego, no hace que yo desprecie a quien contrae matrimonio. Pero la vida sencilla tiene sus ventajas. Por eso también predico pobreza y castidad. Por eso añado ceniza a mis alimentos: para que el paladar no me impida disfrutar otros goces más grandes. Para que no me distraiga ni me engañe. Por eso enseño la morigeración y la obediencia al señor Papa.

—¿Qué tiene que ver la obediencia al Papa con la felicidad?

—Obedecer es más simple que mandar. Para aquellos que mandan, es más difícil vivir en armonía. El señor Papa, manda. Yo, obedezco. El señor Papa goza al provocar la vorágine; yo gozo al evadirla. Si ambos gozamos, ambos somos gratos a los ojos del Señor. Sólo quien no disfruta Su Creación merece nuestra condena. La diferencia es que yo no despierto a media noche, angustiado por los problemas que tengo que resolver, ni la comida se hace agria dentro de mi estómago. El señor Papa decide, elige. Yo no. No soy responsable de nada. Obedezco y callo.

Inocencio se frotó el mentón. Francisco era mucho más sofisticado de lo que él había imaginado. Podía estarse o no de acuerdo con él, pero el joven tenía una idea clara de a dónde iba. Detrás de aquel hábito raído, había una forma de entender la existencia. Una forma que, en gran medida, también era la suya, aunque el camino se antojara tan distinto.

—Eres imbatible —admitió Inocencio—. En todo vas un paso delante de nosotros. A ver, levántate.

—Su Santidad...

—Levántate —insistió el pontífice—. Te lo ordena el Santo Padre, a quien has jurado obediencia. Queremos ver tus ojos.

Como si aquello resultara superior a sus fuerzas, Francisco comenzó a respirar con dificultad. Sus músculos se tensaron. Con enorme dificultad comenzó, por fin, a incorporarse, a tratar de encontrar la mirada del vicario de Cristo con la suya. Entonces ocurrió algo que él nunca hubiera esperado: apenas le miró, Inocencio se levantó violentamente. Retrocedió espantado. La silla cayó al suelo.

—No puede ser —balbuceó el Papa.

Francisco volvió a bajar la cabeza, espantado. Aquel encuentro de miradas, seguramente, había provocado la ira del Papa. ¿Qué había hecho? Le avergonzó su insolencia, pero ¿no había sido el mismo pontífice quien se lo había ordenado?

—Su Santidad perdonará. Yo...

—No puede ser —repitió Inocencio confundido.

Estaba pálido y su mandíbula había comenzado a temblar.

—Su Santidad, yo...

—De pie —ordenó—. Queremos verte.

Sin saber lo que ocurría, Francisco se incorporó. Inocencio avanzó hacia él y tomó el rostro del joven entre sus manos, que también temblaban.

—Su Santidad...

—Calla.

De no ser por la barba, las facciones de Francisco, cada una de ellas, le era familiar: las pestañas enormes, los ojos negros, la sonrisa cándida y los dientes perfectos, la tonsura... Era como si Angelo hubiera vuelto a nacer.

—*Y ahí estaré, siempre, para denunciar tus errores y tus abusos. Ocurra lo que ocurra, lo haré. No te librarás fácilmente de mi, Lotario. Lo juro.*

—No, no puede ser... —gimió Inocencio—. Dime que esto es un sueño. ¿Qué estás haciendo aquí? ¿En qué nos hemos equivocado? ¿Qué errores has venido a denunciar? Nos hemos esmerado en unir a los hombres ¿por qué, entonces, has regresado? ¿Qué es lo que quieres decirnos y no entendemos?

Francisco estaba perplejo. Cada vez más asustado. ¿Qué era lo que había visto el Papa en él? Tuvo la idea de huir, de escapar de ahí corriendo.

—El que no entiende una palabra soy yo. Si he ofendido...

El corazón de Inocencio latía violentamente. La *tau* se convirtió, de pronto, en una carga insoportable. A partir de ese momento, él se volvió indigno de llevarla. Como cabeza de la Iglesia Católica, había hecho lo posible por unir a la cristiandad, pero había olvidado el sentido que debía caracterizarla: la vida simple, la sencillez. Había ignorado los costos de la unidad. Dominando el temblor de sus manos, haciendo un esfuerzo por controlar su respiración, se quitó la *tau* del cuello y la colocó alrededor del de Francisco.

—Perdónanos... Vivir en Cristo es lo que tú haces, lo que tú has hecho siempre; no lo que hacemos nosotros.

El ujier que entró al salón para anunciar a Ugolino de Segni, Cencio Savelli, Pedro de Benevento, el obispo de Tolosa y Domingo de Guzmán impidió que Francisco pudiera averiguar lo que ocurría. Todos se inclinaron ante el pontífice, que acababa de desplomarse en un sillón. Besaron su pie, su mano. Cada uno de ellos tomó asiento a su alrededor. Francisco hizo intento de salir pero Censio Savelli lo retuvo. El Papa había convocado aquella reunión para abordar un asunto que era de su incumbencia: definir si, a pesar de las conclusiones del Concilio de Letrán, cuyo canon decimotercero prohibía la creación de nuevas órdenes, sería posible que Francisco y Domingo pudieran ver confirmadas las suyas. ¿Lo había olvidado? *Il Poverello* debía estar presente, así fuera para escuchar las opiniones. La de Pedro de Benevento fue clara: no. Lo que tenían que hacer ambos era ingresar a órdenes ya aprobadas. Ante la insistencia del obispo de Tolosa, el cardenal de Ostia propuso que tanto Francisco como Domingo consultaran con sus hermanos cuál de las reglas ya existentes se ajustaba mejor a sus necesidades para hacer las adecuaciones jurídicas necesarias y, sin desobedecer lo ordenado en el Concilio, pudieran actuar con cierta autonomía. El Papa permaneció en silencio, abstraído. Sólo su sobrino advirtió que algo grave ocurría. De nada sirvieron los manotazos en el aire de Domingo de Guzmán ni los gemidos desgarradores del obispo de Tolosa. Inocencio siguió lejos, muy lejos de ahí. Ensimismado. Fue hasta que Francisco, sin atreverse a volver a levantar la mirada, anunció que la hermana Clara sufría al saber que las *Damas Pobres*, al tener que adoptar la regla de la orden de San Benito, verían limitada su actividad pastoral, cuando todos advirtieron el rictus que se dibujó en el rostro del Santo Padre.

—Que estas congregaciones vivan sin regla por lo pronto —murmuró indiferente—. Ya, en un futuro, se les otorgará. Si buscan ser pobres y predicar, que sean pobres y prediquen. Si no quieren depender de Roma ni de nadie que condicione su actuar, que sean libres. Ésta es la voluntad de Dios. No podemos detenernos en minucias jurídicas.

Cuando salieron de aquella reunión, Inocencio se aproximó a *Il Poverello* y se aseguró de que nadie pudiera escucharlo.

—¿En qué nos hemos equivocado? —preguntó atribulado.

Aquel hombre no se parecía en nada al que, sólo hacía unos momentos, había irrumpido en el Salón de los Espejos con las riendas del mundo en sus manos.

—¿Equivocarse en qué, Su Santidad?

—En lo que hemos hecho... En ordenar que ardan hogueras en Europa y en perseguir a judíos y musulmanes; en imponer castigos a quienes no piensan como nosotros y en pretender dominar el corazón de los cristianos. ¿En qué nos hemos equivocado? ¿Hemos dividido a la cristiandad en lugar de unirla? ¿Hemos convertido la Iglesia de Cristo en algo que él nunca hubiera querido? Pero fue Él quien dijo: «Están conmigo o están contra mí». Fue él quien aseguró que había venido a traer el fuego a la Tierra. Quien expulsó a los mercaderes del templo con látigo en mano. ¿En qué nos hemos equivocado pues? —agarró la manga del sayal del joven y volvió la cara para que éste no descubriera sus lágrimas—. Tú sabes todo lo que significaste para nosotros... Todo lo que significaste *para mí*. Si no hubieras muerto, ahora yo sería un juglar, como tú. Quizás no ayunaría, ni me preocuparía por hallar insípidos mis alimentos pero, ciertamente, disfrutaría lo que no he permitido disfrutar a quienes no se han subordinado a mi mandato. Te he traicionado y, al hacerlo, me he traicionado a mí mismo. ¿Por qué, si no, apareces en mis sueños y, ahora, has regresado? ¿Por qué?

## 22

*El Salón de los Espejos del* Palazzo Lateranense *resultaba deslumbrante. El oro y carmín de los tapices, reproducidos en cada pared, en cada rincón de la estancia, hacían que ésta pareciera aun más grande. Intimidatoria. Al lado de los espejos se hallaban copas de plata y cristal, enfiladas sobre las mesas. Todo anunciaba orden. Pulcritud. La madre abadesa, vacilando, llegó hasta donde el pontífice la esperaba y ahí, sin fuerzas, cayó de rodillas ante él. Besó su pie, luego, su anillo con el águila jaquelada.*

*—Su Santidad...*

*—Para nosotros es motivo de júbilo tenerte en Roma, hija mía. Levántate.*

*La mujer hizo un esfuerzo y obedeció. Frente a ella no estaba ya el infatigable Ugolino de Segni sino un hombre viejo, cansado. Aunque mantenía la expresión fiera, se esmeraba en parecer bondadoso. Después de todo, era el vicario de Cristo en la Tierra. La madre abadesa comprendía que tampoco estaba frente al cardenal de Ostia, que había visto nacer y había protegido su orden en Florencia, Perusa, Siena y Luca sino ante el pontífice de la Santa Iglesia Católica, que había canonizado a Francisco y a Domingo. Ante el jurista que había promulgado el* Liber Decretalium Extra Decretum Vagantium, *la más completa compilación del Derecho Canónico que se había llevado a cabo en la historia de la cristiandad. Tampoco estaba ante el caritativo pastor que había concedido el* Privilegium Pauperatis *a ella y a sus damas pobres sino ante*

Gregorio IX, el implacable juez que había ordenado la creación del Tribunal de la Santa Inquisición para juzgar a los herejes que seguían luchando en el Languedoc y evitar, así, que fueran quemados o torturados de manera arbitraria. ¿O lo había establecido, como lo acusaban sus malquerientes, para exterminar más rápido a los herejes y amedrentar al emperador Federico II, Hohenstaufen, con quien se hallaba trabado en una guerra sin cuartel?

—Su Santidad perdonará mi atrevimiento pero, abusando de su generosidad y del cariño que me dispensa, he venido a suplicar su perdón. He desobedecido a Su Santidad y mi alma languidece, desde entonces, en la atrición.

Gregorio sonrió afable. ¿Qué podría afligir a aquella mujer a quien muchos querían que él canonizara en vida?

—¿En qué nos has desobedecido, hija mía?

La madre abadesa tomó aire:

—Mantuve, en San Damián, a Su Excelencia, el obispo Alvar. Lo hice a pesar de que, desde hace cinco años, Su Santidad prohibió a los sacerdotes visitar a las monjas sin permiso. Lo hice a pesar de las advertencias que recibí de Roma. Su Santidad sabe que ordené la salida de todos. De todos, menos del señor obispo...

No pudo continuar. Sus labios empezaron a temblar y su cuerpo se agitó sin que ella lograra controlarlo. Las lágrimas estallaron en sus ojos y de nuevo cayó de rodillas. Dos hombres aparecieron de detrás del cortinaje. Se aproximaron para auxiliarla.

—Déjennos solos —ordenó Gregorio.

Los dos desaparecieron por donde habían entrado. Clara aprovechó la pausa para sosegarse.

—Lo hice porque... Ruego a Su Santidad que me perdone.

—Confiamos y esperamos que lo hayas hecho porque eres una buena cristiana, hija, una mujer misericordiosa, que sabe que Cristo padeció una muerte infame por nuestra salvación. No tenemos nada que perdonar.

—¿Por qué, entonces, Su Santidad me prohibió hacerlo? ¿Por

*qué me prohibió cuidar al obispo? ¿Por qué me prohibió que le diera la comunión? ¿Por qué, en sus cartas, Su Santidad habló de una traición? La verdad es que murió como cristiano. Comulgó y lo velamos en el mismo sitio donde estuvo el cadáver de Francisco, cuando se le llevó a San Damián para que las damas pobres besáramos las llagas de sus manos y sus pies. Si mi atrevimiento fue mayúsculo, si al preguntar esto a su Santidad vuelvo a incurrir en pecado, si...*

*El llanto le impidió continuar.*

*—Te responderemos— dijo Gregorio frunciendo el ceño —. Te lo diremos por el cariño que te tuvo el Papa Inocencio III y por el que nosotros mismos te profesamos. Antes, sin embargo, debemos ponerte sobre aviso: la respuesta que buscas puede hacer más grande tu dolor. ¿Aun así quieres saberlo, hija?*

*—Sí, Santísimo Padre, sí.*

*—Alvar fue un mal hombre y no seremos ni nosotros ni tú quienes lo juzguemos. Le corresponderá hacerlo a Nuestro Señor.*

*—Pero ¿qué fue lo que hizo? Su Santidad debe decírmelo, por piedad, o condenarme a pasar el resto de mi vida lamentando haber desobedecido sus instrucciones.*

*—Alvar envenenó a Inocencio III. Lo asesinó. Por ello consideramos que no debía recibir la comunión. Ahora que lo sabes, te pedimos que siempre reces por nosotros y por el alma de ese desventurado pecador.*


A comienzos del año nuevo, Inocencio salió del letargo en que permaneció inmerso después de su encuentro con Francisco. Había tenido fiebres altísimas y, más de una vez, llegó al delirio. Sus colaboradores llegaron a suponer que había perdido el juicio. Su recuperación fue lenta.Hablaba lo indispensable y delegaba, como nunca antes lo había hecho, decisiones fundamentales. Gustaba pasar horas enteras al lado de la fuente del claustro, sacando con sus dedos las hojas que caían al agua, o desfollonando las plantas de ornato. Cuando volvió a la normalidad, lo primero que resolvió fue que el parecido del joven de Asís con Angelo no podía tratarse de una coincidencia. No. Al principio supuso que tendrían algún parentesco, el mismo tronco familiar. Nada de eso. Luego aceptó lo evidente: su amigo había reencarnado —así fuera sólo en los rasgos de *Il Poverello*— para hacerle un reproche: «*Me tendrás a tu lado para decirte qué estás haciendo bien y qué estás haciendo mal. Ahí estaré, siempre, para denunciar tus errores y tus abusos*». Una tarde, se animó a realizar una visita al Hospital del Santo Espíritu y se detuvo, frente a una ventana, para mirar cómo bailaba la gente sobre el Tíber congelado. Ahí resolvió que el reproche no era sobre un error en particular sino sobre los medios a través de los cuales había pretendido realizar su obra. Fue una revelación simple. Contundente. Era como si hubiera forjado una espada indestructible —la Iglesia de Cristo— pero no había sabido utilizarla. Así se lo dijo al cardenal de Ostia, que le acompañaba. Después de meditarlo largo tiempo, el Santo Padre no albergó dudas: había que dar marcha atrás. La responsabilidad le había hecho llegar donde estaba y la responsabilidad le impulsaba, ahora, a retroceder. No se trataba de cambiar la espada sino de emplearla con sabiduría. Los principios para fortalecer a la Iglesia debían ser defendidos pero no las medidas para exterminar a los disidentes. No se trataba de combatir las pasiones —éstas nunca dejarían de existir— y tampoco de controlarlas a través de la razón, como lo había sugerido Platón ingenuamente. Eran las pasiones las que acababan por controlar a la razón. Las que acababan por poner a la inteligencia a su servicio. Lo que había que hacer era impedir que las pasiones de unos hombres se tradujeran en la destrucción de otros. Angelo había llegado a decirle que había que inventar leyes para que los hombres hicieran lo que les viniera en gana sin molestarse unos a otros. Tenía razón. Eso es lo que tenía que hacer. La naturaleza humana nunca iba a cambiar. Los hombres nunca pensarían y sentirían al unísono, por más que la Iglesia se afanara en ello. Otros dirigentes políticos, otras iglesias, ansiosas por ejercer su dominio sobre sus propios fieles, harían imposible la realización de aquella utopía, como él mismo lo había hecho, oponiéndose a quienes soñaban la unidad de Imperio. Lo que hacía falta era garantizar que los hombres coexistieran con sus diferencias.

—¿Eso qué significa? —preguntó Ugolino sin estar seguro de entender a su tío.

—No es la Iglesia —subrayó el Papa sin dejar de mirar por la ventana— sino lo que está haciendo la Iglesia.

—Sigo sin entender una palabra— se rindió Ugolino.

—Digamos —Inocencio cerró los ojos— que el propósito de la Iglesia es defender *La Verdad*, pero que nos hemos equivocado al determinar qué es *La Verdad*. Quizá *La Verdad* es que existen muchas verdades y que el papel de la Iglesia no es imponer la suya sino crear las condiciones para que todas las verdades prosperen. Eso lo supe cuando era joven y luego lo olvidé. Las águilas nunca dejarán de ser águilas ni los gorriones, gorriones. Pero quizás, algún día, si hacemos lo propio, águilas y gorriones puedan convivir en armonía.

Ugolino meneó la cabeza.

—Supongo que eso de las águilas y los gorriones lo inspiró *Il Poverello* al señor Papa.

—Da lo mismo. Creemos que es hora de rectificar el camino y sentimos que tenemos las fuerzas para hacerlo.

—¿Qué quiere decir «rectificar el camino»? Su Santidad ha realizado proezas con las que ningún otro Papa, en la historia de la Iglesia, se había atrevido a soñar siquiera.

—¿Cuáles proezas, Ugolino? ¿Te parece meritorio haber incendiado al mundo para ver qué podemos aprovechar de sus cenizas? ¿Te parece digno de elogio haber diseñado estratagemas para mantener dichosos a los pobres en su pobreza y a los ignorantes en su ignorancia?

—¿Y qué sugiere Su Santidad que hagamos para «rectificar el camino»? —se impacientó el cardenal.

—Por lo pronto —el Papa abrió los ojos—, adoptar las medidas necesarias para detener a Simon de Montfort y reivindicar los derechos de Raymundo de Tolosa, del conde de Foix y de todos aquellos nobles a los que desposeímos por profesar un punto de vista distinto del nuestro. A poco que lo pensemos, no pueden hacernos ningún daño si persisten en sus costumbres.

—Tío —Ugolino fue incapaz de evitar el tuteo—, no puedo creer lo que estoy escuchando. Ese mendigo te ha trastornado. Estás cansado. Quizá debamos viajar a Subiaco o a Anagni para que reposes y medites, para que te reconcilies con el Señor, en cuyo nombre actúas.

—Después —continuó el pontífice sin prestar atención a las protestas del cardenal de Ostia—, viajar a Génova y a Pisa para detener la cruzada.

—¿Detener la cruzada? —el rostro del cardenal de Ostia se desencajó—. Hemos invertido tanto tiempo, tanto dinero, tantos desvelos en esta empresa como para ordenar que se detenga sólo porque un iluminado vino a hablarte de águilas y gorriones. *Eres el vicario de Cristo en la Tierra.* No puedes actuar de un modo tan...

—¿Irresponsable? Estamos actuando con más responsabilidad que nunca —Inocencio volvió a los patinadores—. ¿No dice San Agustín, a quien tú citas tan a menudo, que errar es humano y que lo grave, lo diabólico, es perseverar en el error? *Humanum fuit errare, diabolicum per animositatem in errore perseverare.*

—Aquí no hay ningún error: los herejes y los musulmanes deben ser eliminados porque si nosotros no los eliminamos, ellos nos eliminarán a nosotros. *La Verdad* es una y nosotros la tenemos. Eso es todo.

—No. No si creamos los equilibrios adecuados.

—Tío...

—¿Nos acompañarás a Génova y a Pisa o no?

Hacia abril, el hijo de Raymundo de Tolosa y el conde de Foix se levantaron en armas, desafiando las directrices del Concilio de Letrán. Ugolino tuvo la sospecha de que el propio Papa había contribuido con dinero para sufragar la rebelión. Pero eso, pensó, significaría que el pontífice estaba dando muestras de fatiga extrema o, peor aun, de locura. Desechó su sospecha cuando se enteró de las cartas que éste había enviado al Languedoc pero, cuando Aviñón, Marsella y Tarascón se unieron a la lucha, la volvió a albergar. Algo delicado ocurría. Inocencio, entonces, comenzó a celebrar reuniones sin convocar a Ugolino. Cuando al fin lo llamó, fue para comunicarle que su viaje a Génova y a Pisa estaba dispuesto. El cardenal de Ostia *tendría* que viajar con él.

Salieron a mediados de julio, sin que el Papa lograra entrevistarse de nuevo con *Il Poverello*, como lo había intentado. Sabía, eso sí, que éste se había negado a ingerir los polvos de lapislázuli que le había hecho llegar para aminorar sus diarreas. «¿Cómo quiere el señor Papa que yo ingiera piedras preciosas cuando mi único anhelo es vivir en la pobreza?», había exclamado Francisco. El pontífice estuvo a punto de ordenarle que los tomara —para eso había formulado un voto de obediencia— pero, en el último momento, se abstuvo de hacerlo. Tampoco quiso transportarse en carro. A pesar de las protestas de Ugolino y de Cencio Savelli, que le recordaron sus piernas inflamadas, él adujo que apenas tenía cincuenta y seis años; que gozaba de mejor salud que nunca. Y, en efecto, montado en su caballo andaluz, Inocencio transmitía una imagen de vigor envidiable. Difícilmente, alguno de sus antecesores en la silla de San Pedro podría haberlo emulado. Vestía su hábito blanco, cuyo tono era semejante al de su cabello —que mantenía cortado al ras del cráneo— y al de sus cejas, cada día más espesas. Si a eso se sumaba la mirada devastadora de sus ojos verdes, hasta aquellos que nunca le hubieran visto habrían sabido que era el Papa. Incluso, a pesar de que Ugolino de Segni, que cabalgaba a su derecha, luciera una cruz de rubíes sobre el pecho, y de que Censio Savelli, que cabalgaba a su izquierda, llevara un manto tornasolado. Para evitar cualquier imprevisto, en la comitiva se incluyeron dos carros para que el pontífice viajara más cómodo después de atravesar Perusa.

Dejaron atrás las murallas de Roma, con el júbilo con el que Inocencio las dejaba siempre. El Papa hizo comentarios sobre los altos campanarios, las colinas y cipreses. Luego pidió que el padre Alvar cabalgara a su lado para transmitirle algunas indicaciones: enterado de que acababa de morir Favorino d'Offreduccio, quería que el sacerdote se adelantara hasta Asís, se encargara de que *Donna* Ortolana recibiera una carta y lo visitara durante su estancia en Perusa. Era muy importante y nadie debía enterarse de aquella comisión.

—Cuando vuelvas, te nombraremos obispo.

El monje consultó algunos detalles con el pontífice y abandonó la comitiva. Se perdió tras una nube de polvo. El Papa llamó entonces a su sobrino. Quería que éste fuera pensando cómo se iba a dar a conocer la suspensión de la cruzada. El cardenal de Ostia, cuidando sus palabras, pero sin apartarse de sus convicciones, no sólo le expresó su desacuerdo sino que conjeturó sobre las dificultades que preveía para dar a conocer la nueva decisión del Papa sin provocar trastornos en la cristiandad. Definitivamente, no creía que aquel fuera un momento propicio para hacerlo. Si el pontífice estaba dispuesto a proceder así, había que dejar transcurrir algunos meses para que la noticia no coincidiera con la secuela del Concilio de Letrán. Los prelados más distinguidos de la cristiandad se hallaban instrumentando las decisiones del Concilio —la propia cruzada, entre ellas— y un anuncio como aquél podría resultar contraproducente. Más aun: aniquilador ¿Por qué, mejor, no esperar un poco? Eso daría al Papa la oportunidad de sopesar las consecuencias de su decisión. Abades, obispos y cardenales discutían, lo mismo, la obligatoriedad de la confesión que el sentido de la letra griega *tau*, la cual había elegido Inocencio para simbolizar las reformas del Concilio. ¿Para qué cambiar esos temas? Si Su Santidad había decidido suspender la cruzada, antes tendría que hacerlo saber a los reyes de Europa. El pontífice hizo una mueca de enfado y espoleó su caballo para apartarse de Ugolino.

Durante el alto en Perusa, el calor pareció sofocante y las moscas —las malditas moscas— aparecieron por todas partes. Durante el encuentro que tuvo con el *podestá* y las autoridades de la ciudad, el Papa comenzó a ver cómo aquellas se amontonaban sobre un plato con crema. Poco a poco lo iban cubriendo de negro. Sintió asco. Creyó que era ese asco el que le provocó el dolor de estómago que lo aquejó en ese instante y que se extendió por su cuerpo. Sin aire, Inocencio se levantó de la mesa. No entendía por qué estaba respirando con tanta dificultad, por qué el dolor de estómago pasaba a su cabeza mientras las moscas zumbaban a su alrededor. De nuevo, como había ocurrido tiempo atrás, sintió que todo a su alrededor se nublaba y que el suelo se movía bajo sus pies.

—¿Se encuentra bien, Su Santidad?

El pontífice miró de reojo al obispo de Palestina y al de Acre. ¿Quién de los dos había formulado la pregunta? ¿Quién de los dos se había dado cuenta de que él estaba mareado? Dijo que no —o imaginó que lo había dicho— cuando comenzó a ver doble y sintió sobre su cuerpo las manos que se apresuraban para ayudarle. Ordenó que llamaran a su médico para que le practicara, de inmediato, una transfusión sanguinea. A lo lejos, escuchó voces difusas: «¿Qué le pasa?». «Es el cansancio». «¿Qué tiene?». «No es la primera vez que ocurre». «Ha trabajado tanto». «Está agotado». «Que alguien haga algo». «¿Se siente mal, Su Santidad?» Las moscas revoloteaban por doquier, produciendo un zumbido atronador.

Cuando abrió los ojos, era ya de madrugada. La antorcha que alumbraba la habitación contigua empezaba a resultar inútil. Debía de estar en la abadía de Perusa. ¿Qué había ocurrido? La cabeza le daba vueltas y no lograba recordar lo que había sucedido. «Cuánta humedad», pensó al observar la bóveda acañonada del recinto. Por alguna parte se escuchaba la caída de una gota... de otra. Tenía hambre. Buscó a sus criados. Los llamó. Nada. Entonces se incorporó para constatar que lo habían dejado solo. «Qué descuido», se impacientó. Abandonar al vicario de Cristo en aquella habitación cavernosa, que recordaba una cripta, era imperdonable. ¿Dónde estaba Cencio Savelli? ¿Dónde estaba Ugolino? Lo último que recordaba eran moscas zumbando alrededor de un plato de crema. De repente, una figura encapuchada surgió de las sombras. Llevaba una bandeja con viandas, entre las que le fue posible identificar pollo, higos y vino. Avanzó hacia él.

—Así que *Su Santidad* se ha recuperado...

El Papa sonrió a su pesar. Reconocería esa voz en cualquier parte, en cualquier momento. Pero ¿qué hacía ella ahí? ¿Cómo había logrado entrar? ¿Dónde estaban los guardias? ¿Estaría enterado Ugolino de que él estaba ahí, solo, al lado de aquella mujer que se desplazaba a su gusto, sin que nadie estorbara su camino? ¿Por qué él y Savelli descuidaban su seguridad? Habría que reprenderlos.

—No nos explicamos cómo has vuelto, pero nos alegra saber que te acuerdas de nosotros.

Le dolía el cuello y le disgustó no saber dónde estaba. Qué había ocurrido. Por qué después de su vahído, lo habían ido a relegar a aquel sótano. No había ninguna explicación. ¿Dónde estaban sus criados y su guardia personal? Pese a todo, le alegró volver a ver a su amiga.

—Espero que el señor Papa esté satisfecho con lo que traigo para que coma —dijo la mujer echando hacia atrás la capucha y colocando la bandeja sobre el regazo del pontífice.

—No podemos creer en la facilidad con la que nos encuentras, con la que te introduces a los lugares mejor vigilados...

—Cuando una vive huyendo de los soldados del Papa o del emperador, escapando de las hogueras que enciende uno y de las mazmorras que construye el otro, se aprenden algunas habilidades, *Su Santidad*.

Inocencio estiró el brazo y tomó los higos. Los devoró. Luego arrancó la piel a una pierna de pollo y comenzó a mordisquearla con fruición.

—¿Siempre consigues tu propósito?

—No —admitió ella—. Desde hace un año había querido sorprender al señor Papa en el *Palazzo Lateranense* o en el Vaticano, mientras dormía, y por una u otra razón, no había logrado mi propósito. La última vez, el cardenal de Ostia estuvo a punto de arrestarme.

Ugolino no le había comentado nada al respecto. Era extraño.

—Eres la misma de siempre, Bruna.

No lo era. De aquella Bruna impetuosa y sensual sólo quedaba la mirada. Quizá la voz. Su piel seca, macilenta, iba a tono con su cabello trasquilado. Inocencio pudo advertirlo a pesar de la penumbra. Se estremeció al descubrir la cicatriz que, aunque antigua, daba la impresión de dejar la carne viva, a un lado de su mejilla izquierda, donde había estado la oreja.

—¿Esto? —preguntó ella al sentir la mirada de Inocencio—. No es nada. Cuando una anda por el mundo, tratando de que se haga justicia, ocurren cosas semejantes…

—Eres la misma —repitió el Papa.

—Su Santidad, en cambio, es otro. El estudiante de Derecho que soñaba con unir a la cristiandad ha hecho todo lo que ha estado en sus manos para dividirla. Es aborrecido por alemanes y judíos, por cátaros y griegos, por los seguidores del Islam y por sus propios cardenales.

Inocencio pudo distinguir, también, las venas saltonas en las manos de la mujer.

—Las cosas van a cambiar —anunció—. Vamos a enmendar lo que hemos hecho mal. Eso, paradójicamente, nos traerá más odio. Pero el odio no nos importa. Nunca nos ha importado. La soledad nos duele, pero es el precio que hemos debido pagar por elegir este camino.

—He escuchado que ahora Su Santidad se dirige a Génova y a Pisa para garantizar el buen éxito de la cruzada que ha proclamado.

—No, no es así. De hecho, vamos a detenerla. No nos equivocamos en forjar la espada, Bruna, pero sí en el modo en que la hemos empleado. Cristo quería una Iglesia fuerte pero no para destruir a los otros; ahora lo sabemos. Necesitaremos tu ayuda. ¿Podemos contar con ella?

—¿Con mi ayuda?

El Papa encontró también pan y queso en la bandeja. Limpió su boca con la mano y siguió comiendo. Había permanecido inconsciente ¿cuántos días? ¿uno? ¿dos? Luego, de un trago bebió el contenido del vaso y sirvió otro igual.

—¿Nunca pensó Su Santidad que la mejor forma de unir a la cristiandad habría sido que alemanes, judíos, griegos y cátaros pensaran y vivieran como les viniera en gana?

—Eso es lo que pensamos ahora. Traicionamos los ideales de nuestra juventud pero ahora vamos a enderezar el camino —Inocencio se apoderó de otra pieza de pollo y le arrancó la piel—. Creemos que Dios te envió para algo.

—¿Su Santidad ya cree en Dios?

—Creemos en la necesidad de unir a los hombres. Equivocamos el camino, de acuerdo, pero ahora lo vamos a enmendar ¿Por qué nos miras así? ¿Acaso tú ya no sueñas?

—Sí. Sueño con ir a Tolosa para unirme a los cátaros que luchan contra Simón de Montfort. He vuelto a escuchar la voz de Valdo mientras dormía. Me ha autorizado a asesinar a ese monstruo sanguinario.

—Es un monstruo sanguinario, sí. Lo sostuvimos porque servía a nuestro propósito de unir a la cristiandad. *Creímos que servía.* Pero ahora vamos a retirarle nuestro apoyo. Hemos redactado una bula contundente al respecto.

Bruna caminó por la estancia observando cada detalle de aquella habitación, situada a un lado de la catedral de Perusa. Era fría y húmeda a pesar del calor que hacía afuera. Parecía un recinto aislado del mundo, reservado tan sólo para aquel encuentro. Por todas partes se filtraba el agua. El golpeteo de las gotas que se estrellaban contra la piedra constituía la única interrupción. En cualquier caso, no era una habitación digna del Papa.

—No creo una palabra de lo que dice Su Santidad.

—Puedes creerlo o no —dio otro trago de vino—. Da lo mismo. Lo que nos gustaría saber es cómo lograste entrar hasta aquí. ¿No había guardias? ¿Ni uno solo?

—Ahora será Su Santidad quien no va a creerlo —aseveró— pero, cuando llegué, un piquete de soldados me detuvo. Me condujeron de nuevo hasta el cardenal de Ostia. En cuanto me vio, dio instrucciones para que nadie obstaculizara mi trabajo.

—¿Tu trabajo? ¿Has venido a distraernos, como seguramente lo pretende Ugolino? Porque, en efecto, no creemos lo que dices...

—¿A qué crees que he venido, Lotario? Aunque se tema a Dios, es necesario destruirlo cuando éste se vuelve contra los hombres. Este es otro de mis sueños.

El Papa quiso responder pero sintió que su lengua se acababa de trabar dentro de la boca. De un espasmo arrojó el alimento que estaba masticando y advirtió cómo sus brazos y piernas se paralizaban de repente. Un aire gélido que provenía de sus entrañas lo obligó a respirar con rapidez primero; con ansiedad después. Quiso levantarse pero no pudo. Antes de que su mirada se nublara, distinguió cómo caía al suelo la bandeja, produciendo un ruido estridente. El estómago comenzó a dolerle. Pero no era el dolor de siempre. Era el frío que, paulatinamente, se transformaba en calor, que hervía y que, como un remolino, hacía que todas sus vísceras se empezaran a disolver. Era un dolor nuevo y desconocido. «¿Qué has hecho?», pensó mirando a Bruna con tristeza, con odio, con angustiante frustración. «¿Por qué?» Advirtió que el corazón latía aprisa y, luego, poco a poco, dejaba de latir. Comprendió que estaba ante la muerte, ante la nada que le impediría concluir todo aquello que aún tenía que realizar: Génova, Pisa, la cruzada que iba a detener... «No, no. Ahora no», pensó. Antes debía devolver el Languedoc. Constantinopla debía ser una Iglesia aliada y no sometida. Buscó la *tau* sobre su pecho. Nada. Recordó que la había entregado a Francisco. Sin ella, decidió, estaba a merced del veneno, del odio.

—*La muerte, a fin de cuentas, nos sorprenderá cuando menos la esperemos...*

Pensó en Angelo y en Francisco; en su madre y en Clemente III; en Roberto Courçon y en Esteban Langton. Qué injusto había sido con él. Pensó en la Bruna de Bolonia y Sicilia. En lo mucho que le habría gustado ver a Ortolana por última vez. Pero ahí no había nadie. Nadie a quién estrechar la mano. Nadie a quién pedir auxilio. ¿Dónde estaban sus amigos y sus colaboradores? ¿Dónde estaba Cencio Savelli y Ugolino de Ostia? ¿Era cierto aquello que Bruna acababa de decirle? ¿Su sobrino, su hombre de más confianza, había permitido que aquella mujer alucinada, aquella asesina, llegara hasta ahí para envenenarlo? ¿De veras no se había dado cuenta Ugolino de que habían equivocado el rumbo y era menester enderezarlo? Bruna lo observaba impasible. Entonces se dio cuenta de que estaba solo. De que siempre había estado solo.

—Clara... —murmuró.

—Soy Bruna —declaró ella inconmovible.

—Clara, hija... —repitió.

Cuando el padre Alvar entró, seguido por la condesa de Sasso-Rosso, Inocencio III estaba muerto.

Asís, en diciembre A. D., 1219.

Al señor Papa Honorio III, de Ortolana d'Offreduccio, indigna y pecadora:

Al fin he decidido escribir, como lo ordenó Su Santidad. No lo había hecho antes porque tenía miedo. El legado del señor Papa en Toscana y Lombardía, el cardenal de Ostia, es un hombre vengativo. Pero he vencido el miedo al advertir la forma en que él está persiguiendo al padre Alvar. Aduce que él sabe algo sobre la muerte de Inocencio III, que se niega a revelar. He guardado silencio porque suponía que lo que tenía que decir no iba a ayudar a nadie pero ahora sé que debo romperlo. Es preciso que hable, como lo pidió Su Santidad.

Es cierto que aquel 16 de julio de 1216, el padre Alvar anunció que el señor Papa había expirado en sus brazos. Añadió que le había expresado su última voluntad en el sentido de que quien debía sucederle era el cardenal de Albano y, por ningún motivo, el de Ostia. Me puso a mí por testigo y, como lo recordará Su Santidad, yo asentí. En todo momento supe que, a diferencia del último deseo de un pontífice como Celestino, el último deseo de Inocencio sería considerado una orden. Una orden que nadie se atrevería a desafiar.

Luego vino la preparación del funeral, el anuncio de su muerte, la convocatoria del cónclave. La Curia estaba más preocupada por saber qué cardenales llegarían para encerrarse en la catedral de Perusa y por elegir a un sucesor, que en las declaraciones del padre Alvar o en las mías. Sin embargo, lo que había dicho Su Reverencia, lo que yo había confirmado, se divulgó. Los miembros del cónclave conocían entonces la última voluntad de Inocencio y la mayoría estaba dispuesta a cumplirla. Cuando Ugolino, que deseaba con todas sus fuerzas convertirse en Papa, comenzó a indagar la seriedad de aquella confesión que a él, con sobradas razones, le resultaba inverosímil, vino el escándalo: unos bandidos lograron entrar en la catedral por la noche y despojar el cadáver de su tiara, su báculo, de las riquísimas vestiduras de seda, armiño y oro con que se le había ataviado. Nadie prestó atención a las protestas, a la justa indignación de Ugolino. Todos condenaban el atrevimiento, el sacrilegio. Lo importante era castigar a los ladrones. Mientras los soldados encargados de vigilar la catedral juraban que una cuadrilla de bandoleros les había sometido, algunos mendigos aseguraban haber visto a una mujer, a quien faltaba una oreja, salir de la catedral con las vestiduras e insignias papales. Debido a aquel alboroto, cuando se solicitó a algunos cardenales que propusieran a un candidato, Ugolino comprendió que no conseguiría una sola adhesión. Entonces, con la audacia que siempre le caracterizó, se apresuró a proponer el nombre de Su Santidad: «Sólo hay un candidato», sostuvo, «y ese es Cencio Savelli, cardenal de Albano».

Todo esto lo sabe Su Santidad. Lo que, sin duda, desconoce es que la historia de la confesión fue falsa. Absoluta y completamente falsa. Cuando el padre Alvar y yo llegamos a la habitación de Inocencio III, él ya estaba muerto. Aunque se dijo que murió de fiebre, creo que fue la fatiga la que acabó con él. Su rostro y sus dedos, sin embargo, lucían crispados. Por el suelo había regados restos de comida. Su Reverencia y yo nos apresuramos a acomodar su cuerpo en aquel horrible lecho al que se le había enviado y a limpiar el lugar. ¿Que por qué le atribuimos una muerte plácida? ¿Que por qué inventamos aquella última declaración? Porque temíamos que Ugolino llegara a la silla de San Pedro. Además, por una carta que acababa de recibir del señor Papa, yo sabía que Inocencio pretendía dar marcha atrás a algunos de sus proyectos y que eso, naturalmente, perjudicaría los intereses del cardenal de Ostia. Fui yo quien instigó al padre Alvar para que difundiera la mentira. Asumo mi culpa y celebro que ahora sea Su Santidad quien gobierne la Iglesia Católica y no Ugolino. Lo que lamento es que el padre Alvar esté siendo perseguido por el cardenal de Ostia. Por eso estoy rindiendo esta declaración. Por eso ruego a Su Santidad que intervenga. Su Reverencia fue el instrumento de Dios para que las cosas se dieran como se dieron. Sé que Ugolino no descansará hasta convertirse en Papa pues, según se cuenta, pidió a Su Santidad, como favor especial, y como un modo de condicionar su apoyo, que no eligiera el nombre de Inocencio IV ni el de Gregorio IX. Estos nombres debe tenerlos reservados para él.

Si Su Santidad desea ayudarme y apoya al padre Alvar, se lo agradeceré el resto de mi vida. Él ha sido mi confesor desde que era niña. También le agradeceré que destruya esta carta, que la queme en cuanto la haya leído; que permita que el fuego acabe con una testimonial tan temeraria. No temo que caiga en manos de Ugolino y que éste, como superior general de las Damas Pobres —un cargo que ostenta *de facto*—, pueda tomar alguna represalia contra mí, pero sí que provoque un escándalo que perjudique a Su Santidad. Digo lo de las represalias contra mí porque he decidido desaparecer de este mundo. Desde hace algunos años, he estado apoyando a mis hijas mayores en el crecimiento de la comunidad de las *Damas Pobres* y creo que ha llegado el momento de incorporarme a ella de un modo definitivo. Nunca espero ver a 3 mil hermanas reunidas en Asís, como ocurrió recientemente con los seguidores de Francisco, durante el capítulo de Pentecostés, pero sí espero hallar un final tranquilo para mis días.

Renunciaré a mi título nobiliario y haré un voto de silencio para olvidar los horrores del mundo: la crudelísima toma de Damieta, a la que el mismísimo Francisco ha acudido, con la esperanza de predicar ante el sultán, y en la que han perdido la vida tantos hombres admirables como Roberto Courçon; la lucha que ha emprendido Esteban Langton, a quien Su Santidad confirmó como arzobispo de Canterbury, para gobernar Inglaterra a través del pequeño rey Enrique; las matanzas sin fin en el Languedoc, donde Simón de Montfort ha muerto, víctima de la pedrada que, en buena hora, le arrojó una mujer; la arrogancia inaudita del emperador Federico y la ambición sin límites del rey Felipe «Augusto». Pero, sobre todo, para olvidar al único hombre a quien amé en mi vida. Su Santidad sabe de quién hablo. Y olvidaré a Lotario de Segni porque él ya no me necesita. Aunque pasó la vida buscando a Dios, sin encontrarlo, Él ya debe tenerlo ahora a su lado, pidiéndole consejos acerca de cómo darle un sentido a Su caótica, a Su incomprensible creación.

FIN

# APÉNDICES

# AGRADECIMIENTOS

Agradezco los comentarios que hicieron a este texto Alejandra Cravioto, Alfonso Cervantes, Sandro Cohen, Vanesa Erazo, Carmen García Cossío, Guillermo Laveaga, Raquel Luna, Ernestina Madrigal, Alejandro Mayagoitia, Emilia Montejano, José Antonio Núñez Ochoa, Erika Rosas, Rolando Tamayo, Mauricio Tenorio, Patricia Toca, Sergio Vela y Álvaro Vizcaíno.

# CRONOLOGÍA

1160   Nace Lotario de Segni.

1163   Da inicio la construcción de la catedral de *Notre Dame*.

1165   Nace Felipe II de Francia.

1167   Nace Juan de Inglaterra.

1170   Pedro Valdo comienza a predicar.

       Es asesinado Tomás Becket en Canterbury.

1174   Saladino toma Damasco

1176   Batalla de Legnano. El emperador Barbarroja es derrotado por los nobles aliados al Papa.

1179   Tercer Concilio de Letrán.

1180   A los 15 años, sube al trono de Francia Felipe II de Francia.

1181   Muere el Papa Alejandro III. Le sucede Lucio III.

       Se promulga la bula *Ad Abolendum*, que permite a los obispos perseguir y juzgar a los herejes.

1182   Nace Francisco Bernardote, conocido más tarde como Francisco de Asís.

1184   Pedro Valdo es declarado hereje.

1185   Muere el Papa Lucio III. Le sucede Urbano III.

1186   Lotario de Segni concluye sus estudios de teología en París e ingresa a Bolonia para estudiar Derecho.

1187   Saladino toma Jerusalén.

       Muere el Papa Urbano III. Le sucede Gregorio VIII, que muere ese mismo año y es sucedido por Clemente III.

       Lotario de Segni es nombrado subdiácono.

1189   Muere Enrique II de Inglaterra y es coronado Ricardo *Corazón de León*.

Clemente III nombra a Lotario de Segni diácono de San Sergio y San Baco.

1190    Muere el emperador Federico Barbarroja.

El rey Felipe II de Francia y Ricardo de Inglaterra se reúnen en Sicilia para continuar la tercera cruzada.

1191    Mientras Ricardo de Inglaterra toma Chipre y San Juan de Acre, Felipe de Francia vuelve a su país.

Muere el Papa Clemente III y es sucedido por Celestino III.

Enrique VI, hijo de Barbarroja, es coronado emperador por Celestino III.

1192    Ricardo *Corazón de León* desiste de conquistar Jerusalén y, cuando regresa a Inglaterra, es tomado prisionero por Leopoldo de Austria.

Enrico Dandolo es elegido *dux* de Venecia.

1193    Leopoldo de Austria entrega a Ricardo *Corazón de León* al emperador Enrique VI, quien lo encierra en Triefels.

Felipe II de Francia contrae matrimonio con la princesa danesa Ingeborge. Se divorcia casi de inmediato.

Muere Saladino.

Nace Clara d'Offreduccio, conocida más tarde como Clara de Asís.

1194    Al pagar el rescate, Ricardo *Corazón de León* es liberado. Una vez en Inglaterra, inicia la reconquista de los territorios de los que se había apoderado el rey de Francia.

Raymundo VI sucede a su padre como conde de Tolosa.

Enrique VI es coronado emperador de Sicilia y nace su hijo, el futuro emperador Federico II.

1195    Celestino III declara nulo el divorcio de Felipe de Francia con Ingeborge.

Isaac Ángel es despojado del trono de Bizancio por su hermano. Alexis III.

Los almohades derrotan al rey de Castilla en la batalla de Alarcos.

1196    Los príncipes alemanes aceptan que el hijo del emperador Enrique VI sea coronado rey de los romanos y proclamado heredero del Imperio.

Muere Alonso II de Aragón y le sucede su hijo Pedro.

1197   Muere el emperador Enrique VI sin que se haya determinado quién
       será su sucesor.

1198   El 8 de enero muere Celestino III. Ese mismo día, es elegido Lota-
       rio de Segni para ocupar la silla de San Pedro. Se hace llamar
       Inocencio III y se apodera del ducado de Spoleto y del mar-
       quesado de Ancona.

       Otón de Brunswick y Felipe de Suabia expresan su interés en suce-
       der a Enrique VI como emperador. El ejército de Otón pone
       sitio a Aquisgrán.

1199   Muere Ricardo *Corazón de León*. Lo sucede su hermano Juan.

       En Ecry, un grupo de aristócratas franceses promete tomar la cruz y
       marchar a Tierra Santa para recuperarla de manos de los infieles.

1200   Inocencio proclama un interdicto contra Francia.

       Inocencio confirma la orden de los caballeros teutones.

       Mediante el tratado de Le Goulet, Juan de Inglaterra accede a con-
       vertirse en súbdito del rey de Francia.

       Bula *Vergentis in Senium*.

       Se inicia la recuperación de Sicilia.

       Inocencio emite la *Deliberatio* donde exige que se le acepte como
       árbitro en la sucesión por el Imperio.

1201   Algunos caballeros franceses viajan a Venecia para solicitar a Enri-
       co Dandolo que les facilite hombres y barcos para recuperar
       Tierra Santa.

       Felipe de Francia reconoce a Ingeborge como legítima esposa.

       Inocencio se pronuncia por Otón de Brunswick como emperador.
       Los partidarios de Felipe de Suabia protestan.

       Bula *Venerabilem*.

1202   Guerra entre Asís y Perusa.

       Muere Joachin de Fiore.

       Sale una flota de Venecia con miras a reconquistar Tierra Santa.

       El rey Juan de Inglaterra pierde sus territorios en Francia.

       Saqueo de Zara.

1203   Los ejércitos cristianos toman Gálata y Constantinopla. Alejo III,
       emperador de Bizancio, huye. Le sustituye Isaac II.

       Saqueo de Constantinopla.

1204 Balduino de Flandes es nombrado emperador de Bizancio.

Inocencio corona al rey Pedro de Aragón.

Inocencio solicita a Felipe de Francia que se apodere de las tierras del Languedoc para exterminar la herejía.

1205 Inocencio autoriza que Diego de Osma y Domingo de Guzmán prediquen contra la herejía en el Languedoc.

Inocencio nombra a Esteban Langton arzobispo de Canterbury. El rey Juan de Inglaterra se opone al nombramiento.

Muere Enrico Dandolo.

1206 Ugolino de Segni es nombrado cardenal de Ostia. Inocencio lo envía a hacer las paces entre Otón de Brunswick y Felipe de Suabia.

Batalla de Ruhr. Felipe de Suabia vence a Otón.

1207 Francisco de Asís anuncia el comienzo de su nueva vida.

Inocencio consagra a Esteban Langton arzobispo de Canterbury.

Diego de Osma deja de predicar por orden de Inocencio. Domingo de Guzmán ocupa su lugar.

Inocencio levanta la excomunión a Felipe de Suabia.

Raymundo de Tolosa es excomulgado por apoyar la herejía en el Languedoc.

1208 Es asesinado Pedro de Castelnau, legado papal en el Languedoc.

Inocencio declara la cruzada contra la herejía. Designa a Arnoldo Amaury jefe de la cruzada y a Simón de Montfort comandante militar.

Inglaterra es colocada en entredicho por Inocencio.

Es asesinado Felipe de Suabia. Los príncipes alemanes reconocen a Otón como emperador.

1209 Simón de Montfort va obteniendo triunfos contra los herejes del Languedoc: Beziers, Carcasona, Lombers, Castres.

Inocencio levanta la excomunión a Raymundo de Tolosa.

Inocencio corona a Otón emperador. Éste se apodera de territorios de la Iglesia.

Excomunión del rey Juan de Inglaterra.

1210 Inocencio reconoce a la universidad de París como una corporación legal.

Pedro de Benevento inicia la *Compilatio Tertia*.

Los cruzados toman Bram, Minerve, Termes.

Inocencio reconcilia a los valdenses con la Iglesia.

Francisco de Asís solicita a Inocencio autorización para fundar una fraternidad inspirada en la pobreza.

Inocencio lanza contra Otón un anatema y lo excomulga.

Raymundo de Tolosa es excomulgado de nuevo.

1211 Inocencio desliga a los ingleses de la obligación de obedecer a su rey.

Caen Lavaur y Cabaret en poder de Simón de Montfort.

Los señores de Languedoc logran unirse pero su ejército es derrotado en Castelnaundry.

Inocencio logra el apoyo de diversos príncipes alemanes para destituir a Otón y para que Federico, hijo del difunto emperador Enrique VI, sea proclamado rey de Alemania.

1212 Roberto Courçon es nombrado cardenal.

Francisco recibe a Clara d'Offreduccio en Santa María de los Ángeles. Ella y su hermana se refugian en San Damián, donde Clara vivirá el resto de su vida.

Inocencio encarga al rey Felipe de Francia que ejecute la sentencia de deponer al rey de Inglaterra.

Batalla de las Navas de Tolosa. Los almohades son derrotados por el rey de Castilla, de Navarra y de Aragón. Comienza la reconquista.

Cruzada de los niños.

Inocencio corona a Federico rey de Roma. El rey de Francia apoya las pretensiones de Federico para convertirse en emperador.

1213 El rey de Inglaterra entrega su reino a Inocencio.

Inocencio, a través de su legado, toma posesión de la isla. Los clérigos expulsados regresan a Inglaterra y reciben una indemnización.

Inocencio convoca al Cuarto Concilio de Letrán mediante la bula *Vinem Domini Sabaoth*. En la bula *Quai maior*, convoca a la quinta cruzada.

El rey Felipe de Francia reconoce a Ingeborge como esposa, reintegrándola a la corte.

Simón de Montfort vence en Muret a Pedro de Aragón y a Raymundo de Tolosa. Pedro de Aragón muere en la batalla.

1214 Inocencio impone estrictas condiciones a Simón de Montfort para que continúe al mando de la cruzada contra la herejía.

El rey Juan de Inglaterra desembarca en La Rochelle con un ejército. Otón levanta otro en Flandes y Bravante con el que penetra a Francia. Ambos son derrotados por Felipe de Francia en Bouvines.

1215 Concilio de Montpellier

Roberto Courçon expide los Estatutos de la Universidad de París y confirma la prohibición de la *Metafísica* y otros textos de Aristóteles.

Domingo de Guzmán crea la orden de los predicadores.

Los barones ingleses obligan al rey Juan a firmar la *Magna Carta Libertatum*.

Francisco nombra a Clara d'Offreduccio superiora de las *Damas Pobres*.

Federico es coronado emperador en Aquisgrán.

Cuarto Concilio de Letrán.

1216 El hijo de Raymundo de Tolosa une a las ciudades de Marsella, Aviñón y Tarascón contra Simón de Montfort.

Muere Inocencio III.

# REFERENCIA DE LOS
# PERSONAJES HISTÓRICOS

ADULFO. Arzobispo de Colonia. Fue el principal aliado de Roma en el Sacro Imperio Romano Germánico.

ALEJO III. Emperador de Bizancio. Llegó al trono al deponer y encarcelar a su hermano, Isaac II. Abandonó el trono en 1203, cuando los cruzados tomaron Constantinopla.

ALEJO ÁNGEL. Cuñado de Felipe de Suabia e hijo de Isaac II. Prometió apoyar a Inocencio III y a los cruzados si éstos restauraban a su padre en el poder, del cual había sido despojado por su hermano Alejo III. Fue estrangulado por los bizantinos, que le consideraron un traidor a las órdenes de Roma y de los venecianos.

ARNOLDO AMAURY. Abad de los monjes cistercienses. En 1208, Inocencio III lo designó a la cabeza de la cruzada contra los cátaros.

BALDUINO DE FLANDES. Emperador de Bizancio impuesto por los cruzados desde 1204. Murió combatiendo a los búlgaros un año después.

CELESTINO III. Jacinto Boboni-Orsini. Papa de 1191 a 1198. Coronó a Enrique VI como emperador del Sacro Imperio Romano.

CENCIO SAVELLI. Cardenal de Albano. Camarlengo en la Santa Sede y autor del *Liber Censuum*, donde se da cuenta de los bienes de la Iglesia. En 1216, a la muerte de Inocencio III, se convirtió en Papa con el nombre de Honorio III.

CLARA D'OFFREDUCCIO. Hija mayor de Ortolana de Fiume. Fundadora de las *Damas Pobres*, conocidas como clarisas, abandonó a su familia para seguir los pasos de Francisco de Asís. La Iglesia la nombró santa.

CLARICIA SCOTTI. Madre de Inocencio III y mujer influyente en la lucha del papado contra el Imperio.

CLEMENTE III. Pablo Scolari. Como Papa, reinó de 1187 a 1191 y restauró las relaciones de la Iglesia con el Imperio. Nombró cardenal a su sobrino, Lotario de Segni.

DOMINGO DE GUZMÁN. Fundador de los dominicos. Desde 1206 predicó en el sur de Francia, sin buen éxito, y exigió que se quemara a todo aquel que no rindiera sumisión a la Iglesia Católica. Fue canonizado por el Papa Gregorio IX.

ENRICO DANDOLO. Dogo de Venecia desde 1192. Encabezó la cuarta cruzada y tomó el puerto húngaro de Zara en 1202. Al año siguiente dirigió la toma de Constantinopla, cuando contaba casi 95 años.

ENRIQUE VI. Hijo del emperador Federico Barbarroja, Hohenstaufen. A la muerte de su padre buscó la unificación del Sacro Imperio Romano Germánico. Su muerte provocó la anarquía en el Imperio.

ESTEBAN LANGTON. Compañero de estudios de Inocencio III en París. El Papa lo nombró arzobispo de Canterbury en 1207.

FEDERICO II. Federico Rogerio. Hijo de Enrique VI, Hohenstaufen. Nació en 1194. Fue rey de Sicilia y, en 1215, emperador del Sacro Imperio Romano Germánico, con el apoyo de Inocencio III, su tutor, quien antes lo había coronado Rey de Roma. En su lucha por la hegemonía imperial, se enfrentó con los papas Honorio III y Gregorio IX.

FELIPE II. Rey de Francia de 1180 a 1223. Recuperó los territorios que tenía Inglaterra en el continente, lo cual le valió el sobrenombre de «Augusto».

FELIPE DE SUABIA. A la muerte de su hermano, el emperador Enrique VI, fue el candidato de los gibelinos al trono imperial.

FRANCISCO DE ASÍS. Hijo de un acaudalado comerciante, en 1207 renunció a sus bienes para predicar la pobreza y la vida simple. Él y sus seguidores acataron la autoridad del Papa. Gregorio IX lo canonizó.

GREGORIO VIII. Papa de octubre a diciembre de 1187. Nombró subdiácono a Lotario de Segni.

Huguccio de Pisa. Canonista, autor de una *Summa* y maestro de Inocencio III cuando éste estudiaba en Bolonia. Fue designado cardenal de Ferrara. Murió en 1210.

Joachim de Fiore. Abad de Corazzo. Abandonó su cargo para entregarse a la vida eremítica y profetizar el fin de los tiempos. Murió en 1202.

Juan de San Pablo. Juan de Colonna. Cardenal de Sabina, Consejero de Celestino III y, más tarde, confesor de Inocencio III, quien le encargó aplicar la bula *Vergentis in senium* en algunas regiones de Italia. Fue protector de Francisco de Asís.

Juan sin Tierra. Hijo de Enrique II y hermano de Ricardo *Corazón de León*. Subió al trono a la muerte de este último. Perdió los territorios continentales que le arrebató Felipe II de Francia y quedó desposeído de Inglaterra cuando Inocencio III lo excomulgó.

Ortolana de Fiume. Esposa de Favorino d'Offreduccio y madre de Clara de Asís.

Otón de Brunswick. A la muerte de Enrique VI, fue el candidato de los güelfos al trono imperial. Inocencio lo coronó emperador, pero lo desconoció cuando éste invadió el territorio de la Santa Sede.

Pandulfo. Promotor de la Liga Lombarda, para defender los intereses de la Iglesia Católica ante el Imperio. Más tarde, legado de Inocencio III en Inglaterra.

Pedro de Benevento. Consejero de Inocencio III. Fue encargado de compilar los documentos jurídicos de la Iglesia —la *Compilatio Tertia*— y sirvió como legado *ad latere* en el Languedoc.

Pedro II. Rey de Aragón. Aunque leal al Papa, se enfrentó a Simón de Montfort para evitar que éste siguiera exterminando a los cátaros. Cayó herido de muerte durante la batalla de Muret.

Raymundo VI. Conde de Tolosa desde 1194. Aunque leal al Papa, protegió a los cátaros en sus dominios, motivo por el que fue excomulgado en 1207 y despojado de sus tierras.

Ricardo I. Rey de Inglaterra, apodado *Corazón de León*. Peleó en la tercera cruzada y estuvo a punto de tomar Jerusalén. En 1192 fue hecho prisionero por el duque de Austria, quien lo vendió al emperador

Enrique VI. Fue liberado más de un año después y, desde entonces, luchó con buen éxito para recuperar las tierras que los franceses habían arrebatado a su hermano Juan. Murió en 1199.

RICARDO DE SEGNI. Hermano menor de Inocencio III. Constructor de una torre célebre en Roma.

ROBERTO COURÇON. Compañero de estudios de Inocencio III en París. Fue nombrado legado papal en París, donde promovió la creación de la Facultad de Artes y autorizó los programas de estudio de la Universidad. Prohibió la lectura de Aristóteles. Después de haber combatido la herejía en el Languedoc, se unió a la quinta cruzada. Murió durante el sitio de Damieta, en 1218.

SIMÓN DE MONTFORT. Duque de Leicester, desposeído por el rey de Inglaterra de sus tierras en la isla. Fue el principal jefe militar de la cruzada contra los cátaros y se apoderó de grandes territorios en el sur de Francia. Murió, víctima de una pedrada arrojada por una mujer en 1218.

TANCREDO. Rey de Sicilia de 1189 a 1194. Luchó contra los alemanes para conservar la isla para los normandos. A su muerte, los alemanes se apoderaron de ella, aduciendo que les pertenecía.

UGOLINO DE SEGNI. Sobrino y consejero de Inocencio III, quien lo nombró Cardenal de Ostia en 1205. En 1227, a la muerte de Honorio III, se convirtió en Papa, con el nombre de Gregorio IX. Creó el Tribunal de la Santa Inquisición y murió mientras el emperador Federico II luchaba contra la Santa Sede.

VALDO. Comerciante que renunció a sus bienes y a su familia para predicar la pobreza y la vida simple. Él y sus seguidores, conocidos como valdenses o pobres de Lyon, fueron considerados herejes por no acatar las órdenes de la Iglesia Católica.

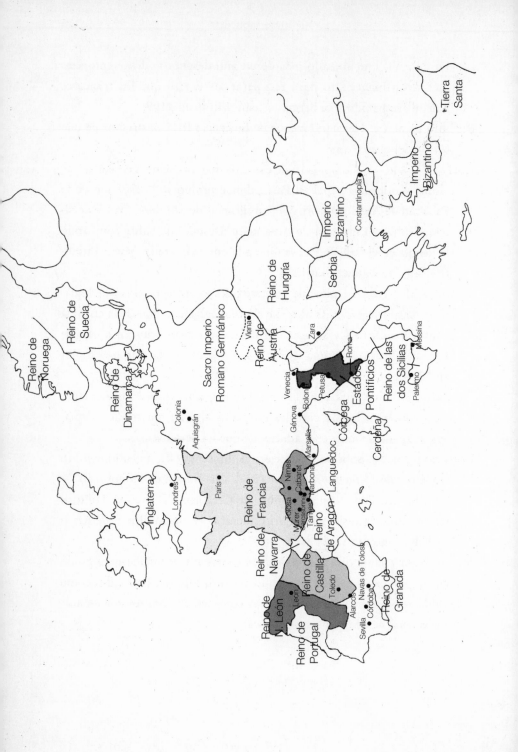

Tierra Santa

Imperio Bizantino

Reino de Suecia

Reino de Noruega

Reino de Dinamarca

Sacro Imperio Romano Germánico

Reino de Hungría

Serbia

Imperio Bizantino

Constantinopla

Viena

Zara

Reino de Austria

Roma

Petusa

Bolon

Venecia

Estados Pontificios

Reino de las dos Sicilias

Messina

Palermo

Génova

Córcega

Cerdeña

Colonia

Aquisgrán

Inglaterra

Londres

París

Reino de Francia

Nimes

Tolosa

Cabaret

Carcassona

Narbona

Marsella

Languedoc

Taurel

Murel

Reino de Aragón

Reino de Navarra

Reino de Castilla

Toledo

León

Reino de León

Reino de Portugal

Alarcos

Navas de Tolosa

Sevilla

Córdoba

Reino de Granada

Aquileia

Venecia

Canossa

Génova

Ferrara

Bolonia

Ravena

Zara

Pisa

Florencia

Perusa

Siena

Asis

Orvieto

Viterbo

Roma

Subiaco

Ostia

Anagni

Montecassino

Tusculum

Nápoles

Palermo

Messina

Estados Pontificios antes de Inocencio III

Territorios anexados al patrimonio de San Pedro por Inocencio III

# ÍNDICE

# mr

Av. Diagonal, 662-664
08034 Barcelona (España)
Tel. (34) 93 492 80 36
Fax (34) 93 496 70 58
Mail: info@ptanetaint.com
*www.planeta.es*

## Argentina
Av. Independencia, 1668
C1100 ABQ Buenos Aires
(Argentina)
Tel. (5411)43824043/45
Fax (5411) 4383 37 93
Mail: info@eplaneta.com.ar
*www.editorialplaneta.com.ar*

## Brasil
Rua Ministro Rocha Azevedo, 346 -
8° andar
Bairro Cerqueira César
01410-000 São Paulo, SP (Brasil)
Tel. (5511)30882588
Fax (5511) 3898 20 39
Mail: info@editoraplaneta.com.br

## Chile
Av. 11 de Septiembre, 2353,
piso 16
Torre San Ramón, Providencia
Santiago (Chile)
Tel. Gerencia (562) 431 05 20
Fax (562) 431 05 14
Mail: info@planeta.cl
*www.editorialplaneta.el*

## Colombia
Calle 73, 7-60, pisos 7 al 11
Santafé de Bogotá, D.C.
(Colombia)
Tel. (571)6079997
Fax (571) 607 99 76
Mail: info@planeta.com.co
*www.editorialplaneta.com.co*

## Ecuador
Whymper, 27-166 y Av. Orellana
Quito (Ecuador)
Tel. (5932) 290 89 99
Fax (5932) 250 72 34
Mail: planeta@access.net.ec
*www.editorialplaneta.com.ec*

## Estados Unidos y Centroamérica
2057 NW 87th Avenue
33172 Miami, Florida (USA)
Tel. (1305) 470 0016
Fax (1305) 470 62 67
Mail: infosales@planetapublishing.com
*www.planeta.es*

## México
Av. Insurgentes Sur, 1898, piso 11
Torre Siglum, Colonia Florida, CP-01030
Delegación Alvaro Obregón
México, D.F. (México)
Tel. (52) 55 53 22 36 10
Fax (52) 55 53 22 36 36
Mail: info@planeta.com.mx
*www. editorialplaneta. com. mx*
*www.planeta.com.mx*

## Perú
Grupo Editor
Jirón Talara, 223
Jesús Marta, Lima (Perú)
Tel. (511) 424 56 57
Fax (511)424 51 49
*www.editorialplaneta.com.co*

## Portugal
Publicacóes Dom Quixote
Rúa Ivone Silva, 6, 2.°
1050-124 Lisboa (Portugal)
Tel. (351)21 1209000
Fax (351) 21 1209039
Mail: editorial@dquixote.pt
*www.dquixote.pt*

## Uruguay
Cuareim, 1647
11100 Montevideo (Uruguay)
Tel. (5982) 901 40 26
Fax (5982) 902 25 50
Mail: info@planeta.com.uy
*www.editorialplaneta.com.uy*

## Venezuela
Calle Madrid, entre New York y Trinidad
Quinta Toscanella
Las Mercedes, Caracas (Venezuela)
Tel. (58212) 991 33 38
Fax (58212) 991 3792
Mail: info@planeta.com.ve
*www.editorialplaneta.com.ve*

 Planeta

MR es un sello editorial del Grupo Planeta   www.planeta.es